U0909008

高等学校**法学**教学丛书

GAODENG XUEXIAO FAXUE JIAOXUE CONGSHU

四川大学校级立项教材系列
高等学校法学教学丛书

经济法教程（第二版）

主　编　李　平
撰稿人　刘　畅　李　平　陈　峰
杨志敏　徐　蓉　袁　嘉

四川大学出版社

责任编辑:李勇军
责任校对:卢小青
封面设计:墨创文化
责任印制:王　炜

图书在版编目(CIP)数据

经济法教程 / 李平主编. —2 版. —成都：四川大学出版社，2015.11
（高等学校法学教学丛书）
ISBN 978-7-5614-9145-4

Ⅰ.①经… Ⅱ.①李… Ⅲ.①经济法-中国-高等学校-教材 Ⅳ.①D922.29

中国版本图书馆 CIP 数据核字（2015）第 279807 号

书名　**经济法教程(第二版)**

主　　编　李　平
出　　版　四川大学出版社
地　　址　成都市一环路南一段 24 号 (610065)
发　　行　四川大学出版社
书　　号　ISBN 978-7-5614-9145-4
印　　刷　郫县犀浦印刷厂
成品尺寸　185 mm×260 mm
印　　张　17.5
字　　数　427 千字
版　　次　2016 年 3 月第 2 版
印　　次　2018 年 12 月第 2 次印刷
定　　价　43.50 元

◆读者邮购本书,请与本社发行科联系。
电话:(028)85408408/(028)85401670/
(028)85408023　邮政编码:610065
◆本社图书如有印装质量问题,请寄回出版社调换。
◆网址:http://press.scu.edu.cn

前 言

在我国法学专业本科必修课程中，经济法学属于高年级的课程。之所以安排在高年级，是因为该课程内容的复杂性以及理解掌握的难度较大，需要知识准备、能力训练、思维转换、视野拓展。

先说知识准备和能力训练。学习经济法经常用到的法律知识，比较多的是民法、商法、宪法、行政法，然后是刑法、程序法等。民法中的主体制度、行为制度、权利体系、责任体系，商法中的公司、合伙、保险、证券、票据、破产等法律制度中的概念、原理、规则，是学习理解经济法中的市场规制法律制度常常要用到的。比如，消费者权益保护关于格式条款的规则，与合同法中的规则有关。产品质量法中关于产品责任的规定，需要从侵权责任法角度来理解。竞争法中的不正当竞争行为判断，常常要用到诚实信用原则。市场主体最多的是公司、合伙企业，知晓公司治理、合伙企业的内外关系，能够更好理解其市场行为的机理。市场行为多种多样，却不离民事行为和商事行为的特征。市场规制以及宏观调控的主体、权力和行为，需要从宪法中获得依据，还要运用行政法知识、规则来解释。此外，犯罪和刑罚，证据和程序规则，也是在理解经济法中涉及责任问题时必须的知识储备。至于能力训练，最基本的是逻辑思维能力和法律思维能力。归纳、概括、提炼、演绎、解释、类比，举一反三，触类旁通，是分析复杂问题的基础能力。按图索骥、死记硬背、刻舟求剑的思维方式，难以真正学好法律，尤其是复杂程度较高的法律。在社会中常见的政府组织活动指定产品、商家搞活动买一赠一的现象，其中分别有何法律问题，这就需要法律思维能力来分析判断。法理学是训练和提高法律思维能力的基础。这些，都是学习经济法应有的知识准备和能力准备。当然，如果有经济学、会计学的基础知识和能力，那就更好。

再说思维转换和视野拓展。法律追求的最高价值是公平正义，由此衍生了许多道理、学说、规则、制度。我们接触较多的是形式公平、个体正义的道理、学说、规则、制度。比如民事主体法律地位平等，无论该民事主体是贫穷的自然人还是强大的集团公司。当事人之间基于意思自治的合意就该遵守，无论在表达意思的时候当事人所获信息是否充分对称。社会需要用这种形式公平来建立秩序。但如果将其绝对化，看上去的公平本身就存在不公平。经济法关注实质公平、整体正义，要用弱者保护、整体分析的思维来理解和分析问题、解释和适用规则。比如，知假买假是否可以适用加倍赔偿规则，民法思维与经济法思维差异颇大，民法思维立足于形式逻辑从当事人关系分析，得出的结论是不该适用。经济法思维从辩证逻辑角度考虑社会效果利弊分析，得出的结论是应该适用。经济法的思维方式，已经进入立法和司法解释。[①]当然，并非任何问题都需要从社会整体来看待，大量的民事商事关系需要用民商事规则来调整。但在互联网等信息技术推动下，社会化范围不断拓展，社会化程度逐渐加深，不得不关注交互关系、社会整体、宏观结构的问题。金融危机对于民事活动可以归属于不可抗力或者意外事件，但在经济法中却涉及金融监管与宏观调控。视野不同，问题迥异。

再说课程内容的复杂性以及理解掌握的难度。虽然经过数十年的研究探索，经济法学的课程内容趋于相对集中，大致分为经济法基础理论、市场规制法、宏观调控法三个部分。但课程内容的复杂性并没有降低，反而更为增加。择其主要来说：经济法基础理论不仅仅用法学理论来建立，还需要用经济学理论、社会学理论来充实；市场规制法所要规制的市场，已经不是有形市场，而是复杂无形交叉渗透的竞争市场，创新竞争层出不穷，大大加重了法律在确定性与弹性之间的拿捏难度。竞争法中一个“相关市场”的概念，让经济学、逻辑学、证据学、法理学至今举步维艰。交织着产业政策、公共政策考量的“豁免”条件、“滥用”认定，更是一个复杂性系统；宏观调控法所要调控的经济结构、总量，对于缺乏体验的本科生来说，常常有云里雾里的感觉。这种感觉不仅来自于内容本身的复杂性，还有经济法学科本身的原因，那就是作为一门成长性学科，经济法基础理论中的经典概念、基本原理、逻辑体系、基础理论对具体制度的指导，都显得不如民法学、刑法学那样成熟完整，容易入门，上手较快。上述经济法学内容上的复杂性、学科体系的成长性，大大增加了理解掌握的难度。显然，如果只用学习民法、刑法的逻辑体系演绎思维，法典式条文解读方法，不一定就能很好理解和掌握经济法。

那么，如何学习经济法？这里简要谈谈我的体会和建议：

第一，尽量弄明白学习经济法对自己有什么意义。就教学计划而言，经济法学作为一门必修课，与其他必修课一样，通过了才能毕业，这是最现实的意义。如果仅止于此，那就是“取下”的选择，难以真正学好经济法。在我看来，学习经济法的意义，首先是让我们进一步领略法律的复杂性。其实，凡是法律，均不简单。相对而言，经济法尤甚。复杂性能够训练我们对待法律问题的立体思维和关联考量，不至于面对复杂问题顾此失彼。其次是有助于帮助我们不脱离社会现实，尤其是关注社会经济发展变化并不断更新自己的知识和能力。在法学本科必修课程中，具体内容变化频率较高的非经济法莫属。上述两点结合起来，形成了第三方面的意义，那就是职业工作的连接点。对于打算毕业之后做企业法务、非讼律师、经济管理岗位的公务员，学好经济法对于职业进步的关联性会更大一些。

第二，自己去总结经济法有什么特点。人们都希望事半功倍，但每一个人达成事半功倍的做法并非都相同。不过有一点是共同的，那就是善于把握事物的特点进而认识事物的规律。每一门课程都有自己的特点，一是本身存在的特点，二是个别发现的特点。这需要自己去认识。我的认识是，经济法具有三个比较明显的特点：扁平化、松散性、不确定。扁平化是指理论体系内在逻辑链条不长，没有一套垂直贯穿的逻辑体系。松散性是指具体制度看上去关联性不大，可以独立存在。不确定是指规范指向弹性较大，表

---

① 《食品安全法》第148条关于十倍赔偿的规定。《最高人民法院关于审理食品药品纠纷案件适用法律若干问题的规定》。

面缺乏便于判断操作的边界。对于这些特点，从学习层面来说是要理解和顺应，而不是相反。但对于研究来说，却提供了丰富的资源。

第三，自己去感受适合自己的学习方法。经过一、二年级法律课程的学习，也许不少同学在民法学、刑法学的学习过程中已经总结了自己的学习方法，这些方法也可以用于经济法的学习。我的体会，简单延用并不一定奏效，或许还会平添许多困惑。民事法律关系的分析范式，犯罪构成的定罪模式，提供了举一反三、触类旁通的方便之门。经济法目前尚未打造出类似的方便之门，但并非无规律可循。经济法理念和价值取向犹如一条金带，蕴含在看上去分散的制度和不确定的规范当中。然而，理念与价值的抽象好像有些飘忽，就看你用什么办法能够建立联系，或是比较的方法，或是分析的方法，或是结构图的方法……适合自己的就是有效方法。

第四，自己去寻找适合经济法特点与自我学习方法的路径。学习的最好路径是兴趣，它会带领你进入意想不到的美妙天地。兴趣有真有假，假的兴趣不能持久，往往半途而废。真的兴趣从何而来？或许是一句话、一件事的机缘，或许是学习过程中被吸引。发现和具备对经济法的真兴趣，不是太容易的事情。毕竟，上述经济法学的复杂性、难度与特点并不具备引人入胜的要素。不过，如果你真对其产生了兴趣，那学习的心态和要求，岂止是本书可以满足。

希望本书能够有助于同学们更快更好学习理解经济法。在编写过程中，我们力求按照教科书要求，概念明晰，逻辑顺达，条理清楚，重在阐述原理。在每编之前，置“导言”以概其要；在每章之前，设“学习提示”以点其纲；在每章之后，附“学习总结与拓展”，含“关键词”“思考题”“阅读资料”，以求回顾梳理、见题随想、案例分析、法规阅读、文献发掘，达成巩固、总结、提高之功效，或者反思、设疑、探求之激励。

孔子曾经说：“取乎其上，得乎其中；取乎其中，得乎其下；取乎其下，则无所得矣。”现在看来，取下也并非无所得。不过学习之事，取上为好。共勉！

李 平

2015 年 8 月 4 日

目　录

第一编　经济法基础理论

第二编　市场规制法律制度

第三编　宏观调控法律制度

第一编　经济法基础理论

导　言

经济法是一个新兴的法律部门，是现代市场经济中规范微观市场竞争秩序和宏观经济调控秩序的法律规范的集合，是我国社会主义法律体系七个构成部分之一。[①]经济法学是以经济法为研究对象的一门新兴法学学科，也是我国法学专业核心课程之一。

经济法基础理论，要研究经济法的发展演变、存在基础、调整对象、主要特征、价值取向、基本原则、调整方法、与相关法律部门之间的关系，还要研究政府与市场的关系以及企业的社会责任。之所以如此，是为了探求、评价、改进经济法的作用机理。

经济法的出现，是人类社会发展到经济社会化阶段的产物，具有其客观基础。然而，经济法作为一种法律制度，又是人为设计的存在，无疑会有主观认识的特点。因此，经济社会化程度的差异以及制度设计者主观认识的特点会使得经济法在不同国家表现出个性。不过，社会化条件下市场经济的基本要求，决定了经济法在发展过程中应该更趋向于共性的增加。经济法基础理论需要对经济法发展过程中的个性特征与共性趋势进行解释和描述，从而有助于我们在学习经济法的过程中不仅仅只看到相关法律规范，更能够理解支撑这些法律规范的法理并认识与相关的法律规范之间的关系，有利于准确理解和适用这些法律规范，并可以对这些法律规范的合理性和有效性进行评论和研究。

经济法基础理论与经济法基本制度之间的关系，是观念、认识的确立对法律理解、适用的指导关系，而不是基本概念体系的构建和这些概念运用的逻辑演绎关系。因此，经济法基础理论的提炼、表述并非既定不变的，而是需要跟随时代变迁而不断更新。当然，经济法基础理论对经济法的解释力和指导力不仅在于理论的创新，还在于基础理论的成熟与稳定。作为新兴学科的经济法学之基础理论，目前尚处于探索发展之中。这是我们在进行经济法学习过程中需要注意的。

之所以将政府与市场关系作为经济法基础理论中的一个部分，是因为在现代市场经济背景下，无论是对市场竞争秩序的规制还是对宏观经济的调控，都涉及市场机制与政府作用的界限设定、效果判断乃至相互关系的消长。只有理性地认识了市场机制的有效和失灵，政府作用的特点和局限，才能更好理解市场规制法律制度和宏观调控法律制度。

---

① 2011年3月10日，全国人民代表大会常务委员会委员长吴邦国向十一届全国人民代表大会四次会议作全国人大常委会工作报告时庄严宣布，一个立足中国国情和实际、适应改革开放和社会主义现代化建设需要、集中体现党和人民意志的，以宪法为统帅，以宪法相关法、民法商法、行政法、经济法、社会法、刑法、诉讼与非诉讼程序法等七个部分构成，包括法律、行政法规、地方性法规与自治条例、单行条例等三个层次法律规范的中国特色社会主义法律体系已经形成。

之所以将企业的社会责任也作为经济法基础理论的一个部分，是因为企业是现代市场经济中最普遍的市场主体，而现代社会中的企业不仅仅是追求利润最大化的经济组织，还是需要履行社会责任的社会细胞。企业的社会责任与经济法的社会本位之间存在耦合关系，企业的社会责任是经济法实现社会经济平衡协调持续发展目的之逻辑和现实基础。因而，市场规制中公平竞争秩序的实现，宏观调控中预期目标的达成，与企业社会责任的落实应该有内在的联系。

采取上述方式和理解来阐述经济法基础理论，也是我们的一种探索。

第一章　经济法的历史发展

【学习提示】理解经济法的历史发展，既是对事实的承认，也是对现象的解释，因而会有多种理解角度。理解中最为关键之处，是要注意到经济社会化的逐渐形成过程，同时要注意到两种不同社会制度下经济法的发展路径和特点。本章学习还要注意了解中国经济法和经济法学发展的过程和状况。

第一节　经济法的产生

一、关于经济法产生的两种观点

经济法产生于何时？学术界主要有两种不同观点：一种观点认为经济法与国家、法律同时产生；另一种观点认为经济法是资本主义进入到垄断阶段以后才产生。现将这两种观点以及我们的理解分述如下：

（一）经济法与国家、法律同时产生

这种观点认为：经济法是国家运用法律的强制手段来管理社会经济的一种方式，它是阶级社会中最古老的法律中的一个组成部分。当人类社会进入阶级社会时，随着国家与法律的产生，经济法也就随之产生。在奴隶社会与封建社会，它是包含在“诸法合体”的法律之中。[①]还有研究者认为，不论在奴隶制国家、封建制国家、资本主义国家，还是社会主义国家，都有各自的经济法，作为一个独立的法的部门的经济法产生于古代社会。[②]

其实，在法律形成的早期阶段，并不存在部门法的划分，而是“诸法合体、刑民不分”的状态，更不可能有今天所称的经济法。虽然古巴比伦奴隶制国家颁布的《汉谟拉比法典》以及我国夏、商、周、秦时代的法律有关于土地、水利、贸易、税收等方面的规定，但并不构成作为独立法律部门的经济法。不过这种观点提醒我们注意到，古代社会的法律中也有关于国家管理经济的法律现象。

（二）经济法是社会发展到一定阶段的产物

这种观点认为：经济法产生的一般基础和条件是，市场经济发展到社会化大生产阶段，国家被动或自觉地承担起对经济加以组织协调职能，国家对经济的调整建立在法治的基础之上，并形成了相应的经济法学说。经济法是社会发展到一定历史阶段的产物，

① 关乃凡主编：《中国经济法》，中国财政经济出版社 1988 年版，第 23 页。

② 杨紫烜主编：《经济法概要》，光明日报出版社 1987 年版，第 32 页。

当这些基础和条件尚未出现时，经济法是不可能产生的。[①]所谓一定历史阶段，就是资本主义从自由竞争进入垄断阶段的时代。[②]发达资本主义国家于 19 世纪末 20 世纪初走向垄断和社会化发展阶段，生产手段和经济实力集中，产生了垄断集团，限制并恶化了竞争环境，资本主义国家不得不通过法律手段对此进行干预，由此形成了国家干预经济的法律现象，这种现象被称为经济法。

从实证的角度来看，无论是形式上的经济法（称为“经济法”的法律现象），或者是实质上的经济法（体现国家权力对经济活动干预的法律现象），都比较集中出现在 19 世纪末之后。并且，对于部门法划分也主要肇始于 19 世纪。因此，认为经济法是社会发展到一定阶段的产物的观点具有历史合理性。较为准确的表述应该是：作为国家管理经济的法律现象，可以上溯到奴隶制社会和封建制社会的“诸法合体”法律状态时期，而作为独立法律部门的经济法，则是人类社会进入到资本主义社会之后的事情。

二、空想经济法思想及其意义

（一）空想共产主义者的经济法思想

为什么我们将某种法律现象称为“经济法”？为什么要用“经济法”这一语言符号来指称某些法律现象？“经济法”这一语言符号是如何产生的？

对此，不能不提及早在二百多年前出版、被列为世界学术名著的《自然法典》。因为许多研究者都认为，从目前的资料反映，“经济法”一词最早出现在该书。该书是法国 18 世纪空想共产主义的代表人物摩莱里（Morelly）所著，[③]反映了他对未来公有制社会的理想。作者在该书第四篇提出了其设计的“合乎自然意图的法制蓝本”，共 12 类法律，其中第二类法律是“分配法或经济法”，有 12 条规则，[④]在摩莱里看来，未来社会中的产品不发生买卖和交换，而是通过分配给予公民，“一切产品都要核算，其数量要与每个城市的公民人数相适应，或与使用它们的人数相适应。这些产品当中可保存的物品，均按相同的规则公开分配，如有剩余，则保管起来”。[⑤]摩莱里是在产品（财产）分配规则的意义上使用“经济法”，并以此来表达他富于理想色彩的未来社会的法律规范。相同的思想，在 1843 年出版的法国空想共产主义思想家德萨米（Dezamy）所著的《公有法典》中也有表现，并且更为详细具体。[⑥]用我们今天的视角来看这些空想共产主义者的经济法思想，这无疑是典型而简单的计划经济理论模式。

---

① 潘静成、刘文华主编：《经济法》，中国人民大学出版社 1999 年版，第 20 页。

② ［日］金泽良雄：《经济法概论》，满达人译，甘肃人民出版社 1985 年版，第 1—2 页。

③ Morelly（生卒年月不祥，有人疑为狄德罗的笔名），在《自然法典》中，他通过法律和理论的形式继承并发展了空想共产主义的一些传统原理，并使之系统化和理论化。恩格斯曾经对其学说给予很高的评价，认为是 18 世纪“直接共产主义的理论”。参见汉译世界学术名著《自然法典》，商务印书馆 1982 年版。

④ 《自然法典》，第 107——110 页。

⑤ 《自然法典》，第 109 页。

⑥ 德萨米（Dezamy），是 19 世纪 40 年代法国空想共产主义思潮最著名的代表人物。所著《公有法典》第三章的标题是“分配法和经济法”。他在该章当中关于产业管理的一段话，集中反映了他的空想思想：“在整个共和国境内，普遍一律地在所有各公社之间实行社会财富的平均分配……既不需要部长，也不需要财政部、贸易部等等。只要在国家的最高一级设一位会计员和一份账册就足以妥善调动我们的全部政治经济，也可以说，就足以调动整个社会产业。”参见汉译世界学术名著《公有法典》，商务印书馆 1982 年版，第 40—41 页。

（二）空想经济法思想的意义

“经济法”在这些主张共产主义的先贤们的思想中出现，对于今天的人来说，或许会认为仅属偶然，因为该词汇没有明确的内涵和外延。不过，这些先贤关于“经济法”的思想中至少有两点对今人有启迪：第一，即或到了共产主义社会，也有法律；第二，即或财产极大丰富，也应当有分配规则（经济法）。李昌麒先生认为“最初的经济法概念，虽然是建立在提出者们所设想的公有制基础上的，不具有任何实践的意义，但是它对现代意义上的经济法概念的形成，仍然产生着影响。这种影响除了表现为援引了‘经济法’这个概念的外壳之外，更重要的是人们把空想社会主义者那种具有萌芽状态的国家干预经济生活的思想加以扩大，利用来作为建立现实经济基础之上的现代经济法概念的一个合理内核”。[①]此说颇有道理。

三、经济法从空想到现实的转变

现实社会的经济法与空想经济法并非毫无关系，但也不是对空想经济法的直接再现。正如许多历史事件是必然与偶然因素聚合之后形成的道理一样，导致人们在现实社会中关注经济法，或者说促使经济法问世的原因却是极其偶然的因素——战争。当人们由此获得“经济法”的现实符号之后，便用该符号去表征和概括当代社会的一些新的法律现象。这样，被称为20世纪的时代产物和法律精华的经济法[②]便完成了从空想到现实的转变。

（一）战争——经济法问世的偶然条件

战争，社会矛盾化解和社会关系骤变的非常形式，其能量辐射常常及于法律。18世纪发生在美国的独立战争，产生了著名的《独立宣言》。19世纪我国历史上的鸦片战争，改变了我国长久以来诸法合体的格局。

第一次世界大战期间以及战后，德国采取了一系列旨在保障战争需要和战后经济复兴的经济政策和法律措施，比如1916年的《确保国民粮食战时措施令》，1918年的《战时经济复兴令》，1919年的《煤炭经济法》《钾盐经济法》等，[③]于是，“经济法”作为上述新法律现象的概括性术语在学术上首先从德国开始使用。上述法律现象所表达的法律内涵，是政府用国家权力干预经济活动，集中分配和使用重要的生产资料和生活资料。此种法律内涵，并没有因为战争结束而消失，反而经过第二次世界大战有所发展，并对德国经济振兴产生了积极作用。显然，“经济法”并不属于战争，只不过因战争获得了概括性符号，而其法律内涵反映的是从自由资本主义向垄断资本主义发展过程中，社会基本矛盾需要寻求新的缓解方式。至于德国人为什么用“经济法”名之，日本学者金泽良雄认为“这些新的法律现象，对于在德国法学中所表现的追求概念结构的缜密性和理论上的精辟性来说，的确是一个极为理想的研究对象”。德国学者赫德曼（Hedemann）从认识论角度解释为，18世纪以“自然”为时代基调，现代则以“经济

① 李昌麒主编：高等政法院校规划教材《经济法学》（修订版），中国政法大学出版社1997年版，第5页。

② 刘瑞复：《经济法：国民经济运行法》，中国政法大学出版社1994年版，第2页。

③ ［日］金泽良雄：《经济法概论》，满达人译，甘肃人民出版社1985年版，第3页。

性”为时代基调，反映该基调之法为经济法。[①]“虽然经济法产生的历史背景，是战争和革命这一特殊社会现象，但它并不存在于经济发展过程的突变现象之中，而一般地是以资本主义高度发展现象为基础”。[②]

（二）经济社会化——经济法形成的根本原因

马克思研究法的问题时，曾得出一个有名的结论：“法的关系正像国家的形式一样，既不能从它们本身来理解，也不能从所谓的人类精神的一般发展来理解，相反，它们根源于物质的生活关系。”[③]用该结论来分析经济法形成的根本原因极其恰当。

19 世纪末开始的经济社会化，是指在生产力和生产关系的动态发展中逐渐形成的经济利益多元化、经济结构规模化、经济竞争激烈化、经济垄断普遍化、经济关系复杂化、经济交往国际化的社会经济格局。经济社会化首先出现于资本主义社会，然后以另一种方式表现于社会主义社会。所以，经济法在两种社会当中的内容、形式以及发展路径有所不同，但由于经济发展规律的作用，存异趋同应是必然。

（三）资本主义社会经济法的形成：自由竞争——垄断经济——国家干预

一般认为，资本主义社会的发展经历了原始积累（原始资本主义）、自由竞争（自由资本主义）、垄断经济（垄断资本主义）阶段。

这几个阶段关于资源和财富的配置有着不同的机理：原始积累阶段主要凭借政治强权和经济强制；自由竞争阶段主要通过价值规律和市场机制；垄断阶段则主要采取经济集中与国家干预。

自由资本主义是建立在“天赋人权”和“自然进化”理论基础上的一种社会类型，以个人为本位，强调经济个体的权利和利益，主张人人平等、机会均等，通过竞争取得财富。调整自由资本主义社会经济活动的法律主要是保障个体利益的民商法。由于竞争主体的个体差异和环境差异，竞争的结果是“适者生存”，垄断产生。

垄断资本主义社会注意到经济的社会意义，因为此时的经济垄断涉及诸多经济参与者利益，也涉及因垄断导致竞争萎缩而发生经济滞长。这就需要有一种能够平衡多元利益、限制不当垄断的力量——国家的力量。但是，这里却遇到了法律观念和制度上的障碍。以私有制为基础的资本主义，其经济主体对于来自国家权力的干预有着本能的警惕。在法律观念和制度上，经济活动是涉及财产关系的活动，财产私有，神圣不可侵犯，私有财产属于个体意志范围的问题，不容许国家公权力介入。国家公权力的使命是保护私有财产安全。依照“物竞天择，适者生存”进化论发展起来的自由资本主义经济，即或出现了经济垄断，这也是自然进化的结果，从私法自治角度来看，这种结果当然应受公权力的保护。然而，如果法律不加区别地保护资本主义经济中产生的垄断，结果必然是限制和排除竞争。资本主义社会发展的动力来源于竞争，没有竞争也就没有发展，资本主义社会就会面临灭亡。因此，曾经流行的那种“垄断资本主义是资本主义的最后阶段，垄断资本主义的出现，说明资本主义发展到了没落、腐朽、垂死阶段”的观点，不是没有道理。不过，垄断是复杂的，对垄断的法律调整至少是缓解了垄断经济带

① ［日］金泽良雄：《经济法概论》，满达人译，甘肃人民出版社 1985 年版，第 2 页、第 7 页。

② ［日］金泽良雄：《经济法概论》，满达人译，甘肃人民出版社 1985 年版，第 2 页。

③ 马克思：《〈政治经济学批判〉序言》，《马克思恩格斯选集》第 2 卷，第 82 页。

来的矛盾冲突。为了说明垄断经济的复杂性，我们有必要了解几种典型的垄断组织及其法律调整的情况。

卡特尔（Cartel），法语的音译，原意为“协定”、“同盟”，指生产同类商品的企业，为了获得高额利润，在划分销售市场、规定商品产量、确定商品价格等方面达成协议而形成的企业联合。参加卡特尔的企业在生产、贸易、财务和法律上都保持独立。卡特尔这种垄断联合并不稳固，持续时间不长。卡特尔在欧洲大陆，特别在德国盛行一时，德国曾被称为卡特尔的国家。

辛迪加（Syndicate），法语的音译，原意为“组合”，指同一生产部门的少数大企业为了获取高额利润，通过签订共同销售产品和采购原料的协定而建立的企业联合组织。参加辛迪加的企业在生产上和法律上仍保持独立性，但在商业上已失去独立。辛迪加的出现时期与卡特尔相同，但结构较卡特尔稳定。19世纪末20世纪初，在西欧各国特别是德国比较流行。

托拉斯（Trust），直译为商业信托（business trust，原意为托管财产所有权）。垄断组织和企业联合的高级形式。指由许多生产同类商品或在生产上有密切关系的企业为了垄断某些产品的销售，以获得高额利润而组成的大垄断企业。托拉斯本身是一个独立的企业组织，参加托拉斯的企业在法律和业务上完全丧失独立性而成为托拉斯的股东。托拉斯有各种不同的类型，主要有金融控制的托拉斯和企业合并的托拉斯。托拉斯是比卡特尔和辛迪加更加稳定的垄断组织。美国是托拉斯最发达的国家。

康采恩（Konzern），德语的音译，原意是多种企业集团，是资本主义垄断组织最复杂的形式，是金融资本与产业资本的组合。该种垄断组织是把分属于不同经济部门的许多企业联合在一起，而以其中势力最为雄厚的企业为核心组成企业集团。康采恩以金融控制为基础来控制所属企业，组成康采恩的企业虽然实际上受核心企业的控制，但在形式上仍保持独立。第一次世界大战之后，极少数最大的康采恩曾统治了德国的经济。在第二次世界大战前，日本的三井、三菱、安田、住友四个最大的康采恩就统治着日本经济。

其实，垄断并非资本主义社会特有的现象，调整垄断经济的法律也不是近代社会才产生。古罗马帝国为禁止粮食价格垄断就颁布过有关法令。①然而，垄断经济在经济社会化条件下对社会产生巨大影响，却是在19世纪末以来才愈加明显。并且，垄断的复杂性和法律调整的多样性也是前所未有。有研究者将垄断资本主义分为两个阶段，私人垄断资本主义（19世纪70年代——20世纪初）和国家垄断资本主义（第一次世界大战以来），在私人垄断资本主义时期，产生了以反垄断法和反不正当竞争法为内容的市场规制法，在国家垄断资本主义时期，又产生了宏观调控法。②

在19世纪末的德国，卡特尔只要不滥用其地位，就可以不受法律的约束而得到发展，甚至国家运用权力来扶持卡特尔。第一次世界大战中，卡特尔被作为战时经济体制的工具而被运用。③一战结束后，因通货膨胀，对卡特尔的非难加强，德国政府在1923

---

① 曹士兵：《反垄断法研究》，法律出版社1996年版，第33页。

② 王继军等：《经济法是市场规制法与宏观调控法的结合》，《法律科学》1999年第1期。

③ ［日］丹宗昭信等：《现代经济法入门》，谢次昌译，群众出版社1985年版，第2页。

年制定了旨在削弱卡特尔市场支配力的《经济力量滥用防止法》(卡特尔条例)。1933年希特勒上台后制定了旨在建立垄断组织的《强制性卡特尔法》。第二次世界大战后,德国立法对卡特尔和康采恩实行限制,1957年通过了《反限制竞争法》。[①]经过否定之否定,德国的经济法在自由竞争与防止垄断之间获得了动态平衡。

美国南北内战后,国内市场得到统一,工业化过程产生了市场集中和资本集中,由此引起新的经济支配力量对原有自由竞争秩序的冲击。在铁路、石油、糖业、酒业等形成的托拉斯,垄断和统制了市场,维持和操纵着价格,出现了占支配地位的垄断企业滥用经济力量,限制和取消竞争。于是,美国一些州制定了局部性的反垄断法令,而没有制定类似法令的地区和行业又成为托拉斯力量的避风港,并造成了地区经济和行业经济之间的矛盾,为解决这些矛盾,美国联邦政府通过了第一个全国性反垄断法——《谢尔曼法》。[②]作为联邦法律的《谢尔曼法》对卡特尔管制严,对托拉斯则较宽,不能有效规制垄断。于是有了此后的《克莱顿法》和《联邦贸易委员会法》。[③]美国的反垄断法,是以联邦力量维持公正、自由的市场秩序。我国许多经济法研究者将《谢尔曼法》视为现代经济法产生的标志,其实是因为该法律反映了国家力量对经济活动的干预(促进、限制)这一现代经济法的实质。

日本经济法也是以反垄断法为核心,但是国家对经济的干预并不仅仅局限于反垄断,还广泛地表现为国家权力对经济活动的促进和限制。在其《六法全书》当中有"经济法"编,除了《禁止私人垄断和确保公正交易法》《不正当竞争防止法》之外,还有若干产业振兴法、企业促进法等。在日本研究者看来,"经济法的产生具有其必然的社会基础,而主导这一思想方法的是资本主义的垄断化"。[④]"国家为了维持竞争秩序而介入市场的法就是本来意义的经济法"。[⑤]

资本主义社会十分崇尚经济自由化,恰恰是经济自由化,产生了经济垄断和扩大了经济风险,阻碍了资本主义社会经济发展。市场调节机制无法改变经济垄断状况和防止风险放大问题,于是导致国家力量介入,干预经济,强行限制垄断,以保障经济民主和经济自由、垄断和竞争之间得到动态平衡。国家干预经济是复杂的系统。[⑥]干预不仅在于反垄断和保障自由竞争,还有利用国家力量促进经济发展的功能。国家也不是万能的,国家的干预行为需要规范和适度。但由于国家干预经济的出现,是否意味着资本主义进入其发展的第四个阶段——社会资本主义阶段?经济自由、经济民主和经济社会化的动态结合阶段。对于资本主义经济社会化的运作机理,还需要我们继续研究而不是妄

① 关于德国对垄断的法律调整情况,见种明钊主编《竞争法》,法律出版社1997年版,第69—70页。

② Sherman Act,1890年由美国参议员谢尔曼提出后通过的反托拉斯法律,全称是《保护贸易不受非法限制和垄断之害法》。该法规定,凡以托拉斯或其他形式订立合同,实行企业合并或限制州际商业和对外贸易活动者,属于非法。参见《中国大百科全书》法学卷,第117页。

③ Clayton Act,1914年美国联邦立法,弥补《谢尔曼法》的不足,但在对外贸易的管辖方面又显得狭窄,由同年的《联邦贸易委员会法》加以弥补。

④ [日]江上勋:《经济法,禁止垄断法概论》,参见《经济法》,知识出版社1982年3月版,第5页。

⑤ [日]丹宗昭信等:《现代经济法入门》,第7页。

⑥ 20世纪以来,西方主要发达国家政府的经济职能日趋扩大,如日本的政府指导和产业政策,法国的指示性经济计划,联邦德国的社会市场经济和职工参与制,英国的全国经济发展委员会,说明国家的职能发生转变。参见郑秉文:《市场经济缺陷分析》,辽宁人民出版社1993年版,第323页。

下结论。在这当中，表达国家干预经济的经济法现象十分值得重视。国家与经济、政府与市场的关系，是经济法的主要课题，对此，西方经济学理论提供了多种思路。①

（四）社会主义国家经济法的形成：国家垄断——市场竞争——国家调控

按照马克思恩格斯的理论，社会主义社会是资本主义社会的必然结果。不过历史造就了今天两种社会制度并存的局面。社会主义社会是以公有制为基础的社会，国家是公有制生产资料的所有者，也是社会的管理者。这两种身份集于一体时，试图用理性的计划来配置资源、分配产品、管理社会，在理论上是完全成立的。这种理论的实践便是国家垄断和计划经济。排斥市场机制的计划经济其实是一种理想经济，它包含着“政府万能”的观念。

国家垄断的计划经济，是通过国家统一安排的社会经济。从某种意义上讲，也是社会化经济，只是这种社会化经济只强调社会分工，而否认分工中的主体利益，因此不同于资本主义经济社会化。表现国家垄断、计划经济的法律，首先在苏联的法学家那里获得了“经济法”符号。社会主义国家的实践与空想社会主义思想不能说没有联系。就经济法而言，苏联、东欧国家的经济法，大多以国民经济计划作为主要内容。苏联经济法学家拉普切夫的纵横统一论②主张国家对经济活动全面管理，与摩莱里的国家分配意义上的经济法异曲同工。该理论的法律表现则是1964年捷克斯洛伐克颁布的世界唯一的经济法典。③由于生产力水平限制和对个人利益多元的否认，计划经济模式在实践中遇到非常大的困难。于是，东欧的一些社会主义国家相继引入市场机制，国家从对经济全面介入中逐渐退出。事实表明，社会主义国家的经济社会化是以一种与资本主义国家不同的方式和过程出现，资本主义社会的经济社会化是由生产力推动，现实的社会主义国家的经济社会化则首先是通过生产关系拉动。不过，生产关系要适应生产力发展要求的规律，使社会主义国家重新面对经济社会化问题。

经济法在我国的提出，是1978年。耐人回味的是，“经济法”首先不是由法学家提出，而是由政治理论工作者提出。④在当时历史条件下，对于重点转移后的中国迫切需要用法律手段进行经济建设来说，“经济法”是最自然不过的选择 。⑤这与空想经济法没有直接的联系，但与周边国家已经有经济法的事实以及“经济法”一词的直观性和包容性不能说没有关系。要用法律手段进行经济建设，“经济法”显然是这两者之间最好的桥梁。但是，当初的“经济法”在很大程度上是指与经济有关的法，而不是今天所讲的区别于民商法的经济法。由于市场经济的共性，使我国经济法在研究对象的基本面上也要回答国家与经济、政府与市场的关系问题，某些方面与资本主义国家经济法有相似之处，比如竞争法规则等。但是，我国将长期处于社会主义初级阶段，并且实行社会主义

---

① 参见［美］曼昆：《经济学原理》，梁小民译，北京大学出版社1999年出版。晏智杰主编：《西方市场经济下的政府干预》，中国计划出版社1997年出版。

② 参见［苏］B. B. 拉普捷夫主编：《经济法》，中国社会科学院法学研究所民法经济法研究室译，群众出版社1987年出版。

③ 《捷克斯洛伐克社会主义共和国经济法典》包括序言和12编，共400条，其调整范围是“在国民经济管理和社会主义组织的经济活动中所发生的关系”。民法调整公民之间发生的财产关系和人身关系。

④ 胡乔木：《按照经济规律办事，加快实现四个现代化》，载《人民日报》1978年10月6日。

⑤ 1979年6月，叶剑英委员长在五届人大二次会议上指出：“随着经济建设的发展，我们需要各种经济法。”

市场经济，所以我国经济法无论在产生背景（经济、政治、社会、文化、法律），还是在具体内容方面以及形成发展的路径，都与资本主义国家经济法有所差别。

（五）两种社会制度下的经济法趋势：取长补短——存异趋同

资本主义社会的经济法的发展轨迹是从完全市场经济出发，当市场竞争导致限制竞争的垄断现象（市场障碍）出现和经济发展不平衡时，国家适度干预和介入，弥补市场机制的不足，保障社会化经济的平衡运行。社会主义社会的经济法以计划经济为起点，经过国家控制失灵之后，引入市场调节机制，国家控制逐步退出部分经济领域，逐步扩大市场机制作用范围，保障社会化经济的平衡运行。资本主义社会是在市场失灵的情况下导入国家干预而形成经济法，社会主义社会是在计划失灵的情况下导入市场机制而发展经济法。由于形成和发展的路径不同，两者不能相互替代。然而，因为两者都选择了市场经济的运行机制并都面对经济社会化的进程，因而趋同是必然的，不过由于不同国家和社会制度下所采取的产业政策和经济政策的差异，各国的经济法又会有自己的个性。不必因为我国经济法的出身不符合当下时宜而气短，也无须盲目追求西方经济法规则而脱离本土实际，更不可抽象强调“特色”而拒绝他人智慧。可以预想，经济社会化将不仅限于一国、一种经济制度范围，经济社会化的全球性趋势，将会使两种社会制度下的经济法出现取长补短、存异趋同的局面。

“经济法由空想转变为现实是法学在 20 世纪最伟大的贡献”[①]，经济法的形成是经济社会化的必然结果。

第二节 经济法的发展

经济法的发展，有两种含义，其一是指作为法律形态的经济法发展演变状况；其二是指作为法学形态的经济法学发展状况。

一、外国经济法的发展

外国尤其是西方国家经济法的发展，是伴随着政府与市场经济关系的发展而演进的。半个世纪以来，西方国家的市场经济已经出现了多种模式，较有代表性的，一是以美国为代表的自由主义的市场经济模式，或称为消费者导向型市场经济模式，这种市场经济模式特别强调市场力量对促进经济发展的作用，但同时也认为政府适度干预对维持市场竞争是必要的；二是以德国和北欧为代表的社会市场经济模式，强调社会利益和社会保障，因此政府需要采取干预和控制；三是日本实行的政府导向型市场经济模式，主张政府引导但不强制市场。不过，这些国家在推动竞争、反对垄断、充分就业、实现经济增长方面，具有基本一致性。

（一）美国

一般认为，美国 1890 年的《谢尔曼法》（Sherman Act）[②] 是现代经济法形成的标

---

① 王艳林等：《中国经济法学：面向二十一世纪的回顾与展望》，载《法学评论》1999 年第 1 期。

② 全称为《保护贸易和商业不受非法限制与垄断之害法》。1890 年，由美国国会众参两院正式通过。因这一法案是由俄亥俄州共和党参议员约翰·谢尔曼提出，故有此称。

志。美国没有以“经济法”命名的形式上的经济法。美国的经济法主要包括反垄断法、消费者保护法、产业政策法、宏观调控等法律。

美国是现代反垄断法的发源地。美国的反垄断法，包括成文法、判例以及司法部和联邦贸易委员会发布的各种反垄断指南。成文法主要有：1890年《谢尔曼法》，该法规定，任何妨碍州际或者对外贸易的商业合同、托拉斯或者其他如何形式的联合或者共谋，被证明是损害竞争的，是违法行为；1914年《克莱顿法》（Clayton Act），该法规定，对交易对手实行价格歧视行为或者以其他方式表现的歧视行为，如果其后果是严重减少了竞争或者其目的是形成垄断，虽未产生损害但可以合理预见将来能够产生损害的，属于违法；1914年《联邦贸易委员会法》（Federal Trade Commission Act），该法的主要内容是禁止不正当竞争行为；1976年《哈特－斯科特－罗迪诺反托拉斯法》（Hart－Scott－Rodino Antitrust Improvement Act），该法要求涉及大企业的合并在合并前要向联邦贸易委员会或者司法部反垄断局申报，否则征收罚款；此外还有1982年《对外贸易反垄断改进法》（Foreign Trade Antitrust Improvement Act），1994年《国际反托拉斯执行援助法》（International Antitrust Enforcement Assistance Act）等。美国法院在审理反垄断案件中，形成反垄断法判例，比如美国反垄断法的两个重要原则即“合理原则”（Rule of reason）①和“本身违法原则”（Rule of Per se）②都是通过判例形成的。美国司法部和联邦贸易委员会还发布了一系列反垄断指南，如1992年《横向合并指南》、1995年《与知识产权许可有关的反垄断指南》、1999年《竞争者之间协同行为的反垄断指南》，等等。美国反垄断法的目的是促进和保护竞争，优化资源配置、保护消费者利益，推动社会福利。美国反垄断法的发展趋势表现为：注重查处国际卡特尔、注重高科技领域的限制竞争活动，更加注重消费者利益。③

美国的消费者保护法经历了三个发展阶段：19世纪末20世纪初的反垄断阶段；20世纪60年代之前侧重于消费品的安全、卫生、标识以及产品质量责任的消费者保护立法阶段；60年代之后侧重于信贷交易过程的消费者保护阶段。自20世纪60年代以来，随着信贷消费的逐渐普及，美国联邦议会制定了1968年《消费信贷保护法》（Consumer Credit Protection Act）（CCPA），其主要部分是第一编《借贷诚实法》（Truth－in－Lending Act），该法要求向消费者提供信贷的债权人在提供信贷以前公开信贷的主要条件等。CCPA后经多次修改。此外还有1970年《公平信贷报告法》、1974年《公平信贷结账法》、1976年《消费者租借法》、1988年《房屋信贷消费者保护法》、1991年《电话用户保护法》等。美国各州也制定消费者保护法规，但差异较大。1968年统一州法委员会提出了一部《统一消费信贷法典》（Uniform Consumer Credit Code）

---

① “合理原则”是美国联邦最高法院在1911年美孚石油公司案审理中解释《谢尔曼法》形成的，根据该原则，反竞争行为并不必然违法，其违法性应视具体案件的具体情况而定，有些行为虽然出于限制竞争的目的，或者能够产生限制竞争的后果，但如果同时还具有推动竞争的作用，能够显著改善企业经济效益，更好满足消费者的需求，或者有利于整体经济利益或社会公共利益时，应当被视为合法。

② “本身违法原则”是美国法院适用合理原则的过程中得出的一个原则，即根据市场经验，市场上某些类型的反竞争行为，不管它们产生的原因和后果，均得被视为非法，比如价格卡特尔、生产数量卡特尔、分割销售市场卡特尔、纵向价格约束等。

③ 王晓晔：《紧盯国际卡特尔——美国反托拉斯法及其新发展》，载人大复印资料《经济法、劳动法》2002年第9期，第72－76页。

(UCCC),由于强调保护商家利益受到消费者反对,只在九个州获得通过。美国消费者法律中心制定了一个更加倾向于消费者的《全国消费法》,后修改为《消费信贷示范法》(Model Consumer Credit Act)(MCCA),1973年获得通过。[①]

美国的产业政策法主要有《农业法》《小企业法》等。自20世纪30年代罗斯福政府制定临时农业法案以来,美国政府一直对农业实施巨额补贴政策,每隔几年美国政府都要对农业法条款作增补修改,逐步形成了目前的综合性农业法案。20世纪80年代以来,先后出台过1981年、1985年、1990年、1996年农业法。目前是2002年出台的新农业法,该法主要包括商品补贴、土壤保护、出口支持、农业信贷、农村发展等十项内容。根据该法,在2002年-2007年间,每年平均农业补贴的支出将达到190~210亿美元,为历史最高,并且补贴范围最广。[②]

美国在20世纪60年代以来,制定了一系列关于小企业的法律。如《小企业法》《小企业投资法》《小企业投资奖励法》《小企业扩大出口法》等等。所谓小企业,是指为私人所有,进行独立经营,在所经营的行业中,不具有支配性的企业。为了维护自由竞争,政府应当帮助、协助、扶助和保护小企业的利益。[③]

美国宏观调控方面的立法主要有1978年的《充分就业和平衡增长法》《美国联邦储备法》《财政收入法》《税制改革法》等。此外,在金融法方面,美国1933年颁布了规范分业经营的《银行法》(道格拉斯-斯蒂格尔法)、1999年颁布了规范合业经营的《金融服务现代化法》等。

(三)德国

德国不仅用经济法命名法律,而且建立了以经济法为研究对象的经济法学。[④]这里主要介绍德国的竞争法、经济稳定与增长促进法。

在德国,竞争法作为一个法律部门和法学学科,有广义和狭义之分。广义的竞争法包括反不正当竞争法和反垄断法,狭义的竞争法则仅指反不正当竞争法。[⑤]德国是现代反不正当竞争法的发源地,早在1896年,德国制定了世界上第一部《反不正当竞争法》。目前实施的是1909年颁布并经过多次修改的《反不正当竞争法》,还有1932年的《附赠法》和1933年的《折扣法》。1958年,德国实施了《反限制竞争法》,该法经过七次修订。最新一次是2005年,于2005年7月1日正式实施。此次修订的目的是要将德国竞争法与欧洲共同体竞争法协调统一。[⑥]

为了实现经济增长、充分就业、物价稳定和收支平衡等宏观经济目标,德国在1967年制定了《经济稳定与增长促进法》。“二战”后,德国逐渐从统制经济转向社会市场经济,社会市场经济是经济自由主义、社会民主党的经济民主思想和传统的国家主义崇拜思想的结合,使市场竞争的自由与政府调控的权威并行不悖。德国的《经济稳定

① 参见:[美]戴维. G. 爱泼斯坦等著:《消费者保护法概要》(美国精选法学丛书),陆震纶等译,中国社会科学出版社1998年出版;张为华著:《美国消费者保护法》,中国法制出版社2000年出版。

② 黄蕙:《美国〈新农业法〉对我国的影响》,载人大复印资料《经济法、劳动法》2002年第10期,第82页。

③ 《美国法典》第十五篇“商业和贸易”第十四章A小企业资助法。

④ 潘静成、刘文华主编:《经济法》,中国人民大学出版社1999年出版,第5页。

⑤ 邵建东:《德国反不正当竞争法研究》,中国人民大学出版社2001年版,第1页。

⑥ 王健:德国竞争法的欧洲化改革——《反限制竞争法》第7次修订述评,《时代法学》2006年第6期。

与增长促进法》规定了宏观经济政策的目的、计划和年度经济报告；财政、金融、投资、外贸基本制度；联邦与各州的经济关系、宏观调控综合协调制度等。该法第一条规定“在市场经济的体制下，促使经济持续地适当的增长，同时保持物价稳定、高度就业和外资平衡”[①]。

（四）日本

日本的经济法制度和经济法学较为发达。在战争时期，形成以统制经济为核心的经济法。战后形成以禁止垄断法为核心，包含产业政策法、经济活动规制法、消费者保护法等的经济法。在法律制度方面，1934年制定了《不正当竞争防止法》，后以美国反垄断法为蓝本，1947年制定了《关于禁止私人垄断和确保交易的法律》，同年又颁布了《经济力量过渡集中排除法》。与美国自由经济相反，日本的市场经济是一种政府主导型的企业制度模式，政府与企业之间的关系密切。因而日本的禁止垄断法具有强烈的产业指导政策的性质，在实施中采取执法机构与企业之间充分的事先协商与事后谈判，以及劝告、警告、罚金等半正式处理措施。此外，日本在1950年制定了《国土综合开发法》，1953年制定了《中小企业稳定法》，1961年《农业现代化资金促进法》，1963年《中小企业基本法》，1968年制定了《消费者保护基本法》，等等。中小企业对于增加就业机会、促进市场竞争、创造新的行业、激活地域经济、适应社会发展等方面有很主要的作用，成为日本的经济基础，因而日本重视对中小企业的法律调整和保护，制定了一系列关于中小企业的法律，比如《中小企业现代化促进法》《承包中小企业振兴法》《中小企业事业领域调整法》《中小企业创造活动促进法》等，并于1999年修改了《中小企业基本法》，从推动中小企业的现代化发展到促进中小企业的结构改革。[②]

日本的经济法学研究成果丰富，金泽良雄、今村成和、丹宗昭信、田中诚二、正田彬等是日本较有影响的经济法学者。[③]日本的学者将日本法律汇编为《六法全书》，其中就包括独立一编“经济法”。

（五）韩国

韩国的经济法主要表现为反垄断法、产业发展法等。

20世纪60年代韩国实施以政府为主导的经济成长政策以来，为了加强对外出口竞争力，实施不均衡成长经济政策，因国内市场过渡狭小及实施助长垄断的产业政策，逐渐形成了市场垄断、经济力量过渡集中的社会问题。

从1963年开始制定公平交易法案到1981年《反垄断及公平交易法》得以实施，历时十八年。到1999年底，该法又经历了十八次修改。这部法律的目的，是防止经营者滥用市场支配地位和经济力的过度集中，规制不正当的共同行为及不公平交易行为，促进公平、自由竞争、发挥企业活动的创意性，保护消费者，促进国民经济的均衡发展。[④]该法具有三个特征：弊端规制主义，即垄断行为并不当然违法，只有违反公共利

---

① 谢增毅：《德国〈经济稳定与增长促进法〉及其新启示》，载人大复印资料《经济法、劳动法》2002年第7期，第82～86页。

② ［日］道重隆 等：《日本中小企业立法演变及新动向》，载人大复印资料《经济法、劳动法》2002年第1期，第71～75页。

③ 金泽良雄：《经济法概论》、丹宗昭信等：《现代经济法入门》，已经有中文版在我国出版。

④ 韩国《反垄断与公平交易法》第1条，见漆多俊主编：《经济法论丛》第六卷，中国方正出版社2002年出版。

益时，才予规制；行政规制主义，即以行政机构公平交易委员会作为执法主体；职权规制主义，即执法主体主动进行规制。① 此外，韩国还制定有《反不正当竞争及商业秘密保护法》。

为了强化产业竞争力，谋求产业均衡发展并促进提高产业结构的合理化，韩国在1999年制定了《产业发展法》，该法内容包括强化产业竞争力的发展规划、企业结构调整、提高产业技术与生产性、设立产业基础基金、设置产业发展审议会等等。

限于资料来源和篇幅，不能就外国经济法的发展情况做全面介绍。但上述国家的情况告诉我们，在当代以市场经济为背景的经济发展过程中，关于竞争和垄断的调整、消费者权益的保护、经济发展的平衡等，是每一个国家都不能回避的问题，而处理这些问题的法律方式，是新兴法律部门——经济法。

二、我国经济法的发展

（一）法律形态之经济法的发展过程和现状

经济法与经济法律不同。经济法是具有特定作用范围的法律部门。经济法律是与经济有关的法律集群，包括民商法、经济法、知识产权法、环境与资源法等。

我国经济法经历了两个发展阶段：第一阶段是1978年——1992年，这一阶段是从计划经济体制向市场经济体制转换的阶段。经济法主要体现为以企业法与经济合同法为中心。第二阶段是1992年至今，这一阶段是从确立市场经济体制到完善市场经济体制发展的阶段。

1993年3月，我国宪法修正案规定“国家实行社会主义市场经济”，“国家加强经济立法，完善宏观调控。”1999年，全国人民代表大会常务委员会提出中国的法律体系划分为七大部门，其中包括经济法。2008年2月，国务院新闻办公室发布《中国的法治建设》白皮书，具体阐述了七个法律部门。②其中经济法还包含了资源与环境法。就严格意义的经济法而言，主要包括市场管理与宏观调控两个方面。当前我国制定的市场管理方面的法律制度，主要有《反垄断法》《反不正当竞争法》《消费者权益保护法》《食品安全法》《药品管理法》《产品质量法》《银行业监督管理法》《价格法》和《外汇管理条例》《直销管理条例》《商业特许经营管理条例》等；宏观调控方面的法律制度，主要有《预算法》《政府采购法》《个人所得税法》《企业所得税法》《税收征收管理法》和《中小企业促进法》《中国人民银行法》《企业国有资产法》等法律。

经济法的实施，除了遵守之外，主要是通过行政执法和司法审判。行政执法必然与行政许可、行政处罚、行政复议、行政诉讼等行政法规则发生联系。经济审判，是我国经济体制改革过程中通过司法审判解决经济纠纷在司法领域的反映，法院设立了经济审判庭，③最高人民法院在2000年将经济审判并入民事审判，经济审判庭被取消。

---

① [韩] 卢秉昊：《韩国的反垄断法》，载李昌麒主编：《中国经济法治的反思与前瞻》，法律出版社2001年出版，第520～539页。

② 宪法及宪法相关法、民商法、行政法、经济法、社会法、刑法、诉讼与非诉讼程序法。

③ 1979年4月，重庆市中级人民法院首先设立经济审判庭，此后1983年的《人民法院组织法》规定各级法院设立经济审判庭，至今该规定尚未修改。

（二）法学形态之经济法的发展过程和现状

经济法学是以经济法为研究对象的法学学科，与我国经济法的发展阶段相应，我国经济法学的发展大致经历三个阶段。1978 年－1986 年，为我国经济法学的形成阶段，法学界对经济法理论问题展开了广泛而热烈的讨论，形成了诸多学说和观点[①]；1986 年－1992 年，为我国经济法学的调整阶段，《民法通则》的颁布使经济法学理论更为理性；1992 年至今，为我国经济法学的发展阶段，在经济法学理论研究方面形成了许多成果。[②]经济法学与民法学、行政法学、商法学的关系的相对划分，使经济法学从宽泛的法学领域中逐渐确定了自己的应有位置。在我国法学界，对经济法学科存在的价值和必要，已经获得共识，经济法学已经成为教育部对法学本科专业调整之后确定的法学专业核心课程。

学习总结与拓展

【关键词】

《自然法典》 经济社会化 国家干预经济 卡特尔 辛迪加 托拉斯 康采恩 《谢尔曼法》

【思考题】

1. 如何理解经济法是人类社会进入到资本主义社会之后的法律现象？
2. 空想经济法思想的内容和意义是什么？
3. 如何认识经济法形成的根本原因？
4. 资本主义社会经济法的形成与社会主义国家经济法的形成有何区别？
5. 我国经济法经历了哪些发展阶段？
6. 经济法与经济法律是何关系？
7. 我国经济法学理论体系有哪些内容？
8. 中国的法律体系划分为哪些部门？
9. 试从经济法的历史发展中思考经济法的发展演变规律。
10. 为什么说美国《谢尔曼法》是现代经济法形成的标志？

【阅读资料】

1. 魏琼：《西方经济法发达史》，北京大学出版社，2006 年。
2. 何勤华主编：《20 世纪外国经济法的前沿》，中国法制出版社，2004 年。

---

① 有代表性的学术成果如《中国经济法诸论集》，法律出版社 1987 年 2 月出版。梁慧星、王利明著：《经济法的理论问题》，中国政法大学出版社 1986 年 8 月出版。

② 如李昌麒：《经济法——国家干预经济的基本法律形式》，四川人民出版社 1995 年出版；杨紫煊先生主编：《经济法》北京大学出版社、高等教育出版社 1999 年 11 月出版；刘文华主编：《新编经济法学》，高等教育出版社 1995 年出版；刘复瑞：《经济法：国民经济运行法》，中国政法大学出版社 1984 年出版；漆多俊：《经济法基础理论》，武汉大学出版社 1996 年出版，2008 年第四版；史际春、邓峰：《经济法总论》，法律出版社 1998 年 11 月出版；张守文：《经济法理论的重构》，人民出版社 2004 年 4 月出版；等等。

3. 肖江平:《中国经济法学史研究》,人民法院出版社,2002 年。
4. 张世明:《经济法学理论演变研究》(修订版),中国民主法制出版社,2009 年。
5. [日] 丹宗昭信等:《现代经济法入门》,谢次昌译,群众出版社,1985 年。
6. [法] 摩莱里:《自然法典》商务印书馆,1982 年。
7. 国务院新闻办公室:《中国的法治建设》白皮书,2008 年。

第二章 经济法的概念和意义

【学习提示】理解经济法概念，认识经济法意义，是学习经济法的基础。本章分别从经济法的存在基础、经济法的调整对象、经济法的属性和特征、经济法的价值与宗旨等方面来阐述经济法的概念和意义。社会利益独立化、社会性经济关系、第三法域，是本章理解的难点和重点。此外，对市场规制关系、宏观调控关系、市场缺陷、政府缺陷的理解，也是学好经济法的基础。

第一节 经济法的存在基础

一、理解经济法的两种角度

（一）非专业角度对经济法的理解

所谓非专业角度对经济法的理解，是指社会一般人对经济法的认识。在这种认识看来，经济法就是解决经济问题的法律，或者是与经济有关的所有法律（甚至可以包含民法、商法等法律）。此种理解在一般民众之中有相当广泛的基础，以至于一些有关经济法的专业书籍不得不照顾到这种理解。①对于这种理解，我们将其称为“泛指经济法”。形成这种理解的原因主要有二：其一，我国经济法产生于社会转型时期，从阶级斗争转向经济建设，经济建设需要法律手段，因而人们对经济法寄寓莫大希望，认为与经济有关的法律就是经济法；其二，“经济法”名称的直观性和包容性，容易形成经济法就是与经济有关法律的判断。

（二）专业角度对经济法的理解

所谓专业角度对经济法的理解，是指从事法学教育与研究和法律工作的专业人员，按照法律部门划分理论对经济法的认识。在这种认识看来，经济法并非是与经济有关的所有法律，而是具有特定基础和对象，区别于民法、商法的一个独立的法律部门。对于这种理解，我们将其称为“特指经济法”。显然，本书是从专业角度阐述经济法。

二、社会利益是经济法的存在基础

对利益的确认、调整与保护，是法律存在的基础。在利益分类中，社会利益与个人利益、集体利益、国家利益是并列关系。我国《宪法》第 51 条的规定也将个人利益、

① 比较早的有高程德编写，在 20 世纪 80 年代作为电视大学教程的《经济法》，有陈素玉主编：《中国经济法》，西南财经大学出版社，1997 年。非法律专业的经济法教程普遍存在将民法、商法与经济法整合的情况。

集体利益、国家利益、社会利益并列。[①] 所谓社会利益，是指社会全体成员的公共利益。社会利益是公众对社会文明状态的愿望和需要，它包括公共秩序的和平与安全，经济秩序的健康、安全和效率化，社会资源与机会的合理保存与利用，社会弱者利益的保障，公共道德的维护等等。[②]

“社会”是一个弹性概念，可以是指一个社区，一个地方，一个国家，几个国家的联盟体，甚至国际社会。这里所指的社会，是相对于国家范围而言的社会。过去我们几乎是将社会利益与国家利益等同，或者将社会利益包含于国家利益之中，是“国家-社会”一体化的政治经济体制反映。然而国家利益与社会利益可以重合，也是可以分开的。比如，国家为了增加税收而放纵污染工业，造成环境污染，生态破坏，这时国家利益与社会利益发生冲突。在生产、劳动、经济越来越社会化的时代，承认社会利益的相对独立性非常重要，因为社会利益可以成为个人利益和国家利益之间的缓冲带与协调区。国家利益并不等于社会利益。社会利益也不是个人利益的简单重叠。社会利益独立化，是现代社会进步的体现。我国法律确认和保护社会利益（公共利益），并在具体规定中，将社会利益和国家利益分开表述。[③]社会利益具有如下基本属性：第一，社会利益具有客观性。首先，社会利益以社会安全和公共福祉为基本内涵。其次，社会利益可以通过法律列举性条款、概括性条款来界定和描述。[④]再次，社会利益不是个人利益的叠加，也不能简单地理解为个人基于利益关系而产生的共同利益，社会利益是具有普遍性的利益。第二，社会利益具有共享性。首先，社会利益不是特定的部分人的利益。其次，社会利益属于社会不特定公众所享有。第三，社会利益具有多样性。即社会利益的表现方式是多种多样的，既可以表现为财产方面，如公共财产，也可以表现为非财产方面，如生活水平、市场秩序。

社会利益独立化是经济法存在的根本性基础，而市场缺陷和国家干预，是社会利益独立化在经济领域的影响，这种影响促成了经济法的产生。社会利益独立化，是指社会利益独立于特定个人利益、团体利益、国家利益而成为一种独立的利益类型，这种独立的利益类型并非与个人利益、团体利益、国家利益对立，而是将个人利益、团体利益、国家利益中的一般要求、共同要求、整体要求、持续要求协调起来，达到个人、团体、国家利益的整体提升。社会利益独立化是在经济结构私人化与经济结构国家化之后，在经济结构以及经济交往社会化过程中逐渐凸显出来的利益诉求。反映在法律体系中，对社会利益的调整和保护，也从传统的私法法域与公法法域的边缘状态，逐渐成为社会法

---

① 《中华人民共和国宪法》第51条：中华人民共和国公民在行使自由和权利的时候，不得损害国家的、社会的、集体的利益和其他公民的合法的自由和权利。

② 孙笑侠：《论法律与社会利益》，《法理学论丛》第1卷，法律出版社1999年版，第395页。

③ 采用“北大法律检索数库”检索显示，截至2015年7月25日收录的233926件法律、行政法规、部门规章、司法解释，有1131件规定了“社会公共利益”，有119件规定了“社会利益”；在《合同法》《证券法》等法律中，国家利益与社会公共利益并列规定，在《物权法》等法律中，将国家对财产的征收条件规定为“为公共利益需要”。有研究者统计得出如下数据：在现行中国法中，有宪法、55部公法法律、87件行政法规、9部司法解释规定了公共利益；关于“公共利益”的用法及类似表述有近20种；公共利益的表述方式主要有概括规定、列举规定、示例规定等三种；界定公共利益表现出概括性实体化倾向；设置公共利益的目的分为四种。参见郑永流：《中国公法中公共利益条款的文本描述和解释》，《浙江社会科学》2013年第10期。

④ 如我国《公益事业捐赠法》第3条，《信托法》第60条。

法域的核心。换言之，对社会利益的调整和保护，是整个法律体系都不能回避的任务，但是，将社会利益作为主要调整和保护对象的是社会性法域，原因在于社会利益独立化。

第二节　经济法的调整对象

调整对象是法律部门划分的一般标准。经济法调整对象是经济法研究中的基本问题，围绕该问题形成了许多观点和流派，所谓调整对象，就是法律所作用的社会关系，对社会关系的分类成为法律部门划分的基础。然而，分类往往可以有多种角度和标准，故就会形成对法律调整对象的不同认识。

一、关于经济法调整对象的主要学术观点

（一）国外研究者对经济法的理解

经济法现象及其研究源于德国，随之扩及日本、法国等大陆法系国家。在德国，有集成说、对象说、世界观说、方法论说、机能说等经济法观点；①在日本，除了有着与德国类似的不同看法之外，有研究者明确提出了“经济法是以自由资本主义经济为基础，通过国家权力来完成民法无法解决的调节社会经济关系的法规”，②还有研究者认为经济法是独立于公法和私法的第三法域。③在法国，有经济法是企业法、经济法是国家干预经济生活法、经济法是普遍经济利益法等不同观点。④在苏联和东欧国家，也有经济行政法、学科经济法、纵横统一经济法等诸多不同认识。世界各国的法学家就经济法问题创造了丰富多彩的理论学说。⑤其中有几个观点值得注意：经济法是普遍经济利益法、经济法是弥补民法不足的法、⑥经济法是独立于公法和私法的第三法域。

（二）我国研究者对经济法的理解

我国法学界对经济法的研究和探讨倾注了不少精力，产生了许多学术观点。在20世纪80年代中期，经过多次大规模、广泛热烈的经济法理论讨论，形成了当时有代表性的五种观点：（1）综合经济法论：认为经济法是国家制定或认可的，以经济民法、经济行政法、经济劳动法方法调整平等的、行政管理性的、劳动的社会经济关系的法律规范的总和。经济法不是独立法律部门。（2）纵向经济法论：认为经济法是调整我国社会

---

① 集成说认为，在第一次世界大战期间及战后出现的新法律现象，凡是以直接影响国民经济为目的的规范总体，就是经济法；对象说因主张把经济法作为对象研究，并作为独立法律对待而得名，该学说认为，经济法是组织经济固有之法，所谓组织经济，是以改进生产为目的而规制的交易经济和共同经济；世界观说认为，18世纪以“自然”为时代基调，崇尚自然法，20世纪以“经济性”为时代基调，以经济性为特征的法为经济法；方法论认为，经济法是适用于经济生活的法学研究的社会学方法；机能说着眼于法律的机能，认为经济法是国家统制经济特有的法律。参见金泽良雄：《经济法概论》第5页—第8页。

② ［日］江上勋：《经济法、禁止垄断法概论》，载《经济法》，知识出版社，1982年版，第4页。

③ ［日］金泽良雄：《经济法概论》，满达人译，甘肃人民出版社，1985年版，第33页。

④ ［法］罗伯．萨维：《法国法律上的经济法概念》，载《法学译丛》1983年第5期。孙涛：《关于法国经济法的概念和学说》，载《法学家》1999年第4期。

⑤ 参见宋维义编：《外国经济法理论资料类编》，群众出版社，1986年版。

⑥ ［日］丹宗昭信等：《现代经济法入门》，谢次昌译，群众出版社，1985年版，第59页。

主义经济关系中的宏观纵向经济关系法律规范的总和，是一个独立的法律部门。(3) 经济行政法论：认为经济行政法是国家行政权力深入经济领域，对国民经济实行组织、管理、监督、调节的法律规范的结果。将行政方法和经济方法经过经济行政法的方法结合起来，达到单纯的行政方法和单纯的经济方法所不能达到的后果。(4) 纵横经济法论：认为我国经济法既调整一定范围的纵向经济关系，也调整一定性质的横向经济关系。纵向是指以隶属为特征的垂直经济关系，横向是指以协作为特征的平等经济关系。(5) 学科经济法论：认为经济法不是一个独立的法律部门，而是一门十分必要的法律学科。经济法是调整各种经济关系并分别属于各个部门法的法律规范的总称。①这个阶段的经济法理论对当时的经济立法有重大影响，比如1981年制定的《经济合同法》，即体现了纵横经济法论。

1986年4月《民法通则》颁布，权力机关在《民法通则（草案）》的说明指出："政府对经济的管理，国家和企业之间以及企业内部等纵向经济关系或者行政管理关系，不是平等主体之间的经济关系，主要由有关经济法、行政法调整，民法基本上不作规定"。至此，学术界关于经济法对象的争论受立法影响而降低。

1993年，《中华人民共和国宪法修正案》规定：国家实行社会主义市场经济，国家加强经济立法，完善宏观调控。关于经济法的调整对象问题在市场经济的新背景下拓展了新的认识空间。目前较有影响的学术观点主要有：

(1) 国家协调经济运行说：认为经济法是调整在国家协调本国经济运行过程中发生的经济关系的法律规范的总称。这些经济关系包括：企业组织管理关系、市场管理关系、宏观经济调控关系、社会经济保障关系。②

(2) 需要由国家干预说：认为经济法是国家为了克服市场调节的盲目性和局限性而制定的调整全局性的、社会公共性的、需要由国家干预的社会经济关系的法律规范的总称。这些关系有市场主体调控关系、市场秩序调控关系、宏观经济调控关系和社会分配调控关系。③

(3) 国家调节说：认为经济法是调整在国家调节社会经济过程中发生的各种社会关系，以保障国家调节，促进社会经济协调、稳定和发展的法律规范的总称。国家调节社会经济有三种基本方式：制定反垄断和限制竞争法以及反不正当竞争法，排除市场障碍；国家以直接参与方式投资经营；国家以促导方式对社会经济实行宏观调控。④

(4) 经济管理与市场运行说：认为经济法是国家为保证社会主义市场经济的协调发

① 参见《中国经济法诸论》，法律出版社，1986年版。

② 杨紫烜、徐杰主编：《经济法学》，北京大学出版社，1994年版，第32页－41页。杨紫煊主编：《经济法学》，北京大学出版社、高等教育出版社，1999年11月版，第25－35页。

③ 李昌麒主编：《经济法学》，中国政法大学出版社，1994年5月版，第32页－34页。李昌麒著：《经济法——国家干预经济的基本法律形式》，四川人民出版社，1995年版。

④ 漆多俊：《经济法基础理论》，武汉大学出版社，1993年第一版，1996年第二版，2000年第三版，法律出版社2008第四版。漆多俊主编：《经济法学》，武汉大学出版社，1998年版，《市场、调节机制与法律的同步演变》，载《经济法论丛》第一卷。漆多俊先生原来的观点是国家经济管理关系论，认为社会经济关系分为民间经济关系和国家经济管理关系，前者由民法调整，后者由经济法调整。所谓国家经济管理关系，即国家在对社会经济进行干预、管理和组织过程中，以国家（或其代表）为一方主体，同有关各方之间发生的经济权利义务关系。参见《经济法基础理论》1993年版，第28页－30页。

展而制定的，有关调整经济管理关系和市场运行关系的法律规范的统一体系。包括国家经济管理关系、市场运行关系、组织内部经济关系、涉外经济管理关系。①

(5) 限定的纵横统一说：认为经济法是调整经济管理关系、维护公平竞争关系、组织管理性的流转和协作关系的法。该观点的一个特点是将经济法归结为“法”，而不是“法律规范的总称”。②

(6) 经济管理说：认为经济法调整发生在政府、政府经济管理机关和经济组织、公民个人之间的以社会公共性为根本特征的经济管理关系。具体包括市场管理关系、宏观经济管理关系、对外经济管理关系。③

(7) 新经济行政法说：认为经济法是国家从社会整体利益出发对市场干预或调控、管理的法律，是各国都认同的一个法律部门，就其性质而言是公法，也就是经济行政法。④

此外，还有学者试图从“法体制”的角度来解说经济法，认为经济法体制，是法在调整国民经济总体运行过程中所形成的法制度、法形式和法方法的总和。⑤也有一些研究者从经济学与法哲学的角度描述经济法。⑥

也有研究者认为经济法不具有独立性。⑦

(8) 调制关系说：认为经济法的调整对象包括两个方面，一个是宏观调控关系，一个是市场规制关系，合称为“调制关系”。经济法是调整调制关系的法律规范的总称。⑧

二、经济法调整社会性经济关系

经济法调整一定经济关系，这是多数研究者的一致看法，关键是“一定”的范围如何界定。经济关系，是关于财产的生产、分配、交换、消费过程中所发生的关系。从经

---

① 刘文华主编：《新编经济法学》，高等教育出版社 1995 年版，潘静成、刘文华主编：《中国经济法教程》，中国人民大学出版社 1995 年版。刘文华、潘静成先生原来的观点是管理协作关系论，认为中国经济法主要调整经济管理关系和国家计划指导下的经济协作关系。经济管理关系包括对计划、组织、指挥、调节、监督等过程中所发生的经济关系；经济协作关系包括经济联合关系和经济竞争关系。刘文华、潘静成主编：《经济法基础理论教程》，高等教育出版社 1993 年版，第 40 页—43 页。最近，二位先生的观点表述有一些调整，认为“经济法是调整经济管理关系、维护公平竞争关系、组织管理性的流转和协作关系的法”，见刘文华、潘静成主编：《经济法》，中国人民大学出版社 1999 年 10 月出版，第 55 页。

② 史际春、邓峰：《经济法总论》，法律出版社 1998 年 11 月版，第 30 页。作者认为，作为经济法调整对象的经济关系，“纵”不包括非经济的管理关系，国家意志不直接参与或应由当事人自治的企业内部管理关系；“横”不包括公有制组织自由的流转和协作关系以及其实体权义不受国家直接干预的任何经济关系，故谓限定的纵横统一说。并认为把法的部门及其存在机械地理解为用法律规范来“搭积木”，既造成了法的部门同现实法和法渊源的脱节，也使传统学说对于既存和应然之各个法的部门不能自圆其说的情况愈益严重。赞同“纵横统一论”的观点还见 孔德周：《“纵横统一论”是科学的经济法基础理论》，载《政法论坛》1997 年第 1 期。

③ 王保树主编：《经济法原理》，社会科学文献出版社，1999 年版，第 26～28 页。

④ 王家福等：《社会主义市场经济法律制度建设问题》，载《中共中央举办法律知识讲座纪实》，法律出版社，1995 年版，第 98 页。

⑤ 刘瑞复：《经济法：国民经济运行法》，中国政法大学出版社，1994 年版，第 167 页。

⑥ 胡泰来：《经济与法之学——经济法学科内涵另释》，载《政法论丛》1999 年第 5 期；刘水林等：《经济法调整对象的法哲学及经济学考察》，载《法律科学》2000 年第 2 期。

⑦ 蒋大兴：《规范解剖：经济法的新思维——从〈反不正当竞争法〉透视我国经济法的非独立性》，载《法商研究》1997 年第 1 期。王克稳：《行政法学视野中的“经济法”》，载《中国法学》1999 年第 4 期。

⑧ 张守文主编：《经济法》，科学出版社，2008 年 6 月，第 9—10 页。

济关系的性质来看，经济关系可以分为个体性经济关系、社会性经济关系。个体性经济关系，主要是平等主体的自然人、法人、其他组织之间体现个体利益主张的经济关系。社会性经济关系，是消费者、经营者、管理者之间在经济活动中所发生的涉及社会利益的经济关系。

经济法所调整的一定经济关系，即社会性经济关系。这里所称社会性经济关系，是指涉及社会不特定主体利益的经济关系，主要包括经济秩序中的公平竞争和交易关系、经济发展中的平衡协调和持续发展关系。前者主要体现为对市场交易主体和行为的规制，后者主要体现为对宏观经济结构和运行的调控。

从法学角度对经济调整对象再加以分析，经济法调整对象主要是两种关系：其一，市场规制关系，是指在弥补市场缺陷、排除市场障碍、规范市场运行过程中发生的社会性经济关系，主要表现为公平竞争关系、反垄断关系、公平交易关系（保护消费者利益是实质性的公平交易关系）；其二，宏观调控关系，是指因经济结构、经济总量、收支平衡等调整过程中发生的社会性经济关系，主要表现为产业调整关系、财政税收关系、金融监管关系、国有资产运营监督关系。

第三节　经济法的属性和特征

一、经济法的属性

（一）关于经济法属性的学术观点

法律属性，是学理上对法律性质所属划分和归类安排，表明法律的类特征，也体现法律的性质。关于法律属性最基本的划分，是有关公法、私法的性质区别。

区分公法与私法是建立市场经济法律制度的前提。[①]民法属于私法，行政法属于公法，这是没有争议的。而经济法属于什么法，则有不同认识：一种观点认为经济法是公法；[②]另一种观点认为经济法一部分属于公法，另一部分由公法与私法两种因素融合为一体；[③]第三种观点认为，经济法是具有公法、私法兼容性质的第三法域，[④]其论点主要有，从经济法的发展历史来看，经济法是公法私法二元结构体系崩溃的产物；从经济法的调整对象来看，它主要包括公的关系，也包括一定私的关系，主要体现在国家通过制定经济法律矫正市场主体之间实际存在的不平等关系；从调整手段来看，经济法体现的权力关系不完全同于公法所体现的权力关系。

（二）经济法具有社会法属性

我们认为，经济法是介于公法与私法之间的第三法域。主要是基于以下理由：公法与私法的划分，是建立在国家和市民利益区别的二元基础之上，在经济社会化因素不突

① 王家福等：《社会主义市场经济法律制度建设问题》，载《中共中央举办法律知识纪实》，法律出版社 1995 年 2 月版，第 90 页。

② 王家福等：《社会主义市场经济法律制度建设问题》，载《中共中央举办法律知识纪实》，法律出版社 1995 年 2 月版，第 98 页。

③ 程信和：《公法、私法、经济法》，载《中外法学》1997 年第 1 期。

④ 李昌麒、鲁篱：《中国经济法现代化的若干思考》，载《法学研究》1999 年第 3 期。

出的时代，这种划分能够为表述和处理法律问题提供一种简明的方法。但在生产、劳动、经济社会化时代，为解决竞争公平有效、弱者特殊保护、社会救济保障、资源合理使用、经济持续发展等社会问题，产生了一批社会性法律，概括称为“社会法”，它与公法、私法并列，一起构成了三位一体之现代国家的法律体系。①

所谓社会法，从广义上讲，是相对于公法和私法而独立存在，以社会利益为本位的第三法域；从狭义讲，社会法是包含劳动法和社会保障法的独立的法律部门。②从法域意义上讲，社会法是在社会本位基础上，采用公法方式对传统私法领域进行调整，适应于经济社会化发展要求而形成的独立于公法和私法领域的第三法域。社会法所保护的对象，不同于传统私法意义上的具有抽象法律人格的一般人，即自然人、法人，而是具有社会属性的具体的一类人，比如消费者、中小企业、劳动者等。社会法所要规制的对象，不同于传统公法意义上的国家机关、行政机关，而是经营者、监管者、雇主等。

从法律属性来看，经济法是属于介于公法和私法之间的第三法域——社会性法域。③

需要说明的是，对于公法、私法、社会性法域的划分不能绝对。公之极则私，私之尽则公，“只有在抽象价值观的层面上掌握它才是有意义的，否则就会造成谬误”。④

二、经济法的特征

经济法的特征是经济法区别于其他法律现象的特性表征。由于经济法是属于社会性法域的法，是调整社会性经济关系的法，是以市场规制关系和宏观调控关系为具体对象的法。因此，经济法具有以下特征：

（1）社会性。社会性特征是指经济法属于以社会为本位的社会法特性，区别于个体本位的私法，如民法。也区别于国家本位的公法，如行政法。但是经济法的社会性特征与属于社会法领域的社会保障法、环境保护法等具有的社会性有相同之处。

（2）经济性。经济性特征具有两层含义，其一是指经济法调整的对象是一定范围的经济关系，及市场经济中的交易、竞争、消费、财政、税收、金融关系，区别于调整非经济关系的法，如调整人身关系或者组织管理关系的法；其二是指经济法的调整具有降低社会成本，增加社会收益和社会福利，提高社会经济效益的“经济”特性，区别于不具有“经济”特性的法，如调整犯罪与刑罚关系的刑事法。

（3）规制性。规制，即规范和控制。规制性是指经济法在调整方法上采用倡导、激励、促进等积极规范方法与许可、限制、禁止等消极规范方法结合，以实现社会经济的公平交易经济秩序和平衡持续发展目的之法律调整手段上的特性。

对经济法特征的描述，是为了更好认识经济法在现代市场经济中的存在意义和作用机理。

---

① ［日］峰村光郎：《经济法基本问题》，应庆通信株式会社，1959年版，第179页。转引自程信和等：《比较法在日本经济法发展中的作用及对中国的启示》，载《法学评论》1999年第2期。

② 王为农等：《社会法的基本问题：概念与特征》，载人大复印资料《经济法、劳动法》2003年第2期，第31页。

③ 关于经济法属于社会法的观点，参见［日］金泽良雄著：《经济法概论》，第30－33页。

④ 史际春等：《经济法总论》，第42页。

第四节　经济法的价值取向和宗旨

一、经济法的价值取向

（一）价值取向一般含义

通常，价值被界定为客体满足主体需要的积极意义或客体的有用性，包含价值关系和价值属性。法律价值是在人与法的关系中体现出来的法律的积极意义或有用性。[①] 法律价值是以多元要素构成的体系，内含着人对法律的理想，体现在现实法律规范之中。法律价值有多元要素，诸如秩序、正义、平等、自由、效率、安全等。不同类型的法律，其价值体系的要素结构、排列顺序有所不同，此为价值取向。价值取向是以价值要素的序列安排以及对价值要素赋予一定内涵为特征。比如，民法是通过确认个体的天赋权利、自由意志、独立地位来建立市民社会的法律秩序，以个体之间的平等、自由、独立为价值序列，以个体利益实现为要素内涵，此种个体本位的安排体现出民法的价值取向。行政法通过确立和规范行政机构及其相互之间的权力关系以及行政机关与行政相对人之间的管理关系来建立政府运作的法律秩序，以安全、服从、公正为价值序列，以国家（政府）利益实现为要素内涵，这种国家本位的安排体现出行政法的价值取向。特定法律的价值取向的形成有历史根源、社会背景、文化传统等方向的原因，并随之变化而变化。

（二）经济法的价值取向

在经济社会化背景下形成的经济法，其价值取向是建立在社会本位基础上为实现社会整体利益的新公平观和社会效率观。

该新公平观包含以下含义：

1. 从形式公平到实质公平

所谓形式公平，即假设每个人在法律上具有平等人格、平等能力，因而每个人应当接受自己行为的结果，而不论该结果如何。实质公平，是在平等人格条件下充分考虑主体能力和环境差别的存在，在承认该差距经济意义的合理性的同时，更兼顾社会意义上的合理性，如对弱者的保护、对垄断的禁止、对财富分配的调整等，使结果趋于公平。民商法侧重于形式公平，经济法注重实质公平。

2. 从局部公平到整体公平

所谓局部公平，是指从地区立场出发对公平的判断。整体公平是指从全社会角度出发对公平的判断。比如林区砍伐树木换取所需资金和设备，从林区角度来看是公平的，然而从社会整体利益角度来看则因其破坏生态有害社会，并非公平。经济法主张整体公平。

3. 从现实公平到长远公平

为了现实经济利益而对资源进行掠夺性开发、对财富采取透支性使用，不考虑资源的隔代分配，也不顾社会可持续发展。这就是看重现实公平，无视长远公平。经济法注

---

① 张文显：《法学基本范畴研究》，中国政法大学出版社，1993年版，第252页。

重长远公平。

该社会效率观包含以下含义：

1. 从社会整体角度实现资源优化配置。

资源配置的方式有市场机制和人为机制。市场机制是利用价值规律和供求规律来配置资源，但市场机制配置资源的优化评价通常是从特定市场主体角度来考量的。如果从社会整体角度来看，并非最优或者次优。比如，有限的土地资源是用于房地产开发还是要作为耕地，就需要将市场机制与人为机制结合起来，从社会整体角度考量有限土地资源的优化配置。

2. 降低社会成本，增进社会福利。

这里所称社会成本，是指在资源配置过程中所发生的交易费用，包括由当事人承担的交易费用（内部化）和由他人承担的交易费用（外部化）。社会福利，是惠及社会多数人的福利。基于社会本位的合理有效的制度安排有助于降低社会成本，增进社会福利。比如，反垄断法的制度安排对于限制竞争行为的禁止从而实现社会福利的增加。

3. 设定社会责任，提高社会效率。

社会责任，是社会成员对社会和谐发展应该履行的义务。社会成员在追求自身利益最大化过程中，需要考虑社会责任，而这种社会责任不仅仅是道德要求，还是制度规范的引导。比如，依法纳税、诚信经营、公平竞争等。

经济法的价值要素序列是经济关系的实质公平、经济行为的社会效率、经济发展的持续协调。在价值取向方面，如果说民法以个人为本位，强调个人权利和利益，行政法以国家为本位，强调政府权力和国家利益，经济法则以社会为本位，强调社会利益和社会持续发展。[①]

（二）经济法的宗旨

法律的宗旨，是法律价值的最终目的体现。从根本上讲，法律的宗旨在于促进社会文明进步、提高人的生存质量、实现人类美好理想。然而，由于社会发展过程中的缺陷，人性包含着“恶”，所以法律往往是通过矫正缺陷、限制性恶来接近宗旨。

经济法的宗旨，是实现社会经济协调平衡持续发展。

社会经济平衡大致有三种类型：一是自然平衡，二是人为平衡，三是综合平衡。完全的自由经济通过价值规律实现自然平衡，得到阶段性发展；纯粹的计划经济通过人为安排实现经济平衡，但是这种平衡也是阶段性的。这两种经济平衡类型的效果已经被事实证明只能是阶段性的。要实现可持续的社会经济平衡发展，则需要将自然平衡与人为平衡结合，即市场调节与国家调控结合，是为综合平衡。综合平衡的基础是市场价值规律，导向是社会利益协调，机理是国家调整控制，目的是提升人的生存状态。

社会经济协调平衡发展，包括供给与需求、进口与出口、投资与消费，产业结构协调平衡等；资源的隔代分配平衡、经济稳定和经济发展的平衡、经济安全与经济发展的

① 关于经济法的价值研究，可参见史际春等：《经济法的价值和基本原则刍论》，载《法商研究》1998 年第 6 期；欧阳明程：《整体效益：市场经济条件下经济法的主导价值取向》，载《法商研究》1997 年第 1 期；徐士英等：《经济法的价值问题》，载《经济法论丛》第 1 期（1999 年出版）。

平衡、资源利用与资源保护的平衡、生态环境与发展开发的平衡等。[①]

第五节　经济法的初步定义

一、经济法的初步定义

综上所述，可以对经济法下一个初步定义：经济法是经济社会化的产物，经济法以社会利益为基础，以新公平观和社会效率观为价值取向，以实现社会经济协调平衡发展为宗旨，以市场规制关系和宏观经济调控关系为调整对象的法律规范之和。

对于该定义，在理解上应当注意三点：第一，经济法是经济法律规范的总称，不是经济法律的总称；第二，经济法在规范上与其他法律有部分交叉；第三，经济法与经济法学有区别。

二、经济法的意义

经济法的意义，是指经济法所具有的功能。一般来说，法主要有指引、评价、预测、强制、教育等方面的功能。[②]“经济法是从超越民法界限的地方开始的”。[③]因此，经济法的功能应当是弥补民法之不足，矫治市场的缺陷，同时，防范政府失灵而限制政府滥权。从实证角度来看，经济法的意义在于满足社会需要。需要经济法的逻辑前提是基于两方面的实证判断：第一，市场有缺陷，克服市场缺陷的方法是政府干预；第二，政府也有缺陷，克服政府缺陷的办法是法律限制。

(一) 弥补民商法缺陷不足，矫治市场

民商法以人格平等为基础，以意思自治为核心，以实现个体利益为目的，能够适应自由市场经济的一般需要。但是市场自身有缺陷，市场缺陷的表现主要有：(1) 市场功能缺陷。市场的主要功能是通过价格信号来调节和配置可以市场化的资源，但在提供公共产品和维护公共利益等非市场化方面存在明显不足。(2) 市场机制缺陷。市场机制主要是竞争机制，通过竞争获得效率，但是竞争必然会孕育出其反面——垄断，市场机制本身不具有限制垄断的能力。(3) 市场效果缺陷。市场的开放性是以参与者的机会平等为假设，没有考虑个体参与者在资源禀赋上存在的差异，因而市场效果存在非公平性。(4) 市场调节缺陷。市场调节是通过价格信息传递作用于市场参与者，当信息滞后或信息错误、参与者信息获得不充分时，市场调节不能自动有效纠正。(5) 市场分配缺陷。市场分配追求资源在当前市场中效率最大化，资源分配的当前性和长远性的矛盾难以通过市场本身解决。市场缺陷说明市场并非是万能的。民商法对市场缺陷难以纠正，经济法可以弥补民商法之不足，通过市场规制，矫治市场缺陷。

---

① 有研究者认为，经济法的目的是谋求国民经济的发展、社会整体利益的平衡、国家经济的安全，因此提出发展、公平、安全三位一体的经济法目标。程信和：《发展、公平、安全三位一体》，载《华东政法学院学报》1999 年第 1 期。这也是一种社会经济平衡协调发展观。

② 葛洪义主编：《法理学》，中国政法大学出版社 1999 年版，第 111－114 页。

③ [日] 丹宗昭信等：《现代经济法入门》，第 59 页。

（二）规范政府行为，限制政府滥权

市场规制与宏观调控的执法主体，主要是政府。但政府也并非万能，政府也有缺陷。政府缺陷主要有：（1）政府判断缺陷。相对而言，政府的信息获取较经济个体有优势，但并不意味着政府判断没有错误，因为政府的判断是经过信息多次传递之后做出，这就存在信息传递当中的变异和政府对信息处理过于自信的可能。（2）政府能力缺陷。经济活动有自身规律，有的事情不需要政府管理，政府也管不好。比如，完全应由当事人之间的合意解决的事情，政府的能力再大，也不能代替当事人。（3）政府行为惯性缺陷。政府行为通常以抽象性、普遍性行为为主，此种行为实施效果具有昭示性，对此后的相同行为具有预先判断的效果，如果政府行为失当，其行为惯性将产生巨大的不利益。（4）权力寻租缺陷。政府是权力者，权力自身有追求实现的内在要求，当权力以对价方式实现时，就产生权力寻租。在经济活动中，当权力寻租出现时，权力的公共性就被个别利益掩盖，导致权力滥用。（5）权力扩张缺陷。权力有扩张的内在冲动，当权力扩张时，必然冲破权力界限，而利用权力的能量破坏权力外秩序。由于政府缺陷存在，政府对市场经济的干预、介入和调控就不能是任意的。政府行为需要规范，防止滥用权力。规范政府行为的法律，主要是行政法。行政法主要是从行政程序角度限制政府滥权。经济法则从社会利益判断角度通过立法和法律实施来克服政府缺陷，使政府对市场的干预、调控、规制保持适度和适当。

完全的自由经济不需要经济法，完全的管制经济也不需要经济法。当自由经济发展到需要调控，而管制经济发展到需要自由的时代，以克服市场失灵而需要政府干预和避免政府过度干预的经济法成为必要。

学习总结与拓展

【关键词】

泛指经济法　特指经济法　社会利益独立化　社会性经济关系　市场规制关系　宏观调控关系　第三法域　市场缺陷　政府缺陷

【思考题】

1. 怎样理解经济法概念？
2. 如何认识经济法的意义？
3. 如何理解经济法的新公平观？
4. 经济法有何特征？
5. 为什么说社会利益独立化是经济法存在的基础？
6. 经济法属于公法还是私法？
7. 第三法域是什么含义？
8. 个体性经济关系与社会性经济关系的联系和区别是什么？
9. 某房地产开发有限公司通过报刊广告宣传其开发的楼盘，对该楼盘的环境采用意境图美化，受其引导，张某与之签订了购房合同。试从民法、经济法角度分析之。
10. 在城市房屋拆迁中，是否应该区分商业性拆迁与公益性拆迁？为什么？

【阅读资料】

1. ［日］金泽良雄：《经济法概论》，满达人译，甘肃人民出版社 1985 年。

2. 李昌麒：《经济法——国家干预经济的基本法律形式》，四川人民出版社 1995 年。

3. 漆多俊：《经济法基础理论》（第四版），法律出版社 2008 年。

4. 李昌麒、陈治：经济法的社会利益考辨，载《现代法学》2005 第 5 期。

5. ［德］沃尔刚夫. 费肯杰：《经济法》，张世明、袁剑、梁君译，中国民主法制出版社 2010 年。

第三章　经济法的原则和体系

【学习提示】经济法基本原则、调整方法、经济法与相关法律部门的关系以及经济法体系，是结合经济法实践而对经济法的理论描述，因而本章的学习重在思考。其中关于经济法与民法、商法、行政法之关系的认识，需要结合相关法律规范来分析。对于经济法体系的认识，则需要结合前面两章的内容。

第一节　经济法的基本原则

法律原则是法律价值和法律规范之间的重要联系，也是进行法律制定、解释和法律适用的指导。经济法基本原则，是在经济法的立法和具体适用中所应当遵循的准则。经济法基本原则是经济法价值的反映，是经济法本质和宗旨的具体体现。

我国学者关于经济法原则的论述，有许多研究成果。① 目前，关于经济法基本原则的阐述，还处于学理层面，尚未进入制度层面。因此，我们需要从合理性层面来看待经济法基本原则。本书根据已有研究成果和前述经济法宗旨、价值，对我国经济法基本原则做如下表述：

一、保障社会利益原则

从广义角度来看，保障社会利益是法律制度的基本功能，并非经济法特有功能。但是，经济法保障社会利益的特点在于正面保障、肯定保障、积极保障。经济法保障社会利益原则是通过立法、执法和司法保障来体现的。就立法保障而言，不仅体现在立法目的或者宗旨之中，还需要反映在相应法律规范之内。比如，我国已经制定的《政府采购法》《招标投标法法》《中小企业法促进法》《证券法》《商业银行法》《广告法》等法律中，明确规定“维护社会公共利益”；就执法和司法保障来说，当个体利益与社会公共利益发生冲突的情况，执法机构和人员需要进行利益权衡，在保障社会利益的前提下来最大限度协调个体利益。

确认保障社会利益为经济法的基本原则，有利于社会发展从而保障公众利益的实现。从操作层面来看，该原则最关键的问题是需要确立判断社会利益的合理有效标准，

---

① 参见李昌麒：《经济法——国家干预经济的基本法律形式》第四章第三节。许明月主编：《经济法学论点要览》第 324－406 页。程宝山在《经济法理论新思考》中提出经济法的原则是“适度规制与适度自由结合”，见《郑州大学学报》2000 年第 5 期，鲁篱在《经济法基本原则新论》中认为经济法原则是“适当干预”与“合理竞争”，见《现代法学》2000 年第 5 期。张守文在《经济法》教材中提出“调制法定原则、调制适度原则、调制绩效原则”，科学出版社 2008 年版，第 53－54 页。

并将该标准法律化。国内外关于企业社会责任的理论和实践，是这方面的一种探索（关于企业社会责任，本书第五章有专门阐述）。

二、维护正当竞争原则

竞争是市场机制的精髓，但是完全的自由竞争反而会形成限制竞争的垄断，产生破坏竞争秩序的不正当竞争，引发竞争的外部性。经济法所调整的关系之一是市场规制关系，市场规制目的是消除市场缺陷、维护市场机制有效运行，是对限制竞争行为和不正当竞争行为的否定。

所谓正当竞争，在立法层面表现为体现合理竞争与有效竞争的要求。合理竞争，是有利于社会范围内资源优化配置、有利于减少交易费用、有利于推进社会经济持续发展的竞争。有效竞争，是将规模经济与竞争活力有效协调，能够通过竞争增加社会效益，并能形成有利于长期均衡发展的竞争格局。通过立法体现合理竞争与有效竞争要求，其实是对竞争过程中的初始权利加以界定，从而为实践中判断竞争的正当性提供依据。从执法和司法层面来看，正当竞争则主要表现为有序竞争、合法竞争。

确认维护正当竞争为经济法的基本原则，对于充分发挥市场机制的作用、保护消费者的合法权益、建立规范高效的市场竞争秩序，具有积极意义。

三、规范适度调控原则

调控，即调整和控制。适度调控，是指在宏观经济调控过程中调控目的要合理、调控内容要有针对性、调控预期以及结果要有效。规范适度调控，是指按照法律规范要求对调控主体、调控行为、调控程序、调控权限、调控方式的合法性予以约束。因而，宏观调控的适度与规范，是对宏观调控正当性与合法性的要求。

经济法的调整对象之一是宏观调控关系。宏观调控的实施主体主要是政府及其部门。由于宏观调控需要考虑因素比较多，调控行为在某种程度上需要调控主体拥有自由裁量空间，因而更需要从调控权限、程序方面加以规范，并以该规范来保障调控适度。

将规范适度调控作为经济法的基本原则，有利于规范政府行为，避免任意、盲目、越权等调控行为发生，避免因过度调控与任意调控给社会利益造成损害。

第二节 经济法的调整方法

法的调整方法，是针对法律的调整对象所采取的实现法律宗旨的手段和方式，一般是通过法律规范的设计和适用，对相应行为加以调整和评价来体现。经济法的调整方法也不例外，但是经济法的调整方法有其特点。

法律规范，其逻辑结构是由前提条件、行为模式、法律后果三个要素组成。[①]通过法律规范而采取的法律调整方法，最关键的是行为模式与法律后果的设计，由此区分法律规范的类型并产生法律调整的效果。

---

① 葛洪义主编：《法理学》，中国政法大学出版社，1999年版，第305页。

一、行为模式与法律规范类型

（一）刚性行为模式与强制性规范

刚性行为模式，是指法律规定的没有选择空间的行为模式，这种行为模式体现了立法者对行为人的严格要求。与此对应的法律规范是强制性规范，强制性规范主要包括命令性规范和禁止性规范。

命令性规范是规定行为人必须做或应该做什么的规范，是一种积极性义务性规范。禁止性规范是规定行为人不得做或者必须做什么的规范，是一种消极义务性规范。在经济法中，作为竞争主体的经营者的竞争行为以及作为规制主体和调控主体的政府机构的职务行为，要收到命令性规范和禁止性规范的强制，违反强制性规范，应受到法律制裁。

（二）弹性行为模式与任意性规范

弹性行为模式，是指法律规定了选择空间的行为模式，这种行为模式体现了立法者对行为人选择行为与自由裁量的认可。与此对应的法律规范是任意性规范。任意性规范主要包括弹性规范和授权性规范。

弹性规范，是规定自由选择或者裁量空间的规范。比如，消费者对于存在质量问题的产品，可以选择修理、退货。市场管理部门对不正当竞争行为可以在法律规定的范围内决定处罚尺度。授权性规范是规定行为人有权为一定行为或者不为一定行为的规范。在私法领域，授权性规范给予私法主体以自由选择的权利。但是在公法领域，授权性规范要求公法主体通过行使职权的方式来履行职责，故公法领域中的授权性规范不具有任意性。

（三）柔性行为模式与倡导性规范

柔性行为模式，是指法律通过规定倡导、鼓励、表彰、劝导等方式，引导行为人的行为取向的行为模式。这种行为模式体现了立法者非强制也非任意的引导方向。与此对应的法律规范是倡导性规范。

倡导性规范，是规定提倡、鼓励、引导方向的规范。比如《产品质量法》第六条规定："国家鼓励推行科学的质量管理方法，采用先进的科学技术，鼓励企业产品质量达到并且超过行业标准、国家标准和国际标准。对产品质量管理先进和产品质量达到国际先进水平、成绩显著的单位和个人，给予奖励。"《消费者权益保护法》第六条规定："保护消费者的合法权益是全社会的共同责任。国家鼓励、支持一切组织和个人对损害消费者合法权益的行为进行社会监督。大众传播媒介应当做好维护消费者合法权益的宣传，对损害消费者合法权益的行为进行舆论监督。"《反不正当竞争法》第四条规定："国家鼓励、支持和保护一切组织和个人对不正当竞争行为进行社会监督。"除了立法体现的柔性行为模式之外，实践中的行政指导，即行政机关在职权范围内给予相对人的建议、劝导、告诫，也属于柔性行为模式。倡导性规范不具有强制性，因此不响应倡导并不发生制裁性法律后果，为了使人们接受倡导，法律设计了奖励性法律后果。倡导性规范并非完全无拘束，如果按照规范应当奖励而不奖励，则构成侵权。倡导性规范改变了法律调整方法就是民事制裁、行政制裁、刑事制裁的否定式调整方法的偏颇，将肯定式调整作为法律调整方法，不仅以制裁威慑，并以奖励倡导。在社会化过程中，倡导性规范会逐渐增加。

二、经济法的调整方法

(一) 强制性规范、任意性规范与倡导型规范调整结合

经济法的调整方法，与经济法功能相联系，并为实现经济法宗旨服务。要实现社会经济平衡协调发展，需要采取刚性、弹性和柔性多种调整方法相结合，在立法和法律实施方面，就是将强制性规范、任意性规范与倡导性规范相结合，并根据具体情况和条件，适时选择与组合不同方法搭配，通过授权、命令、禁止、引导来进行市场规制和宏观调控，从而实现社会经济平衡运行。

以我国《反不正当竞争法》为例：为了防止和消除不正当竞争行为，该法授权工商行为管理机关对不正当竞争行为进行查处，对十一种不正当竞争行为加以禁止性规定，鼓励、支持和保护一切组织和个人对不正当竞争行为进行社会监督，规定了受不正当竞争行为损害的经营者可以向行政执法机关请求保护，也可以向人民法院起诉。

(二) 奖励与惩罚相结合

奖励是法律调整的肯定性评价，惩罚是法律调整的否定性评价。由于社会利益的普遍性以及考虑维护社会利益的效益性，经济法的调整方法不单纯采用否定性评价，而是采取肯定性评价与否定性评价结合。奖励，包括物质奖励和精神奖励。惩罚，包括财产惩罚（罚款、惩罚性赔偿、没收财产）、资格惩罚（吊销执照、取消资格）和刑事制裁。

以我国《产品质量法》为例：法律对生产、销售不符合保障人体健康，人身、财产安全的国家标准、行业标准的产品的行为，规定责令停止生产或停止销售，没收违法生产、销售的产品和违法所得，并处罚款，可以吊销营业执照；构成犯罪的，依法追究刑事责任。法律还规定，对产品质量管理先进和产品质量达到国际先进水平、成绩显著的单位和个人，给予奖励。

还应该提及的是，经济法学界基于保障社会公共利益的经济法原则而研究并倡导通过公益诉讼来调整个体利益与公共利益的冲突，已经获得法律支持并开始实施。①

第三节　经济法与相关法律的关系

一、法律部门划分的一般理论

划分法律部门的意义，在于力求准确地制订、解释、适用法律，以恰当地调整现实社会中越来越复杂的各种关系。法律从早期的“诸法合体”状态到今天“各法分离”格局，既说明了人类社会关系的客观多元性，也反映了人对所生存环境的认识能力不断强

① 《中华人民共和国民事诉讼法》第55条：对污染环境、侵害众多消费者合法权益等损害社会公共利益的行为，法律规定的机关和有关组织可以向人民法院提起诉讼。全国人民代表大会常务委员会《关于授权最高人民检察院在部分地区开展公益诉讼试点工作的决定》（2015年7月1日第十二届全国人民代表大会常务委员会第十五次会议通过），授权最高人民检察院在生态环境和资源保护、国有资产保护、国有土地使用权出让、食品药品安全等领域开展提起公益诉讼试点。试点地区确定为北京、内蒙古、吉林、江苏、安徽、福建、山东、湖北、广东、贵州、云南、陕西、甘肃十三个省、自治区、直辖市。试点期限为两年。

化。法律发展的历史和现实表明，法律部门的高度分化与高度综合是法律发展的规律。因而在尊重传统部门法划分时，应当不局限于已有分类。

在对法律分类的基本观念上，大体有三种主张：其一，主观论，认为法律划分是人的主观假设，诸如“自然法”、“实在法”的划分；其二，客观论，认为法律划分是由特定的社会关系的性质和内容决定的，有什么样的社会关系就应当有什么样的法律；其三，主客观统一论，认为法律的划分是现实社会的客观存在和法学家的主观认识相统一的结果。在主客观关系方面，主观主导①。法律部门划分，应当属于认识论范畴，相对而言，主客观统一、主观主导的观念更符合认识论原理。认识具有相对性，法律的划分也就具有了相对性。

一般认为，部门法划分的基本标准是法的调整对象。有特定调整对象的法就可以成为独立的法律部门。经济法有其特定调整对象，因而经济法是独立的法律部门。无论在法学理论上还是立法机关对于法律的分类上，经济法都是一个独立的法律部门。

那么，作为独立法律部门的经济法，与其他有较为密切联系的法律部门如民法、商法、行政法是什么关系?

二、经济法与民法的关系

（一）经济法与民法的联系

经济法与民法的联系，主要体现为两者的调整对象都与经济关系有关。经济法调整社会性经济关系，民法调整个体性经济关系，即平等主体之间的财产关系。其次表现为两者都具有相同的法律渊源。

（二）经济法与民法的区别

1. 调整对象不同。民法调整平等主体之间的财产关系和人身关系。经济法调整社会性经济关系，其中包括非平等主体之间的规制、调控、管理关系。

2. 主体不同。民法的主体是具有一般法律人格的自然人、法人、其他组织。经济法主体是具有一定社会功能属性的消费者、经营者、管理者以及类型化的企业（比如中小企业、企业集团、控制公司等）。

3. 调整方法不同。民法的调整方法主要是通过任意性规范调整意思自治行为，在特殊情况下采取民事制裁方法。经济法的调整方法是采取强制性规范、任意性规范和倡导性规范相结合以及奖励与惩罚相结合。

4. 内容不同。民法的内容主要是关于民事主体、民事行为、民事权利、民事责任的规定，法律表现为物权法、债权法、人身权法、亲属法等。经济法的内容主要是关于公平竞争、弱者保护、市场规制、经济平衡、宏观调控的规定，法律表现为竞争法（反不正当竞争法、反垄断法）、消费者法、价格法、预算法、财税法、金融法等。

5. 功能不同。民法的功能主要是提供适应市场交易的基本规范以建立微观一般交易秩序。经济法的功能是克服市场缺陷建立公平竞争秩序和宏观调控秩序，弥补民法不足。

经济法与民法的区别是比较明显的，但是这些区别都是相对的，区别的意义在于理

---

① 史际春：《经济法：法律部门划分的主客观统一》，载《中外法学》1998 年第 3 期。

论上有利于部门法建立，实践上有利于法律的正确适用。

三、经济法与商法的关系

商法是调整商事关系的法律，商事关系发生在商事活动中，主要包括商事主体关系和商事行为关系。经济法调整的经济关系与商事活动有密切联系，但是经济法与商法在发展原因、作用基点、性质理念、内容制度等方面有较大区别。总体来看，商法与经济法的关系是二元交叉关系。

（一）经济法与商法的区别

1. 从两者历史发展阶段和原因来看：民法、商法、经济法相继出现。对此现象可以认为，商法的产生是对民法一般性调整而不能适应具有风险性的商事活动简捷、高效、安全、营利要求的扬弃和发展；而经济法的形成，则是对商法强调商人营利和商行为自由、安全、简捷的个体倾向而难以避免走向垄断、妨碍竞争、滥用权利，造成整体不平衡的纠正。也有学者认为，民商关系的法律保护成本增加产生了对经济法的生成渴求[①]。对经济活动的法律调整，是因为经济活动经历了从个体性而社会化、从私益性而公序化、从局部活跃到整体平衡的发展演进过程，使得法律调整呈现多元和变化。商法是经济活动中的基础性、前置性法律，经济法是经济活动中的平衡性、后续性法律。

2. 从两者的基点和作用过程来看：商法的基点是确认和保护商人地位和利益，由此出发，而作用于商人利益与社会利益的平衡过程；经济法的基点是确认和保护社会经济利益，因而要反对垄断，限制不正当竞争，从社会利益出发来平衡与商人利益的关系。商法作用过程是立足个别，兼顾一般；经济法的作用过程是立足一般，兼顾个别。两者在结构上正好是互补关系。

3. 从两者的性质和理念来看：商法是属于具有公法因素的私法，其中自由、平等、公平、效益、安全等法律理念被侧重于从私法方面来理解和阐释。即强调个体的自由，个体之间的平等，个体相互关系的公平以及个体行为的效益和安全。经济法是具有私法和公法因素的社会法，自由、平等、公平、效益、安全、秩序等法律应当具备的基本理念则被侧重于从社会利益的角度去阐释，强调社会整体的自由而反对个体的极端自由，强调社会结构的平衡和社会公正而限制个体成员滥用优势，强调社会整体效益和交易安全而反对个体暴利和私权绝对[②]。商法和经济法在性质和理念方面的差异只是相对的，说明两者之间有所不同，有所交叉，有所相异。

4. 从两者的内容和制度来看：商法主要规定了商人的地位、组织形式、商事交易行为规则和行为后果，商事行为的技术性规范和营利性规范，这些内容，形成了公司法、企业法、票据法、合同法、保险法、证券法、破产法、海商法等法律制度；经济法主要规定了市场准入和退出以及市场竞争与规制的规范，规定了国家机关如何配置资源、促进经济发展的规范，这些内容，形成了反垄断法、反不正当竞争法、消费者权益保护法、产品质量法、预算法、税法、价格法、金融法等法律制度。虽然我们可以对上述法律制度划分为商法或者经济法，但是我们也应当注意当今社会经济关系的复杂性与

---

① 单飞跃：《经济法的产生要因权力与民商关系的接轨》，载《中外法学》1998 年第 3 期。

② 关于经济法的理念问题可参见李昌麒主编：《经济法理念研究》，法律出版社，2009 年版。

法律调整之间的复杂性。此种划分不是绝对的，每一种法律制度并非十分纯粹，因而在一种法律制度当中包含了另外一种法律制度的规范内容是正常的。商法与经济法之间存在交叉，但不存在相互替代和包含。

总之，经济法与商法是有交叉的两种法律现象，尽管这两种法律在我国尚未法典化，但有关单行法律和法规已经制定颁行，经济法和商法分别存在的基本理由是两者的侧重点不同以及现实对这些侧重点的需要。

（二）经济法与商法的联系

《公司法》《票据法》《保险法》一般被划分为商法，《反不正当竞争法》《产品质量法》《人民银行法》《税收征收管理法》《消费者权益保护法》被划分属于经济法。

在上述法律之中，可以看到在商法当中有经济法的内容，在经济法当中存在商法的规则。比如，我国《公司法》的立法宗旨即非常典型地体现了商法目的与经济法目的结合。该法第1条规定："为了规范公司的组织和行为，保护公司、股东和债权人的合法权益，维护社会经济秩序，促进社会主义市场经济的发展，制定本法。"对公司的规范和对公司、股东、债权人的保护，体现了商法的个体性，而维护社会经济秩序、促进社会主义市场经济的发展，则反映了经济法的社会精神。在商法中，社会经济秩序和安全的保障首先要建立在个别经营者地位确定和行为规范基础之上。如前述公司法的规定即是先规范个体行为，继而维护社会利益。我们再来看作为经济法主要法律的《反不正当竞争法》的立法宗旨，该法的宗旨是"为保障社会主义市场经济健康发展，鼓励和保护公平竞争，制止不正当竞争，保护经营者和消费者的合法权益，制定本法"（第1条）。该立法宗旨的特点是先考虑社会经济秩序和公平竞争，再考虑对经营者和消费者利益的保护，体现了由社会而个体的经济法作用过程。类似的立法宗旨还表现在《产品质量法》《税收征收管理法》《城市房地产管理法》等法律当中。经济法强调社会性和整体性，以建立整体秩序为目的，在此过程中，对特定主体违规行为的制裁，是对不特定主体利益的保护，也是对社会利益的保护。

当然，上述两种现象也不是绝对的。也有较为纯粹的分属商法和经济法的制定法，并不过多地涉及对方的内容，比如《海商法》就属于较为纯粹的商事法，而《人民银行法》则属于比较纯粹的经济法。此外，有的法律在立法时就已经设计为结构性倾斜，以矫正现实当中的不平衡，而具有了经济法特征，比如《消费者权益保护法》。

四、经济法与行政法的关系

行政法是规定国家行政管理的法律规范的总称。[①]在管理因素上，行政法与经济法有所联系。但是在具体调整对象、性质、本位等方面，行政法与经济法有所区别。

（一）经济法与行政法的联系

经济法、行政法都调整具有管理因素的社会关系。经济法调整的社会性经济关系，包括市场规制和宏观调控，是具有管理因素的经济关系。行政法所调整的行政管理关系，是具有管理因素的行政关系。此外，现代行政法具有规范、限制行政权力，防止行政机关滥权的作用，这与经济法通过社会利益矫正政府缺陷具有相同的理念。另外，经

---

① 《中国大百科全书. 法学卷》，中国大百科全书出版社，1984年版，第672页，

济法采取强制性与倡导性的调整方法，行政法也采取此类调整方法。

（二）经济法与行政法的区别

1. 调整对象不同。经济法调整的是社会性经济关系，经济关系以物质利益为基础，即使是具有管理因素的经济关系，这种管理因素也并不完全来源于政府行政管理，还包括行业自律管理。行政法调整的是行政管理关系，行政管理会影响到物质利益关系但本身不是物质利益关系，主要是行政机关设置、行政人员选拔、考核、升迁等管理，行政法涉及对经济活动的管理，是通过行政许可、行政征收、行政给付、行政裁决、行政处罚、行政强制、行政复议、行政诉讼等职权性和程序性规范来实现；

2. 法律属性不同。经济法具有社会法属性，以实现社会公共利益和社会平衡协调发展为目的。行政法是典型的公法，以实现行政管理和行政监督为目的。

3. 基本内容不同。经济法的主要内容是竞争法、消费者法、市场规制法、宏观经济调控法等实体性法律。行政法的主要内容是行政许可、行政救助、行政处罚、行政复议、行政诉讼等程序性法律。

五、民法、商法、经济法、行政法之间的内在联系

民法是典型的私法，商法是具有公法因素的私法，经济法是具有公法因素和私法因素的社会法，行政法是典型的公法。按照民法、商法、经济法、行政法的排列顺序，从民法到行政法，私法属性不断减弱，公法属性不断增长。从行政法到民法，私法属性不断增长，公法属性不断减弱。其中，以社会法为纽带，私法属性与公法属性的消长变化，说明法律对于社会关系的调整，分别有自身的任务和功能，并呈现出相继联结的内在联系。在法律系统中，结构的和谐影响到功能的优化。这种内在联系说明，法律部门的划分是相对的，不同法律部门之间有着密切联系，相互不能替代，相互也不能割裂。

第四节　我国经济法的体系

一、经济法体系的含义

体系，是要素之间内在联系的统一体。从认识论看，体系是一种思维方式，有助于从整体上把握认识对象。在中国法律文化的思维传统中，特别注重对体系的描述和构造，并以体系来判断认识对象的正当性与完备性。这种体系性思维构成了我国法律文化的一大特色。因而任何法律制度、法律部门都要面对体系的考验。

经济法体系是由经济法部门组成的体制系统。可以分为经济法法律体系与经济法学科体系。经济法法律体系，是经过立法形成的经济法体系，经济法学科体系是从教学研究角度形成的经济法体系，两者相互影响，但并不完全相同。

从我国目前情况来看，经济法的法律体系是研究者们对经济法律法规按照一定标准编排而形成的，因而形成了不同体系的经济法。比如，我国很有影响的《中华人民共和国法律全书》对“经济法编”的安排，与同样是很有影响的国务院新闻办公室发布的《中国的法治建设》白皮书对经济法有关法律的归类就有所不同。国家曾经提出要建立完备的经济法律体系，这里的经济法律体系不等于经济法的法律体系，因为经济法律体

系包括了经济法，还包括民商法等与经济有关的法律、法规。事实上，国家对于经济立法的需要，与学者对经济法的研究，尚有不同。

大量的经济法教科书力图建立经济法总论、经济法分论、经济法程序论的完备学科体系。这需要研究经济法学科体系中的基本概念、基本原理和内在逻辑联系，需要探索总论对分论的统领关系和指导方式。经济法是否存在类似于刑法中犯罪构成、民法中民事关系的理论体系，是否存在类似于民法中的人、物、债、亲属等结构相对严密的法律体系？目前还是一个有待进一步研究的问题。

二、经济法法律体系的结构

（一）关于经济法体系结构的学术观点

在经济法学界，对于经济法的法律体系结构的认识，主要有二分结构、三分结构、四分结构等观点。二分结构主张经济法体系包括市场规制法、宏观调控法；主张三分结构观点，有的认为经济法体系包括经济法主体、市场规制法、宏观调控法。[①]有的认为包括市场障碍排除法、国家投资经营法、国家宏观调控法。[②]主张四分结构的观点，有的认为经济法体系包括经济法主体、市场管理法、宏观调控法、社会保障法。[③]有的主张经济法体系包括市场主体规制法、市场秩序规制法、宏观调控和可持续发展保障法、社会分配调控法。[④]

（二）二部分结构与开放性体系

经济法不属于私法，也不属于公法，经济法属于社会性法域。因此，属于私法范围的民商法内容，经济法不需要纳入自身体系，属于公法范围的行政法内容也不需要纳入经济法体系，但是私法与公法领域中的学理概念和法律规则是可以用来说明经济法规范和作用的。社会法范围可以包括经济法、环境资源法、社会保障法。经济法在确定自身体系时不需要覆盖社会法的全部领域。经济法属于社会法，但不等于社会法。经济法的法律体系目前根据我国立法主要由两种法律制度构成：市场规制法律制度和宏观调控法律制度。

1. 市场规制法律制度

主要包括：竞争法律制度、消费者权益保护法律制度、产品质量法律制度、食品安全药品管理法律制度、价格广告法律制度、会计审计法律制度等。

2. 宏观调控法律制度

主要包括：财政法律制度、税收法律制度、金融法律制度、国有资产管理法律制度等。

应当说明，经济法的法律体系不是封闭的，而是开放的。随着我国社会经济发展，经济法体系还会发生变化，比如产业政策法、计划法、投资法等将会成为经济法体系的实在内容。

---

① 潘静成、刘文华主编：《经济法》，中国人民大学出版社，1999年版。

② 漆多俊：《经济法基础理论》，武汉大学出版社，2000年版。

③ 杨紫烜主编：《经济法》，北京大学出版社、高等教育出版社，1999年版。

④ 李昌麒主编：《经济法学》，中国政法大学出版社，1999年版。

学习总结与拓展

【关键词】

正当竞争　适度调控　刚性行为模式　弹性行为模式　柔性行为模式　倡导性规范　经济法法律体系　经济法学科体系

【思考题】

1. 经济法的基本原则有哪些？
2. 法律对社会利益保护的方式有哪些？
3. 经济法保障社会利益原则有何特点？
4. 经济法的调整方法有何特点？
5. 如何认识经济法与民法的关系？
6. 如何认识经济法与商法的关系？
7. 如何认识经济法与行政法的关系？
8. 试比较《公司法》与《反不正当竞争法》的立法宗旨，分析其特点。
9. 我国经济法法律体系的合理结构是什么？
10. 两个自然人共同投资设立一有限公司，该公司开发节电产品销售。试分析其间会涉及哪些法律问题？

【阅读资料】

1. 李昌麒主编：《经济法理念研究》，法律出版社，2009年。
2. 史际春：《经济法——法律部门划分的主客观统一》，载《中外法学》1998年第3期。
3. 鲁篱：《经济法的基本原则新论》，载《现代法学》，2000年第5期。
4. 国务院新闻办公室：《中国的法治建设（2008年发布）》。

第四章 政府与市场关系

【学习提示】政府与市场的关系是经济法关注的焦点。学习本章，应注意理解市场失灵与政府失灵的含义、主要表现，从而获得对于市场与政府关系的理性认识。同时，应该注意了解市场准入与市场开放的基本内容，知晓我国市场准入制度以及改革趋势。

第一节 政府与市场关系概述

一、政府与市场的界定

（一）政府

政府，是指依法建立的对国家和社会公共事务进行管理的行政组织。它包括两层含义：一是从政府机构实体层面来看，在我们国家包括从国务院到乡（镇）的各级政府及其职能部门的行政组织。这些政府机构都是按一定法定程序设置的，都依法拥有一定的职能和职权，并且都有各自的行政目标。二是从政府机构工作人员层面来看，政府若只有政府机构实体层面，而不配备与之职位相匹配的工作人员即公务员来驾驭这个实体，政府机构则只能称为一个空壳，就不能正常履行其管理国家和社会公共事务的职能。一般来说，政府机构的工作人员在其职务职责范围内代表政府行使行政管理职权，其实施的管理行为视为行政主体所为。

可见，政府是人为设计的组织体系。这种体系对社会资源配置产生作用，形成政府配置机制。政府配置机制是一种“看得见之手”的资源配置机制，就目前的认识来看，它是指政府作为资源配置的主体，按照国家生产力水平和经济发展阶段的需求，通过培育和发展市场，并利用强制性的法律规范和宏观的调控政策来干预或者调控资源的分配和流向。应该讲，我国过去曾长期执行过的计划经济就是一种极端的政府配置机制，在这种配置机制之下，资源配置的决策权集中在政府，即：生产什么、为谁生产以及产品价格和“交易”数量等问题都由政府决定，几乎无市场配置的余地。①

（二）市场

狭义市场，是指商品交换的场所；广义市场，是指商品交换关系的总和。“从理论上讲，市场的存在必须具备以下四个方面的条件：一是一组当事人为了更好地满足自己的需求，相互之间因买卖各自所需要的物品而互动；二是这种互动出自当事人的自愿，并且以货币为互动的中介；三是当事人之间的交换以一定的价值和数量等式为基础，遵

① 王全兴：《经济法基础理论专题研究》，中国检察出版社，2002年版，第79页。

守等价等值原则；四是存在着很多的买者和卖者。另外，还需要消费者的偏好决定各个市场的价格水平，反映了消费者需求同产品生产成本相互关系的价值信号决定资源在不同商场之间的配置。从这些条件可见，通常所说的市场，就是指市场机制或市场调节机制。”① 市场机制，又称市场配置机制，它是一种“看不见之手”的资源配置机制，即资源通过多元市场主体相互之间的平等交易和竞争来配置的机制。这种资源配置方式的决策者是市场中的各经济单位，资源配置动力是追求本单位自身利益的最大化，决策的依据是市场信息，主要是价格信息；资源配置的实现过程是通过市场机制的作用来调节的，即通过市场上的供求机制、价格机制和竞争机制引导资源的流向。

市场经济是一种以市场为“媒介”的经济形式。在这种经济形式下，社会的生产、分配、交换、消费等活动都通过市场这个中介的联结才能进行。在现代市场经济体制中，以市场配置机制为主，政府配置机制表现为市场配置机制基础上的政府干预，因而，在资源配置上普遍地存在着政府与市场的关系。②

二、政府与市场的关系

政府与市场是资源配置的两种方式。在我国目前的市场经济中，要发挥市场在资源配置中的决定性作用，也要发挥政府基于维护公共利益而对市场进行必要干预的作用，既克服市场的不足又为市场发挥决定性作用创造良好的条件。

关于政府与市场在资源配置中的关系，人们因对不同的经济发展阶段持有不同信念和认识而提出了有差异性的政府与市场的关系模式。在资本主义市场经济发展过程初期，一些国家接受亚当·斯密的自由放任思想，弱化政府的经济干预职能，完全让市场来调节经济的运行，这是一种“弱政府—强市场”关系模式，其结果造成了 20 世纪 30 年代的通货膨胀、经济停滞危机。于是，各国纷纷抛弃自由放任思想，转而接受凯恩斯的国家干预经济思想，政府由此转变成积极的“干预者”，又形成“强政府－弱市场”关系模式，而过分削弱市场机制作用的结果是，20 世纪 70 年代资本主义国家再度出现经济危机，这也表明政府也会失灵。进入 21 世纪，2008 年发生于美国并波及世界的金融危机，又与市场至上和政府监管缺失有关。因此，市场经济中，政府与市场之间存在着相互配合的协同动态关系，尤其是应保持“适度”的政府干预。掌握经济规律的关键是正确处理市场与政府对经济发展相互作用的关系，这点同样为我国经济发展历史所证明。在我国计划经济时期，由于我们完全忽视市场的作用，一味强调政府的作用，政府的经济职能无所不包，这是一种“强政府—无市场”关系模式，其结果使我国国民经济几乎崩溃。改革开放以来，我国逐步实行市场经济，在不断扩大市场作用范围的同时，也不断规范政府的协调或干预作用，使我国国民经济保持高速、健康发展，这是具有我国特色的在规范强政府的同时，又不断增加市场力量的过程，其中市场在资源配置中的

① 李文良主编：《WTO 与中国政府管理》，吉林人民出版社，2003 年版，第 90 页。

② 王全兴：《经济法基础理论专题研究》，中国检察出版社，2002 年版，第 79－80 页。

地位经历了从辅助性到基础性再到决定性作用的转变。[①] 为此，有学者认为，“中国经济改革的实践充分证明，‘强政府’是中国经济改革取得成功的重要原因之一，而且，从长期来看，保持一个具备充足制度供给与宏观调控能力的‘强政府’，并作为一种传统优势，依然是支撑中国完善社会主义市场经济体制的基础性要素。……在社会主义市场经济体制下构建新型的政府与市场之间关系，可以将‘强政府—强市场’作为社会主义市场经济体制下政府与市场关系的目标模式”。[②]

在市场经济运行过程中，各国政府都要依据本国的国情和经济形势正确而适时地处理好政府与市场的关系。经济法实质上是处理政府与市场关系的法律规范。而如何针对本国的经济发展特点，恰当地处理好两者之间的关系，又往往彰显出一国经济法的个性。

（一）基于市场失灵的政府与市场的关系

1. 市场失灵的含义

所谓市场失灵（又称市场缺陷或市场失效），是指由于一定的因素使市场在资源配置方面呈现出低效率运行的一种非理想状态。尽管19世纪自由资本主义的经济成就表明市场是资源配置的有效机制，但是市场不是万能的，市场机制有其固有的自身不可克服的缺陷，以致在资源配置上失灵，即不能或难以实现资源的高效配置，这也为20世纪初出现的经济危机所证明。市场失灵，为政府干预提供了空间和理由。在市场失灵的领域，人们自然会想到政府的介入。政府应在这些领域充分行使其微观规制和宏观调控职能，发挥市场难以起到的作用。

2. 市场失灵的表现与政府干预

（1）不正当竞争和限制竞争。市场经济是竞争经济，正因为有竞争，市场才能够高效率地配置资源。竞争的结果是胜优劣汰。作为市场主体的企业要想在市场中得以生存与发展，正确之道就是努力改善经营管理，提高生产率，降低生产成本，并不断提高产品和服务的质量。市场机制本应是依据产品的价格和质量决定竞争胜负的机制。然而，市场主体为了实现自己利益最大化，就会采取各种不正当竞争手段来达到目的，或者形成垄断来排斥和限制竞争。不正当竞争行为和限制竞争行为既破坏市场机制正常运行，又损害市场配置资源的效率。然而，市场机制本身并不能有效排除不正当竞争行为和垄断行为。所以，建立相应的竞争法律体系，维持公平和自由的市场竞争秩序是政府的具体经济管理职能之一。

（2）信息不充分和不对称。这主要是指信息在量上的不充分和分布上的不均匀。信息不充分主要是指信息在量上的不足，这与信息具有共享性有关，信息一旦提供，不特

① 1982年9月1日，中国共产党第十二次全国代表大会报告要求“正确贯彻计划经济为主、市场调节为辅的原则”（胡耀邦《全面开创社会主义现代化建设的新局面——中国共产党第十二次全国代表大会上的报告》）；2012年11月8日，中国共产党第十八次全国代表大会报告提出“更大程度更广范围发挥市场在资源配置中的基础性作用”（胡锦涛《坚定不移沿着中国特色社会主义道路前进，为全面建成小康社会而奋斗——中国共产党第十八次全国代表大会上的报告》）。2013年11月12日，中国共产党第十八届中央委员会第三次全体会议通过的《中共中央关于全面深化改革若干重大问题的决定》提出，“使市场在资源配置中起决定性作用和更好发挥政府作用”。

② 庞明川：《转轨经济中政府与市场关系中国范式的形成与演进——基于体制基础、制度变迁与文化传统的一种阐释》，载《财经问题研究》，2013年第12期。

定的人都能享用，这容易使经济人产生“搭便车”的依赖心理，不愿开发和提供信息，反而导致信息的供应不足。信息不对称主要是指市场上交易双方掌握的信息不均衡，这是交易者对所交易的对象存在了解和认识上的差异的反映，至少有一方当事人未获得完善的足够信息。经济人为了实现利益的最大化，往往会采取机会主义的行为，想方设法隐瞒自己所获得的信息，或用其他不正当手段制造虚假信息，从而加大了信息在市场主体之间分布的不均匀乃至失真。如果交易双方之间存在明显的信息不对称，信息劣势方相对于信息优势方在交易中会处于不利地位，更容易出现判断失误而使利益受损和购入的资源闲置。在信息不充分和不对称的条件下，经营决策失误就必然降低市场配置资源的效率。这就需要政府一方面主动为市场主体提供收集、处理和传播信息的服务，另一方面，通过建立相应法制来强制信息优势主体向信息劣势主体告知必要的信息，并制裁未尽责任的经营者和制造虚假信息的经营者。

（3）负外部性问题。外部性（Externality），是指行为主体的行为后果对独立的第三人的影响。这种影响，有好的正面影响，称为正外部性，也有坏的负面影响，称为负外部性。这些影响并未计算在行为主体的经济成本或价格当中，因而受影响的主体与行为主体的决策和财务没有直接的关系。在市场机制中，普遍地存在着私人经济活动给交易当事人之外的公众（即第三人）带来利害后果却不能在价格中得到反映的现象。例如，某企业在为客户生产制品的同时而排污，造成环境污染（负外部性）；某农场在为客户生产粮食的同时，也为社会保障提供物质基础（正外部性）。私人经济活动由于不能因具有正外部性而增加收益，得不到市场的激励；由于不能因具有负外部性而增加成本，受不到市场的抑制。这两者都会导致资源配置的低效率。因为，企业在生产经营活动中受市场机制作用，以追逐经济利益最大化为行为导向，哪里有利可图，资本和资源就流向哪里，希望以最小投入，获取最大利润。如果没有外部的鼓励或强制作用，企业不会主动关心外部效益。鉴于此，需要政府采用金融、税收甚至直接规制等手段，增加负外部性行为的成本，借此抑制与社会利益相冲突的负外部性行为，同时提高正外部性行为的收益，也借此鼓励、支持经营者从事对社会有益的正外部性行为。尤其是，政府应责无旁贷地承担起排除负外部性的职能，以矫正经营者的市场行为。

（4）公共产品供应不足。公共产品是指消费不具有排他性和提供不具有竞争性的产品，如国防、公安、司法、公路、公共照明、义务教育、社会福利等。其中，消费不具有排他性是指，任何人都可以享用公共产品，且一个主体对公共产品的消费，并不排斥其他主体对该公共产品的消费。提供不具有竞争性是指，提供公共产品的主体在一定范围内具有唯一性。公共产品的提供并不直接产生等价交换，不会产生营利。市场难以提供充足的公共产品。公共产品虽不能由市场有效提供，却又为市场正常运行和社会公众所必需。为此，政府必须担负起提供公共物品的职责。政府提供公共产品本身就是一种干预市场的形式，然而政府为非营利的组织，提供公共物品所需的财力最终需要公共财政来保障，这又为建立税收干预制度提供了依据。

（5）宏观经济运行不稳。在市场经济中，市场的调节作用具有自发性和一定的盲目性，不能解决产业之间、地区之间的均衡发展和国民经济持续稳定、健康、协调发展等问题。因此，失业、产业失衡、区域经济差距过度拉大、通货膨胀乃至经济危机总是各国政府担心出现又必加防范的宏观经济运行不稳定问题。对此，政府需要采取国家计划、金融、财政、税收、产业政策等宏观调控手段干预市场，实现经济社会持续稳定平衡发展。因此，制定和执行宏观调控政策是政府的一项重要经济管理职能。

(6) 社会财富分配不公。社会财富分配不公，是指社会财富的分配不符合社会公认的公平准则的状况。财富的分配实际上是财富（含利益）在不同主体之间的转移。在市场机制下，财富的转移是依据双方当事人意思自治上的合意来产生的，实际上双方当事人由于在能力、条件、机遇等上存在差异，很难实现获利机会上的平等以及交易中的讨价还价上的公正性，从而会导致财富不公平地倾斜于一方，最终也导致整个社会财富分配的不公和贫富差距的过度拉大。为了解决市场机制不能解决的社会公平问题，政府应当介入社会分配领域，既干预社会财富的初次分配（如制定最低工资制），也运用财政、税收、社会保障等再分配手段，缩小收入差异。

总之，市场失灵是政府干预的依据，克服市场失灵就是政府干预的主要目的。但是，市场失灵情形的克服或排除，归根到底还是要让市场机制发挥更好作用，因此政府干预本身应以不削弱市场机制在资源配置上的决定性作用为限。

（二）政府失灵及其表现

1. 政府失灵的含义

政府失灵（又称政府缺陷或政府失效），是指政府不能有效提供人们需要的公共产品以及在提供公共产品时浪费和滥用资源而缺乏效率，或者政府干预经济失败，政府作用不能有效发挥。如同市场并非万能一样，政府也不是万能的。现代经济学在关注市场失灵的同时，还将研究视野扩及政府失灵。最早系统研究政府失灵的是公共选择理论，其代表人詹姆斯·布坎南（James M. Buchanan）也因此在1986年获得“诺贝尔经济学奖”。公共选择理论认为，人们必须破除凡是政府都会一心一意为公众利益服务、都会把公共事务办好的观念，因为政府是由政治家和公务员等个人组成的群体。首先，他们也是理性经济人，他们从事政治活动的目的是追求自身利益最大化。其次，政府中的政治家和公务员并不是无所不知、无所不能的，有时主观上想把事情办好，也会由于种种局限性难以做到。

2. 政府失灵的表现

(1) 决策失误。由于掌握的信息不充分、民主决策机制不健全或者指导思想本身有误等原因，政府可能作出错误决策。这种错误决策对社会的影响是广泛而深刻的，其程度远大于任何一个市场主体的决策失误的影响。改革开放的经验也表明，政府对市场的每一次过度的或不当的干预，都需要若干年才能消除其影响。

(2) 行政垄断。一些地方政府或政府部门为了本地区和本部门的利益，实行地方或行业保护主义。如对外地产品和本地产品适用不同的标准，对外地产品重点检查和检疫等，使企业处于不公平竞争的状态，既破坏了竞争秩序，又导致资源配置的低效率。

(3) 权力寻租。权力寻租是指握有公权者以权力为筹码谋求自身经济利益的一种非生产性活动。由于政府也有其自身的利益，如政绩、部门利益、公务员升迁与收入等，这就可能使政府背离公共利益目标去追求自身的利益，谋求以对价（租金）实现其权力，于是就会产生权力寻租。市场主体也受其利润最大化目标的驱使，寻求租用政府权力的机会，促使其实施有利于个别企业或利益集团的政府行为。比如有的企业可能采用合法手段去影响政府，让政府实施特殊政策，以维护其垄断地位或不合理定价，但更多的寻租活动是企业利用行贿受贿手段去俘获政府或其官员。寻租活动不仅降低政府配置资源的效率，而且导致政府腐败。

（4）能力不足。政府能力不足表现在两个方面：其一，管不了。经济活动有自身规律，有的事情不需要政府管理，政府也管不好。比如，完全应由当事人之间的合意解决的事情，政府的能力再大，也不能代替当事人，如果政府强行替代当事人，则适得其反。其二，低效率。由于政府工作缺乏竞争，缺乏降低成本的内在激励，政策的实施环节增多造成代理成本提高而形成效率递减，上下级政府之间存在“上有政策、下有对策”的多重博弈。

在现代市场经济中，政府能力是有限的，但是政府拥有公权力，可以通过干预方式在一定程度上解决市场失灵问题，然而在政府干预过程中可能出现的政府失灵问题，则需要通过健全和完善法治，规范政府行为来解决。

（三）我国政府职能转变

政府职能，又称行政职能，是指国家行政机关依法对国家和社会公共事务进行管理时应承担的职责和所具有的功能。政府是公权机构，其行为要有法律授权才具有合法性。在政府与市场关系中的政府职能转变，一是职能内容转变，大幅度减少政府对资源的直接配置，资源配置依据市场规则、市场价格、市场竞争实现效益最大化和效率最优化。政府的职责和作用主要是保持宏观经济稳定，加强和优化公共服务，保障公平竞争，加强市场监管，维护市场秩序，推动可持续发展，促进共同富裕，弥补市场失灵。[①]二是履职方式转变，政府只能在法律有授权的条件下来履行职能，而不能随意使用公权力。经济法需要从这两个方面来规范政府的行为。

第二节　市场准入与市场开放

一、市场准入

（一）市场准入的含义

市场准入是政府依法准许公民、法人和其他组织进入市场，使其取得相应交易主体资格的管理活动。市场准入制度，是指政府准许市场主体（公民、法人、其他组织）进入市场，从事商品生产经营活动的条件和程序规则的各种制度和规范的总称。这种制度是政府对市场进行干预的基本制度。比如，工商登记制度作为一种市场准入制度，不仅是某一企业进入市场的必要程序，而且，也是工商行政管理部门等国家机关对其在进入市场以后进行有效监督的条件，没有工商登记制度，针对某一具体市场主体的其他管理活动便不可能有效开展。因此，市场准入及其制度是现代市场经济条件下的一项基础工作和重要的经济法律制度。

（二）市场准入模式

概括起来，大致有以下几种：

1. 自由模式。即国家对主体进入市场采取自由放任政策，人们可以自由进入市场

① 中国共产党第十八届中央委员会第三次全体会议通过的《中共中央关于全面深化改革若干重大问题的决定》。

从事生产经营活动。一般认为，在早期自由资本主义时期，西方一些国家曾采取过这种模式。

2. 特许模式。特许是指通过国王或者政府特别许可方能进入特定市场。采用特许方式设立企业主要有以下几种形式：一是由国家元首发布命令而设立，如英国早期股份有限公司的设立即为此种情形；二是经国家特许的方式设立，如荷兰早期股份有限公司的设立；三是通过特许规定来准许市场主体进入特定市场。

3. 审批模式。指进入市场的企业要经过国家行政机关审查批准才能设立。企业进入市场从事生产经营活动要经过两道程序，一是行政审批程序；二是注册登记程序。

4. 准则模式。准则是指由法律规定企业设立的条件。只要按照法定条件设立企业，不必经过政府行政批准，企业即可登记成立。准则设立的特点是条件明确，程序简便。

5. 混合模式。即根据市场主体的性质或市场主体拟从事的市场经营活动的类型等具体情况，分别采用审批和准则相结合的模式。

我国目前采用的是混合模式。一方面，法律不再要求所有市场经营主体进入市场都须经过国家行政机关的审批，只需要符合法定条件注册登记即可；另一方面，对特定市场准入，仍然需要经过国家有关机关的批准或许可。即一般市场准入采准则主义，特殊市场准入采取审批主义。所谓特殊市场准入，是指法律、行政法规规定要经过政府有关部门批准才能进入经营的项目所在市场。如土地市场、金融市场、药品市场等。

（三）市场准入制度体系的基本构成

市场准入制度是一个多层次的制度体系。根据市场类别的不同，市场准入制度体系主要由以下三个层面的制度构成：

1. 一般市场准入制度。这是市场经营主体进入市场，从事市场经营活动都必须遵守的一般条件和程序规则。一般市场准入制度是国家对符合法定条件的个人和组织进入市场而规定的制度。工商登记制度就属于一般市场准入制度。个人和组织要成为合法的市场主体，除必须具备一般市场主体准入制度规定的基本条件外，还要按照规定办理登记手续，取得营业执照，才能取得经营权，成为合法的市场经营主体。

工商登记是政府登记机关对申请者进入市场经营的条件进行审查，通过注册登记，颁发营业执照使其获得经营权的管理活动。目前，我国工商登记的基本类型有：

（1）企业登记[①]

企业登记以企业为对象，通常由拟设立企业的负责人员签署登记申请书，向工商行政部门提出登记申请。根据现行法律规定，我国企业登记有两种：一为企业法人登记；二为营业登记。所谓企业法人登记，是指有限责任公司、股份有限公司以及具备企业法人条件的全民所有制企业、集体所有制企业、联营企业、在中国境内设立的外商投资企业（包括中外合资经营企业、中外合作经营企业、外资企业）和其他企业，应当依法申请企业法人登记。通过企业法人登记，领取《企业法人营业执照》，获得企业法人资格，取得经营权。所谓营业登记，是指不具备法人条件的联营企业、企业法人所属的分支机构、外商投资企业设立的分支机构、分公司、其他从事经营活动的单位，可以申请营业

① 相关的登记法规有：《企业法人登记管理条例》《公司登记管理条例》《合伙企业登记管理办法》《个人独资企业登记管理办法》。

登记。营业登记不能使登记的经济组织或者个人获得法人资格，但可以使其获得营业资格。经登记取得《营业执照》后，可以在登记的范围内从事经营活动。此外，合伙企业、个人独资企业，经工商行政管理机关核准登记注册，领取营业执照，取得经营权。

(2) 农民专业合作社登记[①]

农民专业合作社是在农村家庭承包经营基础上，同类农产品的生产经营者或者同类农业生产经营服务的提供者、利用者，自愿联合、民主管理的互助性经济组织。农民专业合作社以其成员为主要服务对象，提供农业生产资料的购买，农产品的销售、加工、运输、贮藏以及与农业生产经营有关的技术、信息等服务。农民专业合作社经工商登记机关依法登记，领取“农民专业合作社法人营业执照”，取得法人资格和经营权。

(3) 个体工商户营业登记[②]

公民个人从事工商经营活动的，可以申请个体工商户营业登记。经审核或者批准后，发给“个体工商户营业执照”，取得经营权。个体工商户可以个人经营，也可以家庭经营。

工商登记的登记机关是工商行政管理部门。根据申请登记的市场主体的类别、规模、地域和隶属关系的不同分别由不同地方或者级别的工商行政管理部门进行登记。

2. 特殊市场准入制度。这是规定市场经营主体进入特殊市场从事经营活动所必须具备的条件和程序的制度。特殊的市场经营活动对于经营者必然有特殊的要求，只有具备了这些特殊市场准入制度所要求的特殊条件，并且履行了它所规定的特殊程序，取得进入这一市场进行经营活动的资格，才能在特殊的市场领域进行经营活动。审批许可制度就属于特殊市场准入制度。如《中华人民共和国公司法》第 6 条第 2 款规定：“法律、行政法规规定设立公司必须报经批准的，应当在公司登记前依法办理批准手续。”第 12 条第 2 款规定：“公司的经营范围中属于法律、行政法规规定须经批准的项目，应当依法经过批准。”

根据审批许可内容不同，可将其分为两类：一为设立审批；二为经营许可审批。设立审批所针对的是设立法律规定需要履行审批手续的企业或其他经济组织的行为而进行的。政府允许企业在筹建之前或筹建过程中申请国家批准或许可。经过批准而设立的企业，在设立后一般便取得从事审批范围内的生产经营活动的权利。比如，按照《中华人民共和国药品管理法》第 7 条规定：“开办药品生产企业，须经企业所在地省、自治区、直辖市人民政府药品监督管理部门批准并发给《药品生产许可证》，凭《药品生产许可证》到工商行政管理部门办理登记注册。无《药品生产许可证》的，不得生产药品。经营许可审批，即已经设立的市场主体，要从事法律规定需经政府管理机构许可才能经营的业务而申请有关管理机构予以批准和许可。例如，经纪类证券公司要从事综合类证券业务，须经中国证监会批准。

审批许可机构根据市场主体经营的商品服务类别的不同而有差别。从事药品生产经营的，由药品行政部门负责审批；商业银行的设立，由银监会负责审批；从事证券业务的，由证监会审批；设立外商投资企业的，由主管对外经济贸易的行政管理部门审批；

① 《农民专业合作社登记管理条例》。

② 《个体工商户条例》《个体工商户登记管理办法》。

从事文物经营的，由文物管理部门审批；从事计量器具生产、修理的，由技术监督行政管理部门审批；从事食品生产经营的，由卫生行政部门审批；从事烟草业经营的，由烟草专卖行政管理部门审批，等等。

3. 涉外市场准入制度。一国对外国资本进入国内市场而规定的各种条件和程序规则和一国对本国资本进入国际市场而规定的各种条件和程序规则，形成涉外市场准入制度。涉外市场准入主要涉及行业准入问题。比如，目前的新闻出版、邮电等行业禁止外商投资；公用事业、交通运输、信托投资等行业限制外商投资。我国加入 WTO 以后，禁止或限制外商投资的产业目录将不断变少，银行、保险、商业等已向外商开放。

二、市场开放

市场开放是指通过逐步实行贸易自由化，扩大市场准入范围，促进市场有效竞争，从而实现经济繁荣发展的开放过程。市场开放包含对外开放和对内开放。对外开放是指对外国资本、外国商品、外国企业、外国人开放中国市场。对内开放是指对国内民营企业和公民开放特定市场。

在对外开放方面，自我国加入 WTO 之后，逐步减少对外商投资的产业限制，有步骤地推进银行、外贸、证券、商业、旅游等服务领域的对外开放，并在这些领域对外商投资实行国民待遇，积极吸收外资特别是跨国公司投资高新技术产业，参与国有企业改组改造和基础设施建设，积极采取收购、兼并、投资基金和证券投资等多种形式利用国外中长期投资，积极创造条件吸引外商到中西部地区投资，采取降低关税等诸多开放措施，在对外市场开放方面取得了很大进展。在对内开放方面，我国还需要深化垄断行业改革，拓宽民间投资的领域和渠道，开放民间资本进入石油、铁路、电力、电信、邮政、市政公用设施等重要领域，形成有效的市场竞争格局。

近年来，我国市场开放的管理模式发生重大改变，推行负面清单管理模式。所谓“负面清单”（Negative List），是指一个国家在引进外资的过程中，对某些与国民待遇不符的管理措施，以清单形式公开列明，清单列明了外资企业不能投资的领域和产业。与之相应的是“正面清单”（Positive List），即列明了企业可以投资领域的清单。负面清单管理模式，是指政府采取负面清单方式来管理外资企业投资领域，除了清单上的投资禁区之外，其他行业、领域和经济活动都可以开放投资。政府对行政审批实行负面清单管理，负面清单之内的事项要建立规范、透明的管理程序，提供高效、优质的服务；负面清单之外的事项由市场、社会主体依法自主决策、自主投资，让企业“法无禁止即可为”。2013 年 9 月和 2014 年 6 月，上海自贸区分别推出《中国（上海）自由贸易试验区外商投资准入特别管理措施（负面清单）》2013 年版和 2014 年修订版。2015 年 4 月国务院批准并发布《自由贸易试验区外商投资准入特别管理措施（负面清单）》，该负面清单列明了不符合国民待遇等原则的外商投资准入特别管理措施，适用于上海、广东、天津、福建四个自由贸易试验区。①

市场开放的过程，既是政府转变职能的过程，也是市场主体依法获得更多自由空间的过程。在该过程中，经济法提供市场准入和市场开放的规范。

学习总结与拓展

【关键词】

政府　市场　市场机制　市场失灵　信息不对称　外部性　公共物品　政府失灵　权力寻租　市场准入　企业法人登记　营业登记　市场开放 负面清单

【思考题】

1. 政府配置机制与市场配置机制各有何特点?
2. 试析我国政府与市场关系模式的变化。
3. 试析市场失灵的主要表现与政府的相应干预形式。
4. 从市场主体的外部性角度分析经济法实现其社会利益最大化的途径。
5. 何谓政府失灵? 它主要表现在哪些方面?
6. 从克服市场失灵和政府失灵的角度分析经济法的目标。
7. 简述市场准入模式
8. 简述我国工商登记的基本类型。
9. 简述负面清单管理模式的特点。
10. 市场开放与经济法有何关系?

【阅读资料】

1. 王全兴:《经济法基础理论专题研究》,中国检察出版社,2002 年版。
2. 李文良主编:《WTO 与中国政府管理》,吉林人民出版社,2003 年版。
3. [美] 丹尼尔. 耶金,约瑟夫. 斯坦尼斯罗:《制高点:重建现代世界的政府与市场之争》,外文出版社,2000 年版。
4. 王善迈主编:《市场经济中的政府与市场》,北京师范大学出版社,2002 年版。
5. 刘华:《经济转型中的政府职能转变》,社会科学文献出版社,2011 年版。
6.《中华人民共和国企业法人登记管理条例》。
7.《自由贸易试验区外商投资准入特别管理措施》(负面清单)(国办发〔2015〕23 号)。

① 《自贸试验区负面清单》依据《国民经济行业分类》(GB/T4754—2011)划分为 15 个门类、50 个条目、122 项特别管理措施。其中特别管理措施包括具体行业措施和适用于所有行业的水平措施。《自贸试验区负面清单》中未列出的与国家安全、公共秩序、公共文化、金融审慎、政府采购、补贴、特殊手续和税收相关的特别管理措施，按照现行规定执行。自贸试验区内的外商投资涉及国家安全的，须按照《自由贸易试验区外商投资国家安全审查试行办法》进行安全审查。《自贸试验区负面清单》之外的领域，在自贸试验区内按照内外资一致原则实施管理，并由所在地省级人民政府发布实施指南，做好相关引导工作。

第五章　企业的社会责任

【学习提示】企业的社会责任是对企业的营利性的发展，也是经济法作为社会本位法所要研究的对象。增进社会利益是企业经营理念的一种新趋势。学习本章，应注意理解企业社会责任的基本内涵、范围和特点，思考企业社会责任与经济法的关系，观察企业社会责任在我国经济活动中的存在方式以及变化特点。

第一节　企业社会责任理论

一、企业社会责任的定义和特点

（一）企业社会责任的定义

企业社会责任（Corporate Social Responsibility，简称CSR），是企业在谋求利润最大化目标之外对社会所负责任。企业社会责任是在对传统的企业目的理论的修正。传统的企业目的理论认为，企业只有一个目标，那就是实现其自身利润最大化，进而达到股东利润最大化。与传统的企业目的理论不同，企业社会责任理论则主张，企业的目标是二元的：除追求利润最大化之外，企业还应当维护和增进社会利益。[①]

1. 企业社会责任倡导者的观点

（1）企业对社会有影响，也必须对社会的各种期待作出积极的社会响应，从而企业具有社会性使命。[②] 这种社会性使命表明企业既是“经济人”，更是“社会人”。“社会人”是在社会学中指与“自然人”相对，具有自然和社会双重属性的完整意义上的人。通过社会化，使自然人在适应社会环境、参与社会生活、学习社会规范、履行社会角色的过程中，逐渐认识自我，并获得社会的认可，取得社会成员的资格。

（2）企业在追求“利益的最大化”的过程中，会影响到不同的社会成员，即相关利益者。[③] 企业为了长远利益目标，应当与利益相关者维系稳定、和谐的关系，企业通过对利益相关者承担社会责任，可以提高企业声誉，降低风险，最终为企业带来竞争优势和利益。

---

① “公司社会责任，是指公司不能仅仅以最大限度地为股东们营利或赚钱作为自己的唯一存在目的，而应当最大限度地增进股东利益之外的其他所有社会利益。”刘俊海：《公司的社会责任》，法律出版社，1999年版，第6－7页。

② S. P. Sethi，“Dimensions of Corporate Social Performance：An Analytical Framework”，California Management Review，1975（3）：58－64.

③ 李伟阳、肖红军、郑若娟编译：《企业社会责任经典文献导读》，经济管理出版社，2011年版，第141页。

(3) 企业善尽社会责任，利于提高其形象，使其产品和服务对用户具有更大的吸引力，从而在市场竞争中获得更有利地位，增强企业持续的获利能力。此外，如果企业自动地尽其社会责任，可以避免政府对其不必要的管制。①

2. 企业社会责任反对者的观点

(1) 企业唯一负责任的对象是其股东，因此，企业经营者应严格遵守为股东谋求利益最大化的法则。企业的责任就是"在遵守相关法律和道德规范的前提下为股东创造更多的利润"，"企业除了赚钱没有其他责任，如果它受善行驱使试图额外去承担一些责任，其结果往往弊大于利"。②

(2) 企业追求最大利润就是履行社会责任，在制度不完善的情况下应该努力完善制度，而不应该诉诸企业社会责任。企业社会责任概念，如同利益相关者概念一样，并不能真正让企业承担社会责任。在这样的概念下，对"所有人负责"其实是对任何人都不负责。社会责任这个概念适合政府、非营利组织、垄断性组织，而不是企业。③

(3) 企业如需负社会责任，则企业的经营者——经理或董事在决定何为公共利益或者公共政策时，会发生偏差。④

对企业社会责任持不同观点的根源在于双方所持的人性假设不同。倡导企业社会责任的一方基本上是反对"经济人"假设的。所谓"经济人"假设，是西方经济学对在经济社会中从事经济活动的所有人的基本特征的一般抽象。这个被抽象出来的基本特征就是：每一个从事经济活动的人都是利己的。或者说，每一个从事经济活动的人所采取的经济行为都是力图以自己的最小经济代价去获得自己的最大经济利益。而反对企业社会责任的另一方则基本遵循"经济人"假设。传统的经济学理论认为企业是创造利润的"经济人"，在市场这只"无形之手"的作用下，企业追求利润最大化的行为能够自动促进社会资源的更优配置，进而实现社会福利的最大化，企业社会责任就是企业努力实现利润最大化目标的行为。然而，"经济人"的假设远离企业运营实际。企业在追求利润的过程中，既对社会产生广泛的正面和负面影响，同时也与社会发生广泛的显性和隐性联系。也就是说，企业自成立起便与社会之间形成了契约，既包括法律契约，也包括那些隐性契约；这些契约包含着一个社会固有的假定和期望，规定了企业有义务遵守其与社会达成的契约，为社会和经济的改善尽自己的义务。⑤

(二) 企业社会责任的特点

1. 企业的社会责任是一种广义范围上的关系责任

传统的关系责任一般是指双方均特定的当事人之间因某种关系而产生的责任，比如因有效合同或侵权行为而产生的合同责任或侵权责任等。而企业社会责任则是一种广义范围上的关系责任，是若干关系责任的合体。我们知道，在市场经济条件下，企业除与股东发生关系，应满足股东的利益要求外，其经营还与社会发生广泛的联系，比如与金融机关可能发生资金调配关系、与政府发生行政管理关系，与供应商和销售商发生交易

① 刘连煜：《公司治理与公司社会责任》，中国政法大学出版社，2001 年版，第 4 页。

② M. Friedman, Capitalism and Freedom, Chicago: University of Chicago Press, 1962: 33.

③ 张维迎：《市场的逻辑》，上海人民出版社，2011 年版，第 33—49 页。

④ 刘连煜：《公司治理与公司社会责任》，中国政法大学出版社，2001 年版，第 5 页。

⑤ 李淑英：《社会契约论视野中的企业社会责任》，载《中国人民大学学报》，2007 年第 2 期。

关系、与员工或求职者发生现实的或潜在的雇佣关系、与消费者发生产品消费关系、与社区发生依存关系、对环境发生依赖关系等。可见，企业虽然是社会财富最基本的创造者，但企业生存与发展所需的各种资源（包括人、财、物等）及企业所生产的产品的实现条件（如良好硬环境和软环境等）都有赖于社会提供和保障。所以，任何一个企业的生存与发展都离不开各种利益相关者的投入或参与。[①]为此，企业总与一般民众及社会发生某种直接的或间接的利害关系。企业社会责任这种关系责任的义务一方是企业，相对方是企业利益相关者中除股东之外的“非股东利益相关者”，后者具体包括企业的雇员（含求职者）、商业伙伴（包括交易对方、竞争对手和企业的债权人）、消费者、社区、政府、环境以及社会福利的受益者等。此外，企业的社会契约理论也支持企业与其非股东利益相关者之间存在显性和隐性的契约关系，虽然许多利益相关者的利益要求可以通过他们与企业所签订的显性契约来实现，但是还有许多利益要求是无法显化的，而这并不意味着某些事前未明确约定的偶发事件发生时，企业可以“契约中没有这一规定”为由而推卸责任，因为这既不符合道德伦理，也会对企业的生存发展产生不利的影响。因此，企业为了维系和改善与非股东利益相关者的关系，就有必要在法律规范和道德准则的约束下追求利润最大化，并实际采用多种措施满足或者回应不同利益相关者的正当要求或者期待。

2. 企业的社会责任是企业法律责任和道德责任的综合体

企业社会责任体现企业自治与国家干预法律的结合，它不但包含由国家强制力保证的法律上的责任，也包括企业自愿履行的道德上的责任。所以，企业社会责任具有二元层次的结构。它的第一层次由企业的最基本的社会责任构成，涉及遵守法律、尊重人权和不违背公认的商业道德等内容，是企业应对非股东利益相关者承担的法律责任。这种法律性责任存在于国家干预的法律、法规之中，体现社会对企业合法存续的最基本的又是最低的道德水准的诉求。第二层次是所谓的高层次的社会责任，即企业对社区、环境保护、社会公益事业等担负的支持或捐助的社会责任，这是一种由企业自主裁量决定是否履行的道德责任，它寓于道德理念之中，却又是来自于社会的较高道德水准的诉求与期待。企业的社会责任作为企业对社会负有的一种责任（或义务），并非单纯的法律责任或道德责任，而是这两者的统一体，且法律责任处于基础的、必须履行的地位。如果一个企业做到了遵守法律，保证了员工生产安全、职业健康并向社会提供了安全合格的产品，就可以说这个企业履行了最基本的企业社会责任，但还不能说这个企业已经达到了较高层次的企业社会责任水平。反过来，如果一个企业表面上为社会公益事业做了大量的捐赠，然而，它在最基本的社会责任方面受到了谴责或投诉，例如使用了童工，或

---

① 1963年，斯坦福研究所（Stanford Institute）首次提出了“利益相关者”的概念，在弗里曼、布莱尔、多纳德逊、米切尔等学者的努力下，形成了一套较为完整的支撑企业社会责任的利益相关者理论。该理论认为企业追求的是利益相关者的整体利益，而不仅仅是某个主体的利益。这些利益相关者包括企业的股东、债权人、雇员、消费者、供应商等交易伙伴，也包括政府部门、本地居民、当地社区、媒体、环境保护主义者等压力集团，甚至还包括自然环境、人类后代、非人物种等受到企业经营活动直接或间接影响的客体。这些利益相关者或是对企业的生存和发展注入了一定的专用性投资，或是分担了一定的企业经营风险，或是为企业的经营活动付出了代价，为此企业应对界定清晰的利益相关者负有社会责任，即企业在经营决策时必须考虑利益相关者的利益，并给予相应的报酬和补偿。参见陈宏辉、贾生华：《企业社会责任观的演进与发展：基于综合性社会契约的理解》，载《中国工业经济》2003年第12期。

劳资关系紧张、员工基本权益未得到保障，或严重偷税漏税，或出了严重生产安全事故，或生产缺陷产品并造成严重伤亡事故，那么，也不能说它已经很好地履行了企业的社会责任。应该讲，在一些具体社会责任事项中，也存在法律责任与道德责任之分。比如就环境保护而言，它是企业的一项具体的社会责任，企业按照环境法律、法规和环境标准的要求治理污染源，乃为企业的法律责任，而企业按照高于环境法律规范的要求来治理污染源，则是企业尽的道德责任。这两种责任均归于环境保护这一企业社会责任之中。

3. 企业的社会责任是对传统的股东利润最大化原则的补充

传统的企业法的理念以个人本位为出发点，认为最大限度地营利从而实现股东利润的最大化是企业的最高甚至唯一目标或责任。企业的社会责任则以社会本位为出发点，认为企业的目标应是多元的，除最大限度地实现股东利润最大化外，还应尽可能地维护和增进社会利益，以实现社会利益的提升。其实，从长远的角度看，企业承担相应的社会责任与追求利润最大化之间并非水火不容。一个有远见的企业家不仅应追求企业的短期利润，更应关注企业的长期获得利润的能力，而企业自觉承担社会责任却有助于增强企业的长远发展能力。因为，企业自觉承担相应的社会责任，容易在社会公众中获得更高的信任程度，这种良好的企业信誉是一笔可观的无形资产，它不仅有助于树立良好的企业形象，使其产品和服务对消费者具有更大的吸引力，从而在市场竞争中获得更有利的地位，而且企业良好的外部形象也有助于激励本企业职工的士气，提高劳动生产率并降低内部管理成本。可见，企业积极承担相应的社会责任，无疑等于在强化自身的竞争力，符合企业价值的最大化。所以，一个明智和有远见的企业管理者在市场竞争中总是时刻不忘企业应当承担的社会责任。很显然，企业的社会责任是对股东利润最大化这一传统原则的修正而并非否定。[①]

二、企业社会责任的基本内容

企业的社会责任是企业对社会尤其是对非股东利益相关者承担的法律责任和道德责任。企业社会责任既包括内部的对雇员责任，也包括外部的市场责任和公共责任，前者包括对消费者的责任和对商业伙伴的责任，后者主要涉及对环境、社区和社会公益的责任。总体上讲，企业社会责任应包含以下几项内容：

1. 对雇员的责任

雇员是企业最为紧密的命运共同体，雇员理应成为企业关注的第一非股东利益相关者。为此，企业对雇员的责任理应成为企业应负担的社会责任中的一项主要内容。世界各国无一例外地通过制定企业法、劳动法或相关法律规定企业应保障雇员的基本权利，包括雇员的集会结社自由与劳资双方谈判权、劳动安全保障权、劳动报酬获取权、带薪休息休假权、职业技能培训享受权、社会保险和社会福利待遇取得权等劳动性权利，同时也包括要求企业废除所有童工、消除任何形式的强迫劳动和雇用与职业方面的歧视。此外，各国也鼓励企业按照高于法律规定的标准对雇员担负道德义务，这包括创建和谐的劳资关系、向雇员提供符合人权要求和高卫生要求的劳动环境、提供平等的升迁机会

---

① 李昌麒主编：《经济法学》，中国政法大学出版社，2002年修订版，第188页。

和民主参与企业管理的机会、帮助雇员改善家庭关系、雇用残疾人以及资助学校或政府培养高素质的就业后备人才等。

2. 对消费者的责任

消费者是企业生产的产品或提供的服务的最终承受和消费人，为企业的重要的利益相关者群体。由于消费者在客观上处于一种社会弱者的地位，企业社会责任的倡导者们都将企业对消费者的责任视为企业社会责任的一项重要内容。具体说，这种责任要求企业为广大消费者提供品种多样、性能优良且安全可靠的产品和服务，以满足其各种不同的个性消费需求。为此，企业应树立以消费者为导向的经营哲学，并根据市场需求的变化，不断调整市场营销策略，以适应消费者不断变化的需求。在现实中，众多企业在提供的产品和服务上基本考虑了广大消费者的权益。但是，某些企业出于自身的利益的考虑，一味追求利润，生产和销售假冒伪劣产品或缺陷产品，哄抬物价或实行垄断价格，进行欺骗性广告宣传，诱惑、强迫顾客购买自己所不需要的产品或利用过多的包装而造成严重的浪费及环境污染。为了保障社会稳定和广大消费者的基本权益，企业应对消费者承担相应的社会责任。一是按法律、法规的要求，向消费者生产并提供安全可靠的产品或服务；二是研究消费者的需求动向，向消费者提供实际需求的产品和服务；三是确保产品和服务质量，杜绝制假贩假或以次充好，并作好售后服务工作；四是向消费者提供充分的关于产品质量、构成成分、使用方法及使用效果等方面的真实信息，以避免误导消费者作出错误的购买决策。

3. 对商业伙伴的责任

企业在面向市场的经营活动中，既与有业务往来的商业伙伴发生债权债务关系，也与有竞争关系的商业伙伴发生竞争关系。所以，商业伙伴也是企业的重要的利益相关者群体。针对有债权债务关系的商业伙伴，企业应首先严格按照合同的约定履行自己的合同义务，以便债权人的债权得以实现；其次，企业应高于合同的规定，诚信地并顾及他人利益地履行自己的合同义务；再次，企业应充分考虑自身的规模和承受能力进行理性的交易，既不滥用公司法人人格，又阻止自己陷入被动甚至破产，尽可能避免把经营风险转嫁给债权人（因公司企业仅负有限责任的缘故）；最后，企业还应主动披露应该披露的企业信息，不欺诈。针对有竞争关系的商业伙伴，企业应当严格遵守诚实信用原则和公认的商业道德，将自己的竞争活动置于市场规则和法律允许的范围内，并依据《反不正当竞争法》和《反垄断法》的规定，公平竞争，且不从事排除、限制竞争的垄断行为。

4. 对环境的责任

企业在量化生产的过程中，既需要向环境索取大量的自然资源，也需要向环境排放大量的污染物，从而产生了当代的严重环境问题，而且也严重影响人们的幸福指数和社会经济的可持续发展能力。这也是企业运行中的所谓“环境外部不经济”问题。可见，环境对企业的发展作出了巨大贡献和牺牲，企业应当关注环境，将自己的索取行为和排污行为置于环境的承受能力范围内。因此，保护环境以免受企业经营之负面冲击是企业承担社会责任的一项重要的公共诉求。这一社会责任要求企业树立正确的可持续发展观和人与自然和谐相处的道德观，按照环境法律、法规和环境标准的要求或更高的道德要求，尊重自然、爱护自然，合理地利用资源，采用清洁生产工艺向消费者提供环保的产品并积极治理污染源，主动地、自觉地担负起爱护环境的责任，做一个合格的“社会公民”。

5. 对社区的责任

企业所存在的“社区”，应是与企业直接相关的特定区域和区域内的人、物等构成的特定环境。企业能否健康成长、持续发展与本企业所在的“社区”密切相关，二者相互影响，不可分离。企业与社区的关系既包括企业的建设、生产和发展对社会生态环境、生活环境、人文环境和区域经济影响，又包括社区的建设、治安、基础设施、环境、人员素质、文化传统等对企业发展的影响。企业与社区的良好关系是企业得以持续发展的重要关系。因此，关心和帮助社区发展被诸多学者列为企业社会责任的公共内容之一。这一社会责任要求企业以积极的热情主动参与并资助社区的公益事业、教育事业和公共工程项目建设，协调好自身与社区内各方面的关系。此项责任主要是一项道德责任，其履行具有企业自行裁量的性质，为此政府只能采用鼓励、评判等非法律手段来促使企业承担。当然，一个有发展眼光的企业家会高度重视企业与社区的良好关系，积极参与社区活动和建设，以营造一个有利于企业发展的外部环境。

6. 对社会公益事业的责任

社会就像一个有机体一样，在不同的历史时期，存在不同的社会问题。就当前而论，贫困和失业、社会的不公平、失调的人口增长、吸毒和犯罪等正困扰着越来越多的国家。从总体上讲，这些问题的产生是社会功能失调的结果，其解决的主体应属政府。但是，社会之所以进入“病态”，企业本身也负有不可推卸的责任，而且作为社会构成器官的企业有责任为社会问题的解决作出自己的贡献。这样一来，协助政府解决社会问题就自然而然地成为企业的另一项公共性社会责任。实践证明，企业可实施的社会行为项目包括向医院、养老院、患病者、贫困者、受灾者等进行慈善性捐赠，向教育研究机构提供奖学金或资助款项，向福利事业、城区改造提供援助，帮助受灾地区、贫困地区发展，参与预防犯罪或为预防犯罪提供资金等，所有这些项目都是企业为满足某些利益相关者合理的利益要求（或期待）而所为的善意之举。企业参与社会公益活动不仅能提高企业声誉，更是企业持续发展的社会源泉。在早期尤其是现代的企业家中，不少的人怀有一颗慈善之心，对社会公益事业作出了巨大贡献，当然他们也获得来自社会的赞誉和反馈。企业实施对社会公益事业增进的行为是一种最典型的企业道德责任。①

---

① 企业对社会公益事业增进的慈善行为基本是一种道德行为。企业是否进行慈善捐款以及捐款有多大，都是单方面的意志表示行为，由企业自由裁量决定，并具体由企业的法定代表人、股东（大）会、董事会、监事会、经理或其代理人等对外表示。但是，具有救灾、扶贫等社会公益的对外赠与表示，如果受赠方未有拒绝赠与的意思表示，则赠与合同成立；赠与合同成立后，赠与人不得随意撤销或更改赠与合同，换言之此时的赠与义务即转化为法律责任，赠与人必须实践自己的诺言。我国《合同法》第 186 条规定：“赠与人在赠与财产的权利转移之前可以撤销赠与。具有救灾、扶贫等社会公益、道德义务性质的赠与合同或者经过公证的赠与合同，不适用前款规定。”第 188 条还规定：“具有救灾、扶贫等社会公益、道德义务性质的赠与合同或者经过公证的赠与合同，赠与人不交付赠与的财产的，受赠人可以要求交付。”

三、企业社会责任观的演进

（一）早期企业社会责任观

在20世纪以前的自由资本主义时期，人们对企业的社会责任观普遍持消极态度，认为企业不能承担任何社会责任项目。虽然有一些企业主捐助学校、社区、教堂或穷人，但这些慈善活动都是些个人行为，而不是企业行为。当时的法律在企业管理者如何使用公司的资金上有明确的规定，认为企业无权力去做其业务之外的事情，否则，就是“过度活跃”而会遭受股东的诉讼。①

之所以如此否定企业的社会责任，与传统的企业目的理论和当时社会盛行的“社会达尔文主义”有关。传统的企业目的理论根据“经济人”的利润最大化设想，将利润最大化定位于企业及其股东的唯一目的，认为企业只要高效率地使用资源并向社会提供所需求的产品和服务，企业就尽完了自己的责任（即狭义的经济责任）。古典经济学的代表人物亚当·斯密关于企业行为标准的经典假设逐步成为理论界否认企业社会责任的理论基础。此外，在达尔文提倡自然进化论之后，许多人认为社会生活也符合“达尔文主义”，适用于弱肉强食、适者生存的普遍规律。因此，企业捐款资助弱者是与自然进化过程相违背（即违背了自然法则），由此构成的社会保护只会降低人类的适应能力。在这种思潮影响下，许多企业不仅不主动承担社会责任，而且对那些与企业有密切关系的员工、供销商极尽盘剥，以求尽快变成社会竞争的强者。在这样的环境下，企业很难关注众多利益相关者的利益诉求，至于企业主的行善事活动，那仅是他个人出于怜悯之心的处分自己财富的行为。

（二）近现代企业社会责任观

进入20世纪以后，工业的高度集中和大规模生产带来了许多负面的社会影响。资本主义世界所普遍面临的失业、社会不公、通货膨胀、环境恶化、资源短缺、地区间的发展不平衡等社会问题，均与大企业有着或多或少的直接或间接的联系。人们在批评“社会达尔文主义”的残酷的同时，开始探讨企业对那些与其关联的群体负责任的问题。到20世纪20年代，共出现了三种支持扩大企业社会责任的观点。第一种观点是“受托人观”，即认为管理者是受托人，公司赋予他们相应的权力和地位，他们的行为不仅要满足股东的权益，而且要满足顾客、雇员和社会的需要；第二种观点是“利益平衡观”，即管理者有义务来平衡那些与企业关联的集团之间的利益；第三种观点是“服务观”，他们认为企业有义务承担社会项目去造福或服务于公众，而管理者个人也可以通过成功地运营企业来减少社会不公、贫穷、疾病，从而为社会做出贡献。② 这些观点的传播促进一些企业领导人开始真正考虑管理目标的多元化问题，并在实践中实施一些满足非股东利益相关者利益要求的行为，这些先行者的足迹包括企业主动捐款、资助社区活动和红十字会事业，帮助当地政府完善义务教育和公共健康制度等。随后，许多企业管理者

---

① 陈宏辉、贾生华：《企业社会责任观的演进与发展：基于综合性社会契约的理解》，载《中国工业经济》，2003年第12期。

② 陈宏辉、贾生华：《企业社会责任观的演进与发展：基于综合性社会契约的理解》，载《中国工业经济》，2003年第12期。

开始效仿，由此企业积极从事社会责任活动已经不再是个别现象。

20世纪中期以后，学者对企业社会责任的研究向纵深发展。1953年，被誉为美国“企业社会责任之父”的鲍恩（Bowen）首先将企业社会责任界定为：“商人具有按照社会的目标和价值观去确定政策、做出决策和采取行动的义务。”[①] 鲍恩强调企业的管理者是社会责任的实施者，管理者除了帮助股东实现利润最大化的目标外，在制定决策时还须兼顾社会目标和价值观念。这是开拓性的论述。60年代，美国管理学教授戴维斯（Davis）提出权利与责任对等的企业社会责任观，他认为“商人的社会责任必须与他们的社会权利相称”，权利越大的企业对社会责任投入就要越多，逃避社会责任最终导致其社会权利的逐步丧失。[②] 70年代初，美国经济发展委员会发表了具有重要影响力的《商业公司的社会责任》报告，提出“三个同心圆”企业社会责任观。企业社会责任“三个同心圆”的定义为：公司社会责任内圈包括产品、工作和经济增长等与公司经济功能相关的责任，是最基本的责任；中圈包括行使经济功能必须保持的对改变社会价值和优先权的敏感知觉，如对环境、雇佣、员工关系的关心等；外圈是公司应承担的新出现的和未明确的责任，以广泛投入改善社会环境的行动，如解决贫困问题。

20世纪80年代以后，企业社会责任理论取得重大进展。1984年，弗里曼（Freeman）提出了一个被广泛接受的利益相关者概念，他认为利益相关者指的是“在企业经营活动、战略决策和企业目标实现过程中具有影响力的个人、群体或者受到公司目标所影响的任何群体或个人”。[③] 1995年，克拉克森（Clarkson）认为利益相关者包括主要和次要两类。其中，主要利益相关者与企业的发展有直接和极大的影响，如股东、投资人、劳工、消费者、供应商、所在社区以及对企业征税并进行管制的政府；而后者虽然与企业无直接商业关系，但仍然会影响企业或会受到企业行为的影响。[④] 2008年，我国学者朱慈蕴认为：“公司社会责任是指公司应对股东这一利益群体以外的，与公司发生各种联系的其他相关利益群体和政府代表的公共利益负有一定的责任，主要是指对公司债权人、雇员、供应商、用户、消费者、当地住民以及政府代表的税收利益等。”[⑤] 1979年，卡罗尔（ Carroll）首次提出了公司社会责任的金字塔模型，该模型把企业社会责任分成了金字塔形四个层面，从塔底开始依次是经济责任、法律责任、伦理责任和自发责任。首先，经济责任是企业的首要责任，其他功能都以此为基础；其次，企业应在法律法规的约束下运营并达到目标；再次，公众对企业可能有高于法律要求的期望，即道德责任；最后，自发责任是自发的非强制性责任。这四个层面的权数依次为4—3—2—1。[⑥] 1991年，卡罗尔再次提出改进后的且著名的企业社会责任“金字塔”模型，他

---

① H. R. Bowen, Social Responsibilities of the Businessman, New York: Harper & Row, 1953: 6.

② Keith Davis, “Can Business Afford to Ignore Social Responsibilities?”, California Management Review, 1960 (2): 70—76.

③ R. E. Freeman, Strategic Management: A Stakeholder Approach, Marshfield: Pitman Publishing Inc., 1984: 46.

④ MBE. Clarkson, “A Stakeholder Framework for Analyzing and Evaluating Corporate Social Performance”, Academy of Management Review, 1995, 20 (1): 92—117.

⑤ 朱慈蕴:《公司的社会责任：游走于法律责任与道德准则之间》，载《中外法学》，2008年第1期。

⑥ A. B. Carroll, “A Three—Dimensional Conceptual Model of Corporate Performance”, Academy of Management Review, 1979, 4 (4): 501.

认为企业社会责任是指企业的经济责任、法律责任、伦理责任和慈善责任之和。[①] 近年来，国内大部分学者是基于卡罗尔的金字塔模型对企业社会责任的边界进行不同的微调界定的。

21世纪以来，企业社会责任得到了前所未有的关注，学界对其性质、作用做了广泛的研究并取得相应成果。首先，研究者在通过数理模型证明企业社会责任与企业财务绩效（含非财务绩效）之间有正量关系的基础上，确立了战略性企业社会责任观。1996年，博克（Burke）提出“战略性企业社会责任”的概念；[②] 2001年，兰托斯（Lantos）认为战略性企业社会责任在为社会带来利益的同时，企业也能够获取可持续竞争优势，是一种双赢利益。[③] 2003年，斯密斯（Smith）认为“战略性企业社会责任是指从战略角度看待并履行社会责任，将其纳入企业长期发展战略的一部分，把社会责任、战略目标和企业竞争优势联系在一起，而不是屈于外界压力所采取的被迫行为”。[④] 2009年，豪普金斯（Hopkins）将战略性企业社会责任界定为：“一种考量和影响企业行为且保持企业竞争优势的一种战略性的系统方法。”[⑤] 战略性企业社会责任实质上是要求企业将社会责任作为战略工具来使用，并通过社会层面、道德层面和环境层面的社会责任履行来创造企业持续发展能力，并为企业创造价值。其次，研究者再度探讨企业与社会的相互关系，确立企业公民社会责任观。企业公民的概念出现于20世纪80年代，但深入的研究始于进入新世纪之后；企业公民是指一个公司将社会基本价值与日常商业实践、运作和政策相整合的行为方式。一个企业公民认为公司的成功与社会的健康和福利密切相关，因此，它会全面考虑公司对所有利益相关人的影响，包括雇员、客户、社区、供应商和自然环境。企业公民通过在企业社会责任的框架内将企业社会责任与相关利益者管理糅合在一起，从而克服了企业社会责任在动作和实施上的困难。[⑥] “从发展上来看，一方面，企业公民将企业社会责任从一种自愿的行为发展为公民观下公民对社会的义务；另一方面，企业公民在强调相关利益者关系时，不再像弗里曼那样将企业置于中心地位，然后通过众多的箭头指向各个首要和次要的利益相关者，企业公民将社区放在中心，企业在整个社会生态大环境中作为成员之一，与其他相关利益者一起相互依存，共同面对社会承担责任。”[⑦] 2003年，全球CEO聚首的世界经济论坛认为，企业公民应包括四个方面的内涵：其一是好的公司治理和道德价值，主要包括遵守法律、现存规则以及国际标准，防范腐败贿赂，以及道德行为准则问题和商业原则问题；其二是对人的责

① A. B. Carroll, “The Pyramid of Corporate Social Responsibility: Toward the Moral Management of Organizational Stakeholders”, Business Horizons, 1991, 34 (4): 39—42.

② L. Burke & J. M. Logsdon, “How Corporate Social Responsibility Pays Off”, Long Range Planning, 1996: 495—502.

③ Geoffrey P. Lantos, “The Boundaries of Strategic Corporate Social Responsibility”, Journal of Consumer Marketing, 2001 (7): 595—630.

④ N. C. Smith, “Corporate Social Responsibility: Not Whether, But How”, Center for Marketing Working Paper, 2003: 693—701.

⑤ M. S. Hopkin & N. Kruschwitz, “Sustainability and Competitive Advantage”, MIT Sloan Management Review, 2009: 19—26.

⑥ Valor, “Corporate Social Responsibility and Corporate Citizenship: Towards Corporate Accountability”, Business and Society Review, 2005, 110: 191—212.

⑦ 沈洪涛、沈艺峰：《公司社会责任思想起源与演变Ⅰ》，上海人民出版社，2007年版，第235页。

任，主要包括员工安全计划、就业机会均等、反对歧视、薪酬公平等；其三是对环境的责任，主要包括维护环境质量、使用清洁能源、共同应对气候变化和保护生物多样性等；其四是对社会发展的广义贡献，主要指广义的对社会和经济福利的贡献，比如传播国际标准、向贫困社区提供要素产品和服务如水、能源、医药、教育和信息技术等，这些贡献在某些行业可能成为企业核心战略的一部分，成为企业社会投资、慈善或者社区服务行动的一部分。[①]此外，我国学者还提出了可持续发展企业社会责任观以及和谐社会的企业社会责任观。

纵观上述企业社会责任观的演变，我们可以发现人们对企业社会责任的认识是伴随社会的进步而不断向前发展的。总的说来，企业社会责任经历了一个从外部约束到内部规划的演化过程。企业社会责任具有层次性，主要内容或者更多的内容应该是指非强制性的义务。

第二节 企业社会责任实践

一、国外企业社会责任实践

（一）美国关于企业社会责任的判例与立法

美国司法和立法界对企业的社会责任经历了由拒绝到承认、由判例法到制定法的发展历程。20 世纪初期，法院对企业的社会责任基本上持否定的态度，认为：公司所有权归股东，公司管理者仅是股东的代表或者代理人，依照契约理论或者代理理论，公司管理者只能谋求股东利益，即公司利益，既无权限也无能力从事与之相抵触的任何行为（“能力外行为理论”）。其典型判例是 1919 年的“道齐诉福特汽车公司”案（Dodge v. Ford Motor Co.）。在本案中，福特汽车公司的大股东兼懂事亨利·福特运用其影响力，制止公司分发股利，而将部分公司利润用于扩充厂房增加就业，提高汽车质量等。事后，作为公司小股东的道齐就此提起诉讼。法院认为，亨利·福特要追逐一种特定的慈善政策，就应当使用自己的钱，而不是别人的钱。他指出：“不能把福特先生认识到的他和股东们对社会公共利益所负的义务，和他及其同僚董事在法律上对异议的小股东们所负的义务混淆起来。商事公司主要是为了股东的赢利目的而组织和运营的。董事会的权力应当为达此目的而运用。董事会的自由裁量权应当被用于选择达此目的的手段，而不应及于目的本身之变更、赢利之削减，或为了将赢利用于其他目的而不在股东间分配股利”。因此，为社会公益事务而“影响和执行公司的事务不属于董事会的法律权限”。法院最终判决福特继续分发股利。[②] 此案中，美国法院把董事或者董事会的义务理解为只给公司赚钱。

自福特汽车公司案之后，也有一些判例开始承认企业的社会责任。其中较为著名的是“派伯诉李顿”案（Pepper v. Litton）。在本案中，法院认为，董事的信托义务是为了保护公司股东和非股东的全体利益相关者的利益而确立的。但是，由于在本案及日后

① 侯怀霞：《企业社会责任的理论基础及其责任边界》，载《学习与探索》，2014 年第 10 期。

② 转引自刘俊海：《公司的社会责任》，法律出版社，1999 年，第 56 页。

的诸多案例中，法院对于公司作出的利于非股东利益相关者的决定通常以是否符合股东的长远利益来权衡并作出判断（长远利益或直接利益论），也就是说，被法院认可的利于非股东利益相关者的公司决定，往往被法院解释为符合公司的长远利益或者解释为可为公司带来直接利益。因此，可以认为，尽管企业的社会责任得到了认可，但股东利益至上的观念并未放弃。[①]

1953年，发生于新泽西州的著名的“史密斯制造公司诉巴劳”案（A. P. Smith Manufacturing Co. v. Barlow）被视为是公开、明确要求董事会放弃仅以股东利润最大化作为唯一行为指南的判例。在本案中，法院支持了公司的确认之诉，确认公司对普林斯顿大学的慈善捐赠1500美元的行为合法，其理由有三：（1）州公司法已通过，并授权公司有捐赠行为；（2）判例法也早就承认捐赠行为有助于公司利益最大化目的的实现；（3）公司的捐赠行为有利于公司的营运，更为重要的是，对公益事业的捐赠行为已被认为“正当化”。为此，法院认定，公司对私人学术机构的合理捐助，并未构成愈越公司权限之行为。在1971年6月，美国经济开发委员会在其发表的题为《商事公司的社会责任》报告中，对企业社会责任的外延作了扩大的表述，它们涉及10个方面，（1）经济增长与效率；（2）教育；（3）用工与培训；（4）公民权与机会均等；（5）城市改建与开发；（6）污染防治；（7）资源保护与再生；（8）文化与艺术；（9）医疗服务；（10）对政府的支持。[②]

自20世纪80年代开始，以宾夕法尼亚州为代表的美国29个州首次在公司立法史上放弃了一元化的股东利益最大化的传统观念，在公司法中加入公司管理者应对非股东利益相关者负责的条款即“其他利益相关者条款”（other constituency statues）。这个条款主要包括以下内容：（1）公司董事应考虑各种非股东利益相关者的利益，或者应考虑公司所采取的行动对非股东利益相关者的影响；（2）此种非股东利益相关者，一般而言，包括公司员工、公司顾客、公司债权人、公司供应商及公司工厂所在社区（community）；（3）公司董事应考虑国家及州经济情形，以及考虑其他社区及社会上的各种因素而为决策；（4）公司董事，除考虑公司及其股东的短期利益外，也应考虑公司及其股东的长期利益；（5）公司董事应考虑公司及其股东的最佳利益，而决定继续维持公司独立性，拒绝被兼并；（6）公司董事应考虑其他任何相关因素；（7）公司经理人等亦应同样适用前揭（1—6）原则。[③]

上述条款具有里程碑意义。它们为公司管理者权衡各方利益相关者的权益，进而为公司负担社会责任提供了制定法上的依据，即在立法上许可甚至强制公司的董事或管理者在考虑股东最佳利益时，也对非股东利益相关者的利益予以足够的关注。可以说，该条款直接缓和（或减轻）了公司管理者和董事依据传统公司法理论而应对公司股东履行的忠实义务。此外，美国法律研究院（American Law Institute）在1984年通过《公司治理的原则：分析与建议》，其中第2.01条规定：“商业公司从事商业行为，应以提升公司利润与股东利得为目标。唯有下述情形之一者，不问公司利润与股东利得是否因此

① 李昌麒主编：《经济法学》，中国政法大学出版社，2002年修订版，第197～198页。

② 卢代富：《国外企业社会责任界说述评》，载《现代法学》，2001年第3期。

③ 刘连煜：《公司治理与公司社会责任》，中国政法大学出版社，2001年，第160页。

提升：a. 应与自然人在同一程度内，受法律之约束而为行为；b. 得考虑一般认为系适当之伦理因素，以从事负责任之营业行为；c. 得为公共福祉、人道主义、教育与慈善之目的，捐献合理数目之公司资源。”① 本条首先阐明：公司应以增加公司和股东利益为其经营目标的原则，但 a—c 反映出公司既是“经济人”，也是“社会人”。因此，公司在追求经济目标的同时，也应履行相应的社会责任。

1991 年美国颁布《联邦判决指南》，该指南允许法官按照以企业所采取的社会责任方面得到的实施情况，酌情减少其对经理人员的罚款和监禁时间。2002 年美国签署了《企业社会责任法案》，对忽视社会责任、侵害相关者利益的企业加大了处罚力度。此外，还制定政策引导和鼓励企业履行社会责任，甚至要求企业公开它们对环境的影响和责任，要求大型电器生产企业向消费者列出产品的耗能成本等。②

（二）欧洲国家关于企业社会责任的立法

德国在 1937 年的《股份公司法》第 70 条第 1 款规定：“董事会应自我负责，为事业及其雇员之福祉、国民与国家之共同利益经营公司。”此规定首创了公司法制史上的“共同福祉条款”，被学者视为开创了在公司法中规定企业社会责任之先河。1965 年的《股份公司法》虽略去了这一规定，但是在德国，尊重雇员的利益和谋求公共福利乃被视为是不言而喻的。尤其是德国具有雇员参与企业决策的悠久历史，企业对雇员利益的关照这一社会责任仍然可以在公司立法中找到依据。《煤钢共同决定法》（1951 年）、《共同决定法》（1976 年）等法律规定，煤炭、钢铁或者具备一定规模的公司，其监事会应由资方代表、劳方代表和“中立的”成员组成；公司的董事会中须有“工人委员”（即“劳方董事”）。截至目前为此，多数欧洲国家以立法方式，提供雇员参与公司经营和决策的机会。所谓雇员参与，实指雇员依法参与公司董事会，以此与公司股东一道共同决定公司的经营方针和经营方略。这种将“劳力”与公司资本等同视之的公司运作模式，体现了对雇员利益的保护，能有效提高公司雇员对公司的向心力，促进劳资关系的和谐，当然最终也有利于公司营运。

英国在立法上也确立了企业的社会责任。例如，1985 年《英国公司法》第 309 条规定，董事必须考虑雇员的利益。此外，《城市法典》总则关于收购与兼并事项的第 9 条规定，“在董事向股东提供建议时，董事应考虑股东的整体利益和公司雇员及债权人的利益”。2006 年修订、2008 年实施的《英国公司法》第 172 条第 1 款规定，公司董事在采取促进公司成功的方式行事时，能够充分考虑：公司雇员的利益，培养公司与供应商、消费者和其他人商业关系的需要，公司运作对社会和环境的冲突，公司维护高标准商业行为之声誉的愿望等。

为了协调和统一成员国公司的治理结构，欧共体于 1972 年拟定了《公司法第五号指令草案》，该指令草案的指导思想是“股东利益不应再是企业家决策背后的唯一动因。相反，公司的经营决策应当体现出股份有限公司对其构成要素（包括资本和劳动）乃至全社会所负的责任”。该草案对于唤醒各成员国的企业社会责任意识，无疑具有重大意义。该指令草案又经历 1975 年、1983 年、1990 年、1991 年等多次的修正。该指令草

---

① 刘连煜：《公司治理与公司社会责任》，中国政法大学出版社，2001 年版，第 68 页。

② 冯梅、范炳龙：《国外企业社会责任实践评述与借鉴》，载《生产力研究》，2009 年第 22 期。

案的目的是确保以下指导思想的实现：企业不再单纯追求股东利益最大化这一经济目标，企业在经营决策时候要考虑到企业的社会责任。

（三）国际规则的制定

社会责任国际标准 SA8000。社会责任国际（SAI）于 1997 年发表并于 1998 年 6 月开始启动实施 SA8000 标准（Social Accountability 8000）。它是一个指标化了的以保护劳动环境条件和劳工权利为主要内容的企业社会责任管理体系标准，具体规定了有关童工、强迫劳动、健康与安全、组织工会自由与集体谈判权利、歧视、惩罚性措施、工作时间、工作报酬和管理体系等九大核心议题的内容。无疑，该标准是广大劳工的一项福音，有利于防范不合理工资、超强度劳动、不安全劳动环境、雇佣童工、体罚等侵犯劳工权益的现象。

联合国“全球契约”。1999 年 1 月，在达沃斯世界经济论坛年会上，联合国秘书长科菲·安南提出“全球契约”计划，并于 2000 年 7 月在联合国总部正式启动。“全球契约”计划号召各公司遵守人权、劳工标准、环境和反腐败四项原则的十项基本内容。“全球契约”要求全世界企业领导遵守有共同价值的标准，实施一整套必要的社会规则，目的是动员全世界的跨国公司直接参与减少全球化负面影响的行动，推进全球化积极发展。

社会责任国际指南 ISO26000。ISO26000 是国际标准化组织（ISO）于 2010 年 11 月 1 日正式公布实施的一个国际标准。ISO 开发 ISO26000 的目标是促进全球对社会责任的共同理解，向全世界愿意应用 ISO26000 的组织提供一个有助于践行社会责任的框架性指南，该指南应当普遍适用于除政府组织之外的任何形式组织。ISO26000 有两个重要特征：一是将社会责任理念从企业推广到任何形式的组织；二是在全球统一了社会责任的定义，即“通过透明和道德行为，组织为其决策和活动给社会和环境带来的影响承担的责任。这些透明和道德行为有助于可持续发展，包括健康和社会福祉，考虑到利益相关方的期望，符合适用法律并与国际行为规范一致，融入整个组织并践行于其各种关系之中”。作为第一个由国际标准化组织制定的、比较全面规范组织社会责任行为的指南标准，ISO26000 不仅将在更大范围内加速推动社会责任的实施，也将成为社会监督组织行为的工具。

二、我国企业社会责任实践

（一）我国关于企业社会责任的规定

在 2005 年，我国对《公司法》进行修订，首次在法律层级上引入企业社会责任概念。《公司法》第 5 条规定：“公司从事经营活动，必须遵守法律、行政法规，遵守社会公德、商业道德，诚实信用，接受政府和社会公众的监督，承担社会责任。”但该法律对社会责任的内涵和外延、实现机制与责任追究等问题均未涉及。在 2006 年修订的《合伙企业法》中，也在总则第 7 条明确规定：“合伙企业及其合伙人必须遵守法律、行政法规，遵守社会公德、商业道德，承担社会责任。”我国法律规定了社会责任的还有《企业国有资产法》《食品安全法》《旅游法》《科学技术普及法》。

此外，2002 年中国证监会和国家经贸委共同发布《上市公司治理准则》，该准则在其第六章的“利益相关者”专章中对上市公司的社会责任内容作了规定。2007 年年底国务院国有资产监督管理委员会发布《关于中央企业履行社会责任的指导意见》，该指导意见阐述了中央企业履行社会责任的重要意义，提出了履行社会责任的指导思想、总体要求和基本原则，规定了履行社会责任的主要内容和主要措施。财政部于 2010 年发布了《企业内部控制应用指引第 4 号——社会责任》，国家工商总局于 2014 年发布了《网络交易平台经营者履行社会责任指引》。上述指导意见和指引对企业社会责任的内容和实施予以细化。

一些地方政府也发布了有关企业社会责任的政策文件。2007 年 5 月深圳市人民政府发布《关于进一步推进企业履行社会责任的意见》；同年 7 月，上海市分别发布《浦东新区推进企业履行社会责任的若干意见》和《浦东新区推进建立企业社会责任体系三年行动纲要（2007－2009)》，引导和鼓励企业自觉履行社会责任。2008 年浙江省发布《浙江省人民政府关于推动企业积极履行社会责任的若干意见》；2009 年石家庄市人民政府发布《关于促进企业履行社会责任的指导意见》；2010 年海南省发布《海南省企业社会责任行动纲要》；2012 年上海市文明办发布《上海市文明单位社会责任报告指导手册（试行)》，在全市 3000 多家文明单位中率先开展社会责任报告工作。

在行业组织的自律性规范指引方面，有 2006 年深圳证券交易所发布的《上市公司社会责任指引》、2009 年中国银行业协会发布的《中国银行业金融机构企业社会责任指引》。上述指引要求金融机构企业、上市公司应当遵守法律、法规、规章和公司章程，积极保护股东、债权人和职工合法权益，诚信对待供应商、客户和消费者，积极从事环境保护、社区建设等公益事业，从而促进企业本身与全社会的协调、和谐发展。此外，2010 年广东省医药行业协会发布并实施《广东省食品医药行业履行社会责任》标准（经广东省技术监督局批准)，2011 年广东省房协出台《广东省房地产企业社会责任指引（试行版)》等。

（二）我国企业社会责任的实施

我国企业社会责任的实施，表现为几个特点：第一，企业性质与社会责任之间的关系不完全相同。国有企业要全面履行社会责任，非国有企业自觉履行社会责任；第二，企业类型与社会责任承担的重点不同。涉及公众利益较多的企业，如上市公司、金融企业、能源企业、医药食品等企业要结合企业特点主动承担社会责任；第三，企业能力与承担社会责任的程度关联，大型企业相对于中小型企业，承担社会责任的程度更高。[①]

目前，企业社会责任的实施主要通过倡导性、自愿性机制来完成，但社会责任的具体内容与法律责任关联的，可通过追究法律责任的方式来促使企业实施社会责任。

学习总结与拓展

【关键词】

社会责任　企业社会责任　利益相关者经济人　社会人　企业公民　社会责任国际标准 SA8000　社会责任国际指南 ISO26000

---

① 关于企业承担社会责任的报告，可见 ESC 报告网 http://www.csrreport.cn/，中国企业社会责任网 http://www.chinacsr.cn

【思考题】

1. 企业社会责任有何特点?
2. 简述企业社会责任之基本内容。
3. 试析企业社会责任中法律责任与道德责任在履行和责任追究上的区别。
4. 试析企业社会责任观的演变及其特点。
5. 从企业实践社会责任的角度，分析我国应如何完善公司的内外部治理结构。
6. 从网上阅读几家公司（如移动公司等）的社会责任报告，分析其特点。
7. 在“5.12”汶川大地震的抗震救灾活动中，有的企业家在不恰当的时间里公开发表了不愿捐赠或只会少量捐款等内容上不合时宜的讲话，之后受到网民的普遍谴责。你怎么看待这个问题?
8. 企业的社会责任是否应该与企业的性质、规模相适应?
9. 国有企业应该如何履行社会责任?
10. 网络交易平台经营者如何履行社会责任?

【阅读资料】

1. 国资委发布的《关于中央企业履行社会责任的指导意见》。
2. 深圳证券交易所发布的《上市公司社会责任指引》。
3. 刘俊海:《企业的社会责任》，法律出版社，1999 年。
4. 刘连煜:《公司治理与公司社会责任》，中国政法大学出版社，2001 年。
5. 卢代富:《企业社会责任的经济学与法学分析》，法律出版社，2002 年。
6. 李昌麒主编:《经济法学》，中国政法大学出版社，2002 年。
7. 李伟阳、肖红军、郑若娟编译:《企业社会责任经典文献导读》，经济管理出版社，2011 年。

第二编　市场规制法律制度

导　言

市场机制作为一种资源配置机制有其不可替代的优势，但是也存在自身难以克服的局限。由市场机制优胜劣汰带来的结果，不仅仅使竞争胜出者获得更多资源、机会、市场、效率，形成市场优势，同时还可能使一些竞争胜出者利用这种优势乃至市场支配地位控制交易条件、进行强制交易，以获取更多利润。而一些不具有市场优势的经营者，为牟取尽可能多的利益，有的也会共谋串通来限制公平竞争，甚至采取假冒伪劣、欺哄蒙骗、贿赂窃密等不正当方式来损人利己、妨碍公平、扰乱市场、危害社会。因此，发挥国家和政府的干预功能，对市场机制扬长避短实为必然。但政府自身也有局限，如果政府的干预不纳入到法治的轨道，则政府之公权与市场之私利就会相互吸引，后患无穷。所以，政府的干预一定要在法治的空间，遵循“法无授权不可为”的原则，故有“市场规制法”概念的形成。

规制，是英语“regulate”“regulation”的汉译。作为名词的规制“regulation”，有管理、控制、规则、规范的含义。作为动词的规制“regulate”，有进行管理、控制，加以规范的意思。日本著名经济法学家金泽良雄认为：“一般所谓‘规制’，在最狭义上，可以理解为是对一定行为规定了一定秩序，而起到限制的作用。”[①]我们理解，规制的含义是，遵循规范进行控制。“市场规制法”意义上的规制，是政府及其机构遵循法律规范对市场行为、市场结构进行旨在实现公平竞争、公平交易和社会福利最大化的调整控制。

市场规制法调整市场规制关系，市场规制关系包含两个方面：一方面是政府在进行市场规制过程中与经营者、消费者之间发生的关系，另一方面是在政府规制下经营者之间、经营者与消费者之间所发生的关系。

市场规制法之目的有三，依次是纠正经营者不正当行为；恢复市场公平竞争和交易机制；增进社会福利，实现社会经济效益最大化。市场规制法追求的公平，不限于形式公平、机会公平，更侧重实质公平、结果公平。

市场规制法的核心是竞争法。因为竞争是市场机制最重要的部分。从一定角度来讲，市场机制就是竞争机制。在经济学看来，竞争有四种状态：完全竞争、垄断竞争、寡头垄断、完全垄断。现实中的竞争则多为垄断竞争和寡头垄断。在经济法看来，竞争有三种状态：限制竞争、不正当竞争、公平竞争。在对竞争的解释上，经济学与经济法的主要差别在于描述性解释和价值性解释。所谓描述性解释，是对经济现象、条件、结

---

① ［日］金泽良雄著：《经济法概论》，满达人译，甘肃人民出版社，1985年，第45页。

果所做的因果性解释，遵循客观中立原则。所谓价值性解释，是对经济现象描述性解释的评价、选择性解释，以公平应然为导向。价值性解释要建立在描述性解释基础上但却要超越描述性解释。因此，经济法中的竞争法以实现公平竞争为目的，要对限制竞争、不正当竞争行为进行规制。于是，《反垄断法》《反不正当竞争法》构成了竞争法的主体，竞争法成为市场规制法的核心。

除了竞争法之外，规制经营者与消费者之间形式平等而实质不平等关系的《消费者权益保护法》，规制政府与产品生产者、销售者之间关系以防范不合格产品、有害食品、不良药品危害社会和救济受损害的用户、消费者利益的《产品质量法》《食品安全法》《药品管理法》，规制在市场交易中的价格行为、广告行为的《价格法》《广告法》，规制与市场交易有关的重要信息——会计信息的形成过程的《会计法》《审计法》，也是市场规制法的主要内容。当然，市场规制法还存在于对证券市场、保险市场、期货市场、房地产市场等特定市场的法律调整当中，但限于篇幅以及与教学安排的考虑，本书未及全部纳入。

对于市场规制法的学习，需要注意三个问题：第一，从理论上对市场规制法的整体认识和特点把握；第二，从制度和规范上熟悉对市场规制法中的法律基本规定的理解和适用；第三，从能力训练方面锻炼对市场规制法的理论和实务问题的思考和处理。

第六章 竞争法律制度

【学习提示】竞争法律制度是市场规制法律制度的重要内容。竞争法律制度主要包括反不正当竞争法和反垄断法。学习中需要注意理解其立法目的，掌握对不正当竞争行为、垄断行为的认定规则和上述两种行为的构成要件。熟悉我国《反不正当竞争法》《反垄断法》的基本规定。了解竞争法发展的一般情况。

第一节 竞争与竞争法概述

一、竞争和竞争法的概念

(一) 竞争

竞争是人类社会中的普遍现象。诸如经济竞争、科技竞争、体育竞争等等。经济竞争，又称为商业竞争、市场竞争，是指在相同市场经营中有着不同利益的两个以上的经营者，为实现利益最大化，相互采用竞夺商业机会、争取市场份额的活动。

市场竞争，是市场经济的重要运行机制，它普遍作用于市场经济社会的几乎所有商品交易领域。商品生产的价值规律通过竞争才能得到贯彻。市场竞争的基本作用，就在于最大限度地调动经营者的积极性，并为经营者造成可能失败的压力，促使经营者通过不断完善管理，不断开发和采用新技术、新工艺等手段，向市场提供优质廉价的产品；通过竞争，优胜劣汰，使社会资源得到有效配置，从而为消费者和全社会带来最大福利。

竞争机制具有积极作用，但竞争同时还可能带来一定的消极后果，主要表现在两个方面：一是竞争会形成垄断。竞争使生产和资本趋于集中以利于产生规模经济效益，但达到一定程度，便可能造成垄断，垄断就会排除竞争、窒息竞争，使竞争机制作用难以正常发挥，结果是垄断价格产生，产品供给减少，生产经营效率降低，经济失去活力，消费者和社会公共利益遭到损害。二是竞争中会产生不正当竞争行为。即在竞争中，会有一部分经营者通过采取与商业道德相悖的不正当手段，损害他人的利益，为自己争取竞争优势。例如盗用他人商业信誉或智力成果，进行虚假广告宣传，诋毁竞争对手，以及进行商业贿赂等等，这些行为同样造成对正常竞争秩序的破坏，削弱了竞争对经济发展的促进作用。

市场竞争的这些消极后果是竞争自身所无法克服的，它要求通过法律的形式，以国家强制力来减少和消除不正当竞争行为或垄断排除危害竞争的行为对消费者福利和社会总福利的损害。

（二）垄断

1. 垄断的经济学定义

垄断（Monopoly）最早是一个经济学概念，它是指一个（或少数几个）生产者在市场上独占或具有控制地位的情形。市场自由竞争会导致市场力量的集中，形成垄断。而过度的垄断将有损竞争从而影响市场的资源配置效率。

2. 垄断的法律定义

法律上关于垄断的基本含义是指各国反垄断法律中规定的，垄断主体对市场运行过程进行排他性控制或对市场竞争进行实质性限制、妨碍公平竞争秩序的行为或状态。事实上，法律上关于垄断的定义的外延要比经济学上的宽泛，不仅指独占垄断，而且还包括少数企业的寡占垄断和滥用政府行政权力实施的垄断等妨碍市场竞争机制的一切行为。

3. 垄断与竞争的关系

根据哈佛学派的竞争理论：一个有效的市场竞争应该取决于三个衡量标准：市场结构、市场行为和市场绩效。为了达到理想的市场绩效，就必须控制市场结构和市场行为，而其中市场结构是最主要的。政府的公共政策与法律应该集中于优化市场结构和规范市场行为上。这种被称为结构主义的理论是反垄断法的基础，至今仍然是分析垄断危害、限制企业集中的重要理论依据。

20 世纪后期的经济学研究对上述研究框架提出了质疑，以美国芝加哥大学的经济学教授为代表的芝加哥学派的研究成果表明，有效的竞争不仅仅依靠“合理的市场结构”来维持，还有一些内在的诱因促使企业不断地努力向前，人们对经济效率的追求是经济体制创新、发展和变迁的根本动力。正是这种对效率的不懈追求才导致了垄断地位的产生，经济垄断恰恰是高效率的体现。因此，高集中度未必一定导致垄断，而高集中率也未必一定影响市场效率。因为高集中率只表明企业拥有了实施垄断的优势力量，而真正构成市场垄断、对市场经济的发展产生影响的是企业滥用市场控制地位、构筑市场进入壁垒的行为。这种被称为“行为主义”的理论的出现使得对垄断的理解由单纯的“结构”转为“结构加行为”，并以“行为”为重点。这对反垄断政策和法律具有极为重要的影响。各国的反垄断法对垄断的规制也从注重市场结构状态转向了注重对优势企业滥用市场控制力的行为的规制。正如著名经济学教授张五常所说的，“反托拉斯反对的是动词的垄断（monopolize）而不是名词的垄断（monopoly）”。

（三）竞争法

竞争法是调整市场竞争关系，规定禁止垄断和不正当竞争，保护和促进公平有效竞争的法律规范的总称。

竞争法的目的是建立公平有效的市场竞争秩序，实现经济效益和社会效益的最大化，提高消费者福利和社会总福利。

竞争法主要包括反垄断法、反不正当竞争法，此外还涉及与竞争有关的法律规范，如价格法、广告法、商标法、专利法等。

二、竞争法的产生和发展

(一) 现代竞争法的产生

现代竞争法的形成以1890年美国《谢尔曼法》的制定为标志。该法是采取国家干预方式对自由放任的市场经济所生限制竞争行为和垄断行为的规制。《谢尔曼法》仅有八个条款，但是它确立了极其重要的原则，即以契约、联合或共谋等形式对州际、与外国之间的贸易和商业进行限制和垄断行为是非法的。这为美国以反托拉斯为核心内容的竞争法的进一步发展，奠定了基础。24年后的1914年，美国国会总结了《谢尔曼法》实施的经验教训，并根据当时经济生活中对进一步加强和完善反托拉斯立法的实际需要，制定了《克莱顿法》和《联邦贸易委员会法》。这两个法律对《谢尔曼法》的规定进行修改补充，增加了一些实体规定，丰富了反垄断和反不正当竞争行为的法律原则，扩大了反垄断法的调整范围。特别是《联邦贸易委员会法》创设了反垄断和反不正当竞争的专门行政执法机关联邦贸易委员会，并对其职责和工作程序进行了完整的规定。至此，以美国反托拉斯法为典型代表的现代竞争法基本形成。

德国于1896年率先制定了《反不正当竞争法》，这是世界上第一部专门的反不正当竞争法。1909年，德国在此基础上制定了新的《反不正当竞争法》，并废止了前法。这个法律虽经若干次局部修改，但基本制度没有重大变化，一直沿用至今。德国《反不正当竞争法》确定了一项基本原则，即“对在营业中为竞争目的采取违反善良风俗的行为者，可请求制止或赔偿损害”。根据这个原则，该法对令人误解的广告，商业贿赂，诋毁他人商誉，冒用他人营业标志，侵犯他人商业秘密等各种不正当竞争行为进行规制，形成了一整套比较完备的反不正当竞争法律制度。1923年德国颁布《卡特尔条例》，允许对“滥用经济强权”的卡特尔向卡特尔法院起诉，1933年纳粹上台后，开始推行国家统制经济政策，正式废止了《卡特尔条例》，把德国所有的公司和企业纳入为战争服务的轨道，从而使德国企业的卡特尔组织得到了空前的发展。“二战”后，德国以美国反托拉斯法为蓝本，制定了有关禁止卡特尔协议的法律。随着德国经济的恢复和发展，为了进一步规范市场，1957年议会通过《反限制竞争法》。这形成了不同于美国的竞争法立法体例。德国这种体例对日本、韩国等国家竞争法律制度的建立产生了重要影响。

在这个时期，还有其他一些国家制定了竞争方面的立法，如1913年希腊的《反不正当竞争法》，1923年奥地利的《联邦反不正当竞争法》，1926年波兰的《制止不正当竞争法》，1931年瑞典的《不正当竞争法》，1934年日本的《不正当竞争防止法》，以及1936年菲律宾的《惩罚为产品、股票、债券等作虚假广告、冒用标签和商标行为法》等等。

(二) 现代竞争法的发展

第二次世界大战之后，世界许多国家纷纷进行竞争立法，内容也日益丰富。同时，竞争法在国际领域也得到发展。

在日本，1947年4月制定了《关于禁止私人垄断和确保公平交易的法律》。为迅速解散财阀等大垄断组织，于1948年制定了《经济力量过度集中排除法》和《财阀同族支配力量排除法》等一系列反垄断法规。通过反对垄断和限制竞争，防止经济力量过度集中造成的市场结构不合理以及经济力量的滥用，从而保护竞争并促进国民经济健康发展。日本战前制定的《不正当竞争防止法》，战后经数次修改。1982年制定了《防止不公正交易法》，与《关于禁止私人垄断和确保公平交易的法律》一起，共同构成了日本现代竞争法体系中两项最基本的法律。日本还于1962年制定了《不当赠品及不当表示防止法》，作为不正当竞争防止法的配套法规。

在英国，1948年制定了《垄断和限制性行为（调查和管制）法》，后来修改为1973年的《公平贸易法》，1976年英国制定了《限制性贸易法》，1980年则制定了《竞争法》。法国等其他欧洲国家也制定了自己的竞争法。此外，制定专门竞争法律的国家还有很多，如扎伊尔1950年制定了《不正当竞争立法法令》，印度1969年制定了《垄断与限制性贸易行为法》，丹麦1974年制定了《市场行为法》，加拿大1974年制定了《联合企业调查法》，巴基斯坦1970年制定了《垄断和限制性贸易惯例（管制和防止）法令》，等等。

在韩国，1975年制定了《反价格固定和反垄断法案》试行，1980年正式制定《限制垄断及公平交易法》。20世纪80年代中期，韩国经济迅速发展，但国内假冒等侵犯知识产权的行为也变得十分猖獗，为履行作为参约国对《保护工业产权巴黎公约》所承担的反不正当竞争义务，扩大对外经贸活动，韩国于1986年以巴黎公约为蓝本制定《不正当竞争防止法》。

此外，南斯拉夫在1974年制定了《防止不正当竞争和垄断协议法》，匈牙利1984年制定了《禁止非正当经济活动法》，波兰1987年制定了《反国民经济垄断法》，苏联1990年制定了《苏联部长会议反经济垄断措施决定（第825号）》，罗马尼亚1991年制定了《制止不正当竞争法》，保加利亚1991年制定了《保护竞争法》等等。

在我国，1993年制定了《反不正当竞争法》，2007年制定了《反垄断法》。

现代竞争法所调整的垄断、限制竞争行为及其他和不正当竞争行为，不局限于工商业领域，还涉及体育、文化、教育、旅游、医疗卫生等领域。

现代竞争法在国际领域也获得了发展。“二战”结束后于1948年签署的《国际贸易组织宪章》(《哈瓦那宪章》)，对限制性商业惯例进行了规制。虽然这个国际公约未能获得各政府批准，但其中关于竞争所拟定的规则，还是影响了后来现代竞争法在国际领域的发展。1957年3月，法、德、意、荷、比、卢在罗马签署的《欧洲经济共同体条约》(《罗马条约》)，对限制竞争行为进行了规定。随着欧洲经济共同体成员国的增加，《罗马条约》实际上已成为欧洲多数国家发展经济的竞争准则，各国都在相当大的程度上根据《罗马条约》的规定制定或调整自己国内的竞争法。《罗马条约》对其他区域性国际组织间的竞争立法也产生了重要的影响。1980年12月，联合国大会第35届会议通过了《关于控制限制性商业做法的多边协议的公平原则和规则》，将各国竞争法中对限制竞争行为的规定加以系统化，作为对联合国各成员国普遍适用的竞争规则。1996年，世界知识产权组织发布了《反不正当竞争示范法》(Model Provisions on Protection Against Unfair Competition)，该法是世界知识产权组织为落实《保护知识产权的巴黎公约》第10条之2及TRIPs协议第2条关于在知识产权领域反不正当竞争的规定而制定的。

三、竞争法的立法模式和体系

(一) 竞争法的立法模式

竞争法的立法模式是指一国在竞争立法时所采取的法律表现类型。立法模式的选择与本国的国情和发展阶段等因素有关。目前，竞争法立法模式有三种类型：统一立法模式、分别立法模式、混合立法模式。

1. 统一立法模式，即将反不正当竞争法与反垄断法两部法律规范所调整的违反公平竞争的行为合并在一起，制定一部市场竞争法，对不正当竞争、限制竞争进行统一的调整。即凡有关市场秩序和公平竞争方面的社会关系均由这个统一的法律加以调整。统一的竞争立法模式的优点是法律规范集中，对法律适用较为有利。匈牙利、保加利亚、俄罗斯、我国台湾地区以及南非、澳大利亚等采取这种立法模式。

2. 分别立法模式，即将反垄断与反不正当竞争分别立法。这种立法模式比较典型的国家是德国和日本。其中又以德国的竞争立法最具典型意义，日本、韩国等国的竞争立法都仿照德国的立法体例。德国现行的竞争立法制度，主要规定在1909年制定的《反不正当竞争法》和1957年的《反限制竞争法》中。日本的竞争法则分别表现为1934年制定的《不正当竞争防止法》和1947年制定的《关于禁止私人垄断和确保公平交易的法律》。在分别立法的国家当中，有的国家制定反不正当竞争法在先，制定反垄断法在后，如德国、日本等国。而有的国家则相反，如韩国。这是与特定国家的历史条件、经济条件与社会背景相联系的。德、日这两个国家实行市场经济较早，商品生产和交换相对发达，其商事行为越来越复杂，特别是对各种违反诚实信用原则的不正当竞争行为。长期以来，德、日反不正当竞争法，习惯上被归于民法领域，被视为民法的特别法或者民法的延伸，因而，完全靠民法典调整各种违反诚实信用原则的不正当竞争行为，已日益不能适应需要。制定反垄断法，禁止卡特尔、托拉斯和其他垄断组织成为必要，德、日两国的反垄断法律制度得以确立。

3. 混合立法式，这种立法模式没有确定那些行为属不正当竞争，那些行为属限制竞争行为，对于违反公平交易的行为，既没有分别专门立法规范，也没有集中统一立法加以规范，而是分别针对各种妨害市场秩序的行为，制定若干法律加以规范，这种立法模式的代表是美国。美国最早颁布的有关公平竞争的法规《谢尔曼法》，主要是针对当时托拉斯这种垄断组织对市场竞争秩序的破坏而制定的。美国是典型的采取混合立法模式的国家。美国的竞争法以反托拉斯法为主要内容，整个竞争立法体系大体可以分为三个部分：一是三个基本的法律，及《谢尔曼法》《克莱顿法》和《联邦贸易委员会法》；二是在上述法律基础上制定的具体法，如《罗宾汉－帕斯曼反价格歧视法》《塞勒—凯弗尔反合并法》；三是法院在审理有关竞争案件中形成的大量判例。美国是英美法系国家，不像大陆法系国家那样要求其成文法体系的严谨。因此，美国的竞争立法体系并没有严密的逻辑结构，也没有对垄断行为和不正当竞争行为进行明确区分，进而在统一立法中或者在通过分别立法进行规制。

我国竞争法采取分别立法模式。先制定了《反不正当竞争法》，后制定了《反垄断法》，这两部法律构成我国竞争法的主要内容。此外，《价格法》《广告法》《招标投标法》《商标法》《专利法》等法律中，也有关于竞争的法律规范。

（二）竞争法的体系

竞争法的体系是指按照一定标准构建的竞争法律规范之间的结构与联系方式。

1. 按照竞争法律规范的性质构建的竞争法体系，包含竞争实体法与竞争程序法。竞争实体法是规定限制竞争行为、不正当竞争行为及其法律后果的法律。竞争程序法是规定认定、查处限制竞争行为、不正当竞争行为程序的法律。

2. 按照竞争法律规范的对象构建的竞争法体系，包含反不正当竞争法、反垄断法。

3. 按照竞争法的效力范围构建的竞争法体系，包含国内竞争法、涉外竞争法、国际竞争法。国内竞争法是适用于一国之内主体的竞争法。涉外竞争法是具有域外效力的竞争法。国际竞争法是适用于不同国家或者经济区域之间竞争法。

四、竞争法的地位和作用

竞争法是市场经济中的基本法律制度，被称为“经济宪法”或“市场经济大宪章”，在市场经济法律体系中占有极其重要的地位。

竞争法的作用可以概括理解为：

1. 维持合理市场结构。通过对企业兼并的审查和一定程度上的限制和排除已形成的垄断，防止经济过度集中带来的不利效果。

2. 维护市场公平竞争秩序。通过对各种垄断行为和不正当竞争行为的制止来实现维护公平竞争秩序。

3. 保护消费者、经营者合法权益。竞争法禁止各种侵犯消费者和经营者合法权益的不正当竞争行为和垄断行为，保障经营者和消费者的合法权益。

4. 维护社会公共利益。竞争法维护社会公共利益的方式，是对违反社会公共利益的限制竞争行为予以禁止，对能够实现社会公共利益的协议、符合社会公共利益的经营者集中，在法律适用上予以禁止豁免，从而维护社会公共利益。

第二节 反不正当竞争法

一、不正当竞争行为的概念及特征

（一）不正当竞争行为的概念

不正当竞争行为泛指商业活动中与诚实信用、公平交易的商业道德相背离的各种行为。目前，世界各国立法对不正当竞争行为尚无统一的定义。《保护工业产权巴黎公约》规定：凡在工商业活动中违反诚实经营的竞争行为，即构成不正当竞争行为。

我国《反不正当竞争法》第 2 条第 2 款规定：“本法所称的不正当竞争，是指经营者违反本法规定，损害其他经营者的合法权益，扰乱社会经济秩序的行为。”

（二）不正当竞争行为的特征

1. 行为主体具有特定性。不正当竞争行为的行为主体是经营者。所谓经营者是指从事商品经营或者营利性服务的法人、其他经济组织和个人。

2. 行为性质具有违法性。不正当竞争行为是市场竞争中的违法行为，其行为违反《反不正当竞争法》的规定。

3. 行为侵害的客体具有双重性。不正当竞争行为侵害其他经营者和消费者的合法利益，并侵害社会经济秩序。

二、反不正当竞争法调整范围

(一) 反不正当竞争法的调整范围

反不正当竞争法是规制不正当竞争行为的法律规范的总称。反不正当竞争法调整经营者之间、经营者与消费者之间、经营者与执法机构之间因不正当竞争行为而发生的关系，即不正当竞争侵权关系和制止不正当竞争执法关系。

在我国，反不正当竞争法主要表现为《中华人民共和国反不正当竞争法》，此外，反不正当竞争规范还存在于《价格法》《广告法》《招标投标法》等法律当中。由于我国制定《反不正当竞争法》在先，因而该法律不仅规制不正当竞争行为，还规制了部分限制竞争行为。我国的《反垄断法》颁布以后，出现了一部分与反不正当竞争法重合的限制竞争行为。目前，我国正在启动《反不正当竞争法》的修订工作。

(二) 反不正当竞争法与相邻法的关系

1. 反不正当竞争法与知识产权法的关系

从立法体系上看，许多国家都将反不正当竞争法归类于知识产权法体系之中。这是因为反不正当竞争法将许多有关知识产权的调整对象作为自己的保护对象，即对于侵犯知识产权的行为予以法律制裁。对知识产权的侵权行为不少属于不正当竞争行为，侵犯版权、商标、专利不仅侵害了知识产权人的利益，也损害了消费者利益和社会公共利益，这些行为违反善良风俗和商业道德的性质十分明显，它们同时又是不正当竞争行为，所以反不正当竞争法对与各类知识产权有关而相关法律不能规制的客体给予保护，弥补各单一知识产权法所造成的“真空地带”，对各类知识产权客体的交叉部分给予“兜底保护”，使知识产权的保护对象连接成一个整体。

但反不正当竞争法与知识产权法又存在着区别。其一，两部法律的调整对象仍然有所不同，知识产权法只保护知识产权，而反不正当竞争法重在维护公平正常的市场竞争秩序，即使是保护知识产权也是从保护正当竞争的角度出发的，其保护的对象是法益，而非权利，其范围远大于知识产权法；其二，反不正当竞争法与知识产权法的保护范围和角度也是不同的，反不正当竞争法中涉及知识产权属性的保护范围主要包括商号、商誉、商业外观和商业秘密，而知识产权法的保护范围主要是专利、商标和版权。

2. 反不正当竞争法与消费者权益保护法的关系

反不正当竞争法与消费者权益保护法是有着密切联系而又各自独立的法律。不正当竞争行为侵害的客体，并不是单一的，在侵害经营者的同时，也可能侵害了消费者的利益和社会经济秩序，因而两部法律的立法目的存在着竞合之处，其主要的竞合内容表现在对消费者利益的保护。在实践中，消费者权益保护法和反不正当竞争法的执法都由工商行政管理部门执行。尽管两部法律有许多交叉的地方，但它们毕竟是不同的两部法律，其规范的客体与保护对象的范围仍有很大的不同。

三、我国法律规定的不正当竞争行为

不正当竞争行为，是经营者在市场交易中，违反竞争法律，违反自愿、平等、公平、诚实信用的原则以及公认的商业道德，损害其他经营者的合法权益，扰乱社会经济秩序的行为。在具体案件中，对于“公认的商业道德”进行解释往往是律师和法官的重要工作。随着互联网经济的发展，越来越多的不正当竞争案件需要适用一般条款进行裁判，其依据往往就是该领域内“公认的商业道德”。在最新的反不正当竞争法修订中，已经有专家提出针对互联网领域的不正当竞争行为进行专门的梳理和规定。

根据我国现行反不正当竞争法法律规定，不正当竞争行为的表现有：

（一）欺骗性交易行为

欺骗性交易行为，又称商业混同行为，是指经营者采用假冒或仿冒或其他虚假的手段，利用他人的信誉从事交易，引起公众误解，诱使消费者误购，从而牟取非法利益的行为。这种行为的具体表现有：

1. 假冒他人的注册商标

这是指伪造或仿造他人已经注册的商标，将伪造或仿造的商标用于自己生产或销售的商品，目的在于混淆真伪，引起消费者的误认、误购。假冒他人的注册商标行为是一种典型的违背诚实信用商业道德，扰乱竞争市场，危害社会经济秩序的不正当竞争行为，该行为不仅对持有注册商标的经营者造成损害，也侵害消费者利益。假冒他人商标，既是侵害他人商标专用权的行为，又是不正当竞争行为。

根据《反不正当竞争法》的规定，假冒他人的注册商标除依法承担损害赔偿责任外，依照《商标法》的规定处罚。工商行政管理部门可责令侵权人停止侵权行为，没收、销毁侵权商品和主要用于制造侵权商品、伪造注册商标标识的工具，违法经营额五万元以上的，可以处违法经营额五倍以下的罚款。对五年内实施两次以上商标侵权行为或者其他严重情节的，应当从重处罚，封存、收缴商标标识，消除现存商品或者包装上的商标，责令并监督销毁侵权物品，根据情节予以通报，并可以处以非法经营额50％以下或者侵权所获利润五倍以下的罚款。假冒商标如果情节严重，则构成犯罪，由司法机关依法追究刑事责任。

2. 侵犯知名商品的其他特有标志

该行为表现为擅自使用知名商品特有的名称、包装、装潢，或者使用与知名商品近似的名称、包装、装潢，造成和他人的知名商品相混淆，使购买者误认为是该知名商品。

（1）知名商品是经营者经过长期的努力，通过优良的商品质量和良好的商业信誉，建立起来的为公众熟知的商品。这里的公众是指相关领域的公众，而非所有公众。

（2）知名商品的名称、包装、装潢是经营者用做创造商品形象，促销商品、开拓市场的一种竞争的手段，是经营者的财富，对这些反映经营者商业信誉和商品声誉标志的仿冒，使经营者的利益受到损害，也使消费者的利益受到损害，所以应当严格禁止。对于知名商品的保护范围，一般认为适用于所有的商品领域，包括商品和服务 。对于特殊商品药品是否可认定为知名商品，最高人民法院认为，《反不正当竞争法》第5条第（二）项规定的知名商品适用于包括处方药在内的药品 。最近几年的王老吉与加多宝系列诉讼案件反映出，对于知名商品的包装、装潢权益归属问题，还需进一步的研究和细化。

需要指出的是，仿冒知名商品其他特有的标志，并不要求仿冒行为实际产生误认误购的后果，如果一般公众以普通注意力就足以引起混淆、误认，就已构成仿冒。

根据《反不正当竞争法》规定：监督检查部门对仿冒知名商品特有的名称、包装、装潢的，责令停止违法行为，没收违法所得，可以根据情节处以违法所得一倍以上三倍以下的罚款；情节严重的除给予上述处罚外，还可以吊销营业执照。构成犯罪的，由司法机关追究刑事责任。

3. 擅自使用他人的企业名称或者姓名

企业名称或姓名不仅是民事权利的客体，也会包含商业信誉和商品声誉，未经权利人同意而对其使用的行为，是利用他人信用获取利益的不正当竞争行为。这也是一种典型“搭便车”行为，如果不加以规制，正常的竞争秩序将得到破坏。

根据《反不正当竞争法》规定，仿冒他人企业名称或姓名，给被侵害的经营者造成损害的，应当承担损害赔偿责任。依照《产品质量法》第53条的规定，生产者、销售者伪造或者冒用他人的厂名、厂址的，责令改正，没收违法生产、销售的产品，并处违法生产、销售货值金额等值以下的罚款；有违法所得的公开更正，并处没收违法所得；情节严重的，吊销营业执照，可以并处罚款。

4. 引人误解的不当表示

指在产品上伪造或者冒用认证标志、名优标志，伪造产地，对商品质量作引人误解的虚假表示行为。产品认证标志、名优标志，只有经过法定程序认可的产品才能使用，未经许可擅自使用质量标记或名优标记的，不仅获取了不正当的竞争优势从而损害其他经营者的利益，而且使得消费者可能因为误信其标记而受到欺骗。产地本身也是消费者选择产品或服务时要考虑的重要因素，而经认证的产地名称还是工业产权的一种。这些标志是对产品质量和品质的一种标示，具有增强产品竞争力的效果。该行为不仅是一种侵权行为，侵犯了认证标志、名优标志合法拥有和使用者的权利以及消费者的知情权，还是不正当竞争行为，通过伪造、冒用以及对商品质量作引人误解的虚假表示，获得市场份额，损害其他具有竞争关系的经营者的利益。

（二）强制交易行为

强制交易行为，是指公用企业或者其他依法具有独占地位的经营者，限定他人购买其指定的经营者的商品，以排斥其他经营者的公平竞争的行为。公用企业是指提供公共服务的企业，如供电、供水、供气、供暖、邮电、公交等企业；依法具有独占地位的经营者企业，是指在法律上规定了严格市场准入条件并对市场具有控制能力的企业，如通信、铁路等企业。

强制交易行为的主要表现形式有：(1) 强迫他人与自己交易；(2) 强迫他人不与自己的竞争对手交易；(3) 安排他人之间进行交易；(4) 阻碍他人之间建立正常的交易关系；迫使竞争对手回避或放弃与自己竞争等。这几种强制交易行为都损害了竞争者或者上下游经营者的利益，破坏了公平的竞争秩序。

根据《反不正当竞争法》规定，强制交易行为由省级或者设区的市级监督检查部门查处。有关部门应当责令从事该行为的企业停止违法行为，可根据情节处以5万元以上20万元以下的罚款。

（三）商业贿赂行为

商业贿赂行为，是指经营者采用财物或者其他手段进行贿赂以销售或者购买商品的行为。商业贿赂行为具有以下特征：

1. 商业贿赂行为的主体是经营者，主观上出自故意，其行为目的是通过利益给予而在竞争中获取优势。

2. 商业贿赂具有违法性，违反国家的有关法律、法规的规定，不仅违反竞争法，还违反会计法及廉政法规等。

3. 商业贿赂的对象是交易项目的相对人或者是对交易项目有影响力的人，如购买商品、确定项目中标等交易活动具有决定性影响的个人。通常为交易相对人的经理、采购人员、代理人或其他雇佣人员等，也包括与其经营活动有关的政府官员，但不含促成交易的独立经纪人。

4. 支付给个人的收入及报酬数额不同于一般性商业惯例中的提供优惠，如赠送小件礼品或一般接待性开支等，而是超乎寻常地支付大宗款项或馈赠高级礼品及提供豪华招待等。

5. 商业贿赂行为客观上常常采取秘密的方式，该行为具有隐蔽性。

按照我国法律规定，回扣属于商业贿赂。回扣是指在交易活动中用账外方式暗中给予对方的利益。回扣与折扣、佣金不同。经营者销售或者购买商品，可以以明示的方式给对方折扣，可以给中间人佣金。经营者给对方折扣、给中间人佣金的，必须如实入账，接受折扣、佣金的经营者必须如实入账。回扣与折扣、佣金的区别是：是否如实入账，是否暗中给付。

根据《反不正当竞争法》规定，经营者采用财物或其他手段进行贿赂以销售或者购买商品，构成犯罪的，依法追究刑事责任；不构成犯罪的，监督检查部门可以根据情节处以1万元以上20万元以下的罚款，有违法所得的，予以没收。

（四）虚假宣传行为

虚假宣传行为，是指经营者利用广告或者其他的方式，对商品的质量、制作成分、性能、用途、生产者、有效期限、产地等作引人误解的虚假宣传的行为。

广告经营者、广告发布者在明知或应知的情况下，代理、设计、制作、发布虚假广告也属于虚假宣传行为。

虚假宣传行为除适用《反不正当竞争法》外，还可能适用《广告法》。如果是在竞争关系中的虚假宣传行为，应该适用《反不正当竞争法》。

根据《反不正当竞争法》规定：经营者利用广告或者其他方法，对商品作引人误解的虚假宣传的，监督检查部门应当责令停止违法行为，消除影响，可以根据情节处1万元以上20万元以下的罚款。广告的经营者在明知或者应知的情况下，代理、设计、制作、发布虚假广告的，监督检查部门应当责令其停止违法行为，没收违法所得，并依法处以罚款。

（五）侵犯商业秘密行为

商业秘密，是指不为公众所知悉、能为经营者权利人带来经济利益、具有实用性并经经营者权利人采取保密措施的技术信息和经营信息。商业秘密具有四个特性：第一，具有经济价值，能为经营者权利人带来经济利益；第二，具有实用性，可以实际使用；第三，具有秘密性，表现为它不为社会公众所知悉；第四，经营者权利人采取了保密措施，以维持这种秘密性，其衡量标准是一般人通过正常的渠道无法获得该信息。上述四个特征必须同时具备，缺一不可。商业秘密能为经营者权利人带来竞争的优势，所以常成为不正当竞争者侵犯的客体。

侵犯商业秘密是指通过不正当方法获取、使用或者披露他人商业秘密的行为。属于侵犯商业秘密的行为主要有：1. 以盗窃、利诱、胁迫或者其他不正当手段获取经营者权利人的商业秘密。2. 披露、使用或者允许他人使用以前项手段获取的经营者权利人的商业秘密。3. 违反约定或者违反权利人有关保守商业秘密的要求，披露、使用或者允许他人使用其所掌握的商业秘密。4. 第三人明知或者应知前述违法行为，获取、使用或者披露他人的商业秘密。

侵犯商业秘密的行为不仅侵犯拥有商业秘密经营者权利人的合法利益，使经营者权利人遭受巨大的经济损失，并且扰乱了社会经济秩序，使合法经营者丧失竞争优势。各国都通过法律手段对商业秘密加以保护，并对侵犯商业秘密的行为予以严惩。

我国《反不正当竞争法》规定，侵犯商业秘密的，监督检查部门应当责令停止违法行为，可以根据情节处以 1 万元以上 20 万元以下的罚款。另外，商业秘密的拥有者权利人可以向人民法院提起诉讼，请求赔偿。

（六）低价排挤行为

低价排挤行为，是指经营者以排挤竞争对手为目的，以低于成本的价格销售商品的行为。

价格是市场竞争中常用的手段，但是采取低价竞争不能超过合理界限以扭曲竞争或限制竞争为目的，该合理界限即是商品的正常成本。以低于成本的价格销售，违背了商业活动规律，也会破坏正常的市场秩序。低价排挤行为从行为性质上来说，更接近于垄断行为，所以在反不正当竞争法中把其作为限制竞争行为的一种进行规制。低价排挤行为如果造成其他经营者退出市场，并且经营者在前期采取低价排挤行为后，可能重新提高售价，侵害消费者的利益。

在国际贸易中，以低于成本的价格销售商品以排挤竞争对手的行为称为倾销，各国的法律及世界贸易组织都严格禁止这种不正当竞争行为。

低价排挤行为具有两个特点：1. 主观上具有排挤竞争对手目的。2. 客观上具有低于成本价格销售商品的行为。如果主观上不具有排挤竞争对手目的，则以低于成本的价格销售的行为不属于不正当竞争行为。根据我国《反不正当竞争法》规定，有四种低价销售行为不属于不正当竞争行为：（1）销售鲜活商品；（2）处理有效期即将到期的商品或其他积压商品；（3）季节性降价；（4）因清偿债务、转产、歇业降价销售产品。

在最新的反不正当竞争法修订过程中，对于是否仍然保留低价排挤行为作为不正当竞争行为的一种产生了较大的争议。

（七）搭售或附加不合理交易条件行为

搭售和附加不合理交易条件行为也是限制竞争行为的一种，是指经营者违背交易相对人的意愿，搭售商品或附加其他不合理的条件进行交易的行为。应注意的是，这里的搭售应作广义的理解，既包括转移所有权的销售行为，也包括出租等仅转让使用权的行为。

该行为往往发生在经营者利用其特殊地位或经济、技术优势的情况下。该行为违背了交易相对人的意愿，损害了他们的利益，也违背了市场经济的原则，破坏了交易的自愿、公平原则，是不正当竞争行为。一般认为，搭售和附加不合理交易条件应当满足“违背交易相对人意愿”这一要件，而满足这一要件时，往往也可推定该实施搭售行为的经营者具有市场优势地位。所以，反垄断法中同样有禁止经营者滥用其市场支配地位进行搭售或者附加不合理交易条件的规定。

《反不正当竞争法》第20条将民事责任的赔偿对象限定为其他经营者，没有包括消费者，因此，消费者因搭售行为受到损害只有通过《消费者权益保护法》等相关法律得到救济。

在最新的反不正当竞争法修订过程中，对于是否仍然保留搭售或附加不合理交易条件行为作为不正当竞争行为的一种也产生了较大的争议。

（八）不正当有奖销售行为

不正当有奖销售行为，是指经营者采取违反诚信、误导消费的方式进行有奖销售的行为。

有奖销售是一种促销行为，也是一种竞争行为。但是该行为不能违反诚信原则，也不能误导消费。我国《反不正当竞争法》禁止的不正当有奖销售行为有：

1. 采用谎称有奖或者故意让内定人员中奖的欺骗方式进行有奖销售。

2. 利用有奖销售的手段推销质次价高商品。

3. 抽奖式的有奖销售，最高奖的金额超过5000元。

上述1、2两种行为违反了诚信原则，第3种行为是误导消费的行为。根据我国《反不正当竞争法》规定，经营者进行不正当有奖销售的，由监督检查部门责令停止违法行为，可以根据情节处于1万元以上10万元以下的罚款。

（九）诋毁商誉行为

诋毁商誉，是指经营者采取捏造、散布虚伪事实的方式，损害竞争对手的商业信誉、商品声誉。

商誉是社会对经营者商业道德、商品品质、价格服务等方面的综合评价所形成的信誉和声誉。商誉可以为经营者带来巨大的经济效益以及市场竞争中的优势地位。在市场竞争中诋毁他人商誉是一种不正当竞争行为。

诋毁商誉行为有三个特点：(1) 行为人主观上具有故意；(2) 行为人在客观上采取捏造、散布虚伪事实方式；(3) 加害方与受害方具有竞争关系。诋毁商誉行为主要侵害的是竞争对手的利益，与此同时，正常的公平竞争秩序也会受到损害，因此，诋毁商誉行为与一般民事侵权行为有所不同。

对于诋毁商誉的不正当竞争行为，被侵害的经营者可依法向法院提起民事诉讼，要求停止侵害、消除影响、赔礼道歉、赔偿损失。

（十）串通投标行为

串通投标，是指投标者相互串通，抬高标价或者压低标价，或者投标者和招标者相互勾结，以排挤竞争对手的公平竞争。

招标投标是公平的竞争方式。招投标的基本原则即是公开、公平、公正及诚实信用原则。若投标人串通投标，抬高或压低标价，或投标人和招标人相互勾结，则招标投标的公平竞争就会受到损害，使招投标失去了意义。在德国等国家，串通投标行为也被视为限制竞争行为而纳入反垄断法的体系进行规制。

我国《反不正当竞争法》规定：投标者串通投标，抬高标价或者压低标价；投标者和招标者相互勾结，以排挤竞争对手公平竞争的，其中标无效。监督检查部门可以根据情节处以1万元以上20万元以下的罚款。

上述十种行为系我国《反不正当竞争法》明确予以禁止的不正当竞争行为。对于实践中发生的不属于以上十种情形的不正当竞争行为，可以根据是否违反自愿、平等、公平、诚实信用的原则以及公认的商业道德，以及有无损害其他经营者的合法权益，扰乱社会经济秩序的后果来进行判断。最近几年的不正当竞争案件中，适用《反不正当竞争法》一般条款进行裁判的案件越来越多，这也体现了不正当竞争案件随着社会经济发展变得越来越复杂和非典型化的趋势。特别是在互联网领域，出现了恶意抢注、劫持流量、恶意评价等非典型不正当竞争行为。为了适应此项需求，国家已经启动了反不正当竞争法的修订程序。

四、不正当竞争行为的法律责任

（一）民事责任

根据我国法律规定，不正当竞争行为的民事责任有：停止侵害；消除影响、恢复名誉；赔礼道歉；赔偿损失。

对于赔偿损失的范围，采取两种方式确定：第一，被侵害的经营者造成损害可以确定的，侵权人应当对此承担损害赔偿责任；第二，被侵害的经营者的损失难以计算的，赔偿额为侵权人在侵权期间因侵权所获得的利润。同时，侵权人应当承担被侵害的经营者因调查该经营者侵害其合法权益的不正当竞争行为所支付的合理费用。

我国《反不正当竞争法》并没有直接规定酌定赔偿方式，但商标法、著作权法、专利法均明确规定酌定赔偿，因为某些不正当竞争行为所造成的损害赔偿额可以参照商标法、专利法等确定损害赔偿额的方法确定，因此，广义的不正当竞争法具有酌定赔偿方式。

（二）行政责任

不正当竞争行为的行政责任，是由执法部门依法对行为人所给予的行政处罚，包括责令停止违法行为、罚款、没收违法所得、吊销营业执照。罚款，是减损不正当竞争行为者的财产利益，没收非法所得，是不让不正当竞争行为者在经济上占便宜；两者既可以惩戒违法者又可以警示社会，最大限度的遏制不正当竞争行为。吊销营业执照则消灭不正当竞争行为者的经营资格，强制其退出市场。

（三）刑事责任

不正当竞争行为构成犯罪的，应当追究其刑事责任。1997年修改的《刑法》规定可以构成犯罪的不正当竞争行为有：商业贿赂行为，假冒注册商标行为，销售假冒注册商标商品行为，生产、销售伪劣商品行为，诋毁商誉行为，侵犯商业秘密行为，利用广告虚假宣传行为，串通投标行为，强迫交易行为。

第三节 反垄断法

一、垄断的法律概念与特征

（一）垄断的法律概念

垄断成为一个法律词语，源于1890年美国的《谢尔曼法》，但是该法没有对垄断作为概念使用而加以定义。在法律上，垄断通常是以被否定的对象加以表述的，体现在反垄断法或者反限制竞争法当中。法律中的垄断，有的表现为垄断地位，比如《波兰反垄断法》第2条对垄断地位定义为，经营者在一个全国性市场或者地域性市场上处于无竞争状态。有的表现为垄断状态，比如《日本禁止私人垄断及确保公正交易法》第2条将垄断状态定义为具有市场控制力的弊害状态。更多则表现为垄断行为。在我国《反垄断法》中，所要反的"垄断"，不是垄断地位，也不是垄断状态，而是垄断行为。从反垄断法上法律学来说，垄断行为就是排除、限制竞争的行为。按照我国《反垄断法》规定：垄断行为有三种：(1) 垄断协议；(2) 滥用市场支配地位；(3) 具有或者可能具有排除、限制竞争效果的经营者集中。

（二）垄断分类

1. 从垄断产生原因来划分，可以将垄断分为自然垄断、经济垄断、权利垄断、国家垄断、行政垄断。

自然垄断是指在特定行业中，因为成本约束和市场容量决定，一个或数个企业能够以低于更多企业的成本为市场供给相同产品或者服务时所形成的垄断。所谓"自然"，不是指非人为因素，而是客观的市场容量和成本约束所决定。我国的电力、电信、铁路、供气等行业都属于自然垄断行业。这些行业需要巨额长期投资，资产专用性很强，规模经济显著。自然垄断行业的政府管制需求比较突出，很多国家和地区对自然垄断行业都进行了专门的行业立法，对自然垄断行业企业的竞争行为进行规制本身不受反垄断法约束，但自然垄断企业对市场支配地位滥用的行为仍然应受反垄断法的规制。

经济垄断，又称市场垄断，是因为市场竞争导致的垄断。即经营者通过竞争的淘汰作用而取得竞争胜出的效果，从而具有控制和支配市场的能力。经济垄断可能因为联合、集中而形成，形成之后可能滥用市场支配能力，因此，经济垄断应受反垄断法规制。但美国的芝加哥学派认为，经通过优胜劣汰的竞争过程脱颖而出的经济垄断企业往往具有较高的经济效率，所以不能一味地打击和反对经济垄断的企业。

权利垄断是指通过法律授予专有权利所获得的垄断。如知识产权法所赋予的商标权、专利权、著作权，其权利人在一定时间和区域内享有排除他人利用这些权利的资格。权利人正常行使知识产权权利垄断是合法行为，但是经营者滥用知识产权，排除、限制竞争的行为，应受反垄断法约束。

国家垄断是指国家为了保障国家安全、增加国家财政收入或促进社会整体利益，依法对特定领域的商品或服务进行排他性控制。例如我国对邮政、枪支弹药、黄金等产品与服务的控制以及烟草专卖，即属于国家垄断。《反垄断法》第7条规定："国有经济占控制地位的关系国民经济命脉和国家安全的行业以及依法实行专营专卖的行业，国家对其经营者的合法经营活动予以保护，并对经营者的经营行为及其商品和服务的价格依法实施监管和调控，维护消费者利益，促进技术进步。”国家垄断不受反垄断法约束，但是国家垄断企业滥用垄断地位损害消费者利益的，应受法律约束。

行政垄断是指行政机关和具有管理公共事务职能的组织滥用行政权力，排除和限制竞争。如限定单位或者个人经营、购买、使用其指定的经营者提供的商品，妨碍商品在地区之间的自由流通，排斥或者限制外地经营者在本地的经营活动等。

2. 从垄断的法律评价划分，可以将垄断分为合法垄断和违法垄断。

合法垄断是具有法律依据以及法律不禁止的垄断。国家垄断、权利垄断是具有法律依据的垄断。自然垄断是法律不禁止的垄断。此外，还有被反垄断法豁免适用的垄断行为也是法律不禁止的垄断。

违法垄断是指受反垄断法禁止的垄断。

从经济效率和社会效果角度来看，垄断具有双重性，一方面，垄断排斥竞争，从而降低经济效率，损害消费者利益和社会利益；另一方面，垄断又可能提高经济效益，从而刺激创新和激励竞争，垄断还具有规模效益，增强竞争力，垄断在特定条件下有利于实现社会利益。反垄断法要制止具有负面效果的垄断，但并不禁止具有积极意义的垄断。因此，反垄断法并不是反任何形式的垄断。

（三）垄断的法律特征

从反垄断法角度来看，法律所禁止的垄断具有以下特征：

1. 垄断是法律禁止的行为。其行为表现有协议行为，协同行为，滥用市场支配地位的行为，不当并购行为，行政性限制竞争行为。

2. 垄断主要是经营者的行为。垄断行为主体主要是作为市场主体的经营者，但是行政垄断的主体是行政机关和管理公共事务的组织。

3. 垄断是故意行为。垄断行为的目的是排除或者限制竞争，或者是为了追求垄断利润，或者是为了实现特定目的，如地方保护或者行业保护。

4. 垄断是排斥或者限制竞争的行为。

（四）垄断行为与不正当竞争行为的区别

1. 行为性质不同：垄断行为是排除、排斥、限制竞争行为；不正当竞争行为是采用不正当方式进行参与竞争的行为，这里的不正当是狭义的不正当，指违反诚实信用或公认的商业道德的行为。

2. 行为主体不完全相同：垄断行为的主体有经营者、行政机关和具有管理公共事务的组织；不正当竞争行为的主体是经营者。

3. 行为方式不同：垄断行为方式是垄断协议，滥用市场支配地位，经营者不当集中，滥用行政权力排除、限制竞争等违反公平竞争原则损害有效竞争的行为；不正当竞争行为方式是采取欺骗、贿赂、侵权等违反诚信、自愿原则或诚实信用原则或公认商业道德的行为。

4. 行为认定标准不同：垄断行为的认定标准依照反垄断法的具体规定；不正当竞争行为的认定标准是反不正当竞争法的具体规定和概括性规定。

二、反垄断法的调整对象与调整方法

（一）反垄断法的调整对象

反垄断法的调整对象是作为竞争对手在排除、限制竞争过程中的经营者之间，经营者和消费者之间，行政机关与经营者、消费者之间，反垄断执法机关与经营者之间的关系。

这意味着，反垄断法只调整一部分市场竞争关系，即围绕垄断和限制竞争行为而发生的关系。其他的市场竞争关系由反不正当竞争法及其相关法律调整。

（二）反垄断法的调整方法

反垄断法的调整方法，是指反垄断法实现其立法宗旨的方法。反垄断法的调整方法主要有：

1. 本身违法与合理原则相结合的方法。禁止本身违法是指法律明确规定为禁止的垄断行为，只要符合该特征和要件的行为就可以判断为违法行为并加以禁止，无须考虑其他因素。如反垄断法明确列举的几种横向垄断协议、纵向垄断协议、滥用市场支配地位行为和滥用行政权力限制竞争行为，都可以直接禁止即属于本身违法。豁免合理原则是指如果上述行为的经营者能证明有反垄断法明确规定的豁免条件时，则可以不予禁止。法律对是否属于禁止的垄断行为并无直接明确规定，而需要考虑诸多因素来进行合理性分析，才能判断行为性质是否违法。如经营者集中、协议行为等就需要运用合理原则来判断。在美国的反托拉斯法实践中发展起来的本身违法原则（per se illegal）和合理原则（rule of reason）并不完全适用于中国反垄断法。

2. 结构规制和行为规制相结合的方法。结构规制是指市场结构应当保持在适当的范围内，即指一个企业对市场份额的占有量，若超出了一定的适当范围，即为违法，就要限制或禁止。结构规制往往是事前规制，即在经营者进行合并前，应当对该合并是否会严重排除、限制竞争进行审查和评估，现在各国一般不采取分拆大企业的方式进行结构规制。如对经营者不当集中就要采用结构规制方式来调整。行为规制则以行为是否排除构成限制竞争垄断或限制竞争为主要判断依据，而勿论企业的规模与集中程度。如对达成垄断协议、滥用市场支配地位等就采用行为规制方式来调整。但在一些情形下，需要将两者结合起来调整，如对滥用市场支配地位的规制。

三、我国反垄断法的立法宗旨与适用范围

（一）我国反垄断法的立法宗旨

我国《反垄断法》由第十届全国人民代表大会常务委员会第二十九次会议于2007年8月30日通过，自2008年8月1日起施行。

我国《反垄断法》的立法宗旨，是为了预防和制止垄断行为，保护市场公平竞争，提高经济运行效率，维护消费者和社会公共利益，促进社会主义市场经济健康发展。其中最主要的是保护市场公平竞争。预防和防止垄断行为是保护市场公平竞争的基础，提高经济运行效率、维护消费者和社会公共利益，是保护市场公平竞争的结果。

（二）我国反垄断法的适用范围

我国《反垄断法》适用于我国境内经济活动中的垄断行为，同时也适用于对境内市

场竞争产生排除、限制影响的境外垄断行为。也就是说，我国反垄断法具有域内效力，也具有域外效力。

我国《反垄断法》不适用于经营者依照有关知识产权的法律、行政法规规定行使知识产权的行为。但适用于经营者滥用知识产权，排除、限制竞争的行为。国家工商总局公布了《关于禁止滥用知识产权排除、限制竞争行为的规定》，对在什么情况下应当适用反垄断法对经营者滥用知识产权的行为规制进行了较为详细的规定。

我国《反垄断法》不适用于农业生产者及农村经济组织在农产品生产、加工、销售、运输、储存等经营活动中实施的联合或者协同行为。

反垄断法规定不适用反垄断法的情形，称为适用除外。

四、相关市场界定

任何竞争或者垄断行为均发生在一定的市场范围内。界定相关市场就是明确经营者竞争的市场范围。科学合理地界定相关市场，对识别竞争者和潜在竞争者，判定经营者市场份额和市场集中度，认定经营者的市场地位，分析经营者的行为对市场竞争的影响，判断经营者行为是否违法、是否构成垄断以及在违法情况下需承担的法律责任等关键问题，具有重要的作用。

（一）相关市场的含义

相关市场是指经营者在一定时期内就特定商品或者服务进行竞争的商品范围和地域范围。相关市场一般分为相关商品市场和相关地域市场，在特殊情况下还需要界定相关时间市场。相关商品市场，是根据商品的特性、用途及价格等因素，由需求者认为具有较为紧密替代关系的一组或一类商品所构成的市场。相关地域市场，是指需求者获取具有较为紧密替代关系的商品的地理区域。

（二）界定相关市场的基本依据

界定相关市场的基本依据是替代性分析。因为在反垄断法中，相关市场范围的大小主要取决于商品（地域）的可替代程度。替代性分析包括需求替代和供给替代。

在市场竞争中对经营者行为构成直接和有效竞争约束的，是市场里存在需求者认为具有较强替代关系的商品或能够提供这些商品的地域，因此，界定相关市场主要从需求者角度进行需求替代分析。当供给替代对经营者行为产生的竞争约束类似于需求替代时，也应考虑供给替代。

1. 需求替代是根据需求者对商品功能用途的需求、质量的认可、价格的接受以及获取的难易程度等因素，从需求者的角度确定不同商品之间的替代程度。商品之间的替代程度越高，竞争关系就越强，就越可能属于同一相关市场。

2. 供给替代是根据其他经营者改造生产设施的投入、承担的风险、进入目标市场的时间等因素，从经营者的角度确定不同商品之间的替代程度。当其他经营者生产设施改造的投入越少，承担的额外风险越小，提供紧密替代商品越迅速，则供给替代程度就越高，就越可能属于同一相关市场。

随着近几年互联网行业的迅速发展，互联网产业开始进入反垄断法规制的视野，其自身商业模式鲜明、免费服务、创新速度极快的特点也给反垄断法在如何界定“相关市场”上提出了新的挑战。在新的理论和实践中也出现了利用“双边市场理论”界定相关市场，在特定情况下越过相关市场界定直接认定市场支配地位的理论。

（三）界定相关市场的考虑因素

界定相关市场是一项复杂工作，需要区别相关商品市场、相关地域市场并分别从需求替代、供给替代角度来考虑有关因素。

1. 界定相关商品市场考虑的主要因素

从需求替代角度界定相关商品市场，可以考虑的因素包括但不限于以下各方面：

（1）需求者因商品价格或其他竞争因素变化，转向或考虑转向购买其他商品的证据。

（2）商品的外形、特性、质量和技术特点等总体特征和用途。商品可能在特征上表现出某些差异，但需求者仍可以基于商品相同或相似的用途将其视为紧密替代品。

（3）商品之间的价格差异。通常情况下，替代性较强的商品价格比较接近，而且在价格变化时表现出同向变化趋势。在分析价格时，应排除与竞争无关的因素引起价格变化的情况。

（4）商品的销售渠道。销售渠道不同的商品面对的需求者可能不同，相互之间难以构成竞争关系，则成为相关商品的可能性较小。

（5）其他重要因素。如：需求者偏好或需求者对商品的依赖程度；可能阻碍大量需求者转向某些紧密替代商品的障碍、风险和成本；是否存在区别定价等。

从供给角度界定相关商品市场，一般考虑的因素包括：

（1）其他经营者对商品价格等竞争因素的变化做出反应的证据。

（2）其他经营者的生产流程和工艺，转产的难易程度，转产需要的时间，转产的额外费用和风险，转产后所提供商品的市场竞争力，营销渠道等。

任何因素在界定相关商品市场时的作用都不是绝对的，可以根据案件的不同情况有所侧重。

2. 界定相关地域市场考虑的主要因素

从需求替代角度界定相关地域市场，可以考虑的因素包括但不限于以下各方面：

（1）需求者因商品价格或其他竞争因素变化，转向或考虑转向其他地域购买商品的证据。

（2）商品的运输成本和运输特征。相对于商品价格来说，运输成本越高，相关地域市场的范围越小，如水泥等商品；商品的运输特征也决定了商品的销售地域，如需要管道运输的工业气体等商品。

（3）多数需求者选择商品的实际区域和主要经营者商品的销售分布。

（4）地域间的贸易壁垒，包括关税、地方性法规、环保因素、技术因素等。如关税相对商品的价格来说比较高时，则相关地域市场很可能是一个区域性市场。

（5）其他重要因素。如，特定区域需求者偏好；商品运进和运出该地域的数量。

从供给角度界定相关地域市场时，一般考虑的因素包括：

（1）其他地域的经营者对商品价格等竞争因素的变化做出反应的证据。

（2）其他地域的经营者供应或销售相关商品的即时性和可行性，如将订单转向其他地域经营者的转换成本等。

（四）界定相关市场的分析思路

在经营者竞争的市场范围不够清晰或不易确定时，可以按照“假定垄断者测试”来界定相关市场。

“假定垄断者测试”是界定相关市场的一种分析思路，可以帮助解决相关市场界定中可能出现的不确定性，目前为各国和地区制定反垄断指南时普遍采用。依据这种思路，人们可以借助经济学工具分析所获取的相关数据，确定假定垄断者可以将价格维持在高于竞争价格水平的最小商品集合和地域范围，从而界定相关市场。

1. 用“假定垄断者测试”界定相关商品市场。

首先从经营者提供的商品（目标商品）开始考虑，假设该经营者是以利润最大化为经营目标的垄断者（假定垄断者），那么要分析的问题是，在其他商品的销售条件保持不变的情况下，假定垄断者能否持久地（一般为1年）小幅（一般为5%－10%）提高目标商品的价格。目标商品涨价会导致需求者转向购买具有紧密替代关系的其他商品，从而引起假定垄断者销售量下降。如果目标商品涨价后，即使假定垄断者销售量下降，但其仍然有利可图，则目标商品就属于相关商品市场之商品。相关商品市场则可以确定。

如果涨价引起需求者转向具有紧密替代关系的其他商品，使假定垄断者的涨价行为无利可图，则需要把该替代商品增加到相关商品市场中，该替代商品与目标商品形成商品集合。接下来分析如果该商品集合涨价，假定垄断者是否仍有利可图。如果答案是肯定的，那么该商品集合就构成相关商品市场；否则还需要继续进行上述分析过程。随着商品集合越来越大，集合内商品与集合外商品的替代性越来越小，最终会出现某一商品集合，假定垄断者可以通过涨价实现盈利，由此便界定出相关商品市场。

2. 用“假定垄断者测试”界定相关地域市场。

界定相关地域市场与界定相关商品市场的思路相同。首先从经营者经营活动的地域（目标地域）开始，要分析的问题是，在其他地域的销售条件不变的情况下，假定垄断者对目标地域内的相关商品进行持久（一般为1年）小幅涨价（一般为5%－10%）是否有利可图。如果答案是肯定的，目标地域就构成相关地域市场；如果其他地域市场的强烈替代使得涨价无利可图，就需要扩大地域范围，直到涨价最终有利可图，该地域就是相关地域市场。

五、我国法律规定的垄断行为

（一）垄断协议

垄断协议，也称为卡特尔（cartel），是指经营者之间达成或者采取的旨在排除、限制竞争的协议、决定或者其他协同行为。协议是指两个以上经营者达成的意思一致；决定是指企业集团或协议作出的决定，而协同行为则是经营者采取的具有协同故意的类似行为。

垄断协议分为横向垄断协议和纵向垄断协议。横向垄断协议是指具有竞争关系的经营者之间形成的垄断协议。纵向垄断协议是指经营者与下游交易相对人达成的垄断协议。一般认为，横向垄断协议对于市场竞争的危害比纵向垄断协议大，所以在美国反托拉斯法实践中，大部分横向垄断协议适用本身违法原则进行裁判，而纵向垄断协议则适用合理原则。

横向垄断协议：根据我国《反垄断法》规定，禁止具有竞争关系的经营者达成下列垄断协议：(1) 固定或者变更商品价格；(2) 限制商品的生产数量或者销售数量；(3) 分割销售市场或者原材料采购市场；(4) 限制购买新技术、新设备或者限制开发新技术、新产品；(5) 联合抵制交易；(6) 国务院反垄断执法机构认定的其他垄断协议。

根据我国《工商行政管理机关禁止垄断协议行为的规定》，垄断协议是指违反《反垄断法》第 13 条、第 14 条、第 16 条的规定，经营者之间达成的或者行业协会组织本行业经营者达成的排除、限制竞争的协议、决定或者其他协同行为。协议或者决定包括书面形式和口头形式。其他协同行为是指经营者虽未明确订立书面或者口头形式的协议或者决定，但实质上存在协调一致的行为。

根据我国《反价格垄断规定》，价格垄断协议，是指在价格方面排除、限制竞争的协议、决定或者其他协同行为。

纵向垄断协议：根据我国《反垄断法》规定，禁止经营者与交易相对人达成下列垄断协议：(1) 固定向第三人转售商品的价格；(2) 限定向第三人转售商品的最低价格；(3) 国务院反垄断执法机构认定的其他垄断协议。

但是，如果经营者能够证明所达成的协议具有法定正当性，这些协议则不受反垄断法禁止。由此形成垄断协议豁免制度，该制度是指经营者之间达成的协议虽然具有排除、限制竞争的后果，符合《反垄断法》禁止的垄断协议的构成要件，但是由于其整体上有利于技术进步、经济发展和社会公共利益，符合法定豁免条件而免于适用《反垄断法》的禁止性规定。根据我国《反垄断法》规定，具有法定正当性的情形有：(1) 为改进技术、研究开发新产品；(2) 为提高产品质量、降低成本、增进效率，统一产品规格、标准或者实行专业化分工；(3) 为提高中小经营者经营效率，增强中小经营者竞争力；(4) 为实现节约能源、保护环境、救灾救助等社会公共利益；(5) 因经济不景气，为缓解销售量严重下降或者生产明显过剩；(6) 为保障对外贸易和对外经济合作中的正当利益的；(7) 法律和国务院规定的其他情形。上述 (1) — (5) 种情形，经营者还应当证明所达成的协议不会严重限制相关市场的竞争，并且能够使消费者分享由此产生的利益，才能够满足法定正当性要求。上述豁免情形的举证责任在经营者，所以在实践中，反垄断执法机构并没有义务主动对垄断协议是否满足豁免情形进行审查。

根据《工商行政管理机关禁止垄断协议行为的规定》，具有法定正当性的情形为：农业生产者及农村经济组织在农产品生产、加工、销售、运输、储存等经营活动中实施的联合或者协同行为。

(二) 滥用市场支配地位

市场支配地位，是指经营者在相关市场内具有能够控制商品价格、数量或者其他交易条件，或者能够阻碍、影响其他经营者进入相关市场能力的市场地位。

我国《反垄断法》《工商行政管理机关禁止滥用市场支配地位行为的规定》《反价格垄断规定》采取国际通行做法，不反对经营者具有市场支配地位，但禁止经营者滥用其市场支配地位。

对滥用市场支配地位行为的认定，需要解决两个问题：第一，经营者是否具有“市场支配地位”；第二，经营者是否存在“滥用”行为。

1. 市场支配地位的认定

经营者是否具有市场支配地位，应依据以下因素判断：

（1）该经营者在相关市场的市场份额，以及相关市场的竞争状况；

（2）该经营者控制销售市场或者原材料采购市场的能力；

（3）该经营者的财力和技术条件；

（4）其他经营者对该经营者在交易上的依赖程度；

（5）其他经营者进入相关市场的难易程度；

（6）与认定该经营者市场支配地位有关的其他因素。

如果经营者有下列情形之一的，可推定经营者具有市场支配地位：

（1）一个经营者在相关市场的市场份额达到二分之一的；

（2）两个经营者在相关市场的市场份额合计达到三分之二的；

（3）三个经营者在相关市场的市场份额合计达到四分之三的。

但是，上述第（2）项、第（3）项中，有的经营者市场份额不足十分之一的，不应当推定该经营者具有市场支配地位。此外，被推定具有市场支配地位的经营者，有证据证明不具有市场支配地位的，则不认定其具有市场支配地位。一般认为，相关市场的界定是认定市场支配地位的必经程序，随着司法实践的发展，有的案件裁判中已经逐步引入“越过相关市场的界定”直接认定市场支配地位的理论。

2. 滥用行为的认定

具有市场支配地位的经营者有下列行为之一，则可以认定经营者存在滥用市场支配地位的行为：

（1）以不公平的高价销售商品或者以不公平的低价购买商品；

（2）没有正当理由，以低于成本的价格销售商品；

（3）没有正当理由，拒绝与交易相对人进行交易；

（4）没有正当理由，限定交易相对人只能与其进行交易或者只能与其指定的经营者进行交易；

（5）没有正当理由搭售商品，或者在交易时附加其他不合理的交易条件；

（6）没有正当理由，对条件相同的交易相对人在交易价格等交易条件上实行差别待遇；

（7）国务院反垄断执法机构认定的其他滥用市场支配地位的行为。

《工商行政管理机关禁止滥用市场支配地位行为的规定》对上述第（1）项至（6）项的行为予以了细化。滥用市场支配地位行为与不正当竞争行为中的一些行为看起来较为相似，但前者以具有市场支配地位为基础，后者一般无此要求。关于不正当竞争行为中的限制竞争行为是否应当从反不正当竞争法中移除出去，完全归入反垄断法的规制范围，在理论界仍然存在较大争议。

（三）具有或者可能具有排除、限制竞争效果的经营者集中

经营者集中是指经营者合并，经营者通过取得其他经营者的股份、资产，以及通过合同等方式取得对其他经营者的控制权或者能够对其他经营者施加决定性影响的情形。

经营者集中，可能具有两种效果：第一种效果是，经营者集中有利于发挥规模经济、范围经济的积极效果并不对竞争产生排斥和限制；第二种效果是，经营者集中具有

或者可能具有排除、限制竞争的效果。对于前者，反垄断法并不禁止；对于后者，则应因受反垄断法禁止，除非经营者能够证明该集中对竞争产生的有利影响明显大于不利影响，或者符合社会公共利益。

对经营者集中的控制，需要通过申报和审查程序来实现。

1. 经营者集中的申报

我国反垄断法并不要求所有的经营者集中都需要申报，而是规定经营者集中达到国务院规定的申报标准的，应事先进行申报，未申报的不得实施集中。

根据《国务院关于经营者集中申报标准的规定》，经营者集中达到下列标准之一的，经营者应当事先向国务院商务主管部门申报：

（1）参与集中的所有经营者上一会计年度在全球范围内的营业额合计超过100亿元人民币，并且其中至少两个经营者上一会计年度在中国境内的营业额均超过4亿元人民币；

（2）参与集中的所有经营者上一会计年度在中国境内的营业额合计超过20亿元人民币，并且其中至少两个经营者上一会计年度在中国境内的营业额均超过4亿元人民币。

但根据《反垄断法》规定，经营者集中有下列情形之一的，可以不申报：（1）参与集中的一个经营者拥有其他每个经营者百分之五十以上有表决权的股份或者资产的；（2）参与集中的每个经营者百分之五十以上有表决权的股份或者资产被同一个未参与集中的经营者拥有的。

经营者集中的申报，应当提交申报书（载明参与集中的经营者的名称、住所、经营范围、预定实施集中的日期）；集中对相关市场竞争状况影响的说明；集中协议；参与集中的经营者经会计师事务所审计的上一会计年度财务会计报告；国务院反垄断执法机构规定的其他文件、资料。

2. 经营者集中的审查

对经营者集中申请的审查，分为初步审查和进一步审查。

国务院反垄断执法机构应当自收到经营者提交的符合规定的文件、资料之日起三十日内，对申报的经营者集中进行初步审查，作出是否实施进一步审查的决定，并书面通知经营者。国务院反垄断执法机构作出决定前，经营者不得实施集中。国务院反垄断执法机构作出不实施进一步审查的决定或者逾期未作出决定的，经营者可以实施集中。

国务院反垄断执法机构决定实施进一步审查的，应当自决定之日起九十日内审查完毕，作出是否禁止经营者集中的决定，并书面通知经营者。作出禁止经营者集中的决定，应当说明理由。审查期间，经营者不得实施集中。

审查经营者集中，应当考虑的因素有：

（1）参与集中的经营者在相关市场的市场份额及其对市场的控制力；

（2）相关市场的市场集中度；

（3）经营者集中对市场进入、技术进步的影响；

（4）经营者集中对消费者和其他有关经营者的影响；

（5）经营者集中对国民经济发展的影响；

（6）国务院反垄断执法机构认为应当考虑的影响市场竞争的其他因素。

经过审查，国务院反垄断执法机构可以分别作出三种决定：

（1）禁止决定。如果经营者集中具有或者可能具有排除、限制竞争效果的，国务院反垄断执法机构作出禁止经营者集中的决定。

（2）不予禁止决定。经营者能够证明该集中对竞争产生的有利影响明显大于不利影响，或者符合社会公共利益的，国务院反垄断执法机构可以作出对经营者集中不予禁止的决定。

（3）附加限制性条件决定。对不予禁止的经营者集中，国务院反垄断执法机构可以决定附加减少集中对竞争产生不利影响的限制性条件。

国务院指定负责经营者集中审查的反垄断执法机构是商务部。在接受反垄断审查的案件中，大部分经营者集中的案件都能得到通过，少部分的案件会附条件通过，只有很小一部分的案件会受到禁止。

对上述决定不服的，可以先依法申请行政复议；对行政复议决定不服的，可以依法提起行政诉讼。

（四）滥用行政权力排除、限制竞争

滥用行政权力排除、限制竞争，即通常所称“行政垄断”。这种行为的主体不是经营者，而是行政机关和法律、法规授权的具有管理公共事务职能的组织。根据我国《反垄断法》规定，行政机关和法律、法规授权的具有管理公共事务职能的组织的以下行为是滥用行政权力排除、限制竞争的行为：

1. 限定商品。

即限定或者变相限定单位或者个人经营、购买、使用其指定的经营者提供的商品。

2. 妨碍流通。

即妨碍商品在地区之间的自由流通，如：对外地商品设定歧视性收费项目、实行歧视性收费标准，或者规定歧视性价格；对外地商品规定与本地同类商品不同的技术要求、检验标准，或者对外地商品采取重复检验、重复认证等歧视性技术措施，限制外地商品进入本地市场；采取专门针对外地商品的行政许可，限制外地商品进入本地市场；设置关卡或者采取其他手段，阻碍外地商品进入或者本地商品运出。

3. 歧视排斥。

即以设定歧视性资质要求、评审标准或者不依法发布信息等方式，排斥或者限制外地经营者参加本地的招标投标活动。或者采取与本地经营者不平等待遇等方式，排斥或者限制外地经营者在本地投资或者设立分支机构。

4. 强制垄断。

即强制经营者从事垄断行为。

5. 限制规定。

即行政机关滥用行政权力，制定含有排除、限制竞争内容的规定。

六、对垄断行为的查处

对垄断行为的查处，是指反垄断执法机构对垄断行为的调查和处理。

（一）我国反垄断执法机构

我国反垄断执法机构，目前有三个：商务部下设的反垄断局、国家发展改革委员会下设的价格监督检查司、国家工商行政管理总局下设的反垄断与不正当竞争执法局。这三个机构的共同领导机构是国务院反垄断委员会。

国务院反垄断委员会的职责是：研究拟定有关竞争政策；组织调查、评估市场总体竞争状况，发布评估报告；制定、发布反垄断指南；协调反垄断行政执法工作。反垄断委员会下设专家咨询组，由法律、经济、行业专家组成。

反垄断局主要职责是：负责审查经营者集中行为，指导中国企业在国外的反垄断应诉工作以及开展多双边竞争政策国际交流与合作。

价格监督检查司的主要职责是：负责依法查处价格垄断协议行为。国家和省两级具有行政执法权，市县两级配合调查，跨省案件由国家发改委负责指定牵头办案或者联合办案，重大案件由国家发改委直接组织查处。

反垄断与不正当竞争执法局的主要职责是：负责价格垄断协议以外的垄断协议、滥用市场支配地位、滥用行政权力排除限制竞争的反垄断执法（价格垄断协议除外）等方面的工作 。

就反垄断法的实施而言，反垄断执法机构具有非常重要的地位。我国反垄断执法机构的设置，较为强调各自的分工与独立性，所以对其独立性前提的分析以及对如何确保执法机构在获得独立性的同时不偏离正确执法方向的探讨也是必要的。

（二）调查与处理

反垄断执法机构可以依据职权，或者通过举报、其他机关移送等途径，发现垄断行为并依法查处。

反垄断执法机构调查涉嫌垄断行为，可以采取下列措施：(1) 进入被调查的经营者的营业场所或者其他有关场所进行检查；(2) 询问被调查的经营者、利害关系人或者其他有关单位或者个人，要求其说明有关情况；(3) 查阅、复制被调查的经营者、利害关系人或者其他有关单位或者个人的有关单证、协议、会计账簿、业务函电、电子数据等文件、资料；(4) 查封、扣押相关证据；(5) 查询经营者的银行账户。在实践中，反垄断执法机构还可以采取“黎明突袭”(dawn raid) 行动，在不事先告知对方的情况下对被调查的经营者进行突袭调查，查封电脑和文件等。这也是国际反垄断执法机构常用的调查手段，主要针对可能隐匿、转移违法证据的情形。

对垄断行为的调查和处理，涉及经营者承诺制度。经营者承诺制度，又称和解制度，是指在反垄断执法机构调查涉嫌垄断行为过程中，被调查的经营者承诺在反垄断执法机构认可的期限内采取具体措施消除垄断行为后果的，反垄断执法机构可以决定中止调查。经营者履行承诺的，反垄断执法机构可以决定终止调查。该制度有利于及时制止垄断行为，保护消费者合法权益，提高执法效率，节约执法成本。

1. 对经营者实施垄断协议的处理。

由反垄断执法机构责令停止违法行为，没收违法所得，并处上一年度销售额百分之一以上百分之十以下的罚款；尚未实施所达成的垄断协议的，可以处五十万元以下的罚款。经营者主动向反垄断执法机构报告达成垄断协议的有关情况并提供重要证据的，反垄断执法机构可以酌情减轻或者免除对该经营者的处罚。对行业协会组织本行业的经营者达成垄断协议的，可以处五十万元以下的罚款；情节严重的，社会团体登记管理机关可以依法撤销登记。

对垄断协议的处理，涉及垄断协议宽大制度。垄断协议宽大制度，是指垄断协议参与者主动向执法机关报告所达成垄断协议的有关情况并提供重要证据，使执法机关能够及时发现案件线索和证据，有效查处垄断协议，执法机关可以酌情减轻或者免除对该参与者的处罚。

2. 对经营者滥用市场支配地位的处理。

由反垄断执法机构责令停止违法行为，没收违法所得，并处上一年度销售额百分之一以上百分之十以下的罚款。

3. 对经营者违法实施集中的处理。

由国务院反垄断执法机构责令停止实施集中、限期处分股份或者资产、限期转让营业以及采取其他必要措施恢复到集中前的状态，可以处五十万元以下的罚款。

4. 对行政机关和法律、法规授权的具有管理公共事务职能的组织滥用行政权力，实施排除、限制竞争行为的处理。

由上级机关责令改正；对直接负责的主管人员和其他直接责任人员依法给予处分。反垄断执法机构可以向有关上级机关提出依法处理的建议。

七、垄断行为的法律责任

1. 行政责任

对垄断行为追究行政责任的方式是行政处罚，主要有责令停止违法行为、没收违法所得、罚款 、撤销社会团体登记。此外，对于经营者违法实施集中的行为，还可以责令停止实施集中、限期处分股份或者资产、限期转让营业以及采取其他必要措施恢复到集中前的状态。垄断案件的行政罚款动辄几亿，2015 年 2 月 10 日，国家发改委对高通处以行政罚款 60.88 亿元人民币，创了反垄断行政罚款的新高。

2. 民事责任

经营者实施垄断行为，给他人造成损失的，依法承担民事责任。《最高人民法院关于审理因垄断行为引发的民事纠纷案件应用法律若干问题的规定》第 14 条规定：“被告实施垄断行为，给原告造成损失的，根据原告的诉讼请求和查明的事实，人民法院可以依法判令被告承担停止侵害、赔偿损失等法律责任，根据原告的请求，人民法院可以将原告因调查、制止垄断行为所支付的合理开支计入损失赔偿范围。”

学习总结与拓展

【关键词】

市场竞争　不正当竞争　商业贿赂　商业秘密　自然垄断　经济垄断　权利垄断　国家垄断　行政垄断　本身违法　合理原则　结构规制　行为规制　相关市场　垄断协议　市场支配地位　经营者集中　假定垄断者测试　垄断协议豁免制度　经营者承诺制度　垄断协议宽大制度

【思考题】

1. 如何认定不正当竞争行为？

2. 不正当竞争行为与垄断行为有何区别?

3. 商业秘密的构成要件是什么?

4. 回扣与折扣有何区别?

5. 如何理解垄断的法律概念及法律特征。

6. 试举例说明自然垄断、行政垄断与经济垄断。

7. 界定相关市场的基本依据是什么?

8. 什么是反垄断法的适用除外,我国反垄断法适用除外的情形有哪些?

9. 消费者周先生去某银行申请新开一个活期存折账户。银行告知,要么存折与借记卡一起开,要么光开借记卡没有存折,并告知借记卡每年扣取年费10元,存折则免费。周先生认为存折能随时了解历史交易情况,比较实用,而卡要收费不划算,且对他没有多大用处,于是坚持要求只开存折,但周先生的要求遭到拒绝。周先生问过其他几家银行均如此,如果需要存折一定要办卡,否则拒绝交易。而一些可以只提供存折的银行,却又网点少,离周先生的住地远,周先生不得不选择存折与卡一起办。

请问:银行的行为该如何看待?

10. 广药集团与加多宝公司曾有着多年的合作关系。广药集团在注册王老吉商标之后,于1995年将商标租给加多宝公司使用。次年,加多宝公司传承王泽邦清朝道光年间家传配方,首创并推出第一罐红罐凉茶。而伴随着红罐凉茶在市场上的大获成功,曾经的合作伙伴开始分道扬镳。

2012年7月6日,广东加多宝饮料食品有限公司以广州王老吉大健康产业有限公司擅自使用其红罐王老吉凉茶的知名商品特有包装装潢为由,向北京市第一中级人民法院提起诉讼。广州医药集团有限公司以相同案由,于同日向广东省广州市中级人民法院提起诉讼。后经最高人民法院指定,上述两案由广东省高级人民法院一并予以受理。2014年12月19日,广东高院就加多宝与广药的“红罐之争”作出一审判决:加多宝构成侵权,向广药集团赔偿经济损失人民币1.5亿元,同时停止使用、生产、销售所有红罐凉茶包装的产品。

加多宝公司不服一审判决,在法定期限内就两案均向最高人民法院提出上诉。

请问:反不正当竞争法对知名商标的商品所拥有的包装装潢是如何保护的?反不正当竞争法对知名商品特有包装装潢的保护条件与范围是什么?

11. 锐邦公司作为被告强生公司医用缝线、吻合器等医疗器械产品的经销商,与强生公司已有15年的经销合作关系。2008年1月,强生公司与锐邦公司签订《经销合同》及附件,约定锐邦公司不得以低于强生公司规定的价格销售产品。2008年3月,锐邦公司在北京大学人民医院举行的强生医用缝线销售招标中以最低报价中标。2008年7月,强生公司以锐邦公司私自降价为由取消锐邦公司在阜外医院、整形医院的经销权。2008年8月15日后,强生公司不再接受锐邦公司医用缝线产品订单,2008年9月完全停止了缝线产品、吻合器产品的供货。2009年,强生公司不再与锐邦公司续签经销合同。原告向上海市第一中级人民法院起诉,主张被告在经销合同中约定的限制最低转售价格条款,构成反垄断法所禁止的纵向垄断协议。

请问:从垄断协议角度思考,如何认定强生公司的行为?并就此谈谈自己的看法。

12. 2009年开始,IDC就开始向华为追讨专利使用费,前后共发出了四次专利许可要约。几次要约虽然内容有些不同，但是基本可以总结为：无线通信终端设备方面，2009年～2016年一次性合计支付专利许可费5.3亿美元；无线通信基础设施设备方面，2009年～2016年一次性合计支付专利许可费5.2亿美元。华为认为这是“霸王条款”，拒绝接受。华为拿IDC给它的要约价格与给苹果、三星等公司的做比较。根据IDC年报中披露的内容，2007年9月，IDC与苹果签订在全球范围内的3G专利许可协议，许可期间从2007年6月始为期7年，总额为5600万美元。2009年IDC与三星签订全球范围内的2G、3G专利许可协议，许可期间四年，总额为4亿美元。也就是说，按照一次性支付专利许可使用费，IDC给华为10.54亿美元的专利许可费报价，是给苹果公司的19倍，是给三星的2倍多。2011年12月6日，华为向深圳中院起诉IDC公司滥用市场支配地位，对其专利许可设定不公平的过高价格，对条件相似的交易相对人设定歧视性的交易条件。2013年2月，深圳中院的一审裁决支持了华为的主张，判处IDC停止垄断民事侵权行为，并且赔偿华为经济损失费2000万元。IDC不服，上诉至广东高院。后者于2013年10月作出终审，基本维持了一审的裁决。

请问：你如何看待IDC公司的行为？

13.2010年2月，腾讯推出“QQ医生”，与360安全卫士形成竞争。同年10月29日，奇虎360推出“扣扣保镖”剑指QQ，要对其实施包括清垃圾和去广告在内的系列“净身”动作。此后11月3日晚，腾讯宣布在装有360软件的电脑上停止运行QQ软件，用户必须卸载360软件才可登录QQ，要求用户“二选一”，导致大量用户被迫删除360软件。2012年11月，奇虎360向广东省高级人民法院起诉，主张腾讯滥用在即时通讯软件及服务相关市场的市场支配地位，构成垄断。2013年3月20日，广东省高级人民法院作出一审判决，驳回奇虎公司全部诉讼请求。这是国内首个在即时通讯领域对垄断行为作出认定的判决。对于上述判决，奇虎公司表示不服，向最高人民法院提出上诉，并索赔经济损失1.5亿元。最高人民法院作出判决：驳回上诉，维持原判。

请问：本案的相关市场是如何认定的，并就此谈谈自己的看法。应如何界定？

14. 2006年12月26日，世界拉面协会中国分会（以下简称“方便面中国分会”）在北京召开一届八次峰会，研究棕榈油和面粉涨价引起的企业成本增加问题。会议商定了高价面（当时价格每包1.5元以上）、中价面（当时价格每包1元以上）和低价面（当时价格每包1元以下）涨价的时间和实施步骤。2007年4月21日，方便面中国分会在杭州召开一届九次峰会，再次研究方便面调价日程。会议明确了调价幅度和调价时间，高价面从每包1.5元直接涨到1.7元，计划6月1日全行业统一上调。2007年7月5日，方便面中国分会又一次在北京召开价格协调会议，部分企业决定从7月26日起全面提价。7月23日，该会负责人接受媒体采访，公布了涨价消息，社会反响强烈。

请问：方便面中国分会的行为该如何看待？

【阅读资料】

1.《中华人民共和国反不正当竞争法》。

2.《中华人民共和国反垄断法》。

3.《最高人民法院关于审理不正当竞争民事案件应用法律若干问题的解释》。

4.《最高人民法院关于审理因垄断行为引发的民事纠纷案件应用法律若干问题的规

定》。

5.《国务院反垄断委员会关于相关市场界定的指南》。

6.《关于禁止滥用知识产权排除、限制竞争行为的规定》。

7. 孔祥俊:《反不正当竞争法原理》，知识产权出版社，2005 年。

8. 孔祥俊:《反不正当竞争法的创新性适用》，中国法制出版社，2014 年。

9. 尚明主编:《中华人民共和国反垄断法理解与适用》，法律出版社，2007 年。

10. 王晓晔:《反垄断法》，法律出版社，2014 年。

11. 黄勇主编:《反垄断法经典判例选读——禁止垄断性协议》，人民法院出版，2008 年。

12. 商务部条法司编:《反垄断法理论与中外案例评析》，北京大学出版，2008 年。

第七章　消费者权益保护法律制度

【学习提示】消费者保护法是保护消费者权利的专门法律，其意义在于矫正消费者和经营者之间事实上的不平等关系。通过规定消费者的权利和经营者义务，为消费者权利提供法律保障机制。学习本章，要注意理解消费者的概念，了解消费者保护法的基本原则，熟知消费者的权利和经营者的义务，熟悉消费纠纷的解决程序和法律责任。

第一节　消费者与消费者权益保护法概述

一、消费者的概念与特征

（一）消费者的定义

消费是社会再生产的重要环节之一，是生产、交换、分配的目的与归宿。它包括生产消费和生活消费两大方面。其中，生活消费是人类的基本需要，与基本人权密切相关，在提倡“消费者主权”和基本人权的今天，生活消费关系是法律必须加以调整的领域。消费者权益保护法中的消费，指的是生活消费。

在经济学上，消费者是与政府、企业相并列的参与市场经济运行的三大主体之一，是与企业相对应的市场主体；在法学上，消费者是各国消费者权益保护法的最重要的主体，也是经济法的重要主体。尽管不同学科对于消费者研究的角度不同，但是，无论是在经济学上还是在法学上，无论是立法规定还是法律实践，一般都认为消费者是指从事生活消费的主体。消费者首先是与制造者相区别的，而在商品交易领域，消费者则是与商人相区别的。消费者购买或者接受某种商品或服务不是为了交易，而是为了自己利用。例如英国 1977 年《货物买卖法》第 12 条就规定，作为消费者是指一方当事人在与另一方当事人交易时不是专门从事商业，也不能使人认为其是专门从事商业的人。美国权威的《布莱克法律词典》对消费者的定义是：“所谓消费者，是区别于制造商、批发商或零售商而言的，是指从事消费之人，亦即购买、使用、持有以及处理物品或服务之人。”国际标准化组织（ISO）认为，消费者是以个人消费为目的而购买或使用商品和服务的个体社会成员。因此，消费者的地位有别于生产者、批发商、零售商。我国《消费者权益保护法》（以下简称《消法》）没有直接规定消费者的定义，但对消费者权益保护法的调整范围作出了界定，第 2 条规定：“消费者为生活消费需要购买、使用商品或者接受服务，其权益受本法保护；本法未做规定的，受其他法律、法规保护。”据此，《消法》主要调整的是为生活消费需要购买、使用商品或者接受服务而产生的关系，或者说是一种生活消费关系。

综合上述各方面的观点，我们认为，所谓消费者，是指为了满足个人生活消费的需要而购买、使用商品或接受服务的自然人。

（二）消费者的特征

（1）消费者是购买、使用商品或接受服务的人。消费者是在市场上购买商品或接受服务，以及实际使用商品的人。这就是说，消费者既可能是亲自购买商品的人；可能是使用或消费他人购买的商品的人，可能是有关服务合同中接受服务的一方当事人，也可能是接受服务的非合同当事人。可见，消费者的范围比《合同法》所规定的买受人的范围更为宽泛，消费者不仅限于亲自缔约购买商品的人，还包括他人购买商品后，实际使用该商品的人。

至于消费者购买使用商品或接受服务是否必须支付一定的对价，在理论界存在不同看法。有的学者认为，支付对价是判断消费者和非消费者的一个重要标准，如果个人或家庭有偿取得商品或服务是用于消费，那么，该个人或家庭就是消费者；[①]也有学者认为，在消费领域，消费者使用和接受某种商品或接受服务时，可能并没有也不需要支付一定的对价，但这并不能否定使用商品或接受一定服务的人是消费者，例如经营者向消费者提供免费试用产品、实行附赠式的销售等等，经营者仍然应当承担《消法》规定的诸如安全保障、质量保证、支付赔偿等法定义务。[②]我们认为，交易形式上的有偿、无偿不是决定消费者构成要件的标准。

（2）消费者消费的客体包括商品和服务。我国《消法》所规定的消费行为的客体是指用于生活消费的那部分商品和服务。这里应当指出两点：一是商品和服务必须是合法的经营者在法律规定的商品和服务范围之内，法律禁止购买、使用的商品和禁止接受的服务，不属于《消法》规定的商品和服务；二是消费者必须通过公开的市场交易而购买、使用的商品或接受的服务，如果是私下的交易，不能作为“消费者”而受到《消法》的保护。我国《工商行政管理机关受理消费者申诉暂行办法》和消费者协会《受理消费者投诉暂行规定》就将“消费者无法证实自己权益受到侵害的申诉”和“个人之间私下交易商品的投诉”排除在受理申诉和投诉的范围之外。

（3）消费者购买商品或者接受服务时以生活消费为目的。消费者购买商品或接受服务，并不是为了将这些商品转让给他人从而营利，消费者购买使用商品或接受服务的目的主要是用于个人与家庭的消费。也就是说，消费者是为了满足自己的各种需要，而不是为了将商品或服务再次转手或为了专门从事商品交易活动。若购买者购买生活消费品以后，再将该商品投入经营领域，本质上已属于经营活动，只能接受《合同法》的调整，而不应受到《消法》的调整。

判断购买者是否为消费者的难点在于，如何理解“为了生活消费需要”这个限定词

① 李凌燕：《消费信用法律研究》，法律出版社，2000年版，第7页。

② 许建宇：《完善消费者立法若干基本问题研究》，载《浙江学刊》2001年第1期。

的含义和作用。这个问题所带来的直接现实争议就是:“知假买假者”是不是消费者?[①]我们认为,“生活消费”是与“生产消费”相区别的,“知假买假者”只要不是商人或者为交易而购买的人,就应当认为其为消费者,受到《消法》惩罚性赔偿条款的保护。这是因为,个人是否具有生活消费的主观目的是通过“购买、使用商品或者接受服务”的客观行为表现出来的,只要此种商品或服务没有被购买人当作生产资料使用,即可推定其具有生活消费的目的。至于“知假买假者”的购买动机是否以索赔获偿为目的、购买商品时是否明知商品有“假”,不应作为判断“消费者”的依据。

(4) 消费者是指购买、使用商品或接受服务的个人,而非单位。在我国,关于消费者是仅限于自然人还是包括单位的问题,理论界与地方性消费者权益保护立法存在重大的差异。理论界大多数学者认为,消费者是指为生活消费的需要而购买商品或者接受服务的自然人[②]。这是因为,单位并非终极消费的主体。而我国一些地方性消费者权益保护立法认为单位属于消费者,如广东、安徽等省[③],少部分省份采取与现行《消法》相同或相类似的表述,目前只有四川省直接将消费者限定为自然人[④]。我们认为,单位购买商品交单位职工使用,或由单位职工直接接受服务,这是个人通过单位媒介购买、使用商品和接受服务的形式。这种单位对生活资料的消费,本质上还是个人消费。因此,单位因消费而购买商品或接受服务,应当受合同法调整,而不应当受消费者权益保护法的调整。

二、消费者权益保护法的概念和特征

(一) 消费者权益保护法的概念

消费者权益保护法,是调整在保护消费者权益的过程中发生的经济关系的法律规范的总称。它是经济法的重要部门法,在经济法的市场规制法中尤其占有重要地位。

消费者权益保护法的调整对象是消费过程中发生的社会关系,包括以下方面:

(1) 国家机关与经营者之间的关系,主要是指国家有关管理部门在对经营者的生产、销售、服务活动进行监督管理,维护消费者合法权益中发生的关系;

(2) 国家机关与消费者之间的关系,主要是指国家有关管理部门在为消费者提供指导、服务与保护过程中所发生的关系;

(3) 经营者与消费者之间的关系,主要是指经营者因进行违法经营给消费者造成损

---

① 2002年7月25日《南方周末》刊登了梁慧星《知假买假打假者不受〈消法〉保护》一文,指出:由于知假买假者的购买动机不符“为了生活消费需要”而不是消费者,因此不能适用《消法》惩罚性赔偿制度。而另外一些学者(如董承孝《〈消法〉理论与适用的误区》、王利明《消费者的概念及消费者权益保护法的调整范围》等)则认为:不应当以购买行为的动机和目的作为判断“生活消费”的标准,因为判断购买者的主观想法存在举证的困难,在商业活动中也难以操作。

② 参见梁慧星:《关于消法四十九条的解释适用》,载《人民法院报》2001年3月29日第3版;陈运雄:《论消费者的概念》,载《求索》1998年第4期。

③ 例如《广东省实施〈中华人民共和国消费者权益保护法〉办法》第2条第2款规定:“本办法所称消费者,是指为生活消费需要购买、使用商品或者接受服务的个人和单位。”《安徽省消费者权益保护条例》第2条规定:“本条例所称消费者,是指为生活消费需要购买、使用商品或者接受服务的个人和单位。本条例所称经营者,是指为消费者提供商品或者服务的单位和个人。”

④ 《四川省消费者权益保护条例》第2条规定:“本条例所称消费者,是指为生活需要、提高生活水平而购买、使用商品或接受服务的自然人。”

害，消费者请求赔偿，以及消费者对经营者进行监督而发生的关系。

（二）消费者权益保护法的特征

与传统的民商法相比，消费者权益保护法具有突出的社会性，即对特定社会群体之间的权益分配更多考虑社会公正和实质公正。

（1）权益保护的倾向性。消费者权益保护法特别保护消费者权益，而给予经营者一定限制，这是消费者权益保护法的最基本特征。在消费关系中，消费者客观上处于弱者地位，这是因为：首先，消费者是分散的无组织的个人，而经营者大多是有组织的法人，有些经营者还拥有专营权，有的消费合同是由经营者确定合同条件的标准合同，对此消费者别无选择；其次，具体的消费者受到专业知识、消费经验和时间、精力、财力、场合等限制，较难主张和实现自己的消费权利，易受到经营者不法行为的侵害。因此，消费者权益保护法界定了消费者阶层，以消费者权益为保护对象，在立法中侧重伸张消费者权利，而对经营者则侧重强调其义务。当消费者的权利保护与其他权利（如经营者的民事权利）保护发生冲突时，应当优先保护消费者的权利。同一纠纷有多种法律可适用时，应当优先适用消费者权益保护法，当然也不排斥其他法律（如合同法）对消费者的共同保护。

（2）消费者权益保护法多为强制性、禁止性规范。传统民商法倡导“契约自由”、“意思自治”，并以任意性规范为主。而消费者权益保护法的原则体现了国家对市场经济进行规制的特点，这种规制的典型表现是对“契约自由”进行限制，因此多为强制性、禁止性规范。许多国家规定生产经营者的义务，以及对标准合同条款的限制。这类规定多为禁止性的，如有违反，则对其追究法律责任，甚至包括行政责任、刑事责任。同时，为加强经营者的自觉性、严格其责任，当经营者以不法行为侵害消费者权益时，国家以补偿性与惩罚性结合的方式予以制裁，如我国《消法》第55条所确立的惩罚性赔偿制度。

（3）确立了无过错责任原则。消费者权益保护法的重要突破在于无过错责任的确定。民商法一般实行过错责任，而消费者权益保护法则更多采取严格的无过错责任。即产品如有缺陷并使消费者的人身和财产受到损失时，即使生产者在制造或销售过程中已经尽到了一切可能的注意，仍需对消费者承担责任，而消费者无须承担举证责任。此外，这种归责原则还扩大了合同效力的所及范围，即承担责任的卖方不仅包括零售商，还包括批发商、制造商及为制造该产品提供零部件的供应商等；而作为消费者的买方不仅包括直接购买者，还包括其亲属、亲友以及受到该产品伤害的其他人。

三、消费者权益保护法的历史沿革

（一）消费者权益保护法的产生

消费者权益保护方面的专门立法，是随着现代市场经济的发展及消费者问题的日益尖锐而出现的，是与垄断、不正当竞争、信息偏差等导致“市场失灵”的原因密切相关的。

近代市场经济实行的是自由竞争，国家对经济生活不加干预。由于此时市场经济不甚发达，企业的社会化、专业化程度不高，消费者与经营者之间的地位较为平等，消费者与生产者之间是普通的合同关系，因而仅依合同自由原则和民事责任方面的法律就能使消费者所受损害得到救济。在这一时期，消费者问题并不突出，依靠传统民商法加以规制仍是适宜的。然而，随着近代市场经济发展为现代市场经济，在竞争的过程中不仅产生了垄断、不正当竞争等侵害消费者利益的问题，最为重要的是在企业与消费者之间出现“信息偏在”或称“信息不对称”的问题，进一步导致“市场失灵”，从而带来一系列的新型经济关系的产生。由于强调形式平等的民商法难以对处于弱势地位的消费者给予倾斜性的保护，以求得实质上的平等，从而也不能有效解决“信息偏在”等问题，因此，必须由经济法来弥补传统民商法的不足，通过国家进行法律规制和市场的不断完善来全面解决问题。消费者权益保护法的专门立法，正是对传统民商法的突破性发展。

（二）消费者权益保护法的历史沿革

消费者权利作为一项基本人权，是生存权的重要组成部分。因此消费者权益保护法律制度的历史演进同法律保护人权的历史进程是同步的。早期的消费者权益方面的法律规范主要体现在饮食与服装方面。到了 19 世纪，消费者权利受到侵害的情况日益严重，迫使消费者寻找立法上的支持。1898 年，全世界第一个消费者组织在美国成立。1936 年，建立了全美的消费者联盟。第二次世界大战后，各种反映消费者利益和要求的组织，在一些发达国家相继出现。1960 年，国际消费者联盟组织成立，[①]消费者运动成为一种全球性的社会现象，1962 年 3 月 15 日，时任美国总统肯尼迪在美国国会发表了《关于保护消费者利益的总统特别咨文》，首次提出了著名的消费者的四项权利，即消费安全权、消费知情权、消费选择权、消费建议权。1983 年，国际消费者联盟组织把每年的 3 月 15 日定为国际消费者权益日（World Consumer Rights Day）。1985 年 4 月 9 日，联合国大会一致通过了《保护消费者准则》，促进各国采取切实措施，维护消费者的利益。1984 年 12 月 26 日中国消费者协会成立，此后于 1987 年加入国际消费者联盟组织。

对消费者权益的保护，早期是通过合同法、侵权法、产品责任法、竞争法等相关法律来体现，以消费者权益保护为名专门立法，始于 20 世 60 年代。日本 1968 年颁布的《保护消费者基本法》具有代表性。

我国《消费者权益保护法》颁布于 1993 年 10 月 31 日，1994 年 1 月 1 日起实施。经 2009 年第一次修正，2013 年 10 月 25 日第十二届全国人民代表大会常务委员会第五次会议第二次修正，修正后的《消法》于 2014 年 3 月 15 日起施行。这是我国消费者保护的基本法。该法适用于消费者为生活消费需要购买、使用商品或者接受服务的情形以及经营者为消费者提供其生产、销售的商品或者提供服务的情形。农民购买、使用直接用于农业生产的生产资料，参照该法执行。

---

① 国际消费者联盟组织（International Organization of Consumers Unions，简称 IOCU），是一个独立、非盈利、国际性非政府组织，宗旨是致力维护消费者的权益。1960 年由美国、英国、澳大利亚、比利时和荷兰五个国家的消费者组织发起成立，在荷兰登记，总部设在荷兰海牙，亚太地区分部设在马来西亚的槟榔屿。1995 年正式改称国际消费者协会（Consumers International，简称 CI）。其会员机构共有超过 220 个，分布于 115 个国家及地区。

四、消费者权益保护法的基本原则

（一）自愿、平等、公平、诚实信用原则

我国《消法》第4条规定："经营者与消费者进行交易，应当遵循自愿、平等、公平、诚实信用原则。"经营者与消费者进行交易，应在自觉自愿的基础上进行，不可强买强卖、欺行霸市、硬性搭配而应坚持当事人地位平等；不可以大欺小、以强凌弱，而应公平交易、等价交换；任何人不得无偿占有他人财产，不得哄抬物价或压级压价；平等协商，讲诚实、守信用，遵守法律法规、职业道德和社会公德，文明经商，文明消费。

（二）经营者守法经营原则

我国《消法》第3条规定："经营者为消费者提供其生产、销售的商品或者提供服务，应当遵守本法；本法未作规定的，应当遵守其他有关法律、法规。"由于消费者处于弱势地位，消法侧重对消费者权利和经营者义务的强调。经营者应当在按照消法及其他相关法律的规定从事生产经营活动，否则将承担民事责任、行政责仟甚至刑事责任。

（三）消费者权益不受侵害原则

我国《消法》第5条规定："国家保护消费者的合法权益不受侵害。国家采取措施，保障消费者依法行使权利，维护消费者的合法权益。"这是国家对市场运行进行干预的体现，也是消费者权利实现的切实保障。国家采取措施，保障消费者依法行使权利，其目的在于维护消费者的合法权益。因此，国家要根据经济、文化发展的水平，不断完善消费者的权利并促成其实现；帮助、指导和教育消费者提高自我保护意识；加强对经营者的监督管理，督促经营者依法文明经营；在消费者受到侵害时，提供必要法律帮助，在消费纠纷处理中保障消费者的利益。

（四）社会监督原则

我国《消法》第6条规定："保护消费者的合法权益是全社会的共同责任。"强有力的行政监督是保护消费者利益的重要环节，因此，国家行政管理机关要加强对经营者的监督。同时，保护消费者合法权益是全社会的共同责任，光有行政监督还是不够的，国家鼓励、支持一切组织和个人对损害消费者合法权益的行为进行社会监督。各个政党、社会团体、武装力量、企业事业单位、新闻舆论工具及城乡基层群众性消费自治组织，都应依法积极履行监督职能，广大人民群众也应积极开展监督，相互配合，形成保护消费者利益的网络体系。

第二节 消费者的权利和经营者的义务

一、消费者权利和经营者义务的概念

（一）消费者权利的概念及特征

消费者权益可理解为消费者的权利与法益的合称。从法理学一般概念来说，"权利"是法律对法律关系主体能够作出或不作出一定行为，并要求他人相应作出或不作出一定行为的许可和保障。法益是受法律承认和保护的利益，而这种利益尚未抽象为法律规定

的权利。

消费者权利，是指由《消法》规定的，对在消费领域中消费者能够做出或不做出一定行为，以及其要求经营者相应做出或不做出一定行为的许可和保障。它包含如下意思：第一，消费者有权为或不为一定行为。如消费者在购物时，既可以购买这一品牌的商品，也可以购买另一品牌的商品，销售者不得加以强制；第二，消费者有权要求经营者或其他有关主体为一定行为或不为一定行为。如消费者在购得不合格产品后，在法定期限内可要求销售方更换或退货，销售者有义务予以更换或退货；第三，消费者在自己的合法权益受到经营者侵害时，有权运用法律提供的手段进行自我保护或者请求有关国家机关给予保护。如消费者因使用不合格商品致人身或财产损害时，可直接向经营者提出赔偿请求，也可要求工商行政机关予以处理，或者直接向人民法院提出赔偿之诉。

消费者权利有如下特征：

(1) 消费者权利是以消费者特定身份为基础。消费者权利是与消费者的人身密切联系的。一方面，只有在以消费者的身份购买、使用商品或接受服务时，才享有这些权利，即消费者权利是以消费者资格的存在为必要条件的；另一方面，凡消费者在购买、使用商品或接受服务时，都享有这种权利，即消费者权利又是以消费者身份的存在为充分条件的。

(2) 消费者权利具有法律规定性。消费者权利是法律直接规定的权利，具有强制性，任何人不得剥夺，经营者以任何方式剥夺消费者权利的行为无效。

(3) 消费者权利体现了法律对消费者的特别保护。法律在规定消费者权利时给予了特别的倾斜，规定了消费者的权利，未规定消费者的义务。

我国《消法》第二章规定了消费者的九项权利。消费者在这九项权利之外应受法律承认和保护的利益，即为法益。

（二）经营者义务的概念

经营者是向消费者提供其生产、销售的商品或者提供服务的法人、其他经济组织和个体工商户，他们是以营利为目的从事生产经营活动并与消费者相对应的一方当事人。根据我国《消法》的规定，经营者包括生产者、销售者和服务者。

在保护消费者权利方面，经营者、国家、社会均负有相应的义务，其中，经营者义务是更为直接、更为具体的。要有效地保护消费者的权利，就必须使经营者能够全面地履行其相应的义务，并且，经营者义务的履行对于确保消费者权利的实现具有重要的作用。正因如此，有关消费者权利和经营者义务的内容，历来是消费者权益保护法的核心内容，消费者享有的权利相应的就是经营者的权利。经营者的义务，是指法律规定或消费者与经营者约定的，在消费过程中经营者必须对消费者做出一定行为或者不为一定行为的约束。

经营者的义务可以从以下几个方面来理解：

(1) 义务主体是经营者，具体包括生产者、销售者和提供服务者。

(2) 义务可以表现为消费者要求经营者做出一定行为，也可以表现为要求经营者必须抑制一定行为。

(3) 经营者的义务是由法律规定的或是与消费者约定的。

(4) 经营者义务的履行是由国家强制力保障的。

二、消费者的权利

我国现行《消法》的第二章专门具体规定了消费者的权利。这些权利对于消费者来说是极为重要的，主要包括如下九大权利。

（一）安全权

安全权是消费者最基本的权利。《消法》第 7 条规定："消费者在购买、使用商品和接受服务时享有人身、财产安全不受损害的权利。消费者有权要求经营者提供的商品和服务，符合保障人身、财产安全的要求。"

安全权包括人身安全和财产安全。人身权的范围广泛，这里的人身安全，仅指生命和健康安全。人身安全权是位阶最高的权利，是不可放弃的权利。财产安全不仅指交易标的财产的安全，也包括消费者其他财产的安全。安全权表明消费者在消费商品和接受服务时，有权要求经营者提供的商品和服务，符合保障人身、财产安全的要求；消费者在有偿取得商品时，有权要求其符合国家的安全、卫生标准，不致因此而受伤害；在有偿取得服务时，有权要求其设施、用品、用料等安全、卫生，并有相应保护措施，不危及人身、财产安全。

（二）知情权

知情权，或称获取信息权、了解权、知悉真情权，是消费者享有的知悉其购买、使用的商品或接受的服务的真实情况的权利。知情，是消费决策的前提。知情权是法律赋予消费者的一种基本权利，也是消费者购买、使用商品或接受服务的前提，应当得到经营者的尊重。根据我国《消法》第 8 条的规定，消费者有权根据商品或服务的不同情况，要求经营者提供商品的价格、产地、生产者、用途、性能、规格、等级、主要成分、生产日期、有效期限、检验合格证明、使用方法说明书、售后服务，或者服务的内容、规格、费用等有关情况。

消费者有权要求得到商品和服务的全面、真实信息，有权要求国家规定出具合格证、说明书和标志，有权要求经营者明确回答关于商品和服务的质量、数量、价格等问题。为保障消费者全面了解情况，经营者应提供相应的方便，如成列样品、印刷目录、明码标价、示范操作、出示说明等，在消费者就其提供的商品或服务的质量和使用方法等提出询问时，应作出真实、明确的答复，便于消费者认识商品和服务。经营者不应拒绝消费者了解商品和服务的要求，或对这一要求采取不合作态度。

（三）自主选择权

自主选择权，简称选择权，《消法》第 9 条规定："消费者享有自主选择商品或服务的权利。消费者有权自主选择提供商品或服务的经营者，自主选择商品品种或服务方式，自主决定购买或者不购买任何一种商品、接受或者不接受任何一项服务。消费者在自主选择商品或服务时，有权进行比较、鉴别和挑选。"消费者的自主决定不受任何人强制。

为保护消费者的选择权，《反不正当竞争法》还从规范经营者行为的角度对消费者进行保护，规定经营者销售商品，不得违背购买者的意愿搭售商品或其他不合理的条件，不得进行欺骗性的有奖销售或以有奖销售为手段推销质次价高的商品或进行巨奖销售；政府及其部门不得滥用权力限定他人购买其指定的经营者的商品，限制外地商品进入本地或本地产品流向外地。

在消费者行使选择权时，应注意两个问题：第一，必须合法行使，不得滥用选择权；第二，消费者的选择权并不排除经营者向消费者进行商品、服务的介绍和推荐。

（四）公平交易权

公平交易权，是指消费者在与经营者之间进行的消费交易中享有的获得公平的交易条件的权利。我国《消法》第10条规定："消费者享有公平交易的权利。消费者在购买商品或接受服务时，有权获得质量保障、价格合理、计量正确等公平交易条件，有权拒绝经营者的强制交易行为。"

公平交易权说明消费者与经营者的法律地位平等。但从消费活动的全过程看，消费者往往处于弱者的地位，因此，法律特别强调公平交易权，以加强对经营者的制约，切实保障消费者的权益。公平交易的核心是消费者以一定数量的货币可换得同等价值的商品或服务。这是衡量消费者的利益是否得到保护的重要标志。此外，衡量是否公平交易，还包括：在交易过程中，当事人是否处于自愿，有无强制性交易或歧视性交易的行为，消费者是否得到实际上的满足或心理的满足等。

（五）依法求偿权

依法求偿权，也称索赔权，《消法》第11条规定："消费者因购买、使用商品或接受服务受到人身、财产损害的，享有依法获得赔偿的权利。"依法求偿权是弥补消费者所受到损害的必不可少的救济性权利。

消费者的求偿权实质上是一种民事索赔权，但其除具有一般民事索赔权的特征外，还有其自身的经济法特点：第一，消费者的求偿权仅仅存在于消费领域。其只发生于消费者与经营者之间，即消费者只可向经营者主张这一权利；第二，消费者的求偿权中有惩罚性赔偿的规定。从保护社会弱者的宗旨出发，规定了对不法经营者的惩罚性赔偿。

求偿权的范围包括人身损害和财产损害两个方面：人身损害包括生命健康权、姓名权、名誉权、荣誉权等受到损害；财产损害包括财物灭失、毁损等，以及因受害人伤、残、死亡所支付的费用等。

（六）依法结社权

《消法》第12条规定："消费者享有依法成立维护自身合法权益的社会团体的权利。"这是宪法规定的结社权在消费领域的具体体现。

结社权是随着消费者运动的兴起而在法律上的必然表现。与经营者相比，消费者大多是分散、无组织的个人，且消费者购买、使用商品或接受服务，在很大程度上受经营者的介绍、推荐的引导和影响。因此，面对具有强大经济实力的经营者，消费者要实现实质上的平等，就需要组织起来，通过集体的力量来改变自己的弱小地位，实现自我救济、自我教育。我国各级消费者协会，是保护消费者权益的社会团体，但具有行政色彩。消费者依法定程序自发、自主结社，政府对合法的消费者团体不应加以限制，并且，在制定有关消费者方面的政策和法律时，还应向消费者团体征求意见，以求更好地保护消费者权利。

（七）获取知识权

《消法》第13条规定："消费者享有获得有关消费和消费者权益保护方面的知识的权利。消费者应当努力掌握所需商品或服务的知识和使用技能，正确使用商品，提高自我保护意识。”与消费者其他权利不同的是，消费者的获取知识权既是消费者的权利，又是消费者的义务，具有权利与义务的双重属性。

获取知识权的内容主要包括两方面：其一，获得有关消费方面的知识，如有关商品和服务、市场、消费心理等方面的知识等；其二，获得消费者权益保护方面的知识，如有关消费者的权利和经营者的义务，有关索赔的法律知识等。另外，国家有关机关、大众传播媒介、教育机构以及经营者，都有宣传相关知识的义务。作为消费者，应当提高自我保护意识，更好地掌握所需商品或服务的知识和使用技能，以便更好地实现消费目标。

（八）受尊重权与个人信息权

《消法》第 14 条规定：“消费者在购买、使用商品和接受服务时，享有其人格尊严、民族风俗习惯得到尊重的权利，享有个人信息依法得到保护的权利。”

尊重消费者的人格尊严和民族习俗，是社会文明进步的表现，也是尊重和保障人权的重要内容。消费者的受尊重权分为消费者的人格尊严受尊重和民族风俗习惯受尊重两部分。人格尊严是消费者人身权的重要组成部分，包括姓名权、名誉权、荣誉权和肖像权等。人格尊严是消费者精神上的利益，其本身没有财产内容。在消费领域，消费者的人格尊严受到经营者的侵犯的现象并不少见，如非法搜身等违法行为时有发生。消费者权益保护法将人格尊严作为保护客体是非常必要的。民族习俗获得尊重，是指在消费时其民族风俗习惯不受歧视、不受侵犯，并且经营者应当对其民族习俗予以充分的尊重和理解，在可能的情况下，应尽量满足其带有民族意蕴的特殊要求。规定消费者的民族风俗习惯受尊重权，是党和国家民族政策在法律上的反映。

随着信息技术的广泛使用，个人信息安全成为法律关注的问题。个人信息权是指个人依法对其自身信息所享有的支配、控制并排除他人侵害的权利。学术界对于个人信息权与隐私权的关系认识不一，有的观点认为个人信息权不是一项独立权利，应置于隐私权之下；有的观点认为个人信息权的范围更广，包括了对隐私信息和非隐私信息的保护；还有观点认为二者在范围上有重合，各有特点，不能相互囊括，个人信息权是一项独立的人格权。《消法》采纳了第三种观点，认为从消费者权益保护的角度，有关个人信息的保护，重点在于调整经营者在收集、处理众多消费者个人信息中的义务，既要保护消费者对其个人信息享有的人格权益，又要兼顾对其信息资源的合理、有效利用；而隐私权作为一种私生活受尊重的权利，更侧重维护人格尊严，一般不具有财产利益，难以适应信息社会的发展。个人信息是个人信息权的客体，又称为个人资料、个人数据，一般是指与自然人相关的能够单独识别或者辅以其他信息能够识别出特定主体的所有信息，可以表现为文字、图表、图像等任何形式。① 关于个人信息的范围，各国尚无统一立法规定。欧盟《有关个人数据自动化处理的保护协定》、日本《个人信息保护法》等均将信息的可识别性作为界定个人信息的核心标准，美国《1974 年隐私权法》，加拿大

① 最高人民法院《关于审理利用信息网络侵害人身权益民事纠纷案件适用法律若干问题的规定》（2014 年 6 月 23 日最高人民法院审判委员会第 1621 次会议通过，2014 年 10 月 10 日起施行）第 12 条规定：“网络用户或者网络服务提供者利用网络公开自然人基因信息、病历资料、健康检查资料、犯罪记录、家庭住址、私人活动等个人隐私和其他个人信息，造成他人损害，被侵权人请求其承担侵权责任的，人民法院应予支持。”该条文可作为界定“个人信息”外延的法律依据。

《联邦隐私法》、《个人信息和电子档案法》等立法则以“隐私”界定应受保护的个人信息范围。

我国《消法》第50条规定了经营者侵犯消费者上述权利时应承担的民事责任，包括停止侵害、恢复名誉、消除影响、赔礼道歉，并赔偿损失。第51条专门规定，经营者有侮辱诽谤、搜查身体、侵犯人身自由等违法行为，侵害消费者或其他受害人的人身权益，造成消费者或者其他受害人严重精神损害的，受害人有权提出精神损害赔偿。

（九）监督批评权

《消法》第15条规定：“消费者享有对商品和服务以及保护消费者权益工作进行监督的权利。消费者有权检举、控告侵害消费者权益的行为和国家机关及其工作人员在保护消费者权益工作中的违法失职行为，有权对保护消费者权益工作提出批评、建议。”监督权是为加强消费者自我保护能力而设定的权利。该项权利使经营者的行为受到消费者的制约。对提高消费者的法律意识，促进国家保护消费者权益整体工作的开展，具有重要的作用。在实践中可以建立社会监督举报机制实行举报奖励制度，消费者在维护自己合法利益的同时又能获得一定的利益补偿，这将大大提高消费者行使监督批评权的积极性。

三、经营者的义务

我国《消法》的第三章专门具体规定了经营者的义务。这些义务主要是为了保障消费者的权利实现。经营者义务主要包括如下十四项义务。

（一）依照法定或约定提供商品和服务的义务

《消法》第16条规定：“经营者向消费者提供商品或服务，应当依照本法和其他有关法律、法规的规定履行义务。经营者和消费者有约定的，应当按照约定履行义务，但双方的约定不得违背法律、法规的规定。经营者向消费者提供商品或者服务，应当恪守社会公德，诚信经营，保障消费者的合法权益；不得设定不公平、不合理的交易条件，不得强制交易。”

据此，可将经营者的义务划分为法律规定的义务和当事人双方约定的义务两类。其中，法定义务是对经营者最基本的要求，是经营者应当履行的最低标准，具有概括性、原则性、不可抛弃性和不可更改性。《消法》系统地规定了经营者的义务，此外，《产品质量法》《食品卫生法》《药品管理法》《商标法》《反不正当竞争法》《广告法》等相关法律法规也从不同角度对经营者义务进行了规定。经营者除了自觉履行法定义务，还应承担社会责任，履行诚信义务，培育诚信、公平的消费环境。

在市场交易中，经营者与消费者之间的关系实质上是一种合同关系，如买卖合同、承揽合同、委托合同等。依据合同约定的义务一旦依法成立，就对经营者产生法律约束力，经营者必须依约履行。应当注意的是，经营者与消费者的约定义务，不得减轻或免除经营者的法定义务。消费者对经营者的违约责任的追究，适用《合同法》的一般规定，如果该违约行为侵犯了消费者的权利，则可选择优先适用《消法》。

（二）听取意见和接受监督的义务

《消法》第17条规定：“经营者应当听取消费者对其提供的商品或者服务的意见，接受消费者的监督。”经营者接受监督的义务，是与消费者的监督批评权相对应的。要确保消费者监督权的实现，就应把经营者提供商品和服务的经营活动置于消费者的有效监督之下。

经营者听取消费者的意见，主要通过与消费者面对面的交流，书面征询消费者的意见，从新闻媒介了解消费者对商品和服务的看法与反映等方式来进行。经营者接受消费者监督，主要是通过设立意见箱、意见簿、投诉电话，及时处理消费者的投诉，自觉接受消费者的批评等方式进行。

（三）保证商品和服务安全的义务

《消法》第18条规定："经营者应当保证其提供的商品或者服务符合保障人身、财产安全的要求。对可能危及人身、财产安全的商品和服务，应当向消费者作出真实的说明和明确的警示，并说明和标明正确使用商品或者接受服务的方法以及防止危害发生的方法。宾馆、商场、餐馆、银行、机场、车站、港口、影剧院等经营场所的经营者，应当对消费者尽到安全保障义务。"

该义务包括三方面内容：(1) 提供符合保障人身安全的商品和服务的义务。即经营者提供的商品和服务应当具有人们合理期待的安全性。我国其他法律对商品和服务符合保障人身和财产安全义务有规定的，应符合该规定，例如《产品质量法》对产品质量安全性的要求，《旅游法》对旅游设施和服务安全性的相关要求。(2) 说明义务、警示义务、提供防止危害发生方法的义务。说明和警示可以是口头的也可以是书面的，警示的方式可以是警示标志也可以是文字警示，无论何种形式，说明与警示都应当醒目、准确、充分、易懂。未尽该义务，提供的商品和服务便存在指示上的缺陷。(3) 安全保障义务。我国《侵权责任法》、最高人民法院《关于审理人身损害赔偿案件适用法律若干问题的解释》均明确规定了安全保障义务，《消法》所规定的安全保障义务专门针对经营场所的经营者。经营者的安全保障义务，是指经营场所的经营者负有的在合理限度范围内保护消费者人身、财产安全的法定义务，包括安全预防义务、危险消灭义务和救助义务。

（四）缺陷产品召回义务

《消法》第19条规定："经营者发现其提供的商品或者服务存在缺陷，有危及人身、财产安全危险的，应当立即向有关行政部门报告和告知消费者，并采取停止销售、警示、召回、无害化处理、销毁、停止生产或者服务等措施。采取召回措施的，经营者应当承担消费者因商品被召回支出的必要费用。"这是经营者对其提供的商品或者服务质量跟踪服务的义务，及时采取补救措施的义务。商品已经提供给消费者或者消费者正在接受服务，而商品、服务有严重缺陷，即使正确使用商品或者接受服务仍然可能对人身财产造成危害的，经营者应当立即采取合理的补救措施，防止损失的发生或扩大。

（五）信息披露义务

《消法》第20条规定了经营者的信息披露义务，要求经营者提供的信息应当真实、全面。该义务是与消费者的知情权相对应的。

商品经济中信息失真现象是引起消费者问题的原因之一。消费者对商品或服务正确的判断、评价、选择、使用，均有赖于经营者提供必要的真实信息。

提供真实信息的义务包括三方面内容：(1) 经营者应当向消费者提供有关商品和服务的真实信息，不得作虚假或者引人误解的宣传。引人误解的宣传，是对消费者合法权益的侵犯，也是一种不正当竞争行为。(2) 对消费者就其提供的商品或者服务的质量和使用方法等问题提出的询问，应当作出真实、明确的答复。这是提供商品和服务真实信息的一个方面的内容，也是保障消费者知情权实现的一个途径。(3) 商店提供商品或服务应当明码标价，价格信息是商品信息的一项重要内容，也是影响消费者购买决策的一项重要条件，经营者应当按规定标价。

信息披露的强制性还体现在经营者应当完整、全面地披露有关商品或服务的质量、性能、用途、有效期限等对足以影响消费者做出消费判断的信息。克服消费者与经营者之间信息不对称的主要方式，在于确立经营者的自我说明义务，因此，《消法》直接规定经营者强制信息披露义务，帮助消费者获取直接的信息来源，降低消费者的信息成本。需要注意的是，经营者所应提供信息的范围有一个合理的界定，既要确保消费者交易安全，又要力求经营者交易成本合理化。

（六）标明真实名称和标记的义务

《消法》第 21 条规定："经营者应当标明其真实名称和标记。租赁他人柜台或者场地的经营者，应当标明其真实名称和标记。"

企业名称和营业标记的主要功能，是区别商品或服务的来源，同时也代表着一定的商业信誉。法律规定经营者的此项义务，是保障消费者的知情权和选择权，有利于消费者作出正确的判断、选择，避免上当受骗，能准确确定索赔对象，同时制止经营者的不正当竞争行为。

（七）出具购货凭证或服务单据的义务

《消法》第 22 条规定："经营者提供商品或者服务，应当按照国家有关规定或者商业惯例向消费者出具发票等购货凭证或服务单据；消费者索要发票等购货凭证或者服务单据的，经营者必须出具。"购货凭证、服务单据实际上是证明经营者与消费者之间合同履行的书面凭证，通常表现为发票、收据、保修单等形式。有了这种书面凭证，可以证明经营者与消费者法律关系的存在以及法律关系的内容，便于消费者维护自己的合法权益，当经营者未主动出具购货凭证或服务单据时，消费者可以索要，经营者必须出具，不得拒绝。

（八）保证商品和服务质量的义务

《消法》第 23 条规定了经营者保证商品和服务质量的义务，该项义务也称为品质担保义务。主要包括以下含义：(1) 经营者的质量义务以消费者正常使用商品或接受服务为前提。正常使用一般为消费者按照正常的理解和商品或服务的说明而使用，而不是出于主观想象。(2) 经营者应当保证在正常使用商品或接受服务的情况下其提供的商品或服务应当具有的质量、性能和用途，亦即商品或服务应当具有适用性，能满足消费者的消费需求。(3) 消费者在购买该商品或接受该服务前已经知道其存在瑕疵的，经营者不受上述质量义务的约束。(4) 经营者以广告、产品说明、实物样品或者其他方式标明商品或者服务的质量状况的，应当保证其提供的商品或者服务的实际质量与标明的质量状况相符。(5) 瑕疵举证责任。由于机动车、计算机、电视机、电冰箱、空调器、洗衣机等耐用商品科技含量较高，装饰装修等服务技术性较强且程序复杂，消费者因缺乏相关专业知识，难以在民事纠纷中对商品或服务的瑕疵举证，为了合理平衡消费者与经营者之间的举证负担，《消法》第 23 条规定："消费者自接受商品或者服务之日起六个月内发现瑕疵，发生争议的，由经营者承担有关瑕疵的举证责任。”

（九）退货、更换、修理义务

“三包”义务是通俗的说法，其法律概念是指经营者在其提供的商品或服务不符合质量要求时，所承担的退货、更换、修理义务。《消法》第24条规定：“经营者提供的商品或者服务不符合质量要求的，消费者可以依照国家规定、当事人约定退货，或者要求经营者履行更换、修理等义务。”目前，只有极少数商品由国家有关“三包”文件进行规定①，其余商品的“三包”依赖于消费者与经营者的“三包”约定。在没有国家规定和当事人约定“三包”的情况下，经营者仍然承担“三包”责任，《消法》规定：“没有国家规定和当事人约定的，消费者可以自收到商品之日起七日内退货；七日后符合法定解除合同条件的，消费者可以及时退货，不符合法定解除合同条件的，可以要求经营者履行更换、修理等义务。”第一，当经营者提供商品或者服务的质量违约，既没有国家规定，也没有当事人约定的，消费者享有法定解除权，即自收到商品之日起七日内退货；第二，收到商品之日起七日后，消费者享有《合同法》所规定的法定解除权以及《消法》所规定的更换权、修理权。设定“三包”责任，是针对经营者提供的商品或服务不符合法定或约定时的补救措施，是为了使消费者的利益得到合理的满足。

（十）无因退货义务

无因退货制度，在我国台湾地区称为“消费者之犹豫权”，英美等国家称为“冷静期规则”，欧盟称为“撤销权”，其实质是消费者在消费合同生效之后适当期间，依据法律规定享有单方解除合同、无理由退货并获得退款的权利。根据我国《消法》第25条的规定，经营者采用网络、电视、电话、邮购等方式销售商品的，适用无理由退货制度，消费者有权自收到商品之日起七日内退货，且无须说明理由。我国无因退货制度的适用需要注意以下几个方面的问题：第一，适用范围限于非现场的远程购物；第二，消费者行使退货权应在收到商品之日起七日内；第三，退货的商品应完好无损；第四，退回商品的运费由消费者承担，经营者与消费者另有约定的，从其约定；第五，除外适用情形包括消费者定作、鲜活易腐、在线下载、报纸期刊等四大类商品，以及根据商品性质并经消费者在购买时确认不宜退货的商品。由此可知，经营者的前述退货义务，属于无理由退货义务，而非无条件退货义务。这一法律规定既有利于维护消费者权益、增强消费信心，又充分考虑到我国远程购物市场的发育程度，防止消费者滥权，对维护新的消费方式健康发展有积极作用。

（十一）格式条款的相关义务

为了保护接受格式条款一方即消费者的权益，《消法》第26条加强了经营者使用格式条款的规则。第一，明确经营者使用格式条款的提示说明义务。经营者需显著提请消费者注意格式条款中与消费者有重大利害关系的内容，并按照消费者的要求予以说明。第二，禁止经营者以格式条款、通知、声明、店堂告示等方式作出排除或限制消费者权利、减轻或免除经营者责任、加重消费者责任对消费者不公平、不合理的规定，禁止利用格式条款并借助技术手段强制交易。第三，经营者使用的格式条款、通知、声明、店

---

① 如《微型计算机商品修理更换退货责任规定》《家用视听商品修理更换退货责任规定》《移动电话商品修理更换退货责任规定》等，涵盖的“三包”商品共23种。

堂告示等含有不公平、不合理交易内容的，其内容无效。

我国《合同法》将格式条款定义为“当事人为了重复使用而预先拟定，并在订立合同时未与对方协商的条款”。经营者使用格式条款往往以“价目表”、“使用须知”、“注意事项”等简单告示表现出来，或者通过书面合同中的某一条或几条的形式表现。由于经营者预先拟定合同条款，消费者只有是否接受合同的自由，而没有协商并改变合同条款的机会。因此，格式条款多是反映经营者利益，忽视或否认消费者利益的规定。当格式条款中存在对消费者不公平、不合理的内容，这种条款在法律上均属于无效。应当指出，虽然消费者在格式合同上签字或接受履行，但这种明示同意也不能改变这类条款无效的性质。

店堂告示是指经营者在其经营场所内悬挂、张贴的带有警示性的标语、标牌，其内容主要是以经营者的口吻告诫消费者在购买商品或接受服务时应注意的事项或者是一些商业上的惯常用语。通知、声明，也是经营者的一种单方行为，是经营者单方面作出的合乎其主观意志的意思表示。以上行为都是经营者的单方行为，衡量其是否有效，按照第 26 条的规定有两个标准：一是内容是否对消费者公平合理；二是是否单方面减轻或免除了经营者应承担的责任。诸如一些商店所声明的“商品售出概不退换”，“本店有权检查包裹”等，都是排除和限制消费者权利的行为，这是法律所不允许的。

（十二）不得侵犯消费者人格尊严和人身自由的义务

这项义务是与消费者的受尊重权相对应的，根据《消法》第 27 条的规定，经营者的这一义务包括以下几方面：(1) 经营者不得对消费者进行侮辱、诽谤；(2) 不得搜查消费者的身体及其携带的物品；(3) 不得侵犯消费者的人身自由。经营者的一切经营活动均应建立在尊重消费者人格尊严和人身自由的基础上，若经营者因商品失窃等理由需要保护自身合法权益的，应由有关执法机关或司法机关依照严格的法律依据和程序对嫌疑人采取必要的搜查、限制人身自由等措施。

（十三）特殊领域经营者的信息披露义务

《消法》第 28 条规定：“采用网络、电视、电话、邮购等方式提供商品或者服务的经营者，以及提供证券、保险、银行等金融服务的经营者，应当向消费者提供经营地址、联系方式、商品或者服务的数量和质量、价款或者费用、履行期限和方式、安全注意事项和风险警示、售后服务、民事责任等信息。”虽然《消法》规定了一般经营者的信息披露义务，但针对一些特殊领域的经营者，主要是非现场交易和金融服务，需要扩大其信息披露的范围。这是因为非现场交易的消费者更容易处于信息劣势地位，为避免消费者在信息不充分的情形下直接作出不当的交易决策，法律加强了对非现场消费领域的经营者信息披露义务。由于我国目前金融市场化不充分，金融机构往往采用行业内部管理规定处理与消费者之间的纠纷，金融消费领域的消费者因信息不对称，明显处于弱势，其权益难以得到保障，因此《消法》对金融服务的经营者信息披露义务予以强化。

（十四）保护消费者个人信息的义务

与消费者个人信息权相对应，《消法》第 29 条规定了经营者保护消费者个人信息的义务，对经营者在合理范围内利用和处理消费者个人信息给予规范。第一，经营者收集、使用消费者个人信息，应当遵循合法、正当、必要的原则，明示收集、使用信息的目的、方式和范围，并经消费者同意。经营者收集、使用消费者个人信息，应当公开其收集、使用规则，不得违反法律、法规的规定和双方的约定收集、使用信息。第二，经营者及其工作人员对收集的消费者个人信息必须严格保密，不得泄露、出售或者非法向他人提供。经营者应当采取技术措施和其他必要措施，确保信息安全，防止消费者个人信息泄露、丢失。在发生或者可能发生信息泄露、丢失的情况时，应当立即采取补救措施。第三，经营者未经消费者同意或者请求，或者消费者明确表示拒绝的，不得向其发送商业性信息。

第三节 消费者权益的国家保护和社会保护

一、消费者权益的国家保护

在消费者权益的保护方面，不仅经营者负有直接的义务，而且国家、社会也都负有相应的义务。只有各类主体都有效地承担起相应的保护消费者权益的义务，消费者的各项权利才能得到有效的保障。为此，我国《消法》对于国家和社会在保护消费者权益方面的义务也都作出了规定。依据我国《消法》第四章的规定，国家对消费者合法权益的保护主要体现在以下几个方面。

（一）立法保护与政策保护

保护消费者合法权益，立法是基础。国家通过《宪法》对基本人权保护的规定及《消费者权益保护法》的规定体现了国家对消费者群体的立法保护，此外，我国制定颁布的《产品质量法》《反不正当竞争法》《广告法》《食品卫生法》等众多法律、法规都体现了对消费者合法权益的保护，形成了一个保护消费者合法权益的法律群体。除立法之外，国家有关机关还可以制定、发布有关命令、规章等，对消费者合法权益进行政策调整。为充分体现和保护消费者合法权益，国家在制定有关保护消费者权益的法律、法规和政策时，应当听取消费者的意见和要求。

（二）行政保护

行政保护是各级人民政府及其行政部门，采取行政措施对消费者合法权益的保护。包括行政管理、行政监督，以及对违法、违纪行为的处理等。根据《消法》第 31 条规定，各级人民政府应当加强领导，组织、协调、督促有关行政部门做好保护消费者合法权益的工作。各级人民政府应当加强监督，预防危害消费者人身、财产安全行为的发生，及时制止危害消费者人身、财产安全的行为。第 32 条规定，各级人民政府工商行政管理部门和其他有关行政部门应当依照法律、法规的规定，在各自的职责范围内，采取措施，保护消费者的合法权益。有关行政部门应当听取消费者及消费者协会等组织对经营者交易行为、商品和服务质量的意见，及时调查处理。第 33 条规定，有关行政部门在各自职责范围内，应当履行对商品和服务的检查检验职责，并履行及时向社会公布结果、责令经营者采取相应措施等行政行为。这里的有关行政部门主要有技术监督部门、卫生监督部门、物价管理监督部门、进出口商品检验部门等。公用事业及国营专营的商品和服务业的主管部门，应特别注意有关经营者的经营行为，防止偏袒经营者利益的倾向。

(三) 司法保护

司法保护是国家公安机关、检察机关和审判机关通过司法程序，对消费者合法权益进行保护。包括依法惩处侵害消费者合法权益的违法犯罪行为，采取措施方便消费者提起诉讼，并依法及时审理消费者权益争议案件等。根据《消法》第 34 条、第 35 条规定，对违法犯罪行为有惩处权力的有关国家机关，应当依照法律、法规的规定，惩处经营者在提供商品和服务中侵害消费者合法权益的违法犯罪行为，以切实保护消费者合法权益。为方便消费者提起诉讼，人民法院对于符合我国《民事诉讼法》起诉条件的消费者权益争议，必须受理，及时审理。

二、消费者权益的社会保护

《消法》第 6 条规定："保护消费者的合法权益是全社会的共同责任。国家鼓励、支持一切组织和个人对损害消费者合法权益的行为进行社会监督。"社会监督是国家保护的必要补充，只有建立起全社会共同保护消费者权益的机制，才能使消费者的合法权益得到最充分、最有效的保护。

(一) 消费者保护运动

消费者保护运动是以保护消费者合法利益为目的，从消费者的立场出发，向经营者提出要求和进行批评，并采取相应措施与行动的社会运动。消费者权利的概念，即是随着消费者保护运动的发展而逐步得到确认和发展的。在我国，在中国消费者协会的统一部署下，全国 3000 多个县以上消费者协会及一些乡镇消协分会都组织了大规模的宣传咨询服务活动，通过纪念"3·15 国际消费者权益日"、假冒商品展览、真假商品识别、消费知识竞赛、文艺演出等丰富的活动形式，大力宣传消费者权益，培养消费者的维权意识，影响十分广泛。这些都是我国弘扬消费者运动理念，推动消费者运动开展的具体体现。

(二) 消费者组织

《消法》第 36 条规定："消费者协会和其他消费者组织是依法成立的对商品和服务进行社会监督的保护消费者合法权益的社会组织。"消费者组织是保护消费者合法权益体系中的一个重要组成部分，它们作为非营利的、公益性的社会组织，不得从事商品经营和营利性服务，不得以牟利为目的来向社会推荐商品和服务。

我国的消费者组织分为两种：一是消费者协会，包括中国消费者协会和各地设立的消费者协会；二是其他消费者组织，目前只有中国保护消费者基金会。在消费者组织中，消费者协会是最普遍、最重要的。它是依法成立的对商品和服务进行社会监督的保护消费者合法权益的自治组织。其基本任务是对市场商品和服务进行监督，指导公众消费，帮助或代表消费者调查、处理消费争议，维护广大消费者的权益。

1. 消费者协会的性质

根据我国《消法》及其他有关法律、法规的规定，可以从三方面来理解消费者协会的性质：(1) 消费者协会是由政府发起成立的保护消费者权益的组织，肩负着沟通、联系、协调社会各方面力量，共同保护消费者的任务；(2) 消费者协会是履行公益性职责的社会组织；(3) 为更好地发挥消费者协会作用，保障其依法履行职责，各级人民政府给予其必要的经费等支持。

2. 消费者协会的职责

根据《消法》第 37 条的规定，消费者协会履行如下公益性职责：(1) 向消费者提供消费信息和咨询服务，提高消费者维护自身合法权益的能力，引导文明、健康、节约资源和保护环境的消费方式；(2) 参与制定有关消费者权益的法律、法规、规章和强制性标准；(3) 参与有关行政部门对商品和服务的监督、检查；(4) 就有关消费者合法权益的问题，向有关部门反映、查询，提出建议；(5) 受理消费者的投诉，并对投诉事项进行调查、调解；(6) 投诉事项涉及商品和服务质量问题的，可以委托具备资格的鉴定人鉴定，鉴定人应当告知鉴定意见；(7) 就损害消费者合法权益的行为，支持受损害的消费者提起诉讼或者依照本法提起诉讼；(8) 对损害消费者合法权益的行为，通过大众传播媒介予以揭露、批评。

对侵害众多消费者合法权益的行为，《消法》第 47 条授权中国消费者协会以及在省、自治区、直辖市设立的消费者协会，可以向人民法院提起公益诉讼。消费公益诉讼的主要特征是将起诉主体从传统的直接利害关系人扩大到无直接利害关系人，是在受到侵害的消费者人数众多且不确定情况下，为弥补司法救济与行政救济的不足而设定的一种补充手段，具有保护消费者合法权益、维护社会公共利益的重要意义。

3. 消费者协会实现其职责的保障

《消法》第 37 条第 2 款规定："各级人民政府对消费者协会履行职责应当予以必要的经费等支持。"各级政府应支持消费者协会的工作并酌情给予资助，以保持其独立性和公正性。一些地方立法规定，政府财政直接拨款建立消费者协会的工作资金，以确保其工作的顺利开展。第 38 条规定："消费者组织不得从事商品经营和营利性服务，不得以收取费用或者其他牟取利益的方式向消费者推荐商品和服务。"

(三) 舆论监督

大众传播媒介负有对损害消费者合法权益的行为进行舆论监督的职责。舆论监督具有揭露、警示和教育的作用。通过媒介对经营者侵犯消费者合法权益、进行不正当竞争行为的揭露，是对违法经营者的打击，对其他经营者的教育和警示，同时，也是广大消费者提高警惕、提高自我保护能力的一个重要手段。因此，广播、电视、报刊等大众传播媒介，应当做好维护消费者合法权益的宣传，在积极宣传消费者利益保护法律和消费知识的同时，对侵害消费者合法权益的行为也有责任予以批评、披露，任何单位和个人不得干涉新闻机构对消费者利益保护的舆论监督活动。

第四节　消费者权益争议解决和法律责任

一、争议解决方式和承担责任原则

(一) 消费争议的处理方式

根据我国《消法》的规定，消费者与经营者发生消费争议的，可以通过如下途径解决：

(1) 与经营者协商和解。即消费者直接向销售者、服务者或生产者交涉、索赔。这种解决方式一般适用于纠纷数额较小，消费者权益受到轻微侵害的情形。其特点是速度快、简便易行，但有一很大不足就是协商和解的结果对双方缺乏强制性约束，即经营者往往不履行对协商解决所作的承诺，甚至推诿和减轻责任，从而使消费者对解决结果不满意。

(2) 请求消费者协会或依法成立的其他调解组织调解。即消费者向消费者协会或调解组织投诉，由消费者协会或调解组织调解解决。根据中国消费者协会于 1988 年 5 月制定的《中国消费者协会受理消费者投诉暂行规定》，各级消费者协会受理投诉的范围是：(1) 消费者对购买的生活消费品的质量、价格、安全、卫生、计量等方面的投诉；(2) 消费者对服务质量、价格等方面的投诉。消费者向消费者协会投诉要有书面材料，要提出并写清投诉人即消费者本人的姓名、住址、被投诉单位的名称、地址、购买商品的日期、品名、牌号、规格、数量、价格、受损害的具体情况和必要的证明材料。消费者协会进行调解所必须坚持的两项原则：一是自愿，二是合法。自愿原则是指调解的进行要有双方当事人的明确同意，不能强迫任何一方当事人进行调解，经调解双方能否达成协议也取决于双方的自愿。合法原则是指调解必须以事实为根据，以法律为准绳。消费者协会主持下进行的调解，这种解决纠纷的方式的特点是对纠纷双方来说省时经济，但经调解所达成的协议不具有强制执行力。

(3) 向有关行政部门投诉。消费者与经营者发生消费争议后，如协调或调解不成的，或消费者不愿协商、调解的可直接向有关行政部门投诉。在我国具有保护消费者职能的行政机关主要有工商、物价、技术监督、商检、医药、卫生、食品监督等机关。消费者因自己的权益受到损害向行政部门投诉时，应依照所购商品或接受服务的性质向相关政府部门投诉。如农民购买了不合质量标准的农用机械，就应向县级以上技术监督部门投诉。有关行政部门应当自收到投诉之日起七个工作日内，予以处理并告知消费者。对经营者的违法行为，除责令其赔偿有关的消费者外，还要给予相应的行政处罚。这种解决方式具有一定的强制性，并侧重于对违法经营者追究行政责任和行政处罚，而对经营者的民事责任追究则往往因其职责范围的限制而不够有力。

(4) 提请仲裁机构仲裁。仲裁，是指双方当事人在争议发生之前或者发生之后达成协议，自愿将争议交给仲裁机构作出裁决，争议双方有义务执行该裁决，从而解决争议的法律制度。其具有以下特点：第一，灵活性与便利性。当事人有权选择是否仲裁，有权选择仲裁员，有权协议选择仲裁程序。通过仲裁解决争议可以避免经历诉讼中的程序。可以不公开审理从而保守商业秘密，处理问题及时且费用低。第二，自主性，仲裁属于国家的司法活动，它以实现当事人自治为特色，当事人对仲裁组织、仲裁程序等问题享有充分的自主权，争议双方可通过仲裁协议进行约定，但这种约定不能违背仲裁法。第三，裁决具有强制性。当事人一旦选择仲裁解决争议，仲裁者所作出的裁决即具有法律效力，对双方当事人都有约束力，当事人应当履行。否则，权利人可以向法院申请强制执行。

(5) 向人民法院提起诉讼。当经营者侵害了消费者的权益或因消费关系发生争议后，当事人可以直接向人民法院起诉，人民法院代表国家对案件行使审判权，依法对消费纠纷案件作出裁决，以解决双方当事人的纠纷，追究侵权者或违约者的法律责任，从而达到维护当事人合法权益的目的。这种通过国家司法机关解决争议的方式是最具权威和最具强制力的解决方式，消费者的权益当受到经营者的不法侵害后，可以直接向法院提起民事诉讼或刑事附带民事诉讼。

（二）经营者承担责任的原则

经营者侵犯消费者利益承担责任，一般以过错责任为原则，但法律、法规另有规定的除外。消费者对侵权的发生亦有过错的，可减轻经营者的责任。经营者因不可抗力而侵犯消费者利益的，不承担责任。

(1)《消法》第40条对在一般情况下，消费者权益受到损害时应向谁要求赔偿以及销售者和生产者或其他销售者之间相互追偿责任，分别作了如下规定：

①消费者在购买、使用商品时，其合法权益受到侵害的，可以向销售者索赔；若确属生产者或其他销售者责任的，销售者在承担责任后有权向生产者或其他销售者追偿。就销售者而言，有先行赔偿的法律义务。

②消费者或其他受害人因商品缺陷造成人身、财产损害的，可以向销售者要求赔偿，也可以向生产者要求赔偿。被求偿的对象有先行赔偿的义务，也就是说，属于生产者责任的，销售者赔偿后有权向生产者追偿，属于销售者责任的，生产者赔偿后有权向销售者追偿。

③消费者在接受服务时，其合法权益受到侵害的，可以向服务者要求赔偿。

(2)《消法》第41条对原企业侵害了消费者合法权益的情况进一步明确规定，原企业分立或合并的，消费者应向变更后承担原企业权利、义务的企业要求赔偿。现实情况复杂多变，一些企业在侵害了消费者的合法权益后，可能会出现分立或合并情况。分立、合并后，原企业的权利和义务由变更后的法人享有和承担。

(3)《消法》第42条规定，使用他人营业执照的违法经营者提供商品或服务，损害消费者合法权益的，消费者可向其要求赔偿，也可向提供营业执照的持有人要求赔偿。根据我国企业登记管理法规的规定，营业执照只能由营业执照的持有人持有和使用，不能出租、出借或转让他人使用，否则即构成违法，对于违法出租、出借或转让营业执照让别人进行营业活动，或者违法使用他人营业执照从事经营活动而给消费者造成损害的，营业执照持有人和违法经营者都负有责任。

(4)《消法》第43条规定，消费者在展销会、租赁柜台购买商品或接受服务，其合法权益受到损害的，可以向销售者或者服务者要求赔偿，展销会结束或者柜台租赁期满后，也可以向展销会的举办者、柜台的出租者要求赔偿。展销会的举办者、柜台的出租者赔偿后，有权向销售者或者服务者追偿。在市场经济迅猛发展的今天，越来越多的经营者为了开拓市场，走出家门，利用参加展销会、租赁柜台等方式，开展经营活动，由此，也就出现了一些在展销会、租赁柜台经销商品或提供有偿服务期间侵害消费者合法权益的行为。在展销会结束或租赁柜台期满后，受害的消费者要找到经营者并不容易。鉴于展销会的举办者、柜台的出租者与参展的经营者、柜台承租者相对于消费者一方来说，有共同的利益关系，且联系密切，消费者权益保护法就作了上述方便消费者求偿的规定。

(5)《消法》第44条第1款规定：“消费者通过网络交易平台购买商品或者接受服务，其合法权益受到损害的，可以向销售者或者服务者要求赔偿。”由于网络交易平台提供者与展销会组织者和柜台出租者不同，面对的经营者数量繁多且遍布全球，其交易监管非常困难，不宜盲目加大网络交易平台的先行赔付责任。基于网络交易平台提供者负有对申请通过其平台提供商品或者服务的法人、其他经济组织或者自然人的经营主体身份进行审查的义务,《消法》第44条第2款规定:"网络交易平台提供者不能提供销售者或者服务者的真实名称、地址和有效联系方式的,消费者也可以向网络交易平台提供者要求赔偿;网络交易平台提供者作出更有利于消费者的承诺的,应当履行承诺。网络交易平台提供者赔偿后,有权向销售者或者服务者追偿。"此外,《消法》第44条第3款规定,"网络交易平台提供者明知或者应知销售者或者服务者利用其平台侵害消费者合法权益,未采取必要措施的,依法与该销售者或者服务者承担连带责任。"通过强化网络交易平台提供者的事后审查义务,降低消费者的维权成本,提升消费信心,促进电子商务的健康发展。

(6)《消法》第45条第1款规定:"消费者因经营者利用虚假广告或者其他虚假宣传方式提供商品或者服务,其合法权益受到损害的,可以向经营者要求赔偿。广告经营者、发布者发布虚假广告的,消费者可以请求行政主管部门予以惩处。广告经营者、发布者不能提供经营者的真实名称、地址和有效联系方式的,应当承担赔偿责任。"这是关于一般的虚假广告中经营者以及广告经营者、发布者承担赔偿责任的条款,需要注意的是,广告经营者和发布者适用无过错责任原则,只有在无法提供经营者真实身份及联系方式的情况下,才承担赔偿责任。而对于食品、药品等关系消费者生命健康商品或服务的虚假广告,《消法》对广告经营者、发布者采用无过错责任原则,第45条第2款规定:"广告经营者、发布者设计、制作、发布关系消费者生命健康商品或者服务的虚假广告,造成消费者损害的,应当与提供该商品或者服务的经营者承担连带责任。"另外,广告代言人作为广告的重要参与者,在广告中发挥着较大的影响,应恪守诚实信用,对广告内容的真实性负一定的注意义务。《消法》第45条第3款规定:"社会团体或者其他组织、个人在关系消费者生命健康商品或者服务的虚假广告或者其他虚假宣传中向消费者推荐商品或者服务,造成消费者损害的,应当与提供该商品或者服务的经营者承担连带责任。"

二、违反消费者权益保护法的法律责任

(一)民事责任

根据《消法》第48条~第55条的规定,经营者提供商品或服务有下列情形之一的,除本法另有规定外,应当依照其他有关法律、法规的规定,承担民事责任:(1)商品或服务存在缺陷的;(2)不具备商品应具有的使用性能而出售时未作说明的;(3)不符合在商品上或者其包装上注明采用的商品标准的;(4)不符合商品说明、实物样品等方式表明的质量状况的;(5)生产国家明令淘汰的商品或销售失效、变质的商品的;(6)销售的商品数量不足的;(7)服务的内容和费用违反约定的;(8)对消费者提出的修理、重作、更换、退货、补足商品数量、退还货款和服务费用或者赔偿损失的要求,故意拖延或者无理拒绝的;(9)经营者对消费者未尽到安全保障义务,造成消费者损害的;(10)商品或服务造成消费者或其他受害人人身伤害或死亡的;(11)侵害消费者的人格尊严、人身自由或者个人信息的;(12)商品或服务造成消费者财产损害的;(13)以预收款方式收取款项后未按约定提供商品或服务的;(14)法律、法规规定的其他损害消费者权益的情形。

1. 侵犯人身权的民事责任

（1）致人伤害、残疾或死亡的民事责任。经营者提供商品或服务，造成消费者或者其他受害人人身伤害的，应当支付医疗费、护理费、交通费等为治疗和康复支出的合理费用，以及因误工减少的收入。造成残疾的，还应当赔偿残疾者的生活辅助具费和残疾赔偿金。造成死亡的，还应当赔偿丧葬费和死亡赔偿金。

（2）侵害人格尊严、侵犯人身自由或者侵害消费者个人信息依法得到保护的权利的民事责任。经营者侵害消费者的人格尊严、侵犯消费者人身自由或侵害个人信息权的，应当停止侵害、恢复名誉、消除影响、赔礼道歉，并赔偿损失。经营者有侮辱诽谤、搜查身体、侵犯人身自由等侵害消费者或者其他受害人人身权益的行为，造成严重精神损害的，受害人可以要求精神损害赔偿。

2. 侵犯财产权的民事责任。

按照《消法》的规定，侵犯财产权的民事责任主要包括：

（1）经营者提供商品或者服务，造成消费者财产损害的，应当按照消费者的要求，以修理、重作、更换、退货、补足商品数量、退还货款和服务费用或者赔偿损失等方式承担民事责任。消费者与经营者另有约定的，按照约定履行。

（2）对国家规定或者经营者与消费者约定包修、包换、包退的商品，经营者应当负责修理、更换或者退货。在保修期内两次修理仍不能正常使用的，经营者应当负责更换或者退货。对“三包”的大件商品，消费者要求经营者修理、更换或退货的，经营者应当承担运输费等合理费用；应退预付款的，应承担预付款的利息、消费者必须支付的合理费用。

（3）惩罚性赔偿

惩罚性赔偿也称惩戒性赔偿，是加害人给付受害人超过其实际损害数额的一种金钱赔偿。惩罚性赔偿制度是《消法》倾斜保护消费者的重要体现，有利于鼓励消费者积极维护自身合法权益，获得多于实际损害的赔偿；也有利于惩罚不法经营者，震慑潜在违法经营者，净化市场环境。

《消法》第55条规定了经营者因欺诈行为而承担惩罚性赔偿责任的情形。第55条第1款主要适用于尚未造成受害人死亡、健康严重受损的经营者欺诈情形：“经营者提供商品或者服务有欺诈行为的，应当按照消费者的要求增加赔偿其受到的损失，增加赔偿的金额为消费者购买商品的价款或者接受服务费用的三倍；增加赔偿的金额不足五百元的，为五百元。法律另有规定的，依照其规定。”赔偿金额是以支付的商品价款或服务费用为基数计算的。第55条第2款主要适用于经营者明知商品或服务存在缺陷并造成消费者或其他受害人死亡或者健康严重受损的情形。经营者明知商品或者服务存在缺陷，仍然向消费者提供，造成消费者或者其他受害人死亡或者健康严重损害的，受害人有权要求经营者依照《消法》第49条、第51条等法律规定赔偿损失，并有权要求所受损失二倍以下的惩罚性赔偿。赔偿金额是以所受损失为基数计算的，这里的“损失”既包括人身损失，又包括财产损失。

国家工商总局2015年1月5日颁布的《侵害消费者权益行为处罚办法》，具体规定了经营者欺诈行为的表现形式，列举出提供质量、数量、标示、价格等不符合法律规定的商品或服务的行为、虚假或引人误解的宣传行为以及恶意欺诈的服务等21种欺诈行为①。

（二）行政责任

经营者侵害消费者合法权益的行为在损害消费者的同时，往往也触犯了国家行政管理法规，扰乱了社会经济秩序，因此《消法》规定了经营者应承担的行政责任。根据《消法》第56条的规定，经营者应承担的行政责任有责令改正、警告、没收非法所得、处以罚款、责令停业整顿、吊销营业执照等。上述行政措施和行政处罚由工商行政管理机关或者其他有关行政部门作出决定并予以执行，处罚机关应将处罚结果计入经营者信用档案，向社会公布。对阻碍有关行政管理机关依法执行公务尚未构成犯罪的，由公安机关依照《治安管理处罚法》的规定处罚。

经营者应承担行政责任的情形包括：(1) 生产、销售的商品不符合保障人身、财产安全要求的；(2) 在商品中掺杂、掺假，以假充真，以次充好，或者以不合格商品冒充合格商品的；(3) 生产国家明令淘汰的商品或者销售失效、变质的商品的；(4) 伪造商品的产地，伪造或者冒用他人的厂名、厂址，篡改生产日期，伪造或者冒用认证标志、名优标志等质量标志的；(5) 销售的商品应当检验、检疫而未检验、检疫或者伪造检验、检疫结果的；(6) 对商品或者服务作虚假或者引人误解的宣传的；(7) 拒绝或者拖延有关行政部门责令对缺陷商品或者服务采取停止销售、警示、召回、无害化处理、销毁、停止生产或者服务等措施的；(8) 对消费者提出的修理、重作、更换、退货、补足商品数量、退还货款和服务费用或者赔偿损失的要求，故意拖延或者无理拒绝的；(9) 侵害消费者人格尊严、侵犯消费者人身自由或者侵害消费者个人信息依法得到保护的权利的；(10) 法律、法规规定的对损害消费者权益应当予以处罚的其他情形。

（三）刑事责任

《消法》第57条规定，经营者违反本法规定提供商品或者服务，侵害消费者合法权益，构成犯罪的，依法追究刑事责任。经营者造成消费者人身伤害、死亡构成犯罪的；实施欺诈等违法行为构成犯罪的；非法限制人身自由构成犯罪的应当依法追究刑事责任。经营者或其他人员以暴力、威胁等方法阻碍有关行政部门人员依法执行公务的，应当追究刑事责任。国家工作人员玩忽职守或者包庇侵害消费者合法权益行为构成犯罪的，应当依法追究刑事责任。

学习总结与拓展

【关键词】

消费者　消费者权利　安全权　知情权　自主选择权　公平交易权　依法求偿权　依法结社权　获取知识权　获得尊重权　个人信息权　监督批评权　无过错责任　惩罚性赔偿

① 详见《侵害消费者权益行为处罚办法》(国家工商总局令第73号，自2015年3月15日起施行) 第5条、第6条、第13条、第16条之规定。

【思考题】

1. 消费者有何特征?

2. 消费者保护法有何特征?

3. 消费者权益的国家保护体现在哪些方面?

4. 我们可选择哪些方式来解决消费纠纷?

5. 何种情形下消费者有权提出惩罚性赔偿的要求?这与民法的规定有何不同?为什么?

6. 消费者协会的主要职责有哪些?

7.1996年春夏,湖南某省某县19户村民在县农技站买了“威仇46杂交稻种”,共插种了71.4亩大田。由于种子内掺有劣质的“威优46”种子,出现禾苗分蘖多少相差悬殊、柱茎高矮参差不齐等情况,致使每亩减产150公斤,71.4亩大田共减产10710公斤。受害的19户村民要求赔偿经济损失,并联名到县消费者协会进行投诉。问:

(1)种子质量问题是否适用《消费者权益保护法》?

(2)消费者协会可否受理此案?

8. 夏某到附近的一家超市购买生活用品。一进这家超市的大门,一块鲜艳的告示牌就映人服帘,上面赫然写着“谨慎购买,概不退换”八个大字。夏某在食品柜挑选了一袋奶粉,然后又挑选了其他一些日常生活用品。当天下午,夏某在冲奶粉喝的时候,发现这袋奶粉已经过了保质期。夏某立刻来到这家超市要求退货。值班经理认为不能退货,因为商店已经以告示牌的形式向广大顾客声明,请大家谨慎购买商品,一旦购买一概不予退换;而且告示牌放在十分显眼的地方,每位顾客一进门就会发现。双方争执不下,夏某便投诉到工商局,坚决要求这家超市退货,并且向她赔礼道歉。问:

(1)本案中的这家超市侵犯了消费者的何种权利?

(2)超市打出的“谨慎购买,格不退换”的告示牌的效力如何?为什么?

9. 任某在一商场的修表柜台修理一块“OMEGA”金表,修理后不到半个月该表即出了问题。任某再到该商场已找不到修表的柜台,经询问才得知,修表柜台是出租柜台,租期已满,承租人即修表者已不知去向。后经他人对该“OMEGA”金表拆开发现,机芯已被换掉。任某与商场交涉,商场拒绝承担任何责任。问:本案应如何处理?

10. 一消费者在某商场买了一台某品牌的微波炉,用2个月时微波发热管损害,经该消费者要求,商场给该消费者换了另一台微波炉,但使用了半年后这一台微波炉又不能正常使用。此后在半年之内又修理两次,但仍有问题。经鉴定排除了消费者使用不当的可能。问:对该微波炉应当如何处理?

【阅读资料】

1.《中华人民共和国消费者权益保护法》。

2. 国家工商行政管理总局《侵害消费者权益行为处罚办法》。

3. 国家工商行政管理总局《工商行政管理部门处理消费者投诉办法》。

4. 法律出版社专业出版委员会编:《案例导读:消费者权益保护法及配套规定适用与解析》,法律出版社,2014年。

5. 李昌麒、许明月:《消费者保护法》,法律出版社,2012年。

6. 张严方:《消费者保护法研究》,法律出版社,2003年。

第八章　产品质量法律制度

【学习提示】产品质量法律制度主要包括三个方面的制度：一是产品质量监督制度；二是产品责任制度；三是产品质量责任制度。学习本章，要注意理解我国产品质量法的特点，掌握我国产品质量法的适用范围，明确产品责任的条件和范围，熟悉处理产品责任纠纷的一般法律规则。

第一节　产品质量与产品质量法概述

一、产品与产品质量的概念

（一）产品的概念

产品的一般含义是生产出来的物品。我国《产品质量法》中所称的产品，是指经过加工、制作，用于销售的产品。法律意义上的产品具有以下特征：

（1）产品是经过加工、制作的物质产品。排除了知识产权的精神产品、农产品，未经加工的天然形成的物品。①

（2）产品是用于销售的商品。纯为科学研究或纯为自己使用的产品不属于《产品质量法》所称的产品。

建设工程虽然也经过加工制作并也可以用于销售，但是不属于《产品质量法》所称产品。建设工程是指土木工程、建筑工程、线路管道和设备安装工程及装修工程。② 但建设工程所使用的建筑材料（如水泥、钢筋）、建筑构配件（如预制板、一次成型的门窗）和设备（如电梯）等，并不是建筑工程本身，属于《产品质量法》所称产品。

（二）产品质量的概念

产品质量，是指产品满足需要的适用性、安全性、可用性、可靠性、维修性、经济性和环境等所具有的特征和特性的总和。

二、产品质量法的概念

产品质量法是调整产品质量管理关系和产品质量责任关系的法律规范的总称。

---

① 农产品，是指来源于农业的初级产品，即在农业活动中获得的植物、动物、微生物及其产品。我国在2006年制定了《农产品质量安全法》，该法的宗旨是保障农产品质量安全，维护公众健康，促进农业和农村经济发展。县级以上人民政府农业行政主管部门负责农产品质量安全的监督管理工作。

② 建设工程质量适用《建设工程质量管理条例》，该条例所称建设工程，是指土木工程、建筑工程、线路工程和设备安装工程及装修工程。

狭义的产品质量法，是指以产品质量命名的法律，即《产品质量法》。广义的产品质量法除《产品质量法》外，还包括一系列与产品质量相关的法律、法规、规章，如《标准化法》《计量法》《食品安全法》《药品管理法》《强制性产品认证管理规定》等

在我国，产品质量法的调整对象有二：一是产品质量责任关系——这是属于生产者、销售者与用户、消费者之间进行商品交易所发生的经济关系。这种社会关系具有等价交换的性质。二是产品质量监督管理关系——这是属于行政机关执行产品质量管理职能而发生的经济关系，是一种监督与被监督、管理与被管理的关系。这两种关系有时交织在一起，但在具体规范经济关系或处理经济纠纷时必须将二者分解开来。

三、产品质量立法概况

（一）立法概况

产品质量立法模式大致有两种：一是针对产品损害，规定赔偿责任的救济性立法，主要表现是民法（主要是侵权法、合同法）规则的扩展或者制定专门的产品责任法，如德国的《产品责任法》、丹麦的《产品责任法》、日本的《制造物责任法》、英国的《消费者保护法》的第一章"产品责任"以及美国的《统一产品责任法》等；另一种是将产品质量监督与产品损害赔偿结合的预防和救济性立法，比如我国的产品质量立法。

我国产品质量立法主要表现为：《中华人民共和国产品质量法》，该法于 1993 年 2 月 22 日由第七届全国人民代表大会常务委员会第三十次会议通过，1993 年 9 月 1 日起施行。后经 2000 年 7 月 8 日第九届全国人民代表大会常务委员会第十六次会议修正，并自 2000 年 9 月 1 日起施行；《工业产品质量责任条例》，国务院 1986 年 4 月 5 日发布；此外，还有与产品质量有关的法律、法规，如《食品安全法》《药品管理法》《标准化法》《计量法》《商品检验法》《化妆品卫生监督条例》《国家监督抽查产品质量的若干规定》《工业产品生产许可证试行条例》《产品质量认证管理条例》《强制性产品认证管理规定》等等。

（二）与《产品质量法》相关的法律

1.《民法通则》《合同法》

《民法通则》与《合同法》对商品交易的一般准则作出了规定。其中，《民法通则》在特殊侵权责任中，专门规定了因产品质量不合格造成他人财产、人身损失的产品制造者、销售者依法应承担的民事责任。这是从民事侵权角度处理"产品质量不合格"的问题。《合同法》则从违约角度处理合同产品质量问题。这两部法律与《产品质量法》的内容有部分交叉，但不涉及产品质量监督管理。

2.《计量法》《标准化法》

计量是实现单位统一、量值准确为目的的测量，是用法定标准的已知量来测定同一类型事物未知量的活动。我国《计量法》适用于建立计量基准器具、计量标准器具，进行计量检定、制造、修理、销售、使用计量器具的各项活动。准确的计量是保证产品质量的基础。

标准化，是在经济、技术、科学及管理等社会实践中，对重复性事物和概念通过制定、实施标准，达到统一，以获得最佳秩序和社会效益的过程。我国《标准化法》规定了四种法定标准形式，即国家标准、行业标准、地方标准、企业标准。国家标准、行业

标准又分为强制性标准和推荐性标准。其中，强制性标准是当事人必须执行的标准，诸如药品标准，食品卫生标准，兽药标准；产品及产品生产、储运和使用中的安全、卫生标准，劳动安全、卫生标准，运输安全标准；工程建设的质量、安全、卫生标准及国家需要控制的其他工程建设标准，等等。强制性标准以外的标准是推荐性标准，依靠执行者自愿采用。规范产品标准，是保障产品质量的条件。

3.《消费者权益保护法》

《消费者权益保护法》与《产品质量法》有着天然的内在联系和许多共通之处，只是在立法的角度和侧重点方面各不相同而已。《消费者权益保护法》从对消费者权益的保护入手，体现对消费者权益最直接的保护，侧重对消费者权利的规定；《产品质量法》则从产品质量规制入手，通过规范经营者的产品质量义务和产品责任来体现对消费者的保护。如果消费者购买、使用商品时受到侵害，可以选择适用《产品质量法》或者《消费者权益保护法》予以救济。

此外，《药品管理法》《食品安全法》等也对产品质量的监督和管理加以规定。

第二节　产品质量监督管理制度

一、产品质量监督管理体制

（一）产品质量监督管理机构

对产品质量的监督，体现了国家对社会经济生活进行管理的职能。《产品质量法》第 8 条规定："国务院产品质量监督部门主管全国产品质量监督工作。国务院有关部门在各自的职责范围内负责产品质量监督工作。县级以上地方产品质量监督部门主管本行政区域内的产品质量监督工作。县级以上地方人民政府有关部门在各自的职责范围内负责产品质量监督工作。法律对产品质量的监督部门另有规定的，依照有关法律的规定执行。"这就确立了统一管理与分工管理、层次管理与地域管理相结合的原则。

根据该规定，产品质量监督主管部门是国家质量技术监督局及其所属质量技术监督机构。国家质量技术监督局是国务院管理标准化、计量、质量工作并行使执法监督职能的直属机构，在全国省级以下质量技术监督系统实行垂直管理。地（市）、县（市）质量技术监督局作为上一级质量技术监督局的直属机构，各级技术机构作为同级质量直属监督局的直属事业单位，都要按照省以下垂直管理的原则，实行统一管理。国家质量技术监督局对全国产品质量工作的监督管理，是宏观上的、政策性的、指导性的和组织协调性的。地方质量技术监督局具体进行监督管理工作，其中包括依法查处生产、销售伪劣商品等质量违法行为。

而国务院有关部门及县级以上地方政府有关部门，包括各级卫生行政部门、药品管理部门、各级劳动部门、国家和地方出口商品检验和船舶检验局等，依据各自的职权，对某类特定的产品质量进行行业监督。行业监督的主管部门不能依照《产品质量法》的规定，行使行政处罚权。

（二）产品质量监督主管部门的职权

《产品质量法》第 18 条规定了县级以上产品质量监督部门在执法过程中享有的各项

职权：

（1）现场检查权。产品质量监督部门在对涉嫌违反本法规定的行为进行查处时，有权对当事人涉嫌从事违反法律的生产、销售活动的场所实行现场检查。实施现场检查的主要目的，是为了核实已经取得的违法证据，确认被举报的违法事实，进一步收集新的违法证据。

（2）调查了解权。产品质量监督部门在对涉嫌违反本法规定的行为进行查处时，有权向当事人的法定代表人、主要负责人和其他有关人员，调查、了解与涉嫌从事违反本法的生产、销售活动有关的情况。向上述人员调查了解这些情况，是为了直接取得违法活动的口头证据，为依法查处作准备。

（3）查阅、复制权。产品质量监督部门在对涉嫌违反本法规定的行为进行查处时，有权查阅、复制当事人有关的合同、发票、账簿以及其他有关资料。复制这些资料，主要是为了防止这些证据灭失，如被嫌疑人销毁、转移等，使对违法嫌疑人进一步查处无法进行。

（4）封存、扣押权。产品质量监督部门在对涉嫌违反本法规定的行为进行查处时，对有根据认为不符合保障人体健康和人身、财产安全的国家标准、行业标准的产品或者有其他严重质量问题的产品，以及直接用于生产、销售该项产品的原辅材料、包装物、生产工具，予以封存或者扣押。封存权与扣押权作为行政强制措施，对生产者、销售者的生产、销售活动影响较大，在适用时必须十分慎重，不能随意使用，以免适用不当给当事人造成不必要的损失。

二、产品质量监督管理制度

（一）产品质量检验制度

《产品质量法》第12条规定："产品质量应当检验合格，不得以不合格产品冒充合格产品。"产品质量检验是经济管理的重要内容，是提高产品质量，保障产品满足人类需求的技术手段。我国对产品质量检验十分重视，特别注意用法律的方法去调整产品质量检验关系。国家不仅颁布了调整国内产品质量检验关系的法规，而且还颁布了一系列调整进出口产品质量检验关系的法律、法规和规章，如《中华人民共和国进出口商品检验法》《关于加强出口商品质量管理工作的意见》《关于进出口商品质量监督管理办法》等。根据检验主体不同，可分为第三方检验和生产经营者的自我检验。

（1）第三方检验

第三方检验，是指产品质量检验机构根据特定标准对产品品质进行检测，并判断合格与否的活动。产品质量检验机构，是指承担产品质量监督检验、仲裁检验等公证检验工作的技术机构。按照我国《标准化法》的规定，产品质量检验机构分为两类：一类是县级以上人民政府产品质量监督部门根据需要依法设置的检验机构；另一类是县级以上人民政府产品质量监督部门授权的其他单位的产品质量检验机构。产品质量检验机构必须具备相应的检测条件和能力，比如组织机构条件、检验技术人员条件、技术设备条件，以及质量体系、工作环境、管理制度等方面；同时还必须经省级以上人民政府产品质量监督部门或者其授权的部门依照有关规定进行考核，发给合格证书。产品质量检验机构的任务是，对产品是否合格或者符合标准进行检验，承担其他标准实施的监督检验。法定检验机构提供的检验数据具有法律效力，是判明产品是否合格以及处理产品质量争议的依据。

此外，还有一类检验机构属于社会中介组织性质，它们不属于任何政府部门和事业单位，依法设立，经有关部门考核合格后，依法独立承担产品质量检验任务。这种社会中介机构包括两类：一类是从事产品质量检验的社会中介机构，是经省级以上人民政府产品质量监督部门或者其授权的部门考核合格，经依法注册登记，依靠自己的知识、技术设备和经验，提供产品质量监督检查检验、生产许可证产品的质量检验、产品质量的认证检验、产品质量争议的仲裁检验等检验服务的社会组织。另一类是从事产品质量认证的社会中介机构，是经中国产品质量认证机构审查评定，并经国务院产品质量监督部门批准，从事产品质量认证工作的社会组织。《产品质量法》规定上述两类社会中介机构“不得与行政机关和其他国家机关存在隶属关系或者其他利益关系”。

（2）生产经营者的自我检验

企业产品质量检验的检验主体是企业自己。这类检验是产品质量的自我检验，与第三方检验不同，它具有自主性和合法性的特点。所谓自主性，是指这种检验是企业为保障产品质量合格，适合并满足用户和消费者的要求，依法主动地进行的检验，除法律强制要求的以外，企业有权选择检验范围、方法和标准，有权规定检验程序和设置检验机构。所谓合法性，是指企业产品质量检验必须依法进行，遵循国家的有关规定。

企业产品质量检验标准有三种：第一种是法定标准，即由法律规定企业必须或者选择适用的标准。法律规定必须采用的标准（即强制标准），企业在进行产品质量检验时就必须采用。我国的强制标准包括为保障人体健康、人身财产安全的国家标准、行业标准和地方标准。第二种是约定标准，即由合同双方当事人依法商定的产品检验标准。第三种是企业标准，这是企业自己制定的标准。在没有前两种标准的情况下，企业在检验时可以执行企业标准。《产品质量监督试行办法》规定，企业出厂和销售的产品，必须达到产品技术标准，有质量检验合格证。

（二）产品质量标准制度

依据《标准化法》第12条的规定，工业产品的品种、规格、质量、等级或者安全、卫生要求；工业产品的设计、生产、检验、包装、储存、运输、使用的方法或者生产、储存、运输过程中的安全、卫生要求；有关环境保护的各项技术要求和检验方法；建设工程的设计、施工方法和安全要求；有关工业生产、工程建设和环境保护的技术术语、符号、代号和制图方法必须制定标准。《产品质量法》第13条规定：“可能危及人体健康和人身、财产安全的工业产品，必须符合保障人体健康、人身、财产安全的国家标准、行业标准；未制定国家标准、行业标准的，必须符合保障人体健康，人身、财产安全的要求。”这里的“可能危及人体健康和人身、财产安全的工业产品”主要是指食品、药品、易燃易爆品以及劳动保护和劳动安全、卫生的产品等。

产品质量法及相关法律确定了国家标准、行业标准、地方标准、企业标准的标准体系。国家标准和行业标准分为强制性标准和推荐性标准。保障人体健康，人身、财产安全的标准和法律、行政法规规定强制执行的标准是强制标准，其他标准是推荐性标准。

国家标准、行业标准、地方标准效力范围依次递减，在公布国家标准或者行业标准之后，地方标准即行废止。国家鼓励企业制定严于国家标准或者行业标准的企业标准，在企业内部适用。

（三）生产许可证制度

生产许可证是指国家对于具备生产条件并对其产品检验合格的工业企业，发给其许可生产该项产品的凭证。生产许可证制度是为了保证产品质量，维护国家、用户和消费者利益的强制性措施。《工业产品生产许可证管理办法》① 第2条规定，国家对保护国家安全、保护人类健康或安全、保护动植物生命或健康、保护环境等重要工业产品实施生产许可证制度。国家质检总局管理全国工业产品生产许可证工作，省级质量技术监督局在国家质检总局的领导下对本行政区域内生产许可证工作进行日常监督和管理。

（四）企业质量体系认证和产品质量认证制度

认证，是由认证机构证明产品、服务、管理体系符合相关技术规范、相关技术规范的强制性要求或者标准的合格评定活动。

1. 企业质量体系认证制度

企业质量体系认证，是认证机构依据国际通用的质量管理标准，对企业质量体系进行检查和确认，并通过国家颁发证书的形式，证明企业质量管理和质量保证能力符合相应要求的活动。企业质量体系认证是一种评价性活动。所谓国际通用的质量管理标准，是指国际标准化组织（ISO）推荐世界各国采用的ISO9000《质量管理和质量保证》系列国际标准。在我国，ISO9000国际标准就是GB/T9000－ISO9000国家标准，由国家质量技术监督局于1994年修订发布，是我国开展企业质量体系认证的依据。

根据《产品质量法》的规定，企业质量体系认证采取自愿原则，是否进行企业质量体系认证，由企业自主决定，他人不得干涉。对于申请企业质量体系认证且符合质量管理标准的企业，由专门的认证机构颁发企业质量体系认证证书。

2. 产品质量认证制度

产品质量认证是依据产品标准和相应的技术要求，经认证机构确认并通过颁发认证证书和认证标志来证明某一产品符合相应标准和相应技术要求的活动。它是促进企业改善管理，提高产品质量和提高经济效益的重要措施。1991年国务院发布了《产品质量认证管理条例》，2003年国务院颁布了《中华人民共和国认证认可条例》于同年11月1日起施行，并废止了《产品质量认证管理条例》。

我国产品质量认证实行自愿认证与强制认证相结合。根据2009年7月3日国家质量监督检验检疫总局颁布，2009年9月1日起施行的《强制性产品认证管理规定》，为保护国家安全、防止欺诈行为、保护人体健康或者安全、保护动植物生命或者健康、保护环境，国家规定的相关产品必须经过认证，并标注认证标志后，方可出厂、销售、进口或者在其他经营活动中使用。认证标志的式样由基本图案、认证种类标注组成，基本图案如下图：

① 《工业产品生产许可证管理办法》经2002年3月27日国家质量监督检验检疫总局局务会议审议通过，自2002年6月1日起施行。

基本图案中“CCC”为“中国强制性认证”的英文名称“China Compulsory Certification”的英文缩写。

产品质量认证不同于企业质量体系认证。产品质量认证的对象是某种特定的产品，企业质量体系认证的对象是企业保证产品质量的综合能力。

（五）产品质量的监督检查制度

产品质量监督检查，是指国务院产品质量监督管理部门和各级地方人民政府产品质量监督管理部门以及法律规定的其他部门，根据法律、行政法规赋予的职责，代表人民政府履行职责，执行公务，对流通领域的产品质量实施监督的一种行政行为。产品质量监督检查，是国家对产品质量实施的一项强制性行政管理措施。《产品质量法》第15条规定，国家对产品质量实行以抽查为主要方式的监督检查制度。抽查是国家管理部门发现产品质量问题、做好经济的宏观调控的有效办法。国家产品质量监督部门及地方产品质量监督部门按照产品质量监督计划，定期在流通领域抽取样品进行监督检查，了解被抽查企业及其产品的质量状况，并按期发布产品质量监督抽查公报，对抽查的样品不合格的企业采取相应的处理措施。

1. 监督检查的产品范围

根据《产品质量法》第15条的规定，抽查的产品主要有三类：第一类是可能危及人体健康，人身、财产安全的产品，如食品、药品、医疗器械和医用卫生材料、化妆品、压力容器、易燃易爆品等；第二类是影响国计民生的重要工业产品，如农药、化肥、计量器具，以及有安全要求的建筑用钢筋、水泥等；第三类是消费者、有关社会组织反映有质量问题的产品，包括群众投诉、举报的假冒伪劣产品，掺杂掺假，以假乱真，以次充好，以不合格产品冒充合格产品，造成重大质量事故的产品等。

2. 监督抽样的要求

（1）随机抽样。根据《产品质量法》的规定，抽取的样品应当在市场上或企业成品仓库内的待销产品中随机抽取。国家和地方的产品质量监督部门在组织抽查时，根据规定，不得事先通知被查企业，由承检单位直接到销售部门、用户仓库、生产企业的近期产品中按规定提取样品。这样可以防止生产者、销售者弄虚作假，保证抽样检查的客观性、公正性。

（2）禁止重复抽样。由于产品质量监督检查包括国家监督抽查和地方监督抽查，为了避免抽查行为扰乱企业正常经营秩序、加重企业负担的情况发生，《产品质量法》特别规定国家监督检查的产品，地方不得另行重复检查；上级监督检查的产品，下级不得另行重复抽查。

（六）产品质量社会监督制度

产品质量的社会监督是用户、消费者和保护消费者利益的社会组织对产品质量的监督。这是提高产品质量、促进生产经营者改善管理，保护用户和消费者利益的有效措施。根据《产品质量法》的规定，用户、消费者和消费者权益保护组织具有如下监督权利：

（1）查询权。用户和消费者有权就产品质量问题向产品的生产者、销售者查询，生产者和销售者有义务回答用户和消费者的问题。赋予消费者和用户产品质量查询权，有利于消费者和用户全面、准确地了解产品，掌握其性能，从而减少和避免损失以及不必要的产品质量纠纷。

（2）申诉权。这是用户和消费者在自己利益受到侵害或者可能受到侵害时请求给予保护的权利。用户和消费者有权向产品质量监督部门、工商行政管理部门及有关部门申诉，接受申诉的部门应当负责处理。

（3）检举权。任何单位和个人有权对违反《产品质量法》的行为，向产品质量监督部门或者其他有关部门检举。产品质量监督部门和有关部门应当为检举人保密，并按照省、自治区、直辖市人民政府的规定给予奖励。

（4）消费者权益保护组织对产品质量的监督权。包括：①建议处理权。消费者权益保护组织可以就消费者反映的产品质量问题用书面或者口头形式建议有关部门处理，有关部门在接到建议后，不得拒绝或者变相拒绝；②支持起诉权。消费者权益保护组织在知道消费者利益受到损害并在受害者的请求下，有权支援、帮助受害者向人民法院起诉。

第三节　产品质量义务

生产者、销售者保证产品质量的义务，是一种法定义务，即保证其所提供的产品，不存在不合理的危险并符合适于适用、承诺质量的要求。基于生产者和销售者各自的经营特点，《产品质量法》对两者的产品质量义务分别作了规定。

一、生产者的产品质量义务

（一）生产者应当保证产品质量

根据《产品质量法》第 26 条的规定，生产者生产的产品在质量上应符合以下三方面的要求：

（1）安全性要求。即产品不存在危及人身、财产安全的不合理危险。有保障人体健康、人身、财产安全的国家标准、行业标准的应当符合该标准。

（2）适用性要求。即产品具备应当具备的使用性能。但是，对产品存在使用性能上的瑕疵作出说明的除外。产品存在使用性能的瑕疵，应为不合格产品。不合格品可分为两种：一种是处理品，另一种是伪劣品。处理品是指达不到质量标准的要求，但仍具有一定的使用价值，而又不至于危害他人人身、财产安全的产品。对处理品，应当采用明示的方法作出说明，否则要承担产品质量责任。伪劣品是质量达不到有关标准，基本上不具有使用价值的产品，国家禁止生产和出售伪劣品。

（3）诺承性要求。即产品质量应该符合在产品或者包装上注明采用的产品标准，符合以产品说明、实物样品等方式表明的质量状况。

安全性要求和适用性要求，是不需明示就应当达到的产品质量要求，属于产品质量的默示担保。诺承性要求以生产者的承诺为前提，属于产品质量的明示担保。

（二）生产者的产品标识应当符合法律要求

生产者应当在其生产的产品或产品包装上附加产品标识，《产品质量法》第 27 条规定，标识必须真实，并符合下列要求：

（1）有产品质量检验合格证明。产品质量检验合格证明，是产品进入流通领域的

"身份证"，除特别加以说明的处理品外，没有产品检验合格证的产品视为禁止流通物。销售者进货，首先要检验产品是否附有检验合格证明，这是因为生产者以合格证、合格印章等方式对产品质量作出保证，证明产品质量检验结果符合出厂要求，是生产者对其产品质量的承诺。未经检验或检验不合格的产品，不得使用产品质量检验合格证明。

（2）有中文标明的产品名称、生产厂厂名和厂址。生产厂厂名和厂址是指产品生产者的名称以及生产者具体住所的地址。厂名、厂址的标注，必须与营业执照上注册登记的厂名、厂址相同。这是用户和消费者进行消费决策需要考虑的因素，也是迅速确定责任者的必要条件。不注明厂名和厂址或不用中文标注的，可构成不正当竞争行为。

（3）根据产品的特点和使用要求，需要标明产品规格、等级、所含主要成分的名称和含量的，用中文相应予以标明；需要事先让消费者知晓的，应当在外包装上标明，或者预先向消费者提供有关资料。

此项义务不是针对所有的产品而言的，而是根据产品的特点和使用要求，需要表明的才产生标明义务。产品的规格、等级、所含主要成分的名称和含量，能使消费者判断和了解产品的适用性、等级及质量差别，是消费者进行选择的标准之一。

（4）限期使用的产品，应当在显著位置清晰的标明生产日期和安全日期或者失效日期。安全使用期是指能够保持产品原有质量状况的期限，包括保质期、保存期等。保质期是指在规定条件下，保证产品质量的日期。超过此限期，产品是否失效、变质，应当以实际检验的结果为准。保存期是指在规定条件下，保证产品质量的最终日期。超过此期限，产品则不具备使用价值。限期使用的产品如果超过使用期限，会产生危害人身、财产安全的后果，不如实标明生产日期和安全日期或者失效日期的，属于不正当竞争行为。这类产品主要有食品、药品、化妆品等。

（5）警示标志或者中文警示说明。此项义务是针对少数特殊产品而言的，如剧毒、危险、易碎、易燃的产品和其他特殊要求如需要防潮、不能倒置的产品。警示标志是一种易为大众所识别的图案或符号，用以告诫、提示人们对某些不安全因素引起高度注意和警惕。如剧毒的警示标志是人头骷髅图案，易燃的警示标志是火焰图案。警示说明是一种警句或注意事项，通过文字的形式向人们提出警告。警示说明应当使用中文，内容应当明确。

根据《产品质量法》的规定，裸装的食品和其他根据产品的特点难以附加标识的裸装产品，可以不附加产品标识。

（三）不得生产假冒伪劣产品

生产者不得生产国家明令淘汰的产品；不得伪造产地；不得伪造或者冒用他人的厂名、厂址；不得伪造或者冒用认证标志、名优标志等质量标志；生产者不得掺杂、掺假，不得以假充真，以次充好，不得以不合格产品冒充合格产品。

二、销售者的产品质量义务

在我国的商业习惯中，销售者亦称为经销者，是指有权出售产品的单位和个人，包括享有产品批发权和零售权的单位和个人。他们是产品实现其使用价值的中介，是产品责任的直接承担者之一。我国《产品质量法》规定了销售者负有以下产品质量义务。

（一）验收义务

根据《产品质量法》第 33 条规定，销售者应当建立并执行进货检查验收的制度，验明产品合格证明和其他标识。销售者具有双重法律地位，对生产者来讲，他是用户，其合法权益应当受到保护；对消费者和其他用户而言，他是产品质量责任的潜在承担者，如果发生了产品质量责任事故，他就可能承担产品质量责任。因此，销售者必须对用户、消费者和自己负责，验收义务同时又是销售者的权利。销售者必须对其销售的产品质量负责，对所购产品在入库或销售之前，应当通过抽检或其他方式，严格验收，验明产品合格证明和其他标识，在必要时，销售者还应对产品的内在质量进行检验。以防止不合格产品进入市场。如果由于验收不严或不验收，超过规定时间又没有提出质量异议的，产品所出现的质量问题，由销售者自己负责。销售者检查验收产品的标准是合同当事人双方商定的标准，如该产品涉及国家强制性标准，就必须执行该标准。

（二）保持产品质量的义务

《产品质量法》第 34 条规定："销售者应当采取措施，保持销售产品的质量。"当产品为销售者占有时，销售者应采取必要的措施，保持产品的质量，防止产品变质、腐烂；防止产品丧失或降低使用性能；防止产品产生危害他人人身、财产的瑕疵。因此，销售者应主动建立和采用各种办法、措施，以保证在进货后至向用户、消费者出售产品之前的一段时间内的产品质量。如果进货时产品质量符合要求，而销售时出现缺陷，销售者就要承担相应的责任。

（三）所售产品的标识符合要求的义务

《产品质量法》要求销售者所售产品的标识应当符合法律规定，销售者不得销售无产品标识的产品或产品标识不符合规定的产品。否则，该销售行为属于销售假冒伪劣产品的行为。

（四）所售产品符合质量要求的义务

根据《产品质量法》第 37 条、第 38 条、第 39 条的规定，销售者不得伪造产地。不得伪造或者冒用他人的厂名、厂址；不得伪造或者冒用认证标志等质量标志；不得掺杂、掺假，不得以假充真、以次充好，不得以不合格产品冒充合格产品。

第四节 产品责任

一、产品责任的定义和构成要件

（一）产品责任的定义

广义的产品责任是包括合同责任与侵权责任的民事责任。狭义的产品责任是指由于产品缺陷而造成他人人身、财产损害的，产品的生产者和销售者应当承担的赔偿责任，是一种特殊的侵权责任。

产品责任产生于 19 世纪中叶，在 20 世纪得到广泛发展。在产品责任产生的早期，多数人都认为它是一种合同责任，当事人之间的合同关系的成立是承担产品责任的前提。到了 20 世纪，人们对产品责任的认识由原来的合同责任转变为损害赔偿，改由侵权行为法去调整产品责任关系。英国两国法院首先适用侵权行为法理论处理产品责任案件。60年代以来，欧共体国家通过产品责任的立法和司法实践，达成共识，即产品责任是一种侵权责任，产品责任关系应当由专门的产品责任法来调整。目前，世界上关于产品责任的立法模式大体有三种：一是适用合同法、侵权法的有关规定，如法国、荷兰等；二是在相关的立法中，对产品责任作出若干规定，如英国、加拿大等国颁布的消费者保护法；三是制定专门的产品责任法，如意大利、丹麦、挪威等国。而美国的做法另有特点，其产品责任法包括判例法和制定法。美国商务部1979年公布了《统一产品责任示范法》，联邦政府还通过了《联邦食品、药品、化妆品法》等单行法。在我国，《民法通则》《产品质量法》和《消费者权益保护法》等构筑起产品责任法律制度的框架，另外，《侵权责任法》《工业产品质量责任条例》《药品管理法》《食品安全法》以及最高人民法院的有关司法解释也是产品责任法律制度的内容之一。

（二）产品责任的构成要件

1. 产品存在缺陷

产品缺陷是承担产品责任的前提，《产品质量法》第46条规定：“本法所称缺陷，是指产品存在可能危及人身、财产安全的不合理的危险；产品有保障人体健康和人身、财产安全的国家标准、行业标准的，是指不符合该标准。”

这里我们需要注意区别产品缺陷与产品瑕疵。产品缺陷是产品存在可能危及人身、财产安全的不合理的危险，而产品瑕疵是指产品不符合适用性与诺承性要求。产品缺陷是发生产品侵权责任的必要条件，产品瑕疵则是发生产品合同责任的条件之一。

一般来讲，产品缺陷可分为三类：

（1）设计上的缺陷，是指产品在设计上存在着不安全、不合理的因素，例如结构设置不合理等可能造成使用者的人身、财产安全受损害。设计上的缺陷影响的不是某一个产品，而是成批产品。

（2）制造上的缺陷，是指产品在加工、制作、装配等制造过程中，不符合设计规范，或者不符合加工工艺要求，没有完善的控制和检验手段，致使产品存在不安全的因素。

（3）指示上的缺陷，是指在产品的警示说明上或在产品的使用指示上未能清楚的告知使用人应当注意的使用方法，以及应当引起警惕的注意事项；或者产品使用了不真实、不适当的甚至是虚假的说明，致使使用人遭受损害。

2. 有损害事实发生

损害事实是指人身、缺陷产品以外的其他财产受到损害的事实。

3. 产品缺陷与损害事实之间有因果关系

产品缺陷与损害实施之间的因果关系，是指损害实施与产品缺陷有客观的必然的联系。产品缺陷是引起用户或消费者财产和人身损害的原因，用户和消费者的损失是产品缺陷造成的结果。在一件产品责任事故中，受害人的人身或财产损害往往是由多种原因造成的，作为原告，受害人必须证明产品缺陷是引起人身或财产损害的主要原因或者基本原因，不必证明该产品缺陷是引起损害后果的唯一原因或直接原因。值得注意的是，这里的“损害结果”是指缺陷产品之外的其他财产的损失，

4. 生产者无免责情形、销售者存在过错

产品质量法对生产者和销售者的产品责任适用的归责原则不同。对生产者实行严格

责任原则，对销售者实行过错责任原则。

(1) 生产者无免责情形。根据《产品质量法》第41条规定：因产品存在缺陷，造成人身、缺陷产品以外的其他财产损害的，生产者应当承担赔偿责任。但是生产者能够证明有下列情形之一的，则不承担赔偿责任：第一，未将产品投入流通的；第二，产品投入流通时，引起损害的缺陷尚不存在的；第三，产品投入流通时的科学技术水平尚不能发现缺陷的存在的。上述三种情形为生产者的免责事由，如果生产者不能证明存在免责事由，则应承担产品责任。

(2) 销售者有过错。根据《产品质量法》第42条规定：由于销售者的过错使产品存在缺陷，造成人身、他人财产损害的，销售者应承担赔偿责任。如果销售者不能指明缺陷产品的生产者也不能指明缺陷产品的供货者的，销售者应当承担赔偿责任。对于销售者过错的认定，可以采用注意义务判断和过错推定原则。

二、产品责任的形式和范围

产品责任的基本形式为损害赔偿，赔偿的对象是缺陷产品造成的人身伤害以及缺陷产品以外的其他财产损害，至于缺陷产品本身的损害则属于合同责任的范畴。

我国《产品质量法》第44条对产品责任的赔偿范围作了专门规定，包括以下两方面内容。

(一) 人身伤害的赔偿范围

(1) 一般伤害的赔偿范围：医疗费、治疗期间的护理费和因误工减少的收入等费用。

(2) 致人伤残的赔偿范围：医疗费、治疗期间的护理费和因误工减少的收入，以及残疾者生活自助具费、生活补助费、残疾赔偿金和由其扶养的人所必需的生活费等费用。

(3) 致人死亡的赔偿范围：死者在治疗、抢救过程中所支付的医疗费用、治疗期间的护理费和误工工资等，以及丧葬费、死亡赔偿金和由其扶养的人所必需的生活费等费用。

上述残疾赔偿金、死亡赔偿金具有精神损害赔偿的性质。

(二) 财产损失的赔偿范围

《产品质量法》规定因产品缺陷造成受害人财产损失的，侵害人应当恢复原状或者折价赔偿。受害人因此遭受其他重大损失的，侵害人应当赔偿损失。因此，侵害人对受害人所造成的财产损失，应赔偿直接损失和间接损失。

(1) 直接损失，是指因缺陷产品给受害人所造成的直接的财产上的损失，即实际损失。这种实际损失是可以以货币的形式计算的，即法律所称“缺陷产品以外的其他财产的损失”。

(2) 间接损失，即法律所规定的“其他重大损失”。但法律对此未做解释，我们认为“其他重大损失”是指其他经济方面的损失，包括可得到利益的损失。

三、《侵权责任法》对产品责任的规定

我国2009年制定的《侵权责任法》第五章专门规定了产品责任，其中第41—47条

分别规定：

（一）产品责任承担主体

因产品存在缺陷造成他人损害的，生产者应当承担侵权责任。因销售者的过错使产品存在缺陷，造成他人损害的，销售者应当承担侵权责任。销售者不能指明缺陷产品的生产者也不能指明缺陷产品的供货者的，销售者应当承担侵权责任。产品投入流通后发现存在缺陷的，生产者、销售者应当及时采取警示、召回等补救措施。未及时采取补救措施或者补救措施不力造成损害的，应当承担侵权责任。

（二）侵权赔偿与追偿

因产品存在缺陷造成损害的，被侵权人可以向产品的生产者请求赔偿，也可以向产品的销售者请求赔偿。产品缺陷由生产者造成的，销售者赔偿后，有权向生产者追偿。因销售者的过错使产品存在缺陷的，生产者赔偿后，有权向销售者追偿。因运输者、仓储者等第三人的过错使产品存在缺陷，造成他人损害的，产品的生产者、销售者赔偿后，有权向第三人追偿。

（三）惩罚性赔偿与其他责任方式

因产品缺陷危及他人人身、财产安全的，被侵权人有权请求生产者、销售者承担排除妨碍、消除危险等侵权责任。明知产品存在缺陷仍然生产、销售，造成他人死亡或者健康严重损害的，被侵权人有权请求相应的惩罚性赔偿。

《侵权责任法》关于惩罚性赔偿的规定，弥补了《产品质量法》的不足。

四、诉讼时效和请求权期间

（一）诉讼时效

《产品质量法》第 45 条第 1 款规定：“因产品缺陷造成损害要求赔偿的诉讼时效期间为二年，自当事人知道或者应当知道其权益受到损害时起计算。”

产品责任的诉讼时效期间为二年，较《民法通则》第 136 条规定的“身体受到伤害要求赔偿的”、“出售质量不合格的商品未声明的”诉讼时效期间为一年要长。在理解上需要注意：这一方面是因为产品缺陷致人损害有其特殊性，需要对受害当事人给予充分保护。另一方面，应该区别《产品质量法》对产品责任诉讼时效的适用范围与《民法通则》关于一年诉讼时效期间的适用范围的不同。《产品质量法》规定的诉讼时效适用于产品责任，而产品责任是基于产品缺陷发生的责任，包含财产损害赔偿与人身损害赔偿；《民法通则》规定的一年诉讼时效中的“身体受到伤害要求赔偿”，不限于产品责任。“出售质量不合格的商品未声明的”责任属于合同责任，不属于产品责任。

（二）请求权期间

《产品质量法》第 45 条第 2 款规定：“因产品存在缺陷造成损害要求赔偿的请求权，在造成损害的缺陷产品交付最初消费者满十年丧失；但是，尚未超过明示的安全使用期的除外”。

该请求权期间属于除斥期间，不能中止、中断和延长。该规定的理由是，推定产品都存在一个安全使用的合理期间，超过该合理期间发生损害无法律上的赔偿责任。但是，如果生产者或者销售者明确表示该产品的安全使用期大于法定合理期间的，则应对在其承诺期间发生的产品责任负责。

第五节 产品质量责任

一、产品质量责任的概念

产品质量责任是产品的生产者、销售者以及对产品质量负有直接责任者，因违反产品质量义务所应当承担的综合性法律责任。产品质量责任包括产品质量民事责任、产品质量行政责任、产品质量刑事责任。[①]

产品质量责任与产品责任是两个不同的概念。前者是综合性法律责任，后者是民事责任。从逻辑上讲，两者之间是属种关系。

二、产品质量责任的方式

（一）产品质量民事责任

产品质量民事责任包括产品合同责任与产品侵权责任。产品合同责任又称为瑕疵担保责任，它基于合同关系而发生。我国《产品质量法》第 40 条规定了销售者的产品合同责任：售出的产品有下列情形之一的，销售者应当负责修理、更换、退货；给购买产品的消费者造成损失的，销售者应当赔偿损失：(1) 不具备产品应当具备的使用性能而事先未作说明的；(2) 不符合在产品或者其包装上注明采用的产品标准的；(3) 不符合以产品说明、实物样品等方式表明的质量状况的。产品侵权责任，又称产品缺陷责任、产品责任，是生产者、销售者对提供有缺陷的产品造成他人人身、缺陷产品以外的其他财产损害而承担赔偿的一种侵权责任。

（二）产品质量行政责任

产品责任行政责任是指产品生产者、销售者以及对产品质量负有直接责任者违反产品质量法应当承担的行政性法律后果，主要有责令停止生产、销售产品，没收违法生产、销售的产品和违法所得，罚款，吊销营业执照等。我国《产品质量法》第五章所规定的罚则，即是关于产品质量行政责任的规定。承担行政责任的产品质量违法行为有：(1) 生产、销售不符合标准的产品的；(2) 生产、销售假冒产品，即生产者、销售者在产品中掺杂、掺假，以假充真、以次充好，或者以不合格产品冒充合格产品的；(3) 生产、销售淘汰产品的；(4) 销售失效、变质的产品的；(5) 生产、销售伪造、冒用产地、厂名、厂址标志，伪造冒用认证标志、名优标志等质量标志的；(6) 生产、销售不合法产品标识的，即产品标识不符合法律规定，或有包装的产品标识不符合法律规定的；(7) 拒绝接受产品质量监督检查的。

（三）产品质量刑事责任

产品质量刑事责任，是指违反产品质量法并构成犯罪的行为人应当承担的刑事法律后果，产品质量刑事责任由刑法规定。产品质量刑事责任主要有：(1) 生产、销售伪劣产品的刑事责任。生产者、销售者在产品中掺杂、掺假，以假充真、以次充好，或者以

① 潘静成、刘文华主编：《经济法》，中国人民大学出版社 1999 年版，第 251 页；李昌麒主编：《经济法学》，中国政法大学出版社 1999 年版，第 454 页。

不合格产品冒充合格产品，销售金额较大的，依法追究刑事责任。(2) 生产、销售不符合安全标准产品的刑事责任。生产不符合保障人身、财产安全的国家标准、行业标准的电器、电力容器、易燃易爆品或者其他不符合保障人身、财产安全的国家标准、行业标准的产品，或者销售明知以上不符合保障人身、财产安全的国家标准、行业标准的产品，造成严重后果的，依法追究刑事责任。(3) 生产、销售不符合卫生标准食品的刑事责任。生产、销售不符合卫生标准的食品，足以造成严重食物中毒事故或者其他严重食源性疾病的，依法追究刑事责任。

根据《产品质量法》第 64 条的规定，违法者应当承担民事赔偿责任和缴纳罚款、罚金，其财产不足以同时支付时，先承担民事赔偿责任。

学习总结与拓展

【关键词】

产品　产品质量　产品质量监督　生产许可证　企业质量体系认证　产品质量认证　产品缺陷　产品瑕疵　生产者产品质量义务　销售者产品质量义务　产品责任　产品质量责任　惩罚性赔偿

【思考题】

1. 我国《产品质量法》调整对象有哪些?
2. 我国《产品质量法》适用范围是什么?
3. 根据《产品质量法》的规定，生产者应承担哪些产品质量义务?
4. 在什么情况下，可以免除生产者的产品责任?
5. 产品缺陷与产品瑕疵有何区别?
6. 产品责任包含哪些内容?
7. 产品责任与产品质量责任有何区别?
8. 刘某和王某从某电扇厂仓库盗窃未经检验的轮船用小型电扇两台。二人各分得一台。刘将电扇以 60 元的价格卖给高某。高某在使用时，被飞出的扇叶削掉半截左耳。高某以扇叶与保护网设计及制造中有缺陷为由向电扇厂索赔。问：高某能否获得赔偿?有何法律依据?
9. 某厂 1993 年生产了一种治疗腰肌劳损的频谱治疗仪投放市场，消费者甲购买了一部，用后腰肌劳损大大减轻，但却患上了偏头疼症，甲询问了这种治疗仪的其他用户，很多人都有类似反应。甲向某厂要求索赔。某厂对此十分重视，专门找专家作了鉴定，结论是；目前科学技术无法断定治疗仪与偏头疼之间的关系。以下哪种观点正确?为什么?

A. 本着公平原则，某厂应予适当赔偿。

B. 因出现不良反应的用户众多，应将争议搁置，待科技发展到能够作出明确结论时再处理。

C. 该治疗仪的功能是治疗腰肌劳损，该功能完全具备，至于其他副作用是治疗中不可避免的，该厂可不负责任。

D. 由于治疗仪投入流通时的科学技术水平不能发现缺陷的存在，某厂不能承担赔偿责任。

10. 甲公司售与乙商场一批玻璃花瓶，因花瓶上有不规则的抽象花纹而称其为新产品，乙商场接货后即行销售，后受到很多消费者投诉，消费者说花瓶上的花纹其实是裂缝，花瓶漏水，要求乙商场退货并赔偿损失，乙商场与甲公司交涉，甲公司称此类花瓶是用于插装塑料花的，裂缝不影响使用，且有特殊的美学效果，拒绝承担责任。经查，消费者所述属实。问：甲公司、乙商场对消费者的投诉是否应该承担责任？

【阅读资料】

1.《中华人民共和国产品质量法》。

2.《中华人民共和国侵权责任法》。

3. 国务院法制办公室编：《中华人民共和国产品质量法注释与配套》，中国法制出版社，2008 年。

4. 刘文琦：《产品责任法律制度比较研究》，人民法院出版社，1997 年。

5. 刘静：《产品责任论》，中国政法大学出版社，2000 年。

6. 肖永平译：《侵权法重述第三版：产品责任》，法律出版社，2006 年。

第九章 食品安全、药品管理法律制度

【学习提示】食品、药品关系到人体健康和生命安全，需要对其进行严格监管。要注意理解和掌握严格监管的法理。本章学习，要了解我国法律规定的食品、药品监管制度主要内容，知晓法律适用范围。理解惩罚性赔偿的法理和适用条件，了解假药、劣药的判断规则。

第一节 食品安全法

民以食为天，食以安为先。以法治方式维护食品安全是法治社会的要求，也是世界各国的普遍做法。

从世界范围来看，食品安全立法大致可以分为单独立法和混合立法两大类：大多数国家的食品安全法都是采取单独立法的模式，即仅在立法中规定食品以及其他与食品紧密相关的事物，如饲料、农兽药、食品包装、食品机械等等，而不包含药品、化妆品、日用品等。采取这种立法模式的国家以日本为典型，日本制定了《食品安全法》(2003年修订前叫《食品卫生法》)。也有一部分国家的食品安全法采取的是混合立法模式，即将食品、药品、化妆品甚至日用品都规定在一部法律之中。采取这种立法模式的国家主要有美国和德国。美国食品安全法体系中最重要的一部法律就是《食品、药品和化妆品法》(1938年，Food，Drug and Cosmetic Act)，[①] 而德国的食品安全基本法是《食品、烟草制品、化妆品和其他日用品管理法》(2005年新修订)。但无论单独立法或者混合立法，由于食品安全涉及的因素十分复杂，都要制定具体配套法规，如美国的《肉类检验法》《禽类检验法》和《蛋产品检验法》等，日本制定的《食品法规标签要求》《包装及容器法规》《食品添加剂法规》《农药和其他污染物规定》等。

美国食品安全体系闻名于世，除了有食品安全法令外，还有赖于执行机构，包括美国卫生部(DHHS)的食品和药品管理局(FDA)、疾病预防和控制中心(CDC)，美国农业部(USDA)的食品安全和检验局(FSIS)、环境保护署(EPA)以及地方和州政府食品安全机构等。

我国法律对食品和食品生产经营行为的规制，经历了从重视食品卫生到强调食品安

① 2011年1月4日，美国总统奥巴马签署了《食品安全现代化法》。该法对1938年通过的《食品、药品及化妆品法》进行了大规模修订，是过去七十多年来美国在食品安全监管体系领域改革力度最大的一次。修法重点是授予美国食品和药物管理局(FDA)以更大的监管权力，加强其对美国本土生产的食品及进口食品的安全监管，使得FDA对食品安全的管理领域扩大至80%(不包括由美国农业部管理的肉类和家禽产品)。

全的过程。1982 年，我国颁布了《食品卫生法（试行）》，该法自 1983 年 7 月 1 日开始实施。1995 年 9 月 30 日，颁行了《食品卫生法》。2009 年 2 月 28 日，第十一届全国人民代表大会常务委员会第七次会议通过了《食品安全法》，该法于 2009 年 6 月 1 日起施行，《食品卫生法》同日废止。2009 年 7 月 8 日国务院随之颁行了《中华人民共和国食品安全法实施条例》。2015 年 4 月 24 日，第十二届全国人民代表大会常务委员会第十四次会议修订并公布新的《食品安全法》，该法自 2015 年 10 月 1 日起施行，共十章 154 条。该法的目的是为了保证食品安全，保障公众身体健康和生命安全。此外，国家食品药品监督管理总局在 2015 年先后颁行了《食品安全抽样检验管理办法》《食品召回管理办法》。

一、基本概念与法律适用

（一）食品与食品安全相关概念

为便于明晰法律规制对象和法律适用范围，我国《食品安全法》对下列基本概念进行了界定：

1. 食品，是指各种供人食用或者饮用的成品和原料以及按照传统既是食品又是中药材的物品，但是不包括以治疗为目的的物品。按照该规定，食品这一概念的内涵是可供人食用和饮用，其外延包含经过加工（加工食品）或未经加工（食用农产品）的物品。但不包括以治疗为目的的物品。

在食品中，绿色食品和转基因食品是被人们普遍关注的两个概念。

A级绿色食品标志（左）；
AA级绿色食品标志（右）

绿色食品，是指产自优良生态环境、按照绿色食品标准生产、实行全程质量控制并获得绿色食品标志使用权的安全、优质食用农产品及相关产品。[①]绿色食品标志依法注册为证明商标，受法律保护。

A 级绿色食品要求在生态环境质量符合规定标准的产地、生产过程中允许限量使用限定的化学合成物质；AA 级绿色食品的要求是在生态环境质量符合规定标准的产地下，生产过程不使用任何有害化学物质。两者主要的区别是一个允许使用化学物质，而另一个是不允许使用化学物质的。

转基因食品，是指利用基因工程技术改变基因组构成的动物、植物和微生物生产的食品和食品添加剂。转基因食品属于新资源食品，须经卫生部审查批准后方可生产或者进口。[②] 生产经营转基因食品应当按照规定显著标示。

2. 食品安全，是指食品无毒、无害，符合应当有的营养要求，对人体健康不造成任何急性、亚急性或者慢性危害。

---

① 《绿色食品标志管理办法》（农业部 2012 年第 6 号令）第 2 条。

② 《新资源食品管理办法》（卫生部第 56 号令）自 2007 年 12 月 1 日起施行。1990 年 7 月 28 日由卫生部颁布的《新资源食品卫生管理办法》和 2002 年 4 月 8 日由卫生部颁布的《转基因食品卫生管理办法》同时废止。新资源食品包括：（1）在我国无食用习惯的动物、植物和微生物；（2）从动物、植物、微生物中分离的在我国无食用习惯的食品原料；（3）在食品加工过程中使用的微生物新品种；（4）因采用新工艺生产导致原有成分或者结构发生改变的食品原料。

从广义来讲，食品安全的含义包括三个方面：第一，食品数量安全，即一个国家或地区能够生产满足基本生存所需的膳食需要。要求人们既能买得到又能买得起生存生活所需要的基本食品；第二，食品质量安全，即食品在营养、卫生方面能够满足和保障人们的健康需要，食品无毒无害，对人体健康没有危害；第三，食品发展安全，即食品的获取需要注重对生态环境的保护和资源可持续利用，避免食品资源枯竭。

狭义的食品安全，是指食品质量安全。《食品安全法》要求的食品安全是指食品质量安全。

3. 预包装食品，指预先定量包装或者制作在包装材料、容器中的食品。

4. 食品添加剂，是指为改善食品品质和色、香、味以及为防腐、保鲜和加工工艺的需要而加入食品中的人工合成或者天然物质，包括营养强化剂。

5. 食品保质期，是指食品在标明的贮存条件下保持品质的期限。

6. 食源性疾病，是指食品中致病因素进入人体引起的感染性、中毒性等疾病，包括食物中毒。

7. 食品安全事故，是指食源性疾病、食品污染等源于食品，对人体健康有危害或者可能有危害的事故。

(二) 我国《食品安全法》的适用范围

《食品安全法》适用于在中华人民共和国境内从事的下列活动：

食品生产和加工（以下称食品生产），食品销售和餐饮服务（以下称食品经营）；食品添加剂的生产经营；用于食品的包装材料、容器、洗涤剂、消毒剂和用于食品生产经营的工具、设备（以下称食品相关产品）的生产经营；食品生产经营者使用食品添加剂、食品相关产品。

食品的贮存和运输；对食品、食品添加剂、食品相关产品的安全管理。

供食用的源于农业的初级产品（以下称食用农产品）的质量安全管理，遵守《中华人民共和国农产品质量安全法》的规定。①但是，食用农产品的市场销售、有关质量安全标准的制定、有关安全信息的公布和《食品安全法》对农业投入品作出规定的，② 应当遵守《食品安全法》的规定。

转基因食品和食盐的食品安全管理，《食品安全法》未作规定的，适用其他法律、行政法规的规定。我国 2001 年由国务院颁行了《农业转基因生物安全管理条例》。

二、食品安全监管制度

(一) 食品安全监管体系

我国食品安全监管体系是由国务院食品安全委员会宏观指导，国务院食品药品监管

---

① 《中华人民共和国农产品质量安全法》经第十届全国人民代表大会常务委员会第二十一次会议于 2006 年 4 月 29 日通过，自 2006 年 11 月 1 日起施行，共八章五十六条。农产品，是指来源于农业的初级产品，即在农业活动中获得的植物、动物、微生物及其产品。农产品质量安全，是指农产品质量符合保障人体的健康、安全的要求。

② 《食品安全法》第 49 条规定：食用农产品生产者应当按照食品安全标准和国家有关规定使用农药、肥料、兽药、饲料和饲料添加剂等农业投入品，严格执行农业投入品使用安全间隔期或者休药期的规定，不得使用国家明令禁止的农业投入品。禁止将剧毒、高毒农药用于蔬菜、瓜果、茶叶和中草药材等国家规定的农作物。

部门和国务院卫生行政部门以及其他相关部门分工监管，县级以上地方政府属地监管，食品行业协会开展行业自律，消费者协会和其他消费者组织进行社会监督。

国务院设立食品安全委员会，作为国务院食品安全工作的高层次议事协调机构。其主要职责是：分析食品安全形势，研究部署、统筹指导食品安全工作；提出食品安全监管的重大政策措施；督促落实食品安全监管责任。

国务院食品药品监督管理部门对食品生产经营活动实施监督管理。国务院卫生行政部门组织开展食品安全风险监测和风险评估，会同国务院食品药品监督管理部门制定并公布食品安全国家标准。国务院其他有关部门依职责承担有关食品安全工作。

县级以上地方人民政府对本行政区域的食品安全监督管理工作负责，统一领导、组织、协调本行政区域的食品安全监督管理工作以及食品安全突发事件应对工作，建立健全食品安全全程监督管理工作机制和信息共享机制。确定本级食品药品监督管理、卫生行政部门和其他有关部门的职责。县级人民政府食品药品监督管理部门可以在乡镇或者特定区域设立派出机构。

食品行业协会应当加强行业自律，按照章程建立健全行业规范和奖惩机制，提供食品安全信息、技术等服务，引导和督促食品生产经营者依法生产经营，推动行业诚信建设，宣传、普及食品安全知识。消费者协会和其他消费者组织对违反本法规定，损害消费者合法权益的行为，依法进行社会监督。

（二）食品安全风险监测和评估制度

国家建立食品安全风险监测制度，对食源性疾病、食品污染以及食品中的有害因素进行监测。国务院卫生行政部门会同国务院食品药品监督管理、质量监督等部门，制定、实施国家食品安全风险监测计划。食品安全风险监测，是通过系统和持续地收集食源性疾病、食品污染以及食品中有害因素的监测数据及相关信息，并进行综合分析和及时通报的活动。

国家建立食品安全风险评估制度，运用科学方法，根据食品安全风险监测信息、科学数据以及有关信息，对食品、食品添加剂、食品相关产品中生物性、化学性和物理性危害因素进行风险评估。

国务院卫生行政部门负责组织食品安全风险评估工作，成立由医学、农业、食品、营养、生物、环境等方面的专家组成的食品安全风险评估专家委员会进行食品安全风险评估。食品安全风险评估结果由国务院卫生行政部门公布。

经食品安全风险评估，得出食品、食品添加剂、食品相关产品不安全结论的，国务院食品药品监督管理、质量监督等部门应当依据各自职责立即向社会公告，告知消费者停止食用或者使用，并采取相应措施，确保该食品、食品添加剂、食品相关产品停止生产经营。

（三）食品安全标准制度

食品安全标准是食品符合安全要求的强制性标准。食品安全标准包括下列内容：

（1）食品、食品添加剂、食品相关产品中的致病性微生物、农药残留、兽药残留、生物毒素、重金属等污染物质以及其他危害人体健康物质的限量规定；（2）食品添加剂的品种、使用范围、用量；（3）专供婴幼儿和其他特定人群的主辅食品的营养成分要求；（4）对与卫生、营养等食品安全要求有关的标签、标志、说明书的要求；（5）食品生产经营过程的卫生要求；(6) 与食品安全有关的质量要求；(7) 与食品安全有关的食品检验方法与规程；(8) 其他需要制定为食品安全标准的内容。

食品安全国家标准由国务院卫生行政部门组织的食品安全国家标准审评委员会审查通过。食品安全国家标准审评委员会由医学、农业、食品、营养、生物、环境等方面的专家以及国务院有关部门、食品行业协会、消费者协会的代表组成，对食品安全国家标准草案的科学性和实用性等进行审查。地方特色食品，没有食品安全国家标准的，省、自治区、直辖市人民政府卫生行政部门可以制定并公布食品安全地方标准，报国务院卫生行政部门备案。食品安全国家标准制定后，该地方标准即行废止。

国家鼓励食品生产企业制定严于食品安全国家标准或者地方标准的企业标准，在本企业适用，并报省、自治区、直辖市人民政府卫生行政部门备案

(五) 食品安全全程追溯制度

该制度包括：国家鼓励食品生产经营者采用信息化手段采集、留存生产经营信息，建立食品安全追溯体系，保证食品可追溯；国务院食品药品监督管理部门会同国务院农业行政等有关部门建立食品安全全程追溯协作机制。

食品生产企业应当建立食品原料、食品添加剂、食品相关产品进货查验记录制度，如实记录食品原料、食品添加剂、食品相关产品的名称、规格、数量、生产日期或者生产批号、保质期、进货日期以及供货者名称、地址、联系方式等内容，并保存相关凭证。记录和凭证保存期限不得少于产品保质期满后六个月；没有明确保质期的，保存期限不得少于二年。

(六) 食品召回制度

食品召回制度，是对不安全食品采取停止生产经营、召回、处置及其监督管理制度。不安全食品是指食品安全法律法规规定禁止生产经营的食品以及其他有证据证明可能危害人体健康的食品。该制度要求，食品生产者发现其生产的食品不符合食品安全标准或者有证据证明可能危害人体健康的，应当立即停止生产，召回已经上市销售的食品，通知相关生产经营者和消费者，并记录召回和通知情况。

食品生产经营者应当对召回的食品采取无害化处理、销毁等措施，防止其再次流入市场。但是，对因标签、标志或者说明书不符合食品安全标准而被召回的食品，食品生产者在采取补救措施且能保证食品安全的情况下可以继续销售；销售时应当向消费者明示补救措施。

食品生产经营者应当将食品召回和处理情况向所在地县级人民政府食品药品监督管理部门报告；需要对召回的食品进行无害化处理、销毁的，应当提前报告时间、地点。

(七) 食品标示制度

该制度要求，预包装食品的包装上应当有标签。标签应当标明下列事项：(1) 名称、规格、净含量、生产日期；(2) 成分或者配料表；(3) 生产者的名称、地址、联系方式；(4) 保质期；(5) 产品标准代号；(6) 贮存条件；(7) 所使用的食品添加剂在国家标准中的通用名称；(8) 生产许可证编号；(9) 法律、法规或者食品安全标准规定应当标明的其他事项。

专供婴幼儿和其他特定人群的主辅食品，其标签还应当标明主要营养成分及其含量。

食品经营者销售散装食品，应当在散装食品的容器、外包装上标明食品的名称、生产日期或者生产批号、保质期以及生产经营者名称、地址、联系方式等内容。

生产经营转基因食品应当按照规定显著标示。生产经营者对其提供的标签、说明书的内容负责。

（八）特殊食品监管制度

国家对保健食品、特殊医学用途配方食品和婴幼儿配方食品等特殊食品实行严格监督管理。

保健食品声称保健功能，应当具有科学依据，不得对人体产生急性、亚急性或者慢性危害。保健食品原料目录应当包括原料名称、用量及其对应的功效；列入保健食品原料目录的原料只能用于保健食品生产，不得用于其他食品生产。保健食品的标签、说明书不得涉及疾病预防、治疗功能，内容应当真实，与注册或者备案的内容相一致，载明适宜人群、不适宜人群、功效成分或者标志性成分及其含量等，并声明“本品不能代替药物”。保健食品的功能和成分应当与标签、说明书相一致。

特殊医学用途配方食品应当经国务院食品药品监督管理部门注册。注册时，应当提交产品配方、生产工艺、标签、说明书以及表明产品安全性、营养充足性和特殊医学用途临床效果的材料。

生产婴幼儿配方食品使用的生鲜乳、辅料等食品原料、食品添加剂等，应当符合法律、行政法规的规定和食品安全国家标准，保证婴幼儿生长发育所需的营养成分。婴幼儿配方食品生产企业应当将食品原料、食品添加剂、产品配方及标签等事项向省、自治区、直辖市人民政府食品药品监督管理部门备案。不得以分装方式生产婴幼儿配方乳粉，同一企业不得用同一配方生产不同品牌的婴幼儿配方乳粉。

（九）食品检验制度

该制度要求，食品检验机构按照国家有关认证认可的规定取得资质认定后，方可从事食品检验活动。食品检验由食品检验机构指定的检验人独立进行。检验人应当依照有关法律、法规的规定，并按照食品安全标准和检验规范对食品进行检验，尊重科学，恪守职业道德，保证出具的检验数据和结论客观、公正，不得出具虚假检验报告。食品检验实行食品检验机构与检验人负责制。食品检验报告应当加盖食品检验机构公章，并有检验人的签名或者盖章。食品检验机构和检验人对出具的食品检验报告负责。

县级以上人民政府食品药品监督管理部门应当对食品进行定期或者不定期的抽样检验，并依据有关规定公布检验结果。

（十）食品进出口监管制度

该制度要求，国家出入境检验检疫部门对进出口食品安全实施监督管理。进口的食品、食品添加剂、食品相关产品应当符合我国食品安全国家标准。进口的食品、食品添加剂应当经出入境检验检疫机构依照进出口商品检验相关法律、行政法规的规定检验合格。进口的食品、食品添加剂应当按照国家出入境检验检疫部门的要求随附合格证明材料。

境外出口商、境外生产企业应当保证向我国出口的食品、食品添加剂、食品相关产品符合我国法律、行政法规的规定和食品安全国家标准的要求，并对标签、说明书的内容负责。进口的预包装食品、食品添加剂应当有中文标签；依法应当有说明书的，还应当有中文说明书。标签、说明书应当符合本法以及我国其他有关法律、行政法规的规定和食品安全国家标准的要求，并载明食品的原产地以及境内代理商的名称、地址、联系方式。预包装食品没有中文标签、中文说明书或者标签、说明书不符合本条规定的，不得进口。

三、食品安全事故处置

食品安全事故，是指食源性疾病、食品污染等源于食品，对人体健康有危害或者可能有危害的事故。食品安全事故处置，是指通过制定和实施食品安全事故应急预案，尽量减少食品安全事故造成的危害和损失，并对食品安全事故发生原因进行调查，明确责任和处理的过程。

（一）制定食品安全事故应急预案

国务院组织制定国家食品安全事故应急预案。县级以上地方人民政府应当根据有关法律、法规的规定和上级人民政府的食品安全事故应急预案以及本行政区域的实际情况，制定本行政区域的食品安全事故应急预案，并报上一级人民政府备案。

食品安全事故应急预案应当对食品安全事故分级、事故处置组织指挥体系与职责、预防预警机制、处置程序、应急保障措施等作出规定。

食品生产经营企业应当制定食品安全事故处置方案，定期检查本企业各项食品安全防范措施的落实情况，及时消除事故隐患。

（二）防止食品安全事故扩大

发生食品安全事故的单位应当立即采取措施，防止事故扩大。事故单位和接收病人进行治疗的单位应当及时向事故发生地县级人民政府食品药品监督管理、卫生行政部门报告。接到报告的县级人民政府食品药品监督管理部门应当按照应急预案的规定向本级人民政府和上级人民政府食品药品监督管理部门报告。县级人民政府和上级人民政府食品药品监督管理部门应当按照应急预案的规定上报。任何单位和个人不得对食品安全事故隐瞒、谎报、缓报，不得隐匿、伪造、毁灭有关证据。

县级以上人民政府食品药品监督管理部门接到食品安全事故的报告后，应当立即会同同级卫生行政、质量监督、农业行政等部门进行调查处理，并采取下列措施，防止或者减轻社会危害：(1) 开展应急救援工作，组织救治因食品安全事故导致人身伤害的人员；(2) 封存可能导致食品安全事故的食品及其原料，并立即进行检验；对确认属于被污染的食品及其原料，责令食品生产经营者召回或者停止经营；(3) 封存被污染的食品相关产品，并责令进行清洗消毒；(4) 做好信息发布工作，依法对食品安全事故及其处理情况进行发布，并对可能产生的危害加以解释、说明。

（三）调查处理食品安全事故

发生食品安全事故，政府食品药品监督管理部门应当立即会同有关部门进行事故责任调查，督促有关部门履行职责，向本级人民政府和上一级人民政府食品药品监督管理部门提出事故责任调查处理报告。

涉及两个以上省、自治区、直辖市的重大食品安全事故由国务院食品药品监督管理部门依照前款规定组织事故责任调查。

调查食品安全事故，除了查明事故单位的责任，还应当查明有关监督管理部门、食品检验机构、认证机构及其工作人员的责任。

四、食品安全法律责任

为保障《食品安全法》的实施从而保证食品安全，保障公众身体健康和生命安全，《食品安全法》建立了严格的法律责任制度。

（一）加重民事赔偿责任

1. 先行赔付

消费者因不符合食品安全标准的食品受到损害的，可以向经营者要求赔偿损失，也可以向生产者要求赔偿损失。接到消费者赔偿要求的生产经营者，应当实行首负责任制，先行赔付，不得推诿；属于生产者责任的，经营者赔偿后有权向生产者追偿；属于经营者责任的，生产者赔偿后有权向经营者追偿。

2. 惩罚性赔偿

生产不符合食品安全标准的食品或者经营明知是不符合食品安全标准的食品，消费者除要求赔偿损失外，还可以向生产者或者经营者要求支付价款十倍或者损失三倍的赔偿金；增加赔偿的金额不足一千元的，为一千元。但是，食品的标签、说明书存在不影响食品安全且不会对消费者造成误导的瑕疵的除外。①

值得注意的是，即使消费者购买时明知食品存在质量问题，也不影响惩罚性赔偿的诉求。即使食品生产者、销售者提供给消费者的有质量安全问题的食品赠品是免费，但给消费者造成损害的，也应该承担赔偿责任。②

（二）加大行政处罚责任

1. 加重处罚力度

未取得食品生产经营许可从事食品生产经营活动，或者未取得食品添加剂生产许可从事食品添加剂生产活动的，没收违法所得和违法生产经营的食品、食品添加剂以及用于违法生产经营的工具、设备、原料等物品；违法生产经营的食品、食品添加剂货值金额不足一万元的，并处五万元以上十万元以下罚款；货值金额一万元以上的，并处货值金额十倍以上二十倍以下罚款。情节严重的，吊销许可证。

2. 限制市场准入

被吊销许可证的食品生产经营者及其法定代表人、直接负责的主管人员和其他直接责任人员自处罚决定作出之日起五年内不得申请食品生产经营许可，或者从事食品生产经营管理工作、担任食品生产经营企业食品安全管理人员。

3. 限制职业准入

违反食品安全法而受到开除处分的食品检验机构人员，自处分决定作出之日起十年内不得从事食品检验工作；因食品安全违法行为受到刑事处罚或者因出具虚假检验报告导致发生重大食品安全事故受到开除处分的食品检验机构人员，终身不得从事食品检验工作。食品检验机构聘用不得从事食品检验工作的人员的，由授予其资质的主管部门或者机构撤销该食品检验机构的检验资质。

---

① 《食品安全法》第 148 条。

② 《最高人民法院关于审理食品药品纠纷案件适用法律若干问题的规定》第 3 条、第 4 条。

（三）与刑事责任衔接

《食品安全法》分别规定了生产经营者、监管人员、检验人员等主体有违法行为构成犯罪的，依法追究刑事责任。与之相应，我国《刑法》规定了“生产、销售不符合安全标准的食品罪”，“生产、销售有毒、有害食品罪”和“食品监管渎职罪”。

第二节　药品管理法

药品是关系到人体健康和生命安全的一种特殊商品。药品具有以下特性：(1) 种类复杂性。全世界药品大约有 20000 余种，我国中药制剂约 5000 多种，西药制剂约 4000 多种。(2) 医用专属性。药品通常需要通过医生的检查诊断并在医生的指导下合理用药)。(3) 质量唯一性。药品的质量必须符合国家规定的标准。药品只有合格品与不合格品之分，没有优等品、次等品之分。(4) 社会公共性。在现代社会，健康权和生命权已经成为受法律保护的基本人权。药品关系到每一个人的健康。药品的社会公共性是建立全民医疗保健和医疗保险制度的依据。(5) 作用两重性。药品可以防病治病，但任何药品又有不同程度的毒副作用。对药品管理有方、用之得当，药品就能治病救人，保护健康。反之，药品则会危害人体健康和生命安全。(6) 鉴定专业性。药品质量的优劣、真伪，一般消费者难以识别。必须有专业的技术人员和专门机构，依据法定的标准，运用科学的方法和合乎要求的仪器设备，才能做出鉴定。

许多国家都十分重视对药品监管的立法和实施。国外药品监管责任主体和监管机构一般都设在卫生部门。美国、英国、德国、法国、意大利、荷兰、西班牙、希腊、澳大利亚、新西兰、日本和韩国的药品监管责任主体和监管机构都设在卫生部门。药品监管责任主体是主要承担监管法律责任的主体。在出现针对监管部门的法律诉讼时，监管责任主体通常要承担被告责任。在中央政府，药品监管责任主体一般都是卫生部长。在地方政府，药品监管责任主体通常是地方政府行政首长。药品监管机构是具体工作机构。有的国家，药品监管的具体工作机构是中央政府卫生部的一个部门。瑞士的药品监管具体工作机构是联邦卫生部的药品监管局。意大利的药品监管具体工作机构是卫生部的药物评价与监测局。有的国家药品监管具体工作机构是设在中央政府卫生部的一个具有相对独立性的机构。如美国 FDA 隶属于联邦政府健康和人类服务部，但是 FDA 又具有相对的独立性。[①]美国 1938 年制定了《食品、药品和化妆品法》。德国在 1961 年通过了《德国药品法》。日本制定了《药事法》《药师法》《医药品医疗机器综合机构设置法》等法律。根据 2005 年修订的《日本药事法》规定，药品和药事管理分为中央级，都道府县级（省级）和市、町、村级（类似我国县级）三个层次。厚生劳动省是日本负责医疗卫生和社会保障的主要部门，下属的医药食品安全局承担了药品监管的主要工作，包括临床研究、药品注册和许可等。[②]

我国药品管理法律制度由法律、法规和规章构成。1984 年制定实施了《中华人民共和国药品管理法》，此后分别在 2001 年、2015 年两次进行修改。该法共计十章 103

---

① 杜钢建：《国外药品规制与监管体制比较》，载《国家行政学院学报》2003 年第 1 期。

② 苏苗罕等：《各国药品监管体制比较研究》，载《上海食品药品监管情报研究》2009 年 12 月总第 101 期。

条。其立法宗旨是“加强药品监督管理，保证药品质量，保障人体用药安全，维护人民身体健康和用药的合法权益”。2002 年，国务院制定实施了《药品管理法实施条例》，2005 年，制定实施了《麻醉药品和精神药品管理条例》。2010 年，卫生部颁发实施了《药品不良反应报告和监测管理办法》，《药品生产质量管理规范（2010 年修订）》。2007 年，国家食品药品监督管理局发布实施了《药品注册管理办法》。2015 年，国家食品药品监督管理总局颁布实施了《药品经营质量管理规范》。

我国药品监督管理体制经历了由卫生部主管改为国家药品监督管理局主管，2003 年改为国家食品药品管理局，2013 年改为国家食品药品监督管理总局。省、自治区、直辖市人民政府药品监督管理部门负责本行政区域内的药品监督管理工作。药品监督管理部门设置或者确定的药品检验机构，承担依法实施药品审批和药品质量监督检查所需的药品检验工作。

一、基本概念与法律适用

根据我国《药品管理法》及其《实施条例》规定，以下概念的法定含义是：

药品，是指用于预防、治疗、诊断人的疾病，有目的地调节人的生理机能并规定有适应证或者功能主治、用法和用量的物质，包括中药材、中药饮片、中成药、化学原料药及其制剂、抗生素、生化药品、放射性药品、血清、疫苗、血液制品和诊断药品等。

药品合格证明和其他标识，是指药品生产批准证明文件、药品检验报告书、药品的包装、标签和说明书。

医疗机构制剂，是指医疗机构根据本单位临床需要经批准而配制、自用的固定处方制剂。

药品经营方式，是指药品批发和药品零售。

药品经营范围，是指经药品监督管理部门核准经营药品的品种类别。

药品批发企业，是指将购进的药品销售给药品生产企业、药品经营企业、医疗机构的药品经营企业。

药品零售企业，是指将购进的药品直接销售给消费者的药品经营企业。

我国《药品管理法》适用于在中华人民共和国境内从事药品的研制、生产、经营、使用和监督管理的单位或者个人。

二、药品监督管理制度

根据我国《药品管理法》及其《实施条例》规定，目前我国药品监督管理制度主要有：

1. 药品许可制度

药品许可，是指药品监督管理部门对药品生产、经营、医疗机构配制制剂的活动进行审查批准并决定是否发给相应许可证书的过程。

开办药品生产企业、药品经营企业，以及医疗机构配制制剂，均需要分别取得药品监督管理部门批准并发给《药品生产许可证》、《药品经营许可证》、《医疗机构制剂许可证》。否则不得生产药品，不得经营药品，不得配制制剂。上述《许可证》应当标明有效期和经营范围，到期重新审查发证。医疗机构配制的制剂，不得在市场销售。

2. 药品认证制度

药品认证，是指药品监督管理部门对药品研制、生产、经营、使用单位实施相应质量管理规范进行检查、评价并决定是否发给相应认证证书的过程。

药品生产企业、药品经营企业必须分别按照国务院药品监督管理部门制定的《药品生产质量管理规范》（Good Manufacture Practice，GMP）组织生产，按照《药品经营质量管理规范》（Good Supply Practice，GSP）经营药品。药品监督管理部门按照规定对药品生产企业是否符合《药品生产质量管理规范》的要求进行认证；对药品经营企业是否符合《药品经营质量管理规范》的要求进行认证。认证合格的，发给认证证书。

3. 药品标准制度

药品必须符合国家药品标准。国务院药品监督管理部门颁布的《中华人民共和国药典》和药品标准为国家药品标准。药品必须按照国家药品标准和国务院药品监督管理部门批准的生产工艺进行生产，生产记录必须完整准确。药品生产企业改变影响药品质量的生产工艺的，必须报原批准部门审核批准。中药饮片必须按照国家药品标准炮制；国家药品标准没有规定的，必须按照省、自治区、直辖市人民政府药品监督管理部门制定的炮制规范炮制。

4. 药品注册管理制度

药品注册，是指国家食品药品监督管理局根据药品注册申请人的申请，依照法定程序，对拟上市销售药品的安全性、有效性、质量可控性等进行审查，并决定是否同意其申请的审批过程。

药品注册申请包括新药申请、仿制药申请、进口药品申请及其补充申请和再注册申请。新药申请，是指未曾在中国境内上市销售的药品的注册申请。对已上市药品改变剂型、改变给药途径、增加新适应证的药品注册按照新药申请的程序申报。仿制药申请，是指生产国家食品药品监督管理局已批准上市的已有国家标准的药品的注册申请；但是生物制品按照新药申请的程序申报。进口药品申请，是指境外生产的药品在中国境内上市销售的注册申请。补充申请，是指新药申请、仿制药申请或者进口药品申请经批准后，改变、增加或者取消原批准事项或者内容的注册申请。再注册申请，是指药品批准证明文件有效期满后申请人拟继续生产或者进口该药品的注册申请。

5. 特殊药品管理制度

国家对麻醉药品、精神药品、医疗用毒性药品、放射性药品，实行特殊管理。麻醉药品，是指对中枢神经有麻醉作用，连续使用后易产生生理依赖性、能形成瘾癖的药品。精神药品是直接作用于中枢神经系统，使之极度兴奋或抑制的药品。按照从管理角度，麻醉药品和精神药品，是指列入麻醉药品目录、精神药品目录（以下称目录）的药品和其他物质。精神药品分为第一类精神药品和第二类精神药品。

6. 药品分类管理制度

国家对药品实行处方药与非处方药分类管理制度。处方药，是指凭执业医师和执业助理医师处方方可购买、调配和使用的药品。非处方药，是指由国务院药品监督管理部门公布的，不需要凭执业医师和执业助理医师处方，消费者可以自行判断、购买和使用的药品。国外称为“在柜台购买的药”（Over the Counter Drug），简称 OTC。

7. 药品标识制度

药品标识，是指包含药品名称、药品商标、药品标签、药品说明书、药品标志在内的识别文字和图形。列入国家药品标准的药品名称为药品通用名称。已经作为药品通用名称的，该名称不得作为药品商标使用。药品包装必须按照规定印有或者贴有标签并附有说明书。标签或者说明书上必须注明药品的通用名称、成分、规格、生产企业、批准文号、产品批号、生产日期、有效期、适应证或者功能主治、用法、用量、禁忌、不良反应和注意事项。麻醉药品、精神药品、医疗用毒性药品、放射性药品、外用药品和非处方药的标签，必须印有规定的标志。

8. 药品不良反应报告制度

国家实行药品不良反应报告制度。药品不良反应，是指合格药品在正常用法用量下出现的与用药目的无关的有害反应。药品生产企业、药品经营企业和医疗机构必须经常考察本单位所生产、经营、使用的药品质量、疗效和反应。发现可能与用药有关的严重不良反应，必须及时向当地省、自治区、直辖市人民政府药品监督管理部门和卫生行政部门报告。对已确认发生严重不良反应的药品，国务院或者省、自治区、直辖市人民政府的药品监督管理部门可以采取停止生产、销售、使用的紧急控制措施，并应当在五日内组织鉴定，自鉴定结论作出之日起十五日内依法作出行政处理决定。

三、监管措施与法律责任

（一）监管措施

药品监督管理部门依法有权采取如下监管措施：（1）按照法律、行政法规的规定对报经其审批的药品研制和药品的生产、经营以及医疗机构使用药品的事项进行监督检查；（2）根据监督检查的需要，可以对药品质量进行抽查检验；（3）对有证据证明可能危害人体健康的药品及其有关材料可以采取查封、扣押的行政强制措施，并作出行政处理决定；

（二）法律责任

1. 行政责任

以下违反《药品管理法》的行为应承担行政责任：（1）未取得《药品生产许可证》、《药品经营许可证》或者《医疗机构制剂许可证》生产药品、经营药品的，依法予以取缔，没收违法生产、销售的药品和违法所得，并处违法生产、销售的药品货值金额二倍以上五倍以下的罚款；（2）生产、销售假药的，没收违法生产、销售的药品和违法所得，并处违法生产、销售药品货值金额二倍以上五倍以下的罚款；有药品批准证明文件的予以撤销，并责令停产、停业整顿；情节严重的，吊销《药品生产许可证》、《药品经营许可证》或者《医疗机构制剂许可证》；（3）生产、销售劣药的，没收违法生产、销售的药品和违法所得，并处违法生产、销售药品货值金额一倍以上三倍以下的罚款；情节严重的，责令停产、停业整顿或者撤销药品批准证明文件、吊销《药品生产许可证》、《药品经营许可证》或者《医疗机构制剂许可证》；（4）药品检验机构出具虚假检验报告，不构成犯罪的，责令改正，给予警告，对单位并处三万元以上五万元以下的罚款；对直接负责的主管人员和其他直接责任人员依法给予降级、撤职、开除的处分，并处三万元以下的罚款；有违法所得的，没收违法所得；情节严重的，撤销其检验资格。药品检验机构出具的检验结果不实，造成损失的，应当承担相应的赔偿责任。

有下列情形之一的，为假药：（1）药品所含成分与国家药品标准规定的成分不符的；（2）以非药品冒充药品或者以他种药品冒充此种药品的。

有下列情形之一的药品，按假药论处：（1）国务院药品监督管理部门规定禁止使用的；（2）依照本法必须批准而未经批准生产、进口，或者依照本法必须检验而未经检验即销售的；（3）变质的；（4）被污染的；（5）使用依照本法必须取得批准文号而未取得批准文号的原料药生产的；（6）所标明的适应证或者功能主治超出规定范围的。

药品成分的含量不符合国家药品标准的，为劣药。

有下列情形之一的药品，按劣药论处：（1）未标明有效期或者更改有效期的；（2）不注明或者更改生产批号的；（3）超过有效期的；（4）直接接触药品的包装材料和容器未经批准的；（5）擅自添加着色剂、防腐剂、香料、矫味剂及辅料的；（6）其他不符合药品标准规定的。

2. 民事责任

药品的生产企业、经营企业、医疗机构违法，给药品使用者造成损害的，依法承担赔偿责任。

学习总结与拓展

【关键词】

食品　绿色食品　转基因食品　预包装食品　食品安全　食品安全事故　食品安全风险监测　食品召回制度　药品　药品批发企业　药品零售企业　药品许可　药品认证　药品注册　处方药　非处方药　药品标识

【思考题】

1. 如何理解我国《食品安全法》的适用范围？
2. 食品安全标准包括哪些内容？
3. 食品标签应当标明哪些事项？
4. 我国法律规定如何处置食品安全事故？
5. 违反《食品安全法》如何确定民事赔偿责任？
6. 如何理解《食品安全法》规定的惩罚性赔偿？
7. 我国药品监督管理制度主要有哪些？
8. 如何判断假药、劣药？
9. 保定某个体摊主炸油条坚持用一级大豆色拉油，每天都换新油，所炸油条供不应求，被誉为“油条哥”。该市20多家早餐店遂成立“放心油条”联盟，与他一起做放心油条，其效应还外溢至全省，出现了“河北省良心油条联盟”。试用《食品安全法》、《反垄断法》分析该现象，判断该“油条联盟”是否合法？
10. 2012年5月5日，皮某在幸福百货购买了由绿色食品公司生产的武陵山珍家宴煲10盒，每盒单价448元，共计支付价款4480元。每盒武陵山珍家宴煲里面有若干独立的预包装食品，分别为松茸、美味牛肝、黄牛肝、香菇片、老人头、茶树菇、青杠菌、球盖菌、东方魔汤料包等。每盒武陵山珍家宴煲产品的外包装上标注了储存方法、配方、食用方法、净含量、产品执行标准、生产许可证、生产日期、保质期以及生产厂家的地址、电话等内容，但东方魔汤料包上没有标示原始配料。绿色食品公司原以Q/LW7－2007标准作为企业的生产标准，该标准过期后未能及时对标准进行延续，仍继续在包装上标注Q/LW7－2007作为企业的产品生产标准。

原告皮某诉称，其在幸福百货购买了10盒由绿色食品公司生产的武陵山珍家宴煲，支付价款4480元。武陵山珍家宴煲中的东方魔汤料包外包装上没有标注调味包的生产标准、规格、含量和成分，因此武陵山珍家宴煲违反了食品安全法的规定，是不符合食品安全标准的产品。现原告请求法院按照《食品安全法》的规定，判令幸福百货退还原告的货款4480元，判令绿色食品公司支付购买价款十倍的赔偿金44800元。

被告幸福百货辩称，幸福百货已经严格按照相关法律规定，对生产企业的资质以及进场销售的产品进行了审查，涉案产品是合格产品。幸福百货与原告之间不存在法定或约定的解除买卖合同的事由，故原告要求幸福百货退还货款的诉讼请求不应得到支持，请求法院驳回原告的诉讼请求。

被告绿色食品公司辩称，该公司生产的武陵山珍家宴煲是符合国家食品安全标准的食品，家宴烫中的东方魔汤料包（食用菌粉包）不是国家规定的调味包，且加入量小于食品总量的25%，故不需要在汤料包上标注原始配料。原告并没有因为购买涉案产品而遭受人身、财产等实际损失，其依据《食品安全法》主张十倍赔偿金的诉讼请求没有事实依据，请求法院予以驳回。

经查，1. 绿色食品公司生产的武陵山珍家宴煲食品，未按卫生部门的通知要求进行食品安全企业标准备案，在其制定的Q/LW7－2007企业标准过期后继续执行该标准，违反食品强制性标准的有关规定；2. 该食品中东方魔汤料包属预包装食品，该食品预包装的标签上没有标明成分或者配料表以及产品标准代号，不符合食品安全法关于预包装食品标签标明事项的有关规定。

法院经审理认为，绿色食品公司生产的武陵山珍家宴煲虽然没有证据证明是质量不合格的食品，其也在外包装上标注了储存方法、配方、食用方法、净含量、产品执行标准、生产许可证、生产日期、保质期等，但其中的东方魔汤料包上没有按照食品安全法的规定标明成分或原始配料。

问：原告请求是否正当合法？被告的抗辩是否成立？

【阅读资料】

1.《中华人民共和国食品安全法》。

2.《中华人民共和国药品管理法》。

3. 杜钢建：《国外药品规制与监管体制比较》，载《国家行政学院学报》2003年第1期。

4. 史际春、蒋媛：《论食品安全卡特尔——一种食品安全法律治理的路径》，《法律与政治》2014年第8期。

5. 邓刚宏：《构建食品安全社会共治模式的法治逻辑与路径》，载《南京社会科学》2015年第2期。

6. 中国食品安全法治网 http://www.foodlaw.cn/

第十章 价格、广告法律制度

【学习提示】价格与广告，是市场经济中的重要信息和信息载体。价格行为与广告行为，是市场经济秩序中的重要部分。为保障交易公平，维护社会公共利益，应该通过法律方式对价格行为和广告活动进行规制。学习本章，要注意认识价格法、广告法的意义，了解我国法律关于价格行为、广告行为的基本规则，并学会运用这些规则来分析相关问题。

第一节 价格法

一、价格与价格法概述

（一）价格的概念

价格是商品价值的货币表现，也是反映市场配置资源状况的基本信号。价格在市场机制中发挥着关键作用。狭义的价格是指商品的价格和经营性服务的收费标准；广义的价格，一般包括商品、服务及各种生产要素的价格，如劳动力的价格——工资，资金价格——利率、汇率，金融产品价格——保险费率，证券及期货价格等。我国《价格法》调整价格是商品价格和服务价格。商品价格是指各类有形产品（如机器、房屋、粮食、服装等）和无形资产（如专利权、商标权、著作权等）的价格；服务价格是指各类有偿服务的收费。利率、汇率、保险费率、证券及期货价格，不适用《价格法》。

（二）法定价格形式

我国《价格法》规定的价格形式有市场调节价、政府指导价、政府定价。

1. 市场调节价，是指由经营者自主制定，通过市场竞争形成的价格。也就是说，市场调节价由市场起调节作用，通过经营者自主定价所体现。它是适应市场经济体制要求的基本价格形式。

2. 政府指导价，是指依照价格法规定，由政府价格主管部门或者其他有关部门，按照定价权限和范围规定基准价及其浮动幅度，指导经营者制定的价格。

3. 政府定价，是指依照价格法规定，由政府价格主管部门或者其他有关部门，按照定价权限和范围制定的价格。

政府指导价和政府定价只适用于不适宜在市场竞争中形成价格的极少数商品和服务项目；适宜于市场竞争的绝大多数商品和服务项目，实行市场调节价，由经营者依法自主定价。《价格法》将我国计划经济体制下以政府定价为主的方式改变为以经营者制定市场调节价为主的方式，这是一个明显的突破。

（三）价格法的概念及调整对象

价格法是指国家制定的与价格的调整、执行、监督有关的经济关系的法律规范的总称。它属于市场交易、市场规制法的范畴，又带有宏观调控法的色彩。价格法既是经营者进行价格行为应遵守的基本准则，也是政府对价格进行管理的依据。价格法把政府对市场的直接干预限制在必要的范围内，同时又为政府进行宏观调控提供了法律依据，以弥补市场竞争的缺陷和不足。

《中华人民共和国价格法》（简称《价格法》）由 1997 年 12 月 29 日全国人大常委会第二十九次会议审议通过，于 1998 年 5 月 1 日起实施，这是调整我国价格关系的基本法。《价格法》的配套法规、规章主要有《价格违法行为行政处罚规定》[①]《关于制止低价倾销行为的规定》[②]《禁止价格欺诈行为的规定》[③]《制止牟取暴利的暂行规定》[④]、《反价格垄断规定》[⑤] 等。

具体而言，我国《价格法》调整的对象包括以下几种价格关系：

1. 各级价格主管部门、其他有关部门和经营者之间，在制定和执行价格方针、政策和法律过程中所发生的各种关系。

2. 各级价格主管部门、其他有关部门、经营者和公民之间在制定、调整和执行商品价格和非商品收费中发生的价格关系。

3. 各级价格主管部门、其他有关部门、经营者和公民之间在价格监督和检查过程中所发生的价格关系。

4. 生产者和经营者相互之间以及他们与消费者之间因提供商品和服务而发生的价格关系。

二、经营者的价格行为

（一）经营者的价格行为概述

在市场经济体制中，价格行为向来是经营者的自主行为，由于西方国家市场发育较为成熟，其市场机制的运作所依赖的信号体系较为完善，政府一般较少涉入价格管理。当前，我国正处在社会主义市场经济体制的建立、发展时期，一方面要遵从市场先导的一般规律，明确地将绝大多数商品、服务价格划入实行市场调节的范围；另一方面则以法律手段突出加强宏观调控的政策意图，对少数商品实行政府指导价和政府定价。《价格法》第 6 条规定："商品价格和服务价格，除依照本法第十八条规定适用政府指导价或者政府定价外，实行市场调节价，由经营者依照本法自主定价。"同时，《价格法》规定了经营者定价的基本原则和定价依据，主要有四方面的要求：(1) 经营者定价，应遵

---

① 1999 年 7 月 10 日国务院批准，1999 年 8 月 1 日国家发展计划委员会发布；根据 2006 年 2 月 21 日《国务院关于修改〈价格违法行为行政处罚规定〉的决定》第一次修订；根据 2008 年 1 月 13 日《国务院关于修改〈价格违法行为行政处罚规定〉的决定》第二次修订；根据 2010 年 12 月 4 日《国务院关于修改〈价格违法行为行政处罚规定〉的决定》第三次修订。

② 1999 年 8 月 3 日国家发展计划委员会第 2 号令发布，发布之日起施行。

③ 2001 年 11 月 7 日国家发展计划委员会第 15 号令发布，2002 年 1 月 1 日起施行。

④ 1995 年 1 月 25 日国家计委发布，发布之日起实施。

⑤ 2010 年 12 月 29 日国家发展和改革委员会令第 7 号发布，自 2011 年 2 月 1 日起施行。

循公平、合法和诚实信用的原则；(2) 经营者定价的基本依据是生产经营成本和市场供求状况；(3) 经营者应当努力改进生产经营管理，降低生产经营成本，为消费者提供价格合理的商品和服务，并在市场竞争中获取合法的利润；(4) 经营者应当根据其经营条件建立、健全内部价格管理制度，准确记录与核定商品和服务的生产经营成本，不得弄虚作假。

(二) 经营者的价格权利

根据《价格法》第 11 条的规定，经营者进行价格活动，享有下列权利：

(1) 自主制定属于市场调节的价格。市场调节价的定价主体是经营者。经营者享有依法自主定价的权利，经营者可以自主决定或议定价格，自主地处分、转移自己的合法财产。可以说，对市场调节价采取的是意思自治的原则。

(2) 在政府指导价规定的幅度内制定价格。经营者对于实行政府指导价的商品和服务，在政府规定的基准价及其幅度内，有权自主制定价格。经营者虽然是定价主体，但定价的权限受到一定的限制。

(3) 制定属于政府指导价、政府定价产品范围内的新产品的试销价格。试销价格是产品试制阶段的价格。新产品一般是指在全国范围没有生产过的产品或者是在原产品基础上有实质性改进、创新的产品。试销阶段的新产品一般成本较高、生产批量小，即使是属于政府指导价、政府定价产品范围的产品，自主定价权仍然属于经营者。这是政府指导价、政府定价的一种例外情况。

并不是所有的新产品试销价格都由经营者自主确定。对关系到国计民生的某些特定新产品，其试销阶段的价格还是应当实行政府指导价或政府定价。何为"特定"新产品，由政府价格主管部门确定，但不能任意扩大解释。

(4) 检举、控告侵犯其依法自主定价权利的行为。对侵犯经营者定价权的行为，经营者可以进行检举、控告。检举、控告权，是经营者自主定价权的法律保障。

(三) 经营者的价格义务

《价格法》在赋予经营者一定价格权利的同时，还详细地规定了经营者应当履行的价格义务。归纳起来有以下几项：

1. 守法义务

《价格法》第 12 条规定："经营者进行价格活动，应当遵守法律、法规，执行依法制定的政府指导价、政府定价和法定的价格干预措施、紧急措施。"政府在必要时有权实行政府指导价和政府定价，当重要商品和服务价格显著上涨或者有可能显著上涨时，政府有权采取干预措施，当市场价格总水平出现剧烈波动等异常状况时，国务院有权采取紧急措施。在这种情况下，经营者必须服从政府指导价、政府定价和法定的价格干预措施、紧急措施。

2. 明码标价的义务

《价格法》第 13 条规定："经营者销售、收购商品和提供服务，应当按照政府价格主管部门的规定明码标价，注明商品的品名、产地、规格、等级、计价单位、价格或者服务的项目、收费标准等有关情况。经营者不得在标价之外加价出售商品，不得收取任何未予标明的费用。"这是经营者对消费者的告知义务。商品和服务的明码标价实行标价签、价目表方式。实行明码标价制度，必须做到价签、价目齐全、标价准确、字迹清晰、货签对位、一货一签、标示醒目，价格变动时应及时更换，商品价格一律使用阿拉伯数字标明人民币金额。对于少数用外币出售商品的商店、饭店，需要有一个过渡到人民币单一标价的过渡期，在此期间，可按市场汇率折算后，同时标明外币金额。

3. 不实施不正当价格行为的义务

不正当价格行为，也是一种不正当竞争行为。不仅为《价格法》所禁止，也为《反不正当竞争法》《反垄断法》所禁止。根据《价格法》以及相关部门规章的规定，经营者不得从事的不正当价格行为包括：

（1）价格联盟

《价格法》第 14 条规制的“价格联盟”，是指经营者相互串通，操纵市场价格，损害其他经营者或者消费者合法权益的行为，实际上是两个以上的经营者暗中勾结，联手操作，属于《反价格垄断规定》中的“价格垄断协议”。价格垄断协议是指在价格方面排除、限制竞争的协议、决定或者其他协同行为，包括具有竞争关系的经营者之间的横向价格垄断协议，以及经营者与交易相对人之间的纵向价格垄断协议。价格垄断协议限制了正常的价格竞争，从而损害了其他经营者的利益，同时也使消费者失去了选择机会，增加了成本支出。

（2）滥用市场支配地位的价格垄断行为

《反价格垄断规定》制止具有市场支配地位的经营者使用价格手段，排除、限制竞争。具体包括：具有市场支配地位的经营者不得以不公平的高价销售商品或者以不公平的低价购买商品；没有正当理由，不得通过设定过高的销售价格或者过低的购买价格，变相拒绝与交易相对人进行交易；没有正当理由，不得通过价格折扣等手段限定交易相对人只能与其进行交易或者只能与其指定的经营者进行交易；不得在交易时在价格之外附加不合理的费用等等。

（3）低价倾销

低价倾销是指经营者在依法降价处理鲜活商品、季节性商品、积压商品等商品外，为了排挤竞争对手或者独占市场，以低于成本的价格倾销，扰乱正常的生产经营秩序，损害国家利益或者其他经营者合法权益的行为。该种行为认定的关键是对成本的判断。根据《关于制止低价倾销行为的规定》，成本是指生产成本、经营成本。生产成本包括制造成本和由管理费用、财务费用、销售费用构成的期间费用。经营成本包括购进商品进货成本和由经营费用、管理费用、财务费用构成的流通费用。低于成本，是指经营者低于其所经营商品的合理的个别成本。在个别成本无法确认时，由政府价格主管部门按该商品行业平均成本及其下浮幅度认定。《反价格垄断规定》也禁止具有市场支配地位的经营者没有正当理由，以低于成本的价格销售商品。

（4）哄抬价格

哄抬价格是指经营者捏造、散布涨价信息，或者利用其他手段哄抬价格，推动商品价格过快、过高上涨的行为。除生产自用外，经营者超出正常的存储数量或者存储周期，大量囤积市场供应紧张、价格发生异常波动的商品，经价格主管部门告诫仍继续囤积的，也属于哄抬价格。这种行为，破坏了正常的市场价格秩序，损害了消费者的利益。

(5) 价格欺诈

价格欺诈是指经营者利用虚假的或者使人误解的价格手段，诱骗消费者或者其他经营者与其进行交易的行为。这种行为通常表现为三种方式：其一，虚假降价，即没有降价而谎称降价，如虚拟原价，在虚拟原价的基础上“降价”“打折”销售，或者伪称处理价、最低价，诱骗购买者；其二，以低价吸引购买者，最终以高价结算；其三，模糊标价，使用引人误解的语言、图形等，使购买者误认为低价、优惠价、处理价、折扣价而购买商品。这是一种故意误导行为，实际上也是一种欺诈行为。对价格欺诈行为的具体认定，适用《禁止价格欺诈行为的规定》，该规定列举了十多种价格欺诈行为。

(6) 价格歧视

价格歧视是指经营者提供相同商品或者服务，对具有同等交易条件的其他经营者进行价格歧视的行为。价格歧视实际上是一种垄断定价行为，是具有垄断优势的经营者利用优势通过差别价格获得不正当超额利润的一种价格策略。《反价格垄断行为》禁止具有市场支配地位的经营者没有正当理由，对条件相同的交易相对人在交易价格上实行差别待遇。价格歧视使具有同等条件的购买者处于不平等的地位，破坏公平交易的原则，因而是一种不正当价格行为。

(7) 不当变价

不当变价是指经营者采取抬高等级或者压低等级等手段收购、销售商品或者提供服务，变相提高或者压低价格的行为。经营者在销售商品或者提供服务时，虚拟、抬高商品或者服务的等级，变相提高价格，使购买商品或者接受服务的一方合法利益受到损害。在收购商品、接受服务时，利用优势或实施其他不正当影响，压低等级，变相压低了价格，使出卖商品或者提供服务的一方合法利益受到损害。这是不正当的价格行为。

(8) 违法暴利

违法暴利是指经营者违反法律、法规的规定牟取暴利的行为。暴利，是较短时期内获取的超过正常利润水平的巨额利润。暴利的获取有多种方式，法律禁止违法获取暴利。

(9) 法律、行政法规禁止的其他不正当价格行为。

此外，中介机构的价格行为、行业组织的价格自律也应该遵守法律的规定。《价格法》第 17 条规定：“行业组织应当遵守价格法律、法规，加强价格自律，接受政府价格主管部门的工作指导。”《反价格垄断规定》禁止行业协会制定排除、限制价格竞争的规则、决定、通知等；禁止组织经营者达成非法价格垄断协议；禁止组织经营者达成或者实施价格垄断协议的其他行为。1998 年 9 月 10 日国家经贸委颁布了《关于部分工业产品实行行业自律价的意见》，提出了实行行业自律价的产品范围是：对经济运行和行业经济效益影响大；生产集中度高；产业结构矛盾不突出的产品。包括了轿车在内的 21 种产品都可以实现行业自律价。行业自律价，是企业相互之间的价格约束，行业自律价不同于个别优势企业相互之间达成的协议性价格。协议性价格旨在避免价格竞争，通过价格同盟，共同垄断市场。行业自律价是我国由计划经济向市场经济转化的过程中出现的一种阶段性、过渡性的价格。[①]

三、政府的价格行为

政府价格行为，是指政府价格主管部门或其他有关部门，依照定价权限和范围制定政府定价与指导价的活动。

（一）政府价格行为的范围

1. 政府定价和指导价的适用范围

根据《价格法》第18条的规定，政府定价和指导价的适用范围主要包括以下五类商品和服务价格：

（1）与国民经济发展和人们生活关系重大的极少数商品价格。

与国民经济发展和人们生活关系重大的商品涉及的范围很广，不能都由政府制定指导价或由政府定价，只能是对其中最基本的，其价格变动对国民经济和人民群众生活有重大影响的极少数商品实施政府指导价或由政府定价。

（2）资源稀缺的少数商品价格。

这里所称资源是指自然资源，稀缺资源是数量有限，不能再生或难以再生的资源。资源稀缺的商品，如果其价格畸高，则增加消费者的负担；如果价格过低，则会使购买力不正常的增加，导致资源的过度消耗和浪费。因此，对资源稀缺的少数商品的价格，在必要时可以实行政府指导价或政府定价。这是国家管理资源的一种重要手段。

（3）自然垄断经营的商品价格。

自然垄断是指由于资源条件或者规模经济制约、要求而排除竞争形成的垄断。如自来水、燃气、集中供热、供电网等属于自然垄断经营。在自然垄断客观存在的基础上，如果放开价格，实行市场调节价，由于卖方垄断市场，则会导致价格上扬，形成垄断高价。因此，此类商品有必要实行政府指导价或政府定价。

（4）重要的公用事业价格。

公用事业是指为社会公众生活共同需要而经营的事业。如公共交通、邮政、自来水、电力供应等。重要公用事业的价格，直接涉及社会公共利益，而且公用事业往往存在垄断经营的情况，从维护社会整体利益出发，在必要时实行政府指导价或由政府定价。

（5）重要的公益性服务价格。

公益性服务，是指涉及公众利益，带有福利或教育性质的服务。如学校、医院、展览馆、博物馆、公园等，都属于公益性服务单位。这些单位服务，带有教育、福利性

---

① 基于行业自律价的优劣点，社会各界对其有不同的认识。有的观点对行业自律价的经济合理性及实施手段的可行性提出质疑，认为解决“过度竞争”问题应当寻求新的思路，行业自律价是与目的背道而驰的。参见吴昊、刘曼、齐志宏：《试析竞争性产业的价格自律政策》，载《长白学刊》2000年第5期。另一观点则认为，行业自律价是否会形成垄断、是否会因相互串通形成操作市场的不正当竞争行为，关键是看自律价是否在充分发扬民主的基础上制定。客观上讲，行业自律价是同类产品生产经营企业之间的相互约束，是从行业全局的利益考虑的，对内不会产生垄断。至于对外，某些生产零配件、零部件的行业协会，有可能实行全行业对外的单一价格，形成垄断状态，这种情形是应当禁止的，政府可以通过行政命令予以打破。参见李艳芳主编：《经济法案例分析》，中国人民大学出版社，第139页。

质，不宜以利润最大化为经营目标。公益性服务涉及的范围很广，对其中比较重要的服务，实行价格管理，是很有必要的。

2. 政府定价目录

《价格法》第19条第1款规定："政府指导价、政府定价的定价权限和具体适用范围，以中央的和地方的定价目录为依据。"因此，中央政府和地方政府必须依据政府定价目录制定、执行政府指导价、政府定价。

定价目录是确定和划分定价权限的书面文件，其内容包括商品品种和服务项目、定价内容、定价部门、定价形式和范围等。政府定价目录分为中央定价目录和地方定价目录。《价格法》第19条规定："中央定价目录由国务院价格主管部门制定、修订，报国务院批准后公布。地方定价目录由省、自治区、直辖市人民政府价格主管部门按照中央定价目录规定的定价权限和具体适用范围制定，经本级人民政府审核同意，报国务院价格主管部门审定后公布。省、自治区、直辖市人民政府以下各级地方人民政府不得制定定价目录。"

政府依据政府定价目录而行使政府定价权。《价格法》第20条规定："国务院价格主管部门和其他有关部门，按照中央定价目录规定的定价权限和具体适用范围制定政府指导价、政府定价；其中重要的商品和服务价格的政府指导价、政府定价，应当按照规定经国务院批准。省、自治区、直辖市人民政府价格主管部门和其他有关部门，应当按照地方定价目录规定的定价权限和具体适用范围制定在本地区执行的政府指导价、政府定价。市、县人民政府可以根据省、自治区、直辖市人民政府的授权，按照地方定价目录规定的定价权限和具体适用范围制定在本地区执行的政府指导价、政府定价。"

（二）政府价格行为的依据

政府制定政府指导价、政府定价应当依据一定的标准、程序而进行，《价格法》对政府定价的依据作了三项基本规定：

（1）政府应当依据国民经济总体状况而制定政府指导价、政府定价。《价格法》第21条规定："制定政府指导价、政府定价，应当依据有关商品或者服务的社会平均成本和市场供求状况、国民经济与社会发展要求以及社会承受能力，实行合理的购销差价、批零差价、地区差价和季节差价。"

成本有个别成本和社会平均成本之分，社会平均成本是不同经营者生产经营某种商品或提供某种服务的平均成本，社会平均成本从整体上反映了在正常生产、经营条件下的必要劳动耗费。制定政府指导价、政府定价只能以社会平均成本为依据，这样才能使价格接近价值，并鼓励、保护经营者之间的竞争。市场供求状况也是制定政府指导价、政府定价的依据。在成本确定的基础上，市场供求是影响价格围绕价值运动的决定性因素。此外，还要考虑国民经济与社会发展的要求，从价格角度鼓励、支持或限制行业、产品的发展，运用价格手段对经济结构进行调整，满足人民群众的物质文化需要，促进市场的繁荣。

（2）政府应当在调查研究的基础上制定政府指导价、政府定价。《价格法》第22条规定："政府价格主管部门和其他有关部门制定政府指导价、政府定价，应当开展价格、成本调查，听取消费者、经营者和有关方面的意见。政府价格主管部门开展对政府指导价、政府定价的价格、成本调查时，有关单位应当如实反映情况，提供必需的账簿、文件以及其他资料。”

（3）政府应当在听证的基础上制定政府指导价、政府定价。《价格法》第 23 条规定：“制定关系群众切身利益的公用事业价格、公益性服务价格、自然垄断经营的商品价格等政府指导价、政府定价，应当建立听证会制度，由政府价格主管部门主持，征求消费者、经营者和有关方面的意见，论证其必要性、可行性。”价格听证制度是价格决策民主化和科学性的体现，也是消费者直接参与政府定价的重要形式。国家发展计划委员会于 2002 年 11 月 22 日发布了《政府价格决策听证办法》。目前列入国家计委价格听证目录的价格包括：居民生活用电价格；铁路旅客运输基准票价率（软席除外）；民航旅客运输公布票价水平；电信基本业务资费中的固定电话通话费、月租费，移动电话费、月租费。

与传统的定价方式相比，实行价格听证会制度具有重要的意义：

（1）加强经营者与消费者之间的沟通与联系。听证会邀请社会各方面代表参加，特别是吸引申报方的相对方、有关用户和消费者参加，有利于沟通经营者与消费者之间的关系，加深彼此的理解，这是经济法平衡国家利益、社会利益与公民个人利益的体现。

（2）促使经营者进一步加强和改善经营管理。在价格听证会上，经营者的生产成本及生产经营现状不得不接受与会代表的共同审核、测算，经营者必须对与会代表特别是消费者代表的质询，作出明确的答复或解释。在这种受多方制约的开放式定价过程中，经营者只有加强和改善经营管理、降低生产成本，才能提高经济效益、确保合理的利润，形成科学的价格。

（3）增强了消费者对价格调整的心理承受能力。价格听证会吸纳了调价的承受方——消费者参加，消费者的意见成为政府定价的一项重要参考内容。由于消费者事先就有关价格的调整信息有所了解，并提出其相应的意见，当政府价格决策部门在综合社会各方面意见后最终所决定的价格，更能被消费者所接受。

（4）提高了政府定价的科学性、公正性、民主性。价格听证遵循“发扬民主、广开言路、实事求是、集思广益”的原则，从多方面对价格决策形成制约，对定价过程实行全程监督，以提高政府制定价格的科学性、全面性，减少盲目性、片面性。

四、价格总水平调控

（一）价格总水平的含义

价格总水平是指在一定时期内所有商品和服务价格的平均水平，价格总水平反映着总供给和总需求的关系和国民经济的基本状况。价格总水平的调控是国家通过法律、行政和经济手段对价格总水平的变动进行干预的行为。稳定市场价格总水平是国家重要的宏观经济政策目标。国家根据国民经济发展的需要和社会承受能力，确定市场价格总水平调控目标，列入国民经济和社会发展计划，并综合运用货币、财政、投资、进出口等方面的政策和措施，予以实现。

（二）价格总水平调控的手段

1. 重要商品储备制度

《价格法》第 27 条规定：“政府可以建立重要商品储备制度，设立价格调节基金，调控价格，稳定市场。”重要商品储备制度是政府为稳定、平抑重要商品市场价格水平，建立商品调节性库存，并通过吞吐库存来调控市场价格的管理制度。重要商品是指对国计民生有重要影响，经常存在供求不平衡的矛盾、产销数量比较大的商品，如棉、粮、食油、肉、蛋等。储备制度的功能在于市场出现重大的供求不平衡时，通过吞吐储备商品可以调节商品供求状况，进而影响商品价格。

2. 价格监测制度

《价格法》第 28 条规定："为适应价格调控和管理的需要，政府价格主管部门应当建立价格监测制度，对重要商品、服务价格的变动进行监测。"价格检测制度是对重要商品、服务市场价格变动的信息反馈、分析、预测的制度。价格检测制度是正确了解，及时反映市场价格变动情况，准确分析、全面掌握物价和经济形势的重要保障，是正确进行宏观决策的前提。国家计委 1994 年《城市基本生活必需品和服务收费价格检测办法》、1996 年《关于修订城市居民基本生活必需品和服务项目价格检测办法的通知》以及 1996 年《部分重要商品主产区价格检测办法》，对价格检测的范围和品种作出详细的规定。

3. 重要农产品保护价格制度

《价格法》第 29 条规定："政府在粮食等重要农产品的市场购买价格过低时，可以在收购中实行保护价格，并采取相应的经济措施保证其实现。"重要农产品保护价格，是政府为了保护农产品的生产者和消费者的利益而实行的一种最低保护价，即规定最低收购价格。这对保护生产者的积极性，保证充足的市场供应，保持市场价格的稳定，保护消费者的利益，具有重要的作用。

4. 价格干预措施

《价格法》第 30 条规定："当重要商品和服务价格显著上涨或者有可能显著上涨，国务院和省、自治区、直辖市人民政府可以对部分价格采取限定差价率或者利润率、规定限价、实行提价申报制度和调价备案制度等干预措施。省、自治区、直辖市人民政府采取前款规定的干预措施，应当报国务院备案。"控制差价率和利润率，可以控制价格的上涨；在特殊情况下规定最高限价，可以稳定价格总水平；在特殊情况下，经营者对自主定价的商品要提高价格时，应向价格主管部门申报，获得批准后才能提价；在特殊时期，由经营者自主制定的价格，要按规定向价格主管部门备案。价格干预措施是一种临时性的非常措施、应急措施，在价格趋向稳定时应解除干预措施。

5. 价格紧急措施

《价格法》第 31 条规定："当市场价格总水平出现剧烈波动等异常状态时，国务院可以在全国范围内或者部分区域内采取临时集中定价权限、部分或者全面冻结价格的紧急措施。"临时集中定价权限是将政府的定价权限集中，不是将经营者的定价权限集中，国务院可以依法将定价目录规定的政府有关部门的定价权，临时收归本级政府、上一级政府或者部门。冻结价格是一种临时性的价格管制措施，即在市场价格出现特定情况时，由国务院决定价格固定在一个数值以下，不得提高，不得随意变动。价格紧急措施也只是应急措施，在实施紧急措施的情形消除后，应当及时解除紧急措施。

五、价格监督检查

价格监督检查是指价格主管部门、各有关部门、社会团体和人民群众，对违反价格政策、法律、法规的行为所进行的监督、检查和处罚等活动的总称。包括政府监督和社会监督。

（一）政府的行政监督

政府价格主管部门通过行政执法活动，对价格进行监督检查，以保证价格法律、法规、政策的正确贯彻实施。政府价格主管部门进行价格监督检查时，可以行使下列职权：（1）询问当事人或者有关人员，并要求其提供证明材料和与价格违法行为有关的其他资料；（2）查询、复制与价格违法行为有关的账簿、单据、凭证、文件及其他资料，核对与价格违法行为有关的银行资料；（3）检查与价格违法行为有关的财物，必要时可以责令当事人暂停相关营业；（4）在证据可能灭失或者以后难以取得的情况下，可以依法先行登记保存，当事人或者有关人员不得转移、隐匿或者销毁。

在行政监督检查过程中，价格主管部门必然要接触、研究经营者与价格有关的资料，从而了解、掌握经营者的商业秘密。《价格法》第36条专门规定："政府部门价格工作人员不得将依法取得的资料或者了解的情况用于依法进行价格管理以外的任何其他目的，不得泄露当事人的商业秘密。"违反上述规定，即构成对经营者合法权益的侵犯，经营者有权要求赔偿。

（二）社会监督

《价格法》将价格的社会监督分为两类：一是群众对价格监督，二是舆论对价格监督。

（1）群众对价格监督。《价格法》第37条第1款规定："消费者组织、职工价格监督组织、居民委员会、村民委员会等组织以及消费者，有权对价格行为进行社会监督。政府价格主管部门应当充分发挥群众的价格监督作用。"

（2）舆论对价格监督。《价格法》第37条第2款规定："新闻单位有权进行价格舆论监督。"舆论监督具有公开性和广泛性，是一种重要的社会监督方式。《价格法》第38条规定了举报制度："政府价格主管部门应当建立对价格违法行为的举报制度。任何单位和个人均有权对价格违法行为进行举报。政府价格主管部门应当对举报者给予鼓励，并负责为举报者保密。"

六、违反价格法的法律责任

（一）经营者的法律责任

（1）拒不执行政府指导价、政府定价以及法定的价格干预措施、紧急措施的法律责任。《价格法》第39条规定："经营者不执行政府指导价、政府定价以及法定的价格干预措施、紧急措施的，责令改正，没收违法所得，可以并处违法所得五倍以下的罚款；没有违法所得的，可以处以罚款；情节严重的，责令停业整顿。"

（2）实施不正当价格行为的法律责任。《价格法》第40条规定："经营者有本法第十四条所列行为之一的，责令改正，没收违法所得，可以并处违法所得五倍以下的罚款；没有违法所得的，予以警告，可以并处罚款；情节严重的，责令停业整顿，或者由工商行政管理机关吊销营业执照。有关法律对本法第十四条所列行为的处罚及处罚机关另有规定的，可以依照有关法律的规定执行。"

（3）损害消费者利益的法律责任。《价格法》第41条规定："经营者因价格违法行为致使消费者或者其他经营者多付价款的，应当退还多付部分；造成损害的，应当依法承担赔偿责任。”

(4) 违反明码标价规定的法律责任。《价格法》第 42 条规定：“经营者违反明码标价规定的，责令改正，没收违法所得，可以并处五千元以下的罚款。”

(5) 拒绝暂停相关营业、违法处理依法登记保存的财物的法律责任。《价格法》第 43 条规定：“经营者被责令暂停相关营业而不停止的，或者转移、隐匿、销毁依法登记保存的财物的，处相关营业所得或者转移、隐匿、销毁的财物价值一倍以上三倍以下的罚款。”

(6) 违反配合检查义务的法律责任。《价格法》第 44 条规定：“拒绝按照规定提供监督检查所需资料或者提供虚假资料的，责令改正，予以警告；逾期不改正的，可以处以罚款。”

(二) 政府及其工作人员违反《价格法》的法律责任

(1) 越权制定价格或者不执行法定的价格干预措施、紧急措施的法律责任。《价格法》第 45 条规定：“地方各级人民政府或者各级人民政府有关部门违反本法规定，超越定价权限和范围擅自制定、调整价格或者不执行法定的价格干预措施、紧急措施的，责令改正，并可以通报批评；对直接负责的主管人员和其他直接责任人员，依法给予行政处分。”

(2) 价格工作人员泄漏国家秘密、商业秘密，滥用职权、徇私舞弊、玩忽职守、索贿受贿的法律责任。《价格法》第 46 条规定：“价格工作人员泄露国家秘密、商业秘密以及滥用职权、徇私舞弊、玩忽职守、索贿受贿，构成犯罪的，依法追究刑事责任；尚不构成犯罪的，依法给予处分。”

第二节 广告法

一、广告与广告法概述

(一) 广告的概念和分类

广告，是社会组织、国家机关、公民为了特定目的，自行承担费用并通过一定方式向广大公众告知某种信息的一种宣传方式。广告由四个基本要素形成：广告主、广告信息、广告媒体、广告费用。

广告可以从不同角度分类。根据广告的性质不同，可以分为商业广告、公益广告；根据广告的内容不同，可以分为经济广告、文化广告、社会服务广告、政府公告等；根据广告媒介不同，可以分为报刊广告、广播广告、电视广告、路牌广告、橱窗广告等；根据广告覆盖的区域不同，可以分为全国性广告、地区性广告；根据广告诉求方式不同，可以分为情感性广告、说明性广告、趣味性广告、悬念性广告等。我国广告法规制的广告是商业广告。

(二) 广告法的概念

广告法是指调整广告关系法律规范的总称。狭义的广告法，是指《中华人民共和国广告法》(以下简称《广告法》)[①]。广义的广告法除《广告法》以外，还包括有关广告的法律、行政法规、部门规章，如《广告管理条例》《广告管理条例实施细则》《户外广告登记管理规定》《烟草广告管理暂行办法》《食品广告管理办法》等等。

《广告法》调整广告监管关系。广告监管关系是政府广告监督管理机关与广告主、广告经营者、广告发布者之间因广告审查、广告设计、制作、发布行为规制过程中发生的关系。从这个意义上讲，《广告法》是商业广告监管法。

(三) 广告法的适用范围

1. 商业广告

商业广告，即经营者为实现经济目的，利用媒介，介绍商品、服务、传播商业信息的广告。《广告法》第 2 条第 1 款规定："在中华人民共和国境内，商品经营者或者服务提供者通过一定媒介和形式直接或者间接地介绍自己所推销的商品或者所提供的服务的商业广告活动，适用本法。"

商业广告具有以下特点和作用：

(1) 商业广告是经营者以营利为目的而设计、制作、发布的广告。其主要职能是促使经营者和消费者在最大、最有效的时空领域建立直接或间接的商品交换关系。这种营利的目的和动机，是商业广告与非商业广告最本质的区别。

(2) 商业广告是传播商业信息的工具。商业广告通过传播商业信息来促进建立交易关系，通过商业信息直接宣传、介绍商品和服务，宣传经营者的形象，并创造需求、刺激需求、指导消费。

(3) 商业广告是有偿传播商业信息的活动。商业广告传播的是广告主的商业信息，是为广告主经营活动服务的。在广告主、广告经营者、广告发布者之间，最终承担费用的是广告主。广告经营者收取设计、制作、代理发布等费用。广告发布者收取发布费用，即收取占用媒体空间、时间等费用。商业广告的有偿性，是区别于新闻等信息传播活动的重要标志。

(4) 商业广告通过一定媒介和形式表现出来。古代最常见的广告形式有幌子、响器和吆喝，还有一些歌谣和诗词。现代广告媒介和表现形式繁杂多样，不胜枚举。最常见的有报纸、电视、期刊、广播、网络、灯箱、旗帜等。在广告竞争中，开发新的媒体、创造新的表现形式是取胜的一个法宝。

(5) 商业广告以众多消费者为宣传对象。接受广告信息的人称为广告受众。在严格意义上，广告受众与消费者不是同一法律概念。接受广告信息的人，未必都去消费，广告受众购买商品或者接受服务，才转化为消费者。消费者权益保护法重点保护消费者，而广告法既保护广告受众，也保护消费者。商业广告以众多消费者为宣传对象，是为了影响其消费决策。因此众多消费者包括生活消费者、生产经营消费者。

(6) 商业广告是经营者进行竞争的工具。市场主体为了生存、发展，获取最大的利润，就必须进行竞争。广告宣传是竞争的一种方式。商业广告是竞争的利器和手段，通过商业广告，经营者可以建立起自己的商业信誉和商品声誉、开辟新的市场、占领原有

---

① 《广告法》于 1994 年 10 月 27 日第八届人大常委会第十次会议通过，2015 年 4 月 24 日第十二届全国人民代表大会常务委员会第十四次会议修订，自 2015 年 9 月 1 日起施行。

市场、击败竞争对手。

2. 广告活动的主体

(1) 广告主，是指为推销商品或者提供服务，自行或者委托他人设计、制作、发布广告的自然人、法人或者其他组织。

(2) 广告经营者，是指受委托提供广告设计、制作、代理服务的自然人、法人或者其他组织。

(3) 广告发布者，是指为广告主或者广告主委托的广告经营者发布广告的自然人、法人或者其他组织。

(4) 广告代言人，是指广告主以外的，在广告中以自己的名义或者形象对商品、服务作推荐、证明的自然人、法人或者其他组织。

(四) 广告法的原则

广告法的原则是广告主、广告经营者和广告发布者在从事广告活动时必须遵循的准则。我国广告法除遵循经济法的一般原则（如公平原则、诚实信用原则）外，还确立了以下原则：

(1) 真实性原则

真实性原则是广告法的核心。《广告法》第3条规定：“广告应当真实、合法，以健康的表现形式表达广告内容，符合社会主义精神文明建设和弘扬中华民族优秀传统文化的要求。”第4条规定：“广告不得含有虚假或者引人误解的内容，不得欺骗、误导消费者。广告主应当对广告内容的真实性负责。”

广告真实性的具体含义，包含以下几个方面：第一，广告所传达的商品信息与产品自身的质量、功效、作用相等。一个真实的广告除了应当符合自身的实际情况外，还应符合市场的实际情况，不应该贬低别人，夸大自己。第二，广告所承诺的利益应当与消费者购买后所得到的利益相等。这里主要是指广告对商品的功能、作用、技术水准以及服务等硬性指标的承诺是否得以兑现。第三，广告所宣传的精神利益应具有合理性。由于技术的发展及市场竞争的日趋激烈，产品之间的实体差别越来越小，消费者在消费选择时变化极大，于是从产品中派生出来的精神利益便日益为广告主所重视，并希望利用这种精神纽带带动消费者对品牌的忠实性。广告在对这种精神利益的创意和表现中，也要遵循一种合理性原则。第四，广告形式的合理性。这主要是指传达广告内容的方法手段的合理性。这些方法手段的运用是否恰当合理，直接影响到消费者对广告内容真实性的感受，这包括夸张、对比等广告创意手段的运用。符合这些标准的广告，应当认定为真实的广告。

虚假广告受到《广告法》的严格限制。所谓虚假广告，是指以虚假或者引人误解的内容欺骗、误导消费者的广告。《广告法》第28条列举了五类常见的虚假广告：(1) 商品或者服务不存在的；(2) 商品的性能、功能、产地、用途、质量、规格、成分、价格、生产者、有效期限、销售状况、曾获荣誉等信息，或者服务的内容、提供者、形式、质量、价格、销售状况、曾获荣誉等信息，以及与商品或者服务有关的允诺等信息与实际情况不符，对购买行为有实质性影响的；(3) 使用虚构、伪造或者无法验证的科研成果、统计资料、调查结果、文摘、引用语等信息作证明材料的；(4) 虚构使用商品或者接受服务的效果的；(5) 以虚假或者引人误解的内容欺骗、误导消费者的其他情形。”

（2）健康性原则

广告应当有利于引导消费者健康消费，积极生活，倡导符合我国人民共同理想的价值观和生活方式，有利于国家教育、文化、体育等社会事业的健康发展，有利于弘扬中华民族精神和民族文化，增强民族自信心和民族自豪感。《广告法》第3条要求广告的表现形式健康，第10条规定广告不得损害未成年人和残疾人的身心健康。

（3）正当竞争原则

广告本身就是广告主之间的商业竞争行为，应当符合《反不正当竞争法》《反垄断法》的基本规定。广告内容与形式均应符合正当竞争的要求，《广告法》第5条规定："广告主、广告经营者、广告发布者从事广告活动，应当遵守法律、法规，诚实信用，公平竞争。”对于比较广告这一常见的广告手法，《广告法》第13条规定：广告不得贬低其他生产经营者的商品或服务。

（4）可识别原则

商业广告作为广告主付费的关于商品或服务信息的陈述与推广，应当具有可识别性，能被广告受众所辨认。对于消费者而言，其有权知道所接受的信息背后隐藏的利益关系，正确作出消费判断，广告的可识别性便是对消费者在广告活动中相关权益保护的第一步。《广告法》第14条规定："广告应当具有可识别性，能够使消费者辨明其为广告。大众传播媒介不得以新闻报道形式变相发布广告。通过大众传播媒介发布的广告应当显著标明‘广告’，与其他非广告信息相区别，不得使消费者产生误解。广播电台、电视台发布广告，应当遵守国务院有关部门关于时长、方式的规定，并应当对广告时长作出明显提示。”

二、广告内容准则

（一）一般准则

广告一般准则，是适用于所有广告活动的规则，包含广告法确立的基本原则和广告法规定的禁止性规则。禁止性规则主要有：

（1）广告不得使用中华人民共和国的国旗、国徽、国歌、军旗、军歌、军徽。

国旗、国徽、国歌具有重大的政治意义，是国家的象征和标志，体现了国家的尊严。我国《国旗法》《国徽法》均禁止在商标和广告上使用我国国旗、国徽。同样，《义勇军进行曲》作为我国国歌，也是中华人民共和国的象征，将其用于商业广告是不严肃的行为或亵渎行为。军旗、军歌、军徽是中国人民解放军的标志，体现了军队的尊严，根据《中央军委关于军旗问题的若干规定》等规定，不得随意使用。因此，广告法明文禁止在广告中使用中华人民共和国的国旗、国徽、国歌，这里的使用既包括原封不动地照搬使用，也包括变形、剪接、剪辑后使用。

（2）广告不得使用国家机关和国家工作人员的名义或者形象。

国家机关是为实现国家职能而建立的组织，国家机关及其工作人员的公务活动体现的是国家利益，反映的是国家意志。发布为实现一定政治、社会目的的公务广告，是公务活动的一种形式。但设计、制作、发布商业广告，是经营者为获取最高利润的商业活动，若发布时使用国家机关及其工作人员的名义，容易使消费者误解，认为广告推出的商品或服务是为政府或其他国家机关所肯定、确认或推荐的。根据国家工商局对本条规定的解释[①]，其主要内容包括：①在商业广告中，不得以任何形式使用国家机关及其工作人员的名义；在非商业广告中，使用国家机关及其工作人员名义的，应事先取得被使用者的书面同意；②广告主为提高其商业信誉和社会知名度开展的活动中的广告宣传，如开业庆典，征集厂徽、厂标、产品名称、商标等，不得以任何形式使用国家机关及其工作人员的名义；③禁止使用党和国家领导人包括已故或者离任党和国家领导人的名义、言论、形象，为产品或者服务做广告。

(3) 广告不得使用"国家级""最高级""最佳"等用语。

我国《标准化法》对产品的标准分为国际标准、国家标准、行业标准、地方标准等，尚未有"国家级""最高级"等标准。"最佳""最好""顶级""顶好""最强"等属于绝对化的用语，会产生客观误导的效果，因为在技术飞速发展、产品日新月异、服务不断改良的今天，任何在广告发布时即使属于最佳、最优状态的商品或服务，都可能随时丧失这种优势；而且实践中，这种头衔往往是经营者自封的，不具有科学性和权威性。这种自封头衔的行为属于反不正当竞争法所禁止的"引人误解的虚假宣传行为"，是一种不正当竞争行为。

(4) 广告不得损害国家的尊严或者利益，泄漏国家秘密；不得妨碍社会安定，损害社会公共利益。

维护社会安定、保障社会公共利益，是法律的价值取向。当事人在发布广告和广告活动中，不得散布政治、经济和其他方面的谣言，蛊惑人心。

(5) 不得危害人身、财产安全，泄漏个人隐私。

人身权、财产权是自然人的基本民事权利，隐私权是自然人的一种人格权，都应当受到法律的保护。广告的设置、发布等广告行为，不得对他人人身、财产构成威胁，也不得侵扰他人的私生活。广告表达的内容及相关信息，不得涉及公民的隐私及个人信息，也不得擅自利用他人隐私谋取利润。

(6) 广告不得妨碍社会公共秩序和违背社会良好风尚。

良好的社会公共秩序是维持正常社会生活的必要条件。社会秩序包括交通秩序、生产秩序、生活秩序等。社会所有成员都有义务遵守社会公共秩序，经营者也不例外。社会良好风尚，可以理解为善良风俗。例如，1996 年 2 月国家工商局广告司为贯彻本条的规定，发布了"关于禁止发布有关性生活内容广告的通知"，其中规定，通过大众传播媒介或其他形式，向社会宣传性生活产品和性生活保健服务，有悖于我国的社会习俗和道德观念。因此，无论这类产品或服务是否允许生产或提供，但在广告宣传上均应严格禁止。

(7) 广告不得含有淫秽、色情、赌博、迷信、恐怖、暴力的内容。

宣扬色情（包括性骚扰、性挑逗、性服务暗示等）、不正当描绘性行为，应当被认为有淫秽的内容。鼓吹、宣扬命相、鬼神、风水，应被认为有迷信的内容。在我国，正当的宗教活动受法律保护，但应当在一定的场合和范围内进行。如"观世音菩萨"是佛教专有的形象，具有特定的宗教意义，其用于商业广告活动，超出了正常宗教活动的范

① 参见王众孚主编：《广告法律理解与适用》，工商出版社，2000 年版，第 17 页。

晦，就带有一定的迷信色彩，属于禁止的广告行为。恐怖、暴力的内容，会对人的心理带来不良甚至恶性影响，不应出现在广告中。

(8) 广告不得含有民族、种族、宗教、性别歧视的内容。

我国《宪法》第4条规定："中华人民共和国各民族一律平等"，"禁止对任何民族的歧视和压迫"。我国法律十分强调民族的平等，实践中存在民族歧视内容的广告是很罕见的。不同种族的公民在法律上也是平等的，广告中也不得有歧视内容的存在。《宪法》第36条规定："中华人民共和国公民宗教信仰自由。不得歧视信仰宗教的公民和不信仰宗教的公民。"广告中不得有贬低、蔑视宗教的内容。根据国家工商局发布的《关于加强对含有宗教内容广告管理的通知》，任何单位和个人均不得在大众传播媒介及非宗教活动场所发布有关宗教活动、宗教用品、宗教活动纪念品的广告，以及讲经、传道等为内容的图书、音像制品的广告。我国宪法确定了男女具有平等的法律地位，广告中同样不得出现性别歧视的内容。

(9) 广告不得妨碍环境和自然资源或者文化遗产保护。

我国《宪法》第26条第1款规定："国家保护和改善生活环境和生态环境，防止污染和其他公害。"第9条规定："国家保障自然资源的合理利用。""禁止任何组织或者个人用任何手段侵占或者破坏自然资源。"第22条第2款规定："国家保护名胜古迹、珍贵文物和其他重要历史文化遗产。"有的经营者擅自搞烟雾广告，污染空气；有的用高音喇叭放广告，造成噪音污染；有的擅自设置建筑物广告和路边广告，破坏了城市统一规划和美化；有的在风景名胜区设置广告牌、散发广告单等等，这些广告行为，均属于妨碍环境和自然资源保护或者文化遗产的广告，应予以禁止。

(10) 广告不得损害未成年人和残疾人的身心健康。

损害未成年人身心健康的广告，主要是指广告中含有一定误导未成年人或影响未成年人正确判断的不良内容。较之于任何其他年龄段的广告受众，未成年人更容易受到广告宣传的影响，广告法关于不得损害未成年人身心健康的规定，主要目的在于防止广告对他们产生不良心理影响，以及防止以未成年人为广告受众宣传不适于他们消费的商品和服务等。由于残疾人比常人承受更重的生存、生活和精神压力，所以法律对其给予特殊保护。残疾人对广告信息的反应可能更为敏感、更容易受到伤害、更容易被误导。这就对广告提出了特殊要求：广告应当尊重残疾人的人格尊严，不得含有歧视、侮辱残疾人的内容，不得损害残疾人的形象，不得有使残疾人产生自卑感、绝望感、厌世感的内容。《广告法》第40条规定："在针对未成年人的大众传播媒介上不得发布医疗、药品、保健食品、医疗器械、化妆品、酒类、美容广告，以及不利于未成年人身心健康的网络游戏广告。针对不满十四周岁的未成年人的商品或者服务的广告不得含有下列内容：(1) 劝诱其要求家长购买广告商品或者服务；(2) 可能引发其模仿不安全行为。"

(11) 广告内容不得引人误导。

《广告法》第8条规定："广告中对商品的性能、产地、用途、质量、价格、生产者、有效期限、允诺或者对服务的内容、形式、质量、价格、允诺等有表示的，应当准确、清楚、明白。广告中表明推销的商品或者服务附带赠送的，应当明示所附带赠送商品或者服务的品种、规格、数量、期限和方式。法律、行政法规规定广告中应当明示的内容，应当显著、清晰表示。"按照《反不正当竞争法》和《广告法》的要求，经营者应当向消费者提供有关商品或者服务的真实信息，不得作引人误解的虚假宣传。广告内容清楚、明白、正确，才能避免误导倾向。广告所占空间、时间受一定限制，不可能将所有内容都表示得十分清楚、明白，但某些关键性内容，如商品的产地、性能、用途等等，则应当作明确的交代。广告使用数据、统计资料、调查结果、文摘、引用语，应当真实、准确，并表明出处。广告中的数据等有关资料，是吸引消费者的重要因素，必须真实、准确，否则会对消费者构成误导、欺诈。隐瞒关键数据、断章取义、伪造数据等行为都是不允许的。广告中涉及专利产品或者专利方法的，应当标明专利号和专利种类。未取得专利权的，不得在广告中谎称取得专利权。禁止使用未授予专利权的专利申请和已经终止、撤销、无效的专利做广告。广告准确、真实介绍专利产品或产品使用的专利方法，也是防止误导的一个重要方面。

(12) 广告不得贬低其他生产经营者的商品或服务。

《广告法》第 13 条禁止广告贬低其他生产经营者的商品或者服务。利用广告贬低他人，是侵犯他人商业信誉、商品声誉的不正当竞争行为，也是对他人合法权益的侵犯。为《反不正当竞争法》和《广告法》所禁止。利用广告贬低他人，主要是针对同类商品、服务进行的。在比较性广告中违背事实真相或没有根据的指责他人商品、服务的缺点，都构成对他人商业信誉和商品声誉的侵犯。

(13) 广告不得有法律、行政法规规定禁止的其他情形。

如我国《人民银行法》规定，禁止在宣传品、出版物或者其他商品上非法使用人民币图样。

(二) 特殊商品或服务的广告准则

1. 对医疗、药品、医疗器械广告的禁止性规定

《广告法》第 16 条规定："医疗、药品、医疗器械广告不得有下列内容：(1) 表示功效、安全性的断言或者保证；(2) 说明治愈率或者有效率；(3) 与其他药品、医疗器械的功效和安全性或者其他医疗机构比较；(4) 利用广告代言人作推荐、证明；(5) 法律、行政法规规定禁止的其他内容。"药品广告的内容不得与国务院药品监督管理部门批准的说明书不一致，并应当显著标明禁忌、不良反应。处方药广告应当显著标明"本广告仅供医学药学专业人士阅读"，非处方药广告应当显著标明"请按药品说明书或者在药师指导下购买和使用"。推荐给个人自用的医疗器械的广告，应当显著标明"请仔细阅读产品说明书或者在医务人员的指导下购买和使用"。医疗器械产品注册证明文件中有禁忌内容、注意事项的，广告中应当显著标明"禁忌内容或者注意事项详见说明书"。《广告法》第 15 条规定："麻醉药品、精神药品、医疗用毒性药品、放射性药品等特殊药品，药品类易制毒化学品，以及戒毒治疗的药品、医疗器械和治疗方法，不得做广告。"

《广告法》第 17 条规定："除医疗、药品、医疗器械广告外，禁止其他任何广告涉及疾病治疗功能，并不得使用医疗用语或者易使推销的商品与药品、医疗器械相混淆的用语。"判断食品、酒类、化妆品广告用语是否属于医疗用语或者易与药品混淆的用语，应视其是否会产生使广告受众认为该种产品具有治疗某种（类）疾病的功效的效果而定。

2. 对特殊食品广告的特别规定

保健食品是具有调节机体功能、不以治疗疾病为目的的食品。《广告法》第18条要求保健食品广告不得含有下列内容：(1) 表示功效、安全性的断言或者保证；(2) 涉及疾病预防、治疗功能；(3) 声称或者暗示广告商品为保障健康所必需；(4) 与药品、其他保健食品进行比较；(5) 利用广告代言人作推荐、证明；(6) 法律、行政法规规定禁止的其他内容。保健食品广告应当显著标明“本品不能代替药物”。

许多研究已经证明，母乳是婴儿最理想的天然食物，母乳含有婴幼儿生长发育必需的各种营养成分。根据世界卫生组织（WHO）的推荐，为了实现最佳生长、发育和健康，婴儿在生命的最初6个月应完全接受母乳喂养，即仅食用母乳。《广告法》第20条规定：“禁止在大众传播媒介或者公共场所发布声称全部或者部分替代母乳的婴儿乳制品、饮料和其他食品广告。”

3. 对农药、兽药、饲料和饲料添加剂广告的禁止性规定

《广告法》第21条规定：“农药、兽药、饲料和饲料添加剂广告不得有下列内容：(1) 表示功效、安全性的断言或者保证；(2) 利用科研单位、学术机构、技术推广机构、行业协会或者专业人士、用户的名义或者形象作推荐、证明；(3) 说明有效率；(4) 含有违反安全使用规程的文字、语言或者画面；(5) 法律、行政法规规定禁止的其他内容。”

4. 对烟草广告的禁止性规定

烟草危害是当今世界严重的公共卫生问题之一，是人类健康所面临的最大的然而又是可以预防的危险因素。烟草广告是烟草企业促进烟草消费，鼓励吸烟的方式。因此烟草广告应当禁止。《广告法》第22条规定：“禁止在大众传播媒介或者公共场所、公共交通工具、户外发布烟草广告。禁止向未成年人发送任何形式的烟草广告。禁止利用其他商品或者服务的广告、公益广告，宣传烟草制品名称、商标、包装、装潢以及类似内容。烟草制品生产者或者销售者发布的迁址、更名、招聘等启事中，不得含有烟草制品名称、商标、包装、装潢以及类似内容。”《广告法》将烟草广告的约束范围扩大到了所有公共场所、公共交通工具和户外，尽量减少烟草广告与儿童、青少年的接触概率。《广告法》明确了烟草广告的认定标准。无论广告中是否出现了实际的烟草广告，只要含有烟草制品名称、商标、包装、装潢以及类似内容，或者客观上起到了宣传烟草制品的作用，都应认定为烟草广告。例如，旗下拥有烟草企业或与烟草制品同名的集团公司以自己的名称或商标赞助公众活动与影视剧、演出、文体比赛等，赞助宣传中只要出现了任何烟草制品名称、商标、包装、装潢以及类似内容，便应认定为烟草广告。①

5. 对酒类广告的禁止性规定

医学界普遍认为，大量饮用高度酒或者长期酗酒，可以引起急性乙醇中毒或慢性乙醇中毒，导致生理变化或营养缺乏。因此，酒类广告应当符合倡导人们健康生活的基本

① 世界卫生组织《烟草控制框架公约》2006年1月在我国正式生效。该《公约》第13条要求“各缔约方认识到广泛禁止广告、促销和赞助将减少烟草制品的消费”，并要求在《公约》生效五年内采取适宜的立法、实施、行政和其他措施，广泛禁止烟草广告、促销和赞助。我国修改后的《广告法》广泛禁止烟草广告是履行《公约》义务的体现。

准则。《广告法》第 23 条规定："酒类广告不得含有下列内容：(1) 诱导、怂恿饮酒或者宣传无节制饮酒；(2) 出现饮酒的动作；(3) 表现驾驶车、船、飞机等活动；(4) 明示或者暗示饮酒有消除紧张和焦虑、增加体力等功效。"

6. 对教育、培训广告的禁止性规定

《广告法》第 24 条规定："教育、培训广告不得含有下列内容：(1) 对升学、通过考试、获得学位学历或者合格证书，或者对教育、培训的效果作出明示或者暗示的保证性承诺；(2) 明示或者暗示有相关考试机构或者其工作人员、考试命题人员参与教育、培训；(3) 利用科研单位、学术机构、教育机构、行业协会、专业人士、受益者的名义或者形象作推荐、证明。"

7. 对招商等有投资回报预期的商品或服务广告的特别规定

《广告法》第 25 条规定："招商等有投资回报预期的商品或者服务广告，应当对可能存在的风险以及风险责任承担有合理提示或者警示，并不得含有下列内容：(1) 对未来效果、收益或者与其相关的情况作出保证性承诺，明示或者暗示保本、无风险或者保收益等，国家另有规定的除外；(2) 利用学术机构、行业协会、专业人士、受益者的名义或者形象作推荐、证明。"

8. 对房地产广告的特别规定

《广告法》第 26 条规定："房地产广告，房源信息应当真实，面积应当表明为建筑面积或者套内建筑面积，并不得含有下列内容：(1) 升值或者投资回报的承诺；(2) 以项目到达某一具体参照物的所需时间表示项目位置；(3) 违反国家有关价格管理的规定；(4) 对规划或者建设中的交通、商业、文化教育设施以及其他市政条件作误导宣传。"

9. 对农作物种子、林木种子、草种子、种畜禽、水产苗种和种养殖广告的特别规定

《广告法》第 27 条规定："农作物种子、林木种子、草种子、种畜禽、水产苗种和种养殖广告关于品种名称、生产性能、生长量或者产量、品质、抗性、特殊使用价值、经济价值、适宜种植或者养殖的范围和条件等方面的表述应当真实、清楚、明白，并不得含有下列内容：(1) 作科学上无法验证的断言；(2) 表示功效的断言或者保证；(3) 对经济效益进行分析、预测或者作保证性承诺；(4) 利用科研单位、学术机构、技术推广机构、行业协会或者专业人士、用户的名义或者形象作推荐、证明。"

10. 对网络弹窗广告的特别规定

网络已逐渐成为广告发布的重要媒介，网络广告适用《广告法》的各项规定。其中，弹窗广告是一种强势的逼迫式广告，广告受众处于被动接受的状态，当打开网页，广告弹出来时，网民如果没有掌握反弹窗的基本知识并积极防御，一般情况下无法拒绝接受。根据我国《消费者权益保护法》对经营者相关义务的规定，弹窗广告在未经消费者同意或请求的情况下，是不得向其发送的。由于普通消费者在技术上尚不足以事前防御、拦截弹窗广告，为保护其网络空间安宁权和自主选择权，《广告法》第 44 条要求"利用互联网发布、发送广告，不得影响用户正常使用网络"。针对弹窗广告等强制性推出的广告，尤其是没有明确关闭标志或者关闭标志形同虚设的情形，规定"应当显著标明关闭标志，确保一键关闭"，以最大限度保护网络消费者在收到弹窗广告时的拒绝权。

11. 对禁止生产、销售的商品和提供的服务的广告禁令

《广告法》第37条规定："法律、行政法规规定禁止生产、销售的商品或者提供的服务，以及禁止发布广告的商品或者服务，任何单位或者个人不得设计、制作、代理、发布广告。"法律法规禁止生产、销售的商品，称为禁止流转物。如迷信、淫秽物品、走私物品、假冒伪劣商品、国家明令淘汰的商品等。法律禁止从事的服务包括色情服务、赌博服务及其他有害社会公德、有害社会公共利益的服务。

三、广告行为规范

广告行为是指广告主、广告经营者、广告发布者在设计、制作、发布广告的过程中的有关行为。

（一）广告法对广告行为的基本要求

广告行为主体不得在广告活动中进行任何形式的不正当竞争。广告主委托设计、制作、发布广告，应当委托具有合法经营资格的广告经营者、广告发布者；广告经营者、广告发布者依据法律、行政法规查验有关证明文件，核对广告内容。对内容不符或者证明文件不全的广告，广告经营者不得提供设计、制作、代理服务，广告发布者不得发布。广告主、广告经营者、广告发布者均应当提供真实的证明文件和有关资料，广告行为不得侵犯他人的合法权益。

（二）广告合同

《广告法》第30条规定："广告主、广告经营者、广告发布者之间在广告活动中应当依法订立书面合同。"广告合同表明了广告活动主体之间的法律关系，是联系广告活动当事人的纽带。广告合同实际上是有关广告业务各类合同的总称，包括广告承揽合同、广告技术合同、广告委托合同、广告发布合同等。广合告同适用《合同法》的有关规定。

（三）户外广告

设置、张贴、绘制在建筑物外部、交通运输工具外部、公共场所、道路沿线的广告可称为户外广告。常见的户外广告有路牌广告、橱窗广告、灯箱广告、显示屏广告、旗帜广告、气球广告、车身广告等等。

《广告法》第42条规定："有下列情形之一的，不得设置户外广告：（1）利用交通安全设施、交通标志的；（2）影响市政公共设施、交通安全设施、交通标志使用、消防设施、消防安全标志使用的；（3）妨碍生产或者人民生活，损害市容市貌的；（4）国家机关、文物保护单位和名胜风景点的建筑控制地带，或者县级以上地方人民政府禁止设置户外广告的区域设置的。"

根据国家工商局就有关户外广告监督管理问题的解释，县级以上人民政府工商行政管理部门是广告监督管理机关，对包括户外广告在内的所有广告进行监督管理；户外广告设施是户外广告的媒体，与户外广告内容不可分割，对户外广告的管理是对户外广告整体的管理，因此，对户外广告的登记管理应当包括户外广告媒体的登记。另外，设置户外广告要占用场地或建筑物，一般来讲不能无偿使用。户外广告场地费、建筑占用费的收费标准，由当地工商管理机关会同物价、城建部门协商指定，报当地人民政府批准。户外广告的管理办法，由地方性法规、地方政府规章规定。

（四）广告代言人的行为规范

广告代言人是在商业广告中向消费者做推荐或证言的自然人、法人或者其他组织，他们利用自己的证言、外形及一定的社会知名度和美誉度，直接或间接地向消费者推销商品或服务。消费者可能会认为广告代言人反映的是非广告主一方的观点、看法、结论或经历，尤其是名人作为代言人，更容易利用自身的声望吸引受众的注意，获得受众信任，从而购买或尝试该产品或服务。《广告法》第38条对广告代言人苛以审查义务，要求"广告代言人在广告中对商品、服务作推荐、证明，应当依据事实，符合本法和有关法律、行政法规规定，并不得为其未使用过的商品或者未接受过的服务作推荐、证明"。由于十周岁以下的未成年人不具备对所代言商品或服务的认知能力，不能对所代言商品或服务的质量、性能等特点作出自己的保证，因此禁止成为广告代言人。为了打造广告代言的纯净空间，加大对代言人的市场准入条件和法律责任，广告法规定"对在虚假广告中作推荐、证明受到行政处罚未满三年的自然人、法人或者其他组织，不得利用其作为广告代言人。"

四、广告监督管理

（一）广告审查

广告审查，是指在广告发布前通过查验证明文件、核实广告内容等方式，保障广告真实、合法的措施。广告审查制度是为保证广告真实、合法而依法建立的一套完整、科学的保障体系。根据《广告法》的规定，我国目前的广告审查制度主要分为两部分，即行政性审查和广告经营单位（包括广告经营者、广告发布者）对自己所设计、制作、代理、发布的广告的自我审查。

1. 行政性审查

《广告法》第46条规定："发布医疗、药品、医疗器械、农药、兽药和保健食品广告，以及法律、行政法规规定应当进行审查的其他广告，应当在发布前由有关部门（以下称广告审查机关）对广告内容进行审查；未经审查，不得发布。"① 广告审查机关对广告的审查包括广告成品的语言、文字、画面、形象等的审查和广告表现形式的审查。广告审查的宗旨和目的为：保证广告真实、合法、科学。其审查的内容主要包括：广告主的主体资格是否合法；广告的内容是否客观、真实；广告证明文件是否齐全；广告表现形式是否合法。广告审查机关依法作出审查决定后，应及时向社会公布批准的广告。

2. 广告经营单位的自我审查

《广告法》第27条规定："广告经营者、广告发布者依据法律、行政法规查验有关证明文件，核实广告内容。对内容不实或者证明文件不全的广告，广告经营者不得提供设计、制作、代理服务，广告发布者不得发布。"为加强对广告发布活动的管理，严格执行各类广告发布标准，使广告经营单位的审查工作走向规范化、制度化，国家工商局

---

① 根据上述原则，1995年国家工商局与国务院有关部门联合制定了《药品广告审查办法》《医疗器械广告审查办法》《农药广告审查办法》《兽药广告审查办法》以及《药品广告审查标准》《医疗器械广告审查标准》《农药广告审查标准》《兽药广告审查标准》等行政规章和规范性文件，与《广告法》共同构成了对四种商品广告进行审查的法规体系。

颁布了《广告审查员管理办法》，要求各广告经营单位依法建立广告审查员制度。

（二）广告监管措施

广告审查是事前监管措施，广告监督管理则是对广告发布期间的全程监管。《广告法》第 49 条授权工商行政管理部门履行广告监督管理职责，可以行驶下列职权：（1）对涉嫌从事违法广告活动的场所实施现场检查；（2）询问涉嫌违法当事人或者其法定代表人、主要负责人和其他有关人员，对有关单位或者个人进行调查；（3）要求涉嫌违法当事人限期提供有关证明文件；（4）查阅、复制与涉嫌违法广告有关的合同、票据、账簿、广告作品和其他有关资料；（5）查封、扣押与涉嫌违法广告直接相关的广告物品、经营工具、设备等财物；（6）责令暂停发布可能造成严重后果的涉嫌违法广告；（7）法律、行政法规规定的其他职权。工商行政管理部门应当建立健全广告监测制度，完善监测措施，及时发现和依法查处违法广告行为。《广告法》第 54 条规定："消费者协会和其他消费者组织对违反本法规定，发布虚假广告侵害消费者合法权益，以及其他损害社会公共利益的行为，依法进行社会监督。"

五、违反广告法的法律责任

（一）民事责任

1. 虚假广告的民事责任。根据《广告法》第 56 条规定，虚假广告民事责任分为三种情形：

第一，广告主民事责任。违反广告法规定，发布虚假广告，欺骗和误导消费者，使购买商品或者接受服务的消费者的合法权益受到损害的，由广告主依法承担民事责任。广告经营者、广告发布者不能提供广告主的真实名称、地址和有效联系方式的，消费者可以要求广告经营者、广告发布者先行赔偿。

第二，无过错连带责任。关系消费者生命健康的商品或者服务的虚假广告，造成消费者损害的，其广告经营者、广告发布者、广告代言人应当与广告主承担连带责任。

第三，过错连带责任。其他商品或者服务的虚假广告，造成消费者损害的，其广告经营者、广告发布者、广告代言人，明知或者应知广告虚假仍设计、制作、代理、发布或者作推荐、证明的，应当与广告主承担连带责任。

2. 广告侵权行为的民事责任。根据《广告法》第 69 条的规定，广告主、广告经营者、广告发布者应对其侵权行为依法承担民事责任，这些侵权行为具体表现为：（1）在广告中损害未成年人或者残疾人的身心健康的；（2）假冒他人专利的；（3）贬低其他生产经营者的商品或者服务的；（4）广告中未经同意使用他人名义、形象的；（5）其他侵犯他人合法民事权益的。

（二）行政责任

对违反广告法律、法规的规定，设计、制作、代言、发布虚假广告、违法广告的广告主、广告经营者、广告代言人和广告发布者，由广告监督管理机关依法给予行政处罚。具有行政执法权的行政机关有工商行政管理部门、卫生行政部门、价格主管部门、新闻出版广电部门以及其他有关部门，行政责任形式包括停止发布广告、责令改正、消除影响、没收广告费用、没收违法所得、罚款、停业整顿、吊销营业执照、吊销广告发布登记证件、撤销广告审查批准文件、在一定年限内不再受理广告审查申请、吊销诊疗科目或者吊销医疗机构执业许可证、暂停媒体广告发布业务等。

(三) 刑事责任

广告主体实施违法广告行为，情节严重构成犯罪的，应当依照刑法的规定追究刑事责任。当事人在广告的设计、制作、代理服务、发布过程中，实施了危害社会的行为，构成犯罪的；拒绝、阻挠工商行政管理部门监督检查，构成犯罪的；广告审查机关对违法的广告内容作出审查批准决定，负有责任的主管人员和直接责任人员构成犯罪的；工商行政管理部门对在履行广告监测职责中发现的违法广告行为或者对经投诉、举报的违法广告行为，不依法予以查处的，负有责任的主管人员和直接责任人员构成犯罪的，工商行政管理部门和负责广告管理相关工作的有关部门的工作人员玩忽职守、滥用职权、徇私舞弊构成犯罪的，应当依法追究刑事责任。与广告活动、广告审查、广告监督管理有关的犯罪有：损害商业信誉、商品声誉罪；虚假广告罪；合同欺骗罪；非法经营罪；玩忽职守罪；滥用职权罪等。

学习总结与拓展

【关键词】

价格　市场调节价　政府指导价　政府定价　明码标价　不正当价格行为　价格欺诈　价格垄断　价格联盟　价格歧视　价格听证会　价格总水平　价格干预措施　商业广告　广告主　广告经营者　广告发布者　真实性原则　健康性原则　正当竞争原则　可识别原则　广告审查　虚假广告　广告代言人

【思考题】

1. 我国《价格法》规定的价格形式有哪些?
2. 哪些价格行为属于法律所禁止的不正当价格行为?
3. 政府定价的依据有哪些?
4. 我国《广告法》规定的原则有哪些?
5. 对烟草广告有哪些禁止性规定?
6. 我国广告一般准则有哪些?
7. 2007年，方便面中国分会多次召开价格协调会议，针对棕榈油和面粉涨价引起企业成本增加问题，商定方便面涨价的时间和实施步骤。方便面中国分会除组织、策划、协调企业商议方便面涨价幅度、步骤、时间外，还印刷会议纪要刊发，向全行业传递龙头企业上调价格的信息；通过媒体发布方便面涨价信息，致使部分地区不明真相的群众排队抢购。试从《价格法》角度评论此事件。
8. 2006年8月2日，西安市一超市以4.38元/公斤（略低于市场平均价）的价格销售鸡蛋，并规定顾客每人次限购15个鲜鸡蛋（约1公斤），引发千人排队抢购，严重扰乱了市场秩序。西安市物价局迅速派检查人员赶赴现场进行检查。检查发现，该超市在卖场标示鸡蛋“原价6.8元/公斤，现价4.38元/公斤”，而在本次促销前一天实际销售价为4.98元/公斤。问：本案中超市的行为是否违反《价格法》的规定？物价局对其行为可做何种行政处罚?

9.1996年，在某市的一家报纸上刊登了一则招生广告和简章，该广告称：某私立大学是经省教委批办的，有重点大学的多位教授任教，并可以颁发大中专毕业文凭，学生毕业后能够被推荐到公办和我国台湾某大学深造。由于该家报纸是该市的正式刊物，并享有大量的读者群，这则广告一经刊出，即引起了众多学生的关注，并吸引了290名学生报名。该校按照每年1100元的标准收费，共收得学费和其他杂费28万元。开学后，学校的实际情况与广告及招生简章多有不符，学生纷纷要求退学，并要求退还学杂费。被校方拒绝，学生遂联合向法院提起诉讼。问：本案应如何处理？

10.2003年5月8日，相城工商局执法人员在对相城区同兴堂药店检查中发现，该药店职工正在店堂内散发印刷品广告，广告所宣传的药品为河南新昌药业有限公司生产的“新昌”牌胃舒通口服液。广告内容有“胃舒通口服液由采自祁连山的名贵草药，经最新科技研制而成，安全无副作用。经临床诊断，有效率达95%以上。产品荣获国家新产品发明奖、华东地区消费者信得过产品称号”等字样。在该印刷品广告上标明“经销单位：相城区同兴堂药店等十五个单位”，但没有宣传该药店其他服务项目。药店内库存“新昌”牌胃舒通口服液25箱。经进一步调查取证，该印刷品广告由药品代理商苏州光明医药公司出资印制。问：

（1）该印刷品广告的广告主是谁？广告内容是否违法？为什么？

（2）对药店库存药品，工商部门如何处理？

（3）相城区同兴堂药店上述行为是否违法？应当如何处理？依据是什么？

【阅读资料】

1.《中华人民共和国价格法》。

2.《中华人民共和国广告法》。

3.《价格违法行为行政处罚规定》，2010年。

4.《禁止价格欺诈行为的规定》，2001年。

5.《反价格垄断规定》，2010年。

6. 于林洋：《虚假广告侵权研究》，中国检察出版社，2007年。

第十一章　会计、审计法律制度

【学习提示】会计和审计是对经济活动中的收支关系进行记录、核算、监督的方式，反映着经济关系中的重要信息，是建立规范有序经济秩序的重要保证。学习本章，要注意理解我国会计法、审计法的立法目的、基本原则、主要规范，并能够运用会计法、审计法分析相关问题。

第一节　会计法

一、会计与会计法概述

（一）会计与会计法的概念

随着人类和社会分工的发展，人们需要对劳动成果进行记录和计量，这种记录和计量逐步演变成了会计。会计是运用货币形式，通过一定的会计方法，核算和分析经济活动，反映有关主体的经营成果并传送经济信息，并使信息的使用者能据以做出有根据的判断和决策的活动。[①]会计已经成为经济生活中十分重要的内容，它不仅是企业管理和投资者进行投资决策的主要依据，也是国家进行经济管理和国家征税的重要依据。会计的基本工作任务包括会计核算和会计监督两个方面。

会计法一般有广义与狭义两种理解，狭义的会计法仅指以会计法命名的法律，而广义的会计法是指调整会计关系的法律规范的总称；会计关系是指会计机构、会计人员在办理会计事务过程中发生的经济关系，以及国家在监督管理会计工作过程中所发生的经济关系。因此会计关系既包括有关主体的内部关系，也包括国家与企业之间的关系。会计法是会计工作的基本法律依据和行为准则。会计法属于经济法体系中有机构成部分。本书所指的会计法是广义的会计法。

我国的现有会计法主要包括有 1985 年 1 月 21 日全国人大常委会制定的《中华人民共和国会计法》（1993 年、1999 年修订，以下简称《会计法》），1993 年 10 月 31 日全国人大常委会制定的《注册会计师法》（2014 年修订），1990 年 12 月 31 日国务院发布的《总会计师条例》，2000 年国务院发布的《企业财务会计报告条例》、财政部发布的《事业单位会计准则》《企业会计准则》和《企业财务通则》等。

（二）会计法的立法宗旨

我国会计法立法的宗旨在我国《会计法》中明确规定为：

① 韩灵丽：《会计法理论与实务》，立信会计出版社 2000 年 8 月版，第 2 页。

1. 规范会计行为，保证会计资料真实、完整

会计资料是指记录和反映单位实际发生的经济业务活动的专业性资料，包括会计凭证、会计账簿、财务会计报告和其他会计资料。会计行为是指以会计核算和会计监督为主要内容的会计管理工作。加强会计核算和会计监督，保证会计资料真实、完整地反映经济业务活动情况，参与经济管理和经济决策，是会计工作的基本职能。经济信息中的大多数信息都来源于会计信息，因此必须从法律高度来规范会计行为，保证会计资料的真实与完整。我国《会计法》第一条明确规定会计法的制定目的之一就是为了规范会计行为，保证会计资料的真实、完整。

2. 加强经济管理与财务管理，提高经济效益

经济管理是指运用经济的、行政的、法律的手段规范经济行为。经济管理离不开财务管理。加强经济管理与财务管理的核心是加强会计管理。会计的基本职能是依法对经济活动进行记录、核算和监督，为经济管理与财务管理提供信息。因此提高会计信息的质量，确保会计数据真实完整，是保障经济管理与财务管理不可或缺的重要环节。

3. 维护社会主义市场经济秩序

实行市场经济必须有良好的经济秩序，会计法对于保障市场经济秩序具有重要的意义。市场经济的建立需要有良好的经济秩序作保障，而良好的经济秩序的建立一方面要依靠国家的立法和执法作保障，而另一方面，也要靠全体人民、各企事业单位和其他经济组织自觉遵守法律来实现。因此有关主体遵守《会计法》对建立和完善市场经济秩序有十分重要的意义。

（三）会计法基本原则

1. 会计资料真实、完整原则

会计资料的真实完整是会计制度的基础和核心。《会计法》规定，国家机关、社会团体、企业事业单位、个体工商户、其他组织必须依法设置会计账簿，并保证其真实、完整。单位负责人对本单位的会计工作和会计资料的真实性、完整性负责。

2. 会计机构、会计人员依法进行会计核算，实行会计监督原则

依法进行会计核算和会计监督，是保障会计资料真实完整的重要途径。《会计法》规定，会计机构、会计人员依法进行会计核算，实行会计监督。任何单位或者个人不得以任何方式授意、指使、强令会计机构、会计人员伪造、变造会计凭证、会计账簿和其他会计资料，提供虚假财务会计报告。任何单位或者个人不得对依法履行职责、抵制违反本法规定行为的会计人员实行打击报复。

3. 会计工作分级管理原则

根据《会计法》规定，国务院财政部门主管全国的会计工作。县级以上地方各级人民政府财政部门管理本行政区域内的会计工作。

4. 国家实行统一会计制度原则

国家统一的会计制度，是指国务院财政部门根据《会计法》制定的关于会计核算、会计监督、会计机构和会计人员以及会计工作管理的制度。包括规章和规范性文件。会计规章是根据《立法法》规定的程序，由财政部制定，并由部长签署命令予以公布的制度办法。如《事业单位会计准则》《企业会计准则》等。会计规范性文件是指主管全国会计工作的行政部门即国务院财政部门制定并发布的各种核算制度及办法，如《事业单

位会计制度》《企业会计制度》等。统一会计制度是办理会计事务、统计会计信息、进行税收计征的基础。

（四）会计法的适用范围

根据1999年修订的《会计法》，其适用范围包括国家机关、社会团体、企业、事业单位和其他组织。个体工商户会计管理的具体办法，由国务院财政部门根据《会计法》的原则另行规定。

（五）《会计准则》与《会计法》的关系

《会计准则》与《会计法》的关系是具体与抽象、特殊与一般的关系。《会计准则》的制定必须以《会计法》和其他相关法律的规定为基础。《会计准则》是会计法律规范的具体化，是会计法律规范的体现和具体运用。而《会计法》的执行又需要《会计准则》来具体化。在一定的程度上要认定某项会计行为违法，往往需要会计准则作为尺度来衡量。

（1）从内容上比较，《会计法》比《会计准则》的内容抽象和原则化，具有普遍适用的意义；而《会计准则》的规定往往比较具体，更具有可操作性，它是对某一具体的会计造作或某一会计行为进行的具体规范。

（2）从法律效力来比较，《会计法》的效力高于《会计准则》的效力。在国际上，会计准则多由会计师协会等民间组织来制定，其适用的效力是由其公认性和权威性来保障的，而不具有国家强制力的特征。在我国《会计准则》是由财政部颁布的，因此其法律效力比《会计法》低。

（3）从稳定性方面来比较，《会计法》在内容和形式上都较《会计准则》更为稳定，由于《会计准则》规定的是具体的会计行为，因此，它会随着经济的发展不断进行适时的修改和补充。

二、会计机构和会计人员

为了保障会计信息的真实与完整，就必须从会计工作制度和会计工作人员方面来加以保障。由此而形成了会计法对会计机构和会计人员的法律规定。

（一）会计机构

会计机构是指单位内部设立的专门从事会计核算工作的部门，它由专业人员所组成，如单位内部的会计科或者财务处等。会计机构的设立是会计信息真实完整的基本组织保障。如果单位的规模小不具备单独设立会计机构的条件，也应当配备专职的会计人员。不具备设立条件的，应当委托经批准设立从事会计代理记账业务的中介机构代理记账。国有的和国有资产占控股地位或者主导地位的大、中型企业必须设置总会计师。①

会计机构具有以下特点：

（1）专门性，会计机构是为专门从事会计核算和会计管理所设立的机构。

（2）专业性，会计机构具有相对稳定的人员配备，其组成人员具有专业知识，具有从事会计工作的资格和能力。

（3）内部性，会计机构属于单位的内部机构，不能单独对外进行法律行为，其对外

---

① 《会计法》第36条。

进行代表单位的活动必须获得单位的授权。

（二）会计人员

会计人员是指具有会计上岗资格并专门从事具体会计工作的操作者和执行者。我国法律规定从事会计工作的人员，必须取得会计从业资格证书。[①]会计人员的工作责任心、工作能力和守法性直接关系到会计信息的质量。因此会计法必须建立会计人员准入制度和会计人员工作制度以及会计人员的相互监督制度和回避制度。

会计人员一般包括：会计机构的负责人或会计主管人员，出纳人员，会计核算人员，会计稽核人员，会计档案管理人员。

出纳人员不得兼任稽核、会计档案保管和收入、支出、费用、债权债务账目的登记工作。

因有提供虚假财务会计报告，做假账，隐匿或者故意销毁会计凭证、会计账簿、财务会计报告，贪污，挪用公款，职务侵占等与会计职务有关的违法行为被依法追究刑事责任的人员，不得取得或者重新取得会计从业资格证书。[②]

（三）会计机构和会计人员的主要职责

按照会计法的规定从事会计核算；按照会计法的规定从事会计监督；拟定单位办理会计事务的具体办法；参与单位拟定经济计划、业务计划、考核、分析预算、财务计划等；办理其他会计事务。

1. 法定代表人的职责

单位负责人应当保证会计信息的真实与完整。否则将会承担会计信息失真的法律责任。

2. 会计人员的职责

1996年6月17日财政部颁发的《会计基础工作规范》对会计人员的工作规范作了具体而明确的规定：会计人员对发生的每一项经济业务必须取得或填写原始凭证；会计人员要根据审核无误的原始凭证填写记账凭证；会计人员要严格审核会计凭证，对记载不正确、不完整、不符合规定的凭证，应当退回；对于伪造、涂改或经济业务不合法的凭证，应当拒绝受理并及时报告领导处理；会计人员要根据审核无误的会计凭证登记账簿；会计人员必须按照规定编制会计报表，做到数字真实，计算准确，内容完整，说明清楚，报送及时，任何人都不得窜改。会计人员要按照上级关于会计档案管理办法的规定和要求，对本单位的各种会计凭证、会计账簿、会计报表、财务计划、单位预算和重要的经济合同等会计资料，定期收集，审查核对，整理立卷，编制成册，指定专人管理；会计人员交接时必须办理交接手续。没有办理交接手续的不得离职。移交后如果发现原经管的会计业务有违反财会制度和财经纪律的，仍由原移交人负责。

会计工作人员要遵守会计职业道德规范。会计职业的道德规范要求会计人员在日常工作中自觉地维护国家利益、社会利益、整体利益和长远利益；要求会计人员遵纪守法；要求会计人员实事求是。

---

① 《会计法》第38条。

② 《会计法》第40条。

（四）总会计师

总会计师是国有大中型企业（事业单位和业务主管部门根据需要，经批准可以设置总会计师）设置的单位行政领导成员，专门负责组织领导本单位的财务管理、成本管理、预算管理、会计核算和会计监督等方面工作，参与本单位重要经济问题的分析和决策。总会计师协助单位主要领导的工作，直接对单位主要行政领导负责。总会计师主管审批财务收支。其主要工作是：编制和执行预算、财务收支计划、信贷计划，拟订资金筹措和使用的方案；进行成本费用的预算分析和考核，督促降低成本费用，提高经济效益；建立健全经济核算制度，利用财务会计资料进行经济活动的分析；承办单位主要领导人交办的其他事项。

（五）注册会计师

注册会计师是依法取得注册会计师证书并接受委托从事审计和会计咨询、会计服务业务的执业人员。我国法律规定，注册会计师承办以下审计业务：(1) 审查企业会计报表，出具审计报告；(2) 验证企业资本，出具验资报告；(3) 办理企业合并、分立、清算事宜中的审计业务，出具有关的报告；(4) 法律、行政法规规定的其他审计业务。注册会计师依法执行审计业务出具的报告，具有证明效力。此外，注册会计师还可以承办会计咨询和会计服务业务。注册会计师作为一种职业会计师已成为经济管理工作中的中坚力量，被誉为“政府不花钱的经济警察”。①注册会计师是会计信息质量保障体系中十分重要的一环。

三、会计核算与会计监督

（一）会计核算

1. 会计科目

会计核算从设置会计账户开始，会计主体需要根据会计制度和会计主体生产经营的特点来设置会计科目。

(1) 会计科目的意义

会计科目是对会计对象具体内容进行分类核算的项目。会计对象是指经济活动中资金的运动，资金的运动是由于各种各样的经济业务的发生而产生的，经济业务的发生会涉及资产、负债、所有者权益、收入、费用、利润等会计要素的变化。这些会计要素仅仅是概括地反映了会计对象，为了全面、系统、清晰地反映和监督各项经济活动以及由此而引起的会计诸要素增减变化，就必须对会计要素下的不同项目在反映和监督时再进行分类，这种分类是通过设置会计科目而进行的。在实践中会计科目是填制会计凭证、记账和编制会计报表的基础。

(2) 会计科目的分类

根据“资产=负债+所有者权益”，一般会计科目的分类方法及其所分类别主要有五大类，即资产类、负债类、所有者权益类、成本类、损益类会计科目；另外根据核算对象的详细程度不同，又把会计科目分成一级科目、二级科目和三级科目。

---

① 韩灵丽：《会计法》，立信会计出版社 2000 年版，第 51 页。

2. 账户

会计科目虽然是对会计对象具体内容进行分类核算的依据，但是不能反映经济业务发生后引起的会计要素的增减变化和结果。为了进一步提供经济管理所需要的核算资料，还必须依据规定的会计科目开设账户，以便对经济业务进行连续、系统、综合的记录。账户由名称和结构两部分构成。账户的名称就是会计科目，用于区别其他账户；账户的结构是指账户包括哪些栏目以及各栏目应登记的内容。其结构中包括两部分，一部分记录增加数，另一部分记录减少数。账户记载的增加和减少不仅一目了然，而且便于对账户中的两部分进行合计，得出净发生额和余额。①

3. 会计核算的内容

会计核算是会计工作的基本任务之一。会计核算的具体对象有以下七个方面②：

（1）货币资金的收付

货币资金的会计核算十分重要，应分成现金、银行存款及其他货币资金来分别核算。

（2）财物的收发、增减和使用

财物是指单位拥有或能控制的能用货币计量的各项资产。具体包括固定资产、流动资产、无形资产、长期投资等。

（3）债权债务的发生和结算

主要包括短期借款、应收票据、预收账款、应付工资、应交税金等结算。

（4）资本、基金的增减

资本又叫所有者权益，是指投资人对企业的净资产所享有的所有权。具体包括实收资本、公积金、未分配利润等项目。基金是指机关等事业单位某些特定用途的资金，具体包括的项目有事业发展基金、集体福利基金、后备基金等。

（5）收入、费用、成本的计算

收入、成本及费用是单位资金运用的直接表现，必须进行会计核算。

（6）财务成果的计算和处理

财务成果是指单位一定期间内经济活动的最终成果，必须进行会计核算。

（7）其他需要办理会计手续，进行会计核算的事项。

4. 会计年度和记账本位币

经济活动具有连续性，但是会计核算并不能等到经济活动结束之后来进行。为了及时计算和反映单位的经济活动，有必要将连续不断的经济活动过程人为地划分为一定的期间，作为会计核算的期间。这种人为的分期就是会计期间。会计期间的划分对会计核

---

① 会计记账采取借贷记账法。借贷记账法是以“借”、“贷”为记账符号，以“资产=负债+所有者权益”的会计等式为理论依据，以“有借必有贷，借贷必相等”为记账规则的一种科学复式记账法。借贷记账法的账户基本结构分为左、右两方，左方称之为借方，右方称之为贷方。“借”、“贷”二字最初的含义同债权和债务有关。随着商品经济的发展，借贷记账法得到广泛的运用，记账对象不再局限于债权、债务关系，而是扩大到要记录财产物资增减变化和计算经营损益，其表示的内容包括全部经济活动资金运动变化的来龙去脉。“贷”字表示资金运动的“起点”（出发点），即表示会计主体所拥有的资金（某一具体财产物资的货币表现）的“来龙”（资金从哪里来）；“借”字表示资金运动的“驻点”（即短暂停留点，因资金运动在理论上没有终点），即表示会计主体所拥有的资金的“去脉”（资金的用途、去向或存在形态）。

② 《会计法》第10条。

算具有重要的影响。有了会计期间才能区分本期与非本期，才产生权责发生制与收付实现制等收入确认、折旧的计算等问题，才有了记账的基准。如果将会计期间设定为一年，这就是会计年度。我国会计法规定会计年度采用公历年度，即从公历 1 月 1 日起到 12 月 31 日止。

货币是衡量商品价值的共同尺度。会计主体的经济活动可能会涉及多种货币，为了能够在会计核算上反映以各类货币计价的经济往来，需要选用一种统一的货币作为记账货币，这种货币被称为本位币。我国规定境内的会计主体在进行会计核算中一律以法定货币人民币作为记账的本位币，在境外设立的企业一般以当地的货币进行日常的会计核算，但是在向国内报送财务报告时应当折合为人民币，以人民币来反映经营的成果和财务情况。

5. 对会计核算的要求

在会计核算中，必须按照国家统一的会计制度的规定对会计凭证、会计账簿和其他会计资料的要求进行核算。

会计凭证是记录经济业务发生和完成，明确经济责任的书面证明，也是登记会计账簿的依据，可以分成原始凭证和记账凭证。

会计账簿是由一定格式、相互连接的账页组成以会计凭证为依据，全面、连续、系统记录经济业务的簿册。

会计工作的目标是为了提供会计信息，使各类会计信息的使用者了解会计主体的经营情况，并据以做出相应的决策。会计凭证和会计账簿都不能直接提供信息给有关人员，因此各单位应当按照法律的规定编制财务报告。

财务报告是以货币为计量单位，把日常会计核算资料，通过整理、分析，按照一定的规则综合为一个完整的指标体系，来总括反映一个会计主体在一定的时期内的财务状况和经营成果的一种书面报告。主要包括资产负债表、损益表、财务状况变动表等。财务报告的制作必须符合国家的法律规定。一般要求符合统一的格式；内容应当完整、准确，报告的制作应当依据登记完整、核对无误的会计账簿记录和其他有关资料来编制，应当做到数字真实、计算准确、内容完整、说明清楚。报告应当对应一致、相互衔接，各报表之间以及报表的各项内容之间应当相互衔接和对应，采用的会计处理方法应当前后一致，不得随意变更。单位负责人应当对财务报告的真实性、合法性、完整性承担法律责任。

6. 会计电算化

会计电算化是利用计算机对会计信息进行处理和管理，即利用计算机代替人工记账、算账、报账及完成对会计信息的处理、分析和判断。为了规范会计电算化，我国有关部门制定了有关的法律规范，具体有财政部在 1994 年制定的《会计电算化管理办法》《商品化会计核算软件评审规则》和《会计核算软件基本功能规范》。采用电算化时必须依照这些规定来执行。

（二）会计监督

1. 会计监督的基本内容

为了保障会计信息的真实、完整，除了对会计信息的产生规定必要的统一规则和制度而外，还要对规则制度的遵守和执行进行有效的监督。会计监督包括政府部门的会计监督、单位内部的会计监督、社会会计监督和对会计档案的管理四方面组成。单位内部的会计监督的范围包括：

(1) 会计机构、会计人员对不真实、不合法的原始凭证，不予受理；对记载不准确、不完整的原始凭证予以退回，要求更正、补充。

(2) 会计机构和会计人员发现账簿记录与实物、账款不符时，应当按规定处理；无权自行处理的，应当向本单位领导汇报，请求查明原因，做出处理。

(3) 会计机构、会计人员对违法的收支，不予办理。

(4) 对单位的预算、财务计划、经济计划、业务计划的执行情况进行监督。

2. 单位内部会计监督的要求

单位的内部会计监督必须符合下列要求：

(1) 明确会计记账人员与经济业务事项和会计事项的审批人员、经办人员、财物保管人员的职责权限，并相互分离、相互制约。

(2) 重大对外投资、资产处理、资金调度和其他重要经济业务的决策和执行的相互监督与相互制约。

(3) 明确财产清查的范围、期限和组织程序。

(4) 明确对会计资料进行定期内部审计的办法和程序。

(5) 出纳不得监管稽核、会计档案的保管和收入、费用、债权债务账目的登记。

(6) 实行国家预算拨款的国家机关、企事业单位的财务人员的回避制度。

3. 内外会计监督相结合

各单位的会计机构和会计人员要对本单位的会计工作进行监督，除此而外，单位的会计工作还要接受财政、审计、税务机关的监督，如实提供会计凭证、账簿、会计报表，不得拒绝、隐匿、谎报。

任何单位和个人对违反《会计法》和国家统一的会计制度规定的行为，有权进行检举。

依照法律规定必须经注册会计师审计的单位，应当如实提供有关资料进行审计。任何单位和个人不得以任何方式要求或者示意注册会计师及其所在的会计师事务所出具不实或者不当的审计报告。财政部门有权对会计师事务所出具审计报告的程序和内容进行监督。

财政部门对各单位的会计凭证、会计账簿、财务报告和其他会计资料的真实完整以及合法性进行监督。监督部门对于在监督检查中知悉的国家秘密和商业秘密负有保密的义务。

四、违反《会计法》的法律责任

(一) 违反会计核算应当承担的法律责任

单位领导人、会计人员违反《会计法》关于会计核算的规定，情节严重的，给予行政处分。

(二) 故意造假的法律责任

单位领导人、会计人员和其他人员伪造、变造、故意毁灭会计凭证、会计账簿、会计报表和其他会计资料，或者利用虚假的会计凭证、会计账簿、其他会计资料偷税或者损害国家利益、社会公众利益的，由财政、审计机关或其他主管部门依法处理，构成犯罪的依法追究刑事责任。

（三）违反会计监督的法律责任

会计人员对不真实、不合法的原始凭证予以受理，或者对违法的收支不向单位领导人提出书面的意见，或者对严重违法损害国家和社会公众利益的行为不向主管单位或者财政、审计、税务机关报告，情节严重的，给予行政处分；给公私财产造成重大损失，构成犯罪的，依法追究刑事责任。单位领导人接到会计人员的书面意见之后，对违法收支决定予以办理或者无正当理由逾期不做出处理决定，造成严重后果的，给予行政处分；给公私财产造成重大损失，构成犯罪的，依法追究刑事责任。

（四）对会计人员打击报复的法律责任

单位领导和其他人员对依法履行职责的会计人员进行打击报复的，给予行政处分；构成犯罪的，依法追究刑事责任。

第二节　审计法

一、审计与审计法概述

（一）审计的概念和特征

审计是管理监督经济活动的重要手段。审计的原意是指详细审查会计账目，审核稽查计算。审计必须具备五个方面的要素，即审计的参与方、审计的依据、审计的对象、审计的方法和审计的目的。[①]在我国，审计是指审计机关依法独立检查被审计单位的会计凭证、会计账簿、会计报表以及其他与财政收支、财务收支有关的资料和资产，监督财政收支、财务收支真实、合法和效益的行为。

审计是一种经济监督手段，具有间接性、独立性、权威性、建设性等特点。间接性是指审计不直接干预被审计单位的经济活动，而只是对被审计单位进行监督；独立性是指审计机关依法独立行使监督权，不受干涉；权威性是指审计机关与被审计单位之间没有行政上的任何领导或管理关系，因而审计的结果具有客观性和公正性，从而使得审计的结果具有权威性；建设性是指审计的结论不仅仅是评判性的，而且通过行使审计监督职能，可以纠正违法行为，挽回国家财产损失，堵塞经济漏洞，改进和完善经济管理措施。

（二）审计的职能

1. 监督的职能。监督职能是审计最原始和最基本的职能。审计的监督职能是指审计机构对被审计的单位的经济活动和会计资料进行监督和检查。

2. 评价的职能。它是指审计机构和审计人员依据一定的标准对被审计单位进行审计，其审计结果是对被审计单位的经济活动和会计工作的评价。

（三）《审计法》的概念和《审计法》的渊源

《审计法》是调整审计关系的法律规范的总称。审计关系是指发生于审计机关与被

---

① 于庆华主编：《审计法概述》，中国政法大学出版社 1994 年版，第 14 页。

审计单位之间的一种特殊的社会关系，审计关系的本质是审计机关独立检查被审计单位的有关会计资料和会计处理是否符合法律规定。

我国审计法的渊源主要有：（1）宪法。我国宪法中明确规定国务院设立审计机关，对国务院各部门和地方政府的财政收支，对国家的财政金融机构和事业组织的财务收支，进行审计监督；宪法中还规定县级以上的各级地方政府设立审计机关。（2）审计法律。我国于 1994 年 8 月 31 日制定了《中华人民共和国审计法》（2006 年 2 月 28 日修改，以下简称《审计法》），它是审计工作的基本法律依据，它以法律的形式确定了审计工作的地位、任务和作用，规定了审计工作的基本准则。（3）审计行政法规。国务院 1997 年发布了《审计法实施条例》（2010 年修订）；（4）审计规章。如审计署 2010 年发布《中华人民共和国国家审计准则》，2012 年发布《审计机关审计档案管理规定》等。（5）审计规范性文件。如《党政主要领导干部和国有企业领导人员经济责任审计规定》及其《实施细则》；此外，还有地方性审计法规和地方政府审计规章。

审计必须依据一定的标准来进行，这种审计的标准就叫审计准则。审计准则有政府审计准则、民间审计准则和内部审计准则。我国现行的政府审计准则是 2010 年 9 月 1 日审计署发布的《中华人民共和国国家审计准则》，该准则是规范审计机关及其审计人员依法办理审计事项时应当遵循的行为规范，是衡量审计质量的基本尺度。民间审计准则是中国注册会计师协会拟订的《中国注册会计师独立审计准则》。[①] 内部审计准则如 1997 年发布的《教育系统审计准则》，2014 年中国内部审计协会发布《中国内部审计准则》等。

（四）审计的作用

审计的作用表现：（1）通过审计纠正和防止违规财务行为，维护国家财政经济秩序；（2）通过审计监督财政资金的正当使用，提高财政资金使用效益；（3）通过审计发现和查处违法犯罪行为，促进廉政建设，保障国民经济健康发展。

---

① 中国注册会计师协会拟订了一系列《中国注册会计师独立审计准则》，包括《中国注册会计师独立审计准则序言》《独立审计基本准则》《独立审计具体准则第 1 号－会计报表审计》《独立审计具体准则第 2 号－审计业务约定书》《独立审计具体准则第 3 号－审计计划》《独立审计具体准则第 4 号－审计抽样》《独立审计具体准则第 6 号－审计证据》《独立审计具体准则第 6 号－审计工作底稿》《独立审计具体准则第 7 号－审计报告》《独立审计实务公告第 1 号－验资》，《独立审计具体准则第 8 号—错误与舞弊》《独立审计具体准则第 9 号—内部控制与审计风险》《独立审计具体准则第 10 号—审计重要性》《独立审计具体准则第 11 号—分析性复核》《独立审计具体准则第 12 号—利用专家的工作》《独立审计具体准则第 13 号—利用其他注册会计师的工作》《独立审计具体准则第 14 号—期初余额》《独立审计具体准则第 15 号—期后事项》《独立审计实务公告第 2 号—管理建议书》《独立审计实务公告第 3 号—小规模企业审计的特殊考虑》《独立审计实务公告第 4 号—盈利预测审核》《中国注册会计师独立审计准则》，包括《独立审计具体准则第 16 号—关联方及其交易》《独立审计具体准则第 17 号—持续经营》《独立审计具体准则第 18 号—违反法规行为》《独立审计具体准则第 19 号—与已审计会计报表一同披露的其他信息》《独立审计具体准则第 20 号—计算机信息系统环境下的审计》《独立审计具体准则第 21 号—了解被审计单位情况》《独立审计具体准则第 22 号—考虑内部审计工作》《独立审计具体准则第 23 号—管理当局声明》《独立审计具体准则第 24 号—与管理当局的沟通》《独立审计具体准则第 25 号—会计估计》《独立审计具体准则第 26 号—存货监盘》《独立审计具体准则第 27 号—函证》《独立审计具体准则第 28 号—前后任注册会计师的沟通》等。

二、审计体系与审计人员

（一）审计体系

我国的审计体系是由国家审计部门、内部审计机构和社会审计机构三者有机结合起来的一个体系。

1. 国家审计机关

国家审计机关是代表国家行使审计监督权的法定机关，国家审计机关实行双重领导机制，即对本级政府和上一级审计机关负责并报告工作。我国 1983 年成立的国家审计署是我国的最高审计机关，它在国务院的领导下组织领导全国的审计工作。审计署设审计长一名，由国务院总理提名，全国人大决定，国家主席任命。县级以上各级人民政府设立审计局，负责其行政管辖范围之内的审计工作。审计人员是国家的工作人员，应当具备审计的专业知识和业务素质。国家实行审计人员专业技术资格制度。

2. 内部审计机构

内部审计机构是各单位根据需要设置的对本单位的经济活动和会计工作进行监督的内部机构。内部审计是我国审计体系的有机构成部分，它是搞好国家审计的基础。我国审计法规定有关单位应当依法建立健全单位内部审计制度。[①] 各部门、国有的金融机构和企业事业组织的内部审计应当接受审计机关的业务指导和监督。

3. 社会审计机构

社会审计机构是指依法组建的有权从事审计工作的一些中介机构，如注册会计师事务所和审计师事务所等。这些机构必须具有一定数量的有从事审计工作资格和能力的工作人员，并且要依法办理登记手续。社会审计机构实行有偿服务、自收自支、独立核算。社会审计机构的审计活动不是依职权而产生，而是依委托而产生。

（二）审计人员

审计人员是从事审计工作的专业人员。审计人员应当具备与其从事的审计工作相适应的专业知识和业务能力。审计人员办理审计事项，与被审计单位或者审计事项有利害关系的，应当回避。审计人员对其在执行职务中知悉的国家秘密和被审计单位的商业秘密，负有保密的义务。审计人员依法执行职务，受法律保护。任何组织和个人不得拒绝、阻碍审计人员依法执行职务，不打击报复审计人员。审计机关负责人依照法定程序任免。审计机关负责人没有违法失职或者其他不符合任职条件的情况的，不得随意撤换。

（三）审计制度的内容

1. 审计的主体。国务院和县级以上各级地方政府设立的审计机关是行使审计权的主体。

2. 审计的对象。审计的对象主要包括国务院各部门和地方各级政府及其各部门的财政收支，国有金融机构和企业事业单位的财务开支，以及其他依法应当接受审计的财政收支、财务收支，都应当进行审计。[②]

---

① 《审计法》第 29 条。

② 《审计法》第 2 条。

3. 审计目标。审计机关对上述财政收支或者财务收支的真实性、合法性和效益，提出审计意见，依法进行检查和监督。审计的任务包括财政财务审计、效益审计、领导人任期经济责任审计、违纪审计等。

4. 审计的依据。审计机关审计的依据是国家的法律法规和国家有关财政收支、财务收支的规定，这是审计评价的处理、处罚的依据。

三、审计机关的职责与审计程序

（一）审计事项

审计机关的审计事项主要包括以下内容：

1. 中央预算的执行情况和其他财政收支，同级政府预算的执行情况；
2. 本级政府各部门和下级政府预算的执行情况和决算，以及预算外资金的管理和使用情况；
3. 中央银行财务收支，国家金融机构的资产、负债和损益情况；
4. 事业单位的财务收支情况；
5. 国有企业的资产、负债以及损益情况；
6. 国家建设项目预算的执行情况和决算；
7. 政府部门管理的或者社会团体受政府委托管理的社会保障基金、环境保护资金、社会捐赠资金的财务收支；
8. 国际组织和外国政府援助、贷款项目的财务收支等。

《审计法》所称财政收支，是指依照《中华人民共和国预算法》和国家其他有关规定，纳入预算管理的收入和支出，以及下列财政资金中未纳入预算管理的收入和支出：(1) 行政事业性收费；(2) 国有资源、国有资产收入；(3) 应当上缴的国有资本经营收益；(4) 政府举借债务筹措的资金；(5) 其他未纳入预算管理的财政资金。

《审计法》所称财务收支，是指国有的金融机构、企业事业组织以及依法应当接受审计机关审计监督的其他单位，按照国家财务会计制度的规定，实行会计核算的各项收入和支出。

（二）审计管辖范围

审计机关根据被审计单位的财政、财务隶属关系，确定审计管辖范围；不能根据财政、财务隶属关系确定审计管辖范围的，根据国有资产管理关系，确定审计管辖范围。两个或两个以上国有资产投资主体投资的企业事业单位，由对主要投资主体有审计管辖权的审计机关进行审计。各级审计机关应当按照确定的审计管辖范围进行审计监督和专项审计调查。审计机关之间对审计管辖范围有争议的，由其共同的上级审计机关确定。

（三）审计机关的职权

1. 检查调查权。审计机关有权对被审计单位的会计凭证、会计账簿、会计报告以及其他与财政、财务收支有关的资料进行检查；有权要求被审计单位报送预算或财务收支计划、预算执行情况、决算、财务报告、社会审计机构出具的审计报告以及其他与财政、财务收支有关的资料；有权就有关问题向有关单位和个人进行调查并取得证明材料；有权查询被审计单位在金融机构的账户；有权查询被审计单位以个人名义在金融机构的存款。

2 处理权。审计机关对于被审计单位的违法收支有权制止；有权封存有关资料和违反国家规定取得的资产；对被审计单位正在进行的违反国家规定的财政收支、财务收支行为，有权予以制止；制止无效的，有权通知财政部门和有关主管部门暂停拨付与违反国家规定的财政收支、财务收支行为直接有关的款项。审计机关有权向社会或政府有关部门公布审计结果。

3 建议权。审计机关认为被审计单位所执行的上级主管部门有关财政收支、财务收支的规定与法律、行政法规相抵触的，应当建议有关主管部门纠正；有关主管部门不纠正的，审计机关应当提请有权处理的机关依法处理。

（四）审计程序

第一，审计机关应当根据法律、法规和国家其他有关规定，按照本级人民政府和上级审计机关的要求，确定年度审计工作重点，编制年度审计项目计划。

第二，向被审计单位送达审计通知书，审计机关根据审计项目计划确定的审计事项组成审计组，并应当在实施审计 3 日前，向被审计单位送达审计通知书。遇有特殊情况，经本级人民政府批准，审计机关可以直接持审计通知书实施审计。被审计单位应当配合审计机关的工作，并提供必要的工作条件。

第三，派审计组对审计事项进行审计，审计人员通过审查会计凭证、会计账簿、财务会计报告，查阅与审计事项有关的文件、资料，检查现金、实物、有价证券，向有关单位和个人调查等方式进行审计，并取得证明材料。审计人员向有关单位和个人进行调查时，应当出示审计人员的工作证件和审计通知书副本。

第四，审计组向审计机关提出审计报告，审计组的审计报告报送审计机关前，应当征求被审计对象的意见。被审计对象应当自接到审计组的审计报告之日起十日内，将其书面意见送交审计组。审计组应当将被审计对象的书面意见一并报送审计机关。

第五，审计机关按照审计署规定的程序对审计组的审计报告进行审议，并对被审计对象对审计组的审计报告提出的意见一并研究后，提出审计机关的审计报告；对违反国家规定的财政收支、财务收支行为，依法应当给予处理、处罚的，在法定职权范围内做出审计决定或者向有关主管机关提出处理、处罚的意见。审计机关应当将审计机关的审计报告和审计决定送达被审计单位和有关主管机关、单位。审计决定自送达之日起生效。

第六，被审计单位对审计机关就预算执行情况和财政收支情况进行审计监督作出的审计决定不服的，可以自审计决定送达之日起 60 日内，提请审计机关的本级人民政府裁决，本级人民政府的裁决为最终决定。裁决由本级人民政府法制机构办理，自接到提请之日起 60 日内作出。裁决期间，审计决定不停止执行。但是，有下列情形之一的，可以停止执行：（1）审计机关认为需要停止执行的；（2）受理裁决的人民政府认为需要停止执行的；（3）被审计单位申请停止执行，受理裁决的人民政府认为其要求合理，决定停止执行的。

被审计单位对审计机关作出的对违反国家规定的财政收支、财务收支行为，依法应当给予处理、处罚的审计决定不服的，可以依法申请行政复议或者提起行政诉讼。

第七，被审计单位应当将审计决定执行情况书面报告审计机关。审计机关应当检查审计决定的执行情况。被审计单位不执行审计决定的，审计机关应当责令限期执行；逾期仍不执行的，审计机关可以申请人民法院强制执行，建议有关主管机关、单位对直接负责的主管人员和其他直接责任人员给予处分。

四、违反审计法的法律责任

（一）被审计单位及其有关人员的法律责任

被审计单位违反审计法规定，拒绝或者拖延提供与审计事项有关的资料的，或者拒绝、阻碍检查的，审计机关责令改正，可以通报批评，给予警告；拒不改正的，可对被审计单位处以5万元以下罚款。审计机关发现被审计单位违反审计法规定，转移、隐匿、篡改、毁弃会计凭证、会计账簿、会计报表以及其他与财政收支或者财务收支有关的资料的，有权予以制止。审计机关认为对负有直接责任的主管人员和其他直接责任人员依法应当给予行政处分的，应当提出给予行政处分的建议，被审计单位或者其上级机关、监察机关应当依法及时做出决定。构成犯罪的，由司法机关依法追究刑事责任；

被审计单位违反审计法规定，转移、隐匿违法取得的资产的，审计机关、人民政府或者有关主管部门在法定职权范围内有权予以制止，或者申请法院采取保全措施。被审计单位有上述行为，审计机关认为对负有直接责任的主管人员和其他直接责任人员依法应当给予行政处分的，应当提出给予行政处分的建议，被审计单位或者其上级机关、监察机关应当依法及时作出决定；构成犯罪的，由司法机关依法追究刑事责任。对被审计单位违反国家规定的财务收支行为，由审计机关在法定职权范围内责令改正，给予警告，通报批评，有违法所得的，处以违法所得1倍以上5倍以下的罚款；没有违法所得的，处以5万元以下的罚款。对被审计单位违反国家规定的财政收支、财务收支行为负有直接责任的主管人员和其他直接责任人员，审计机关认为依法应当给予行政处分的，应当提出给予行政处分的建议，被审计单位或者其上级机关、监察机关应当依法及时做出决定。

（二）审计人员的法律责任

审计人员滥用职权、徇私舞弊、玩忽职守或者泄露所知悉的国家秘密、商业秘密的，依法给予处分；构成犯罪的，依法追究刑事责任。审计人员违法违纪取得的财物，依法予以追缴、没收或者责令退赔。

学习总结与拓展

【关键词】

会计　会计法　会计准则　会计核算　会计监督　会计人员　会计资料　会计报表　会计凭证　会计科目　会计年度　记账本位币　总会计师　审计　审计法　审计机关　审计人员　审计事项　财政收支　财务收支　检查调查权　建议权　处理权　审计决定

【思考题】

1. 我国《会计法》的基本原则有哪些？
2. 会计核算的内容有哪些？

3. 审计有何意义?

4. 审计机关的审计事项有哪些?

5. 分析审计决定的法律效力

6. 天力公司内部机构调整:会计李某负责会计档案保管工作,调离会计工作岗位,离岗前与接替者王某在财务科长的监交下办妥了会计工作交接手续。李某负责会计档案工作后,公司档案管理部门会同财务科将已到期会计资料编造清册,报请公司负责人批准后,由李某自行销毁。年底,财政部门对该公司进行检查时,发现该公司原会计李某所记的账目中有会计作假行为,而接替者王某在会计交接时并未发现这一问题。财政部门在调查时,原会计李某说,已经办理会计交接手续,现任会计王某和财务科长均在移交清册上签了字,自己不再承担任何责任。根据《会计法》有关规定,回答下列问题:

(1) 公司销毁档案是否符合规定?

(2) 公司负责人是否对会计作假行为承担责任?简要说明理由。

(3) 原会计李某的说法是否正确?简要说明理由。

7. 2005 年,A 公司由于经营管理和市场方面的原因,经营业绩滑坡,需向银行贷款。A 公司的主要负责人张三便要求公司财务负责人李四对该年度的财务数据进行调整,增加企业利润以助于公司的形象改进。李四组织公司会计人员王五以虚做营业额、隐瞒费用和成本开支等方法调整了公司财务数据。A 公司根据调整后的财务资料,于 2005 年 10 月贷款成功。根据上述资料,试分析回答下列问题:

(1) 指出哪些当事人存在何种违法行为?哪些当事人违反了哪些会计职业道德要求?

(2) 哪些单位或部门可以对相关当事人进行何种处理?并说明理由。

8. 2003 年 4 月,某市财政局派出检查组对市属某国有钢铁厂的会计工作进行检查。检查中了解到以下情况:(1) 2002 年 3 月,新厂长刘某上任后,将其朋友的女儿小林调入该厂会计科任出纳,兼管会计档案保管工作,小林没有取得会计从业资格证书。(2) 2002 年 4 月,会计张某申请调离该厂,厂人事部门在其没有办清会计工作交接手续的情况下,即为其办理调动手续。(3) 2001 年 1 月,该厂档案科会同会计科编制会计档案销毁清册。经厂长签字后,按规定进行了监销。经查实,销毁的会计档案中有一些是保管期满但未结清的债权债务原始凭证。请指出上述情况中哪些行为不符合法律规定,并说明理由。

9. 上海沪陈灯具制造有限公司是国家建设项目——临海市政广场灯具照明工程的承揽方。2005 年 4 月和 2006 年 4 月,临海市审计局先后两次向上海沪陈灯具公司发出《审计通知书》,该公司以自己是合资企业不是国家审计的监督对象、自己已向临海市有关国有中介机构提供了资料等为由,拒绝配合审计调查、拒不提供审计资料。2006 年 7 月 5 日,临海市审计局依据《审计法》及其实施条例的规定,对上海沪陈灯具制造有限公司作出罚款 4.8 万元的行政处罚。该公司不服,提起上诉,并由此引发了行政处罚诉讼案件。对该案法院应当如何判决?为什么?

10. 某县审计局对该县的国有某制药厂进行财务审计,最终作出了该药厂某些经济活动的会计记载不真实的审计结论,并作出了相应的审计处理决定,包括对该药厂处以罚款 10 万元。县政府在得知这一情况后,以制药厂是本县的利税大户为由,出面要求审计局取消对制药厂的处罚。审计局予以拒绝。于是县政府宣布免去审计局长的职务，并任命了新的局长。试对本案中县政府的做法依法进行评析。

【阅读资料】

1.《中华人民共和国会计法》。

2.《企业会计准则》《企业财务通则》《事业单位会计准则》。

3.《中华人民共和国审计法》。

4.《中华人民共和国审计法实施条例》。

5.《中华人民共和国审计准则》

6. 国务院法制办公室编：《中华人民共和国会计法注解与配套》，中国法制出版社，2008 年。

7. 韩灵丽：《会计法理论与实务》，立信会计出版社，2000 年。

第三编　宏观调控法律制度

导　言

1936年，英国经济学家凯恩斯发表了《就业、利息和货币的通论》，西方经济学界将其影响称为“凯恩斯革命”。[①]这一方面是由于凯恩斯开创了宏观经济分析，另一方面由此提出了国家干预经济的理论，而这种理论的确帮助了处于危机中的资本主义社会得以复苏。凯恩斯的智慧使得微观经济与宏观经济的区分开始明朗起来并发现了其间不同的机理。

微观经济学常被定义为研究有限的资源如何在相抗衡的各种目标之间进行配置，也即个人和他们所组成的社会如何在这些目标之间进行选择的学科。[②]微观经济学研究在市场经济中的个人、家庭、企业等个体的行为选择原理和变量关系，其基本原理是通过假设理性经济人在完全竞争中的行为选择来分析达成个体帕累托最优的条件，因而市场机制是微观经济的基本机制。宏观经济学是从整体上考察国民经济运行及其规律的一门学科，它研究经济总量的决定要素及其变动规律，并在此基础上研究解决社会总体经济的问题。宏观经济学研究市场经济中的总量关系，如反映经济活动总量和总水平的国内生产总值GDP、国民生产总值GNP、消费者物价指数（CPI）、生产者物价指数(PPI)、失业率、储蓄率、货币供应量、同比环比增长速度，反映经济结构的产业结构和产业链、投资结构、市场结构、消费结构、劳动力结构等。

如果将上述情况置于经济法学背景下，微观经济学研究的对象可以成为经济法中市场规制法的基础，宏观经济学研究的对象则可以成为宏观调控法的基础。虽然，我们都知道微观经济与宏观经济并非截然分开，而是相互关联。但是作为问题研究和法律规范，是可以有所侧重。其实宏观经济调控的原因也在于市场机制本身的局限，那就是经济周期与经济危机导致的经济失衡和崩溃。

宏观经济调控，是指政府为实现社会总需求与社会总供给之间的平衡，保证国民经济持续、稳定、协调增长，而运用经济的、行政的和法律的手段对社会经济运行的调节与控制。宏观经济调控有如下特点：第一，宏观经济调控的基本目标是社会经济均衡、协调、持续发展。第二，宏观经济调控的主体是政府；第三，宏观经济调控作为政府对整个国民经济综合的总量的调控，其调控手段必然是综合性的，既包括产业政策、财政

---

① 约翰·梅纳德·凯恩斯（John Maynard Keynes1883－1946），现代经济学最有影响的经济学家之一，他创立的宏观经济学与弗洛伊德所创的精神分析法和爱因斯坦发现的相对论一起并称为20世纪人类知识界的三大革命。

② ［美］罗伯特·考特 托马斯·尤伦：《法和经济学》，张军等译，上海三联书店、上海人民出版社，1994年12月版，第21页。

政策、货币政策等经济政策，也包括计划、特许、准入等行政措施。

为实现宏观经济调控的目标，需要规范政府的调控行为，也需要将经济政策与行政措施的形成和实施过程纳入法制轨道，以避免不当调控。如此，宏观调控法就成为逻辑的必然。然而，由于宏观经济调控对象和调控机制本身的复杂性和不确定性，因而宏观调控法必然会不同于以任意性和强制性规范为构成的传统法律调整机制，而会结合采取倡导性、指引性规范来达成法律调整的效果。

目前，我国的宏观调控法的内容、体系、方法以及救济途径等都尚在探索发展中，还没有形成诸如德国《经济稳定与增长促进法》之类的法律。但是，在我国经济发展与宏观调控当中，也逐步制定了财政政策、货币政策和产业政策并发挥作用，对于国民经济有重大影响的国家预算、财政税收、金融监管、国有资产等方面，也形成了有关法律制度。这些都需要我们学习、思考、总结和发展。

列入本编的预算法、政府采购法、税收实体法、税收征收管理法、中央银行法、商业银行法、银行业监督管理法、外汇管理法、国有资产监管法等法律规范，是与我国宏观经济调控有密切联系的法律，构成目前我国宏观调控法的主要内容。此外，产业政策法、计划法、经济增长与促进法等，也应该属于宏观调控法的范围，但目前尚未制定，因而没有纳入本编。

对宏观调控法律制度的学习，需要有一定经济学知识，还需有要关注国家经济政策和社会经济发展中有重大影响事件的意识，再从经济法的角度来分析解读这些社会经济现象，就会在学习中逐渐找到感觉。

第十二章　财政法律制度

【学习提示】财政活动是国家为了实现其职能而参与社会产品分配和再分配的活动。财政具有收入分配、资源配置和调控经济的职能。财政法是宏观调控法律制度的重要组成部分。学习本章，要注意思考财政与宏观经济运行的关系，了解我国预算法、政府采购法的基本规则，并能够运用这些基本规则分析相关法律问题。

第一节　财政与财政法概述

一、财政的一般原理

（一）财政的概念

财政是为了满足国家实现其职能的需要而进行的以国家为主体的分配活动及其所体现的分配关系。① 国家财政包括财政收入和财政支出两个方面。财政收入，是指政府为履行其职能、实施公共政策和提供公共物品与服务需要而筹集的一切资金的总和。财政支出，是指政府为提供公共产品和服务，满足社会共同需要而进行的财政资金的支付。在我国，国家财政分为中央财政和地方财政。

（二）财政的基本特征

1. 公共性。国家实现职能的目的是满足社会公共需要，现代财政是公共财政。凡不属于或不能纳入社会公共需要领域的事项，财政就不去介入；凡属于或可以纳入社会公共需要领域的事项，财政就应该介入。

2. 非营利性。在市场经济条件下，政府作为社会管理者，其行动的动机不是也不能是取得相应的报偿或盈利，而只能以追求和实现公共利益为己任。财政收入的取得，要建立在为满足社会公共需要而筹集资金的基础上；财政支出的安排，要始终以满足社会公共需要为宗旨。

3. 法治性。财政分配的强制性来源于法律，财政收入、财政支出行为要在法律规范之下进行，不允许有法外行为。

（三）财政的功能

1. 收入分配的职能。财政的收入分配职能是通过财政收入和财政支出来实现。财政收入是维持国家运行的保障，财政支出是实现国家职能的方式。国家在这种分配中遵循公平与效率兼顾原则。

---

① 刘剑文主编：《财政税收法》，法律出版社 1997 年版，第 3 页。

2. 资源配置的职能。财政资源配置的作用是通过税收、预算支出、国债、转移支付等财政手段来实现。财政资源配置主要包括两个方面：其一是对社会公共需求的满足，保障公共品供应；二是对经济增长的促进，鼓励投资和消费。

3. 宏观调控的职能。财政的宏观调控是指国家财政在参与社会产品的分配和再分配时，通过财政方式调整经济结构和经济总量的变化，从而对国民经济运行状况进行引导、调节和控制。

二、财政法概述

（一）财政法的概念和调整对象

财政法是调整国家财政收入和财政支出关系的法律规范总称。包括：第一，财政收支实体关系；第二，财政收支程序关系；第三，财政收支监督关系。

（二）财政法的特征

1. 财政法具有公法性质。财政法律关系的主体主要是国家，财政法的目的是保障国家运行需要的物质条件、满足社会公共利益需要，因此，财政法具有公法属性。

2. 财政法以财政收支为规范对象。其规范对象包括预算、税收、国债、政府采购、转移支付等财政收支活动。

3. 财政法是财政法律法规的集合。由于财政收支关系的复杂性，财政法的表现形式也具有多样性，我国目前的财政法是包括有关财政的法律、法规、规章的集合。

（三）财政法的作用

1. 财政法是规范政府收支的法律依据

预算法、税法、政府采购法等财政法律为政府财政收入和支出提供了行为规范。

2. 财政法为调节社会分配，调控经济运行提供法律措施。

财政法通过确定财政收入的来源和财政支出的范围，具有调节社会分配的效果，同时也影响着国民经济的运行。

3. 财政法是监督财政活动，维护财经秩序的重要机制

财政法规范财政活动，使得一切财政活动都有法可依，通过法律中规定的监督程序和方法发挥财政监督的作用，有利于维护财经秩序。

（四）财政法的体系

财政法的体系是指由多个财政法律、法规所组成的有机联系的统一整体。我国现行财政法是由宪法规定、预算法、税法、政府采购法、转移支付法、① 财政监督法②等构成体系。

---

① 我国目前转移支付规范，主要体现为国务院制定的规范性文件，如《关于改革和完善中央对地方转移支付制度的意见》，财政部制定的规范性文件，如《革命老区转移支付资金管理办法》以及地方政府制定的规范性文件，如《铜陵市财政转移支付资金管理暂行办法》等。

② 我国目前财政监督法，主要体现为《审计法》，国务院制定的行政法规《财政违法行为处罚处分条例》，财政部制定的规章，如《财政监督检查案件移送办法》，财政部制定的规范性文件，如《关于加强财政监督基础工作和基层建设的若干意见》等，此外还有地方性法规，如《四川省财政监督条例》等。

第二节　预算法

一、预算与预算法概述

（一）预算的概念

预算（Budget）的一般含义是特定主体对未来一定时期的收入和支出的计划。这里所讲的预算是国家预算，国家预算是按照法定程序编制、审查和批准的国家年度财政收支计划，它规定国家财政收入的来源和数量、财政支出的各项用途和数量，反映着国家政策、政府活动的范围和方向，也是国家对宏观经济调控的重要手段。

（二）国家预算的组成

国家预算的组成，是指国家预算层级结构及其组成内容。

1. 国家预算层级结构。我国实行一级政府一级预算，设立中央，省、自治区、直辖市，设区的市、自治州，县、自治县、不设区的市、市辖区，乡、民族乡、镇五级预算。

2. 国家预算组成内容。国家预算由中央预算和地方预算所组成。中央预算是由中央各部门的预算所组成，中央各部门是指与财政部直接发生预算缴款、拨款关系的国家机关、军队、政党组织和社会团体以及有拨款关系的事业单位。中央预算应当包括地方向中央上缴的和中央向地方返还或者给予补助的数额。地方预算由各省、自治区、直辖市总预算组成，包括省级预算、市级预算、县级预算和乡级预算。地方各级预算由本级政府预算和汇总的下级总预算组成。

（三）国家预算的原则

1. 公开性原则，公开性原则是指国家预算必须经过权力机关的审查批准，并以一定的方式向社会公布，使政府的预算收支活动置于社会的监督之下。

2. 真实性原则，是指国家的预算数字必须真实、准确、符合实际。

3. 完整性原则，是指国家预算应当包括全部财政收支，反映全部财政活动。不应有预算规定外的财政收支，也不应有预算规定外的财政活动。

4. 统一性原则，是指各级预算应当按照统一的要求和程序来计算和编制，任何机构的收支都要列入预算，所有地方预算和中央预算一起共同组成统一的国家预算。

5. 年度性原则，是指国家预算必须按照预算年度编制，不应当把本年度以外的财政收入列入本年度的预算之中。

（四）国家预算的类型

依据预算的形式，可以把预算分成单式预算和复式预算。单式预算是指在预算年度内将全部的国家财政收支汇集编入统一的总预算内，即国家的财政收支计划通过统一的一个计划表格来反映。复式预算是在一个预算年度内，将全部的国家预算收支按照经济性质进行分类，分别编制成两个或两个以上的预算，即国家的财政收支计划通过两个或两个以上的表格来反映。

依据预算的内容，可以把国家预算分成增量预算和零基预算。增量预算是指财政收支计划指标是在以前财政年度的基础上按照新的财政年度的经济发展情况加以调整之后确定的。零基预算是指财政收支计划指标的确定，只以社会经济的发展计划为依据，不考虑以前的财政收支状况。

（五）预算法的概念

预算法是调整国家在进行预算资金的筹集和取得、使用和分配、监督和管理等过程中所发生的社会关系的法律规范的总称。

预算法的调整对象是在国家进行预算资金的筹集、分配、使用和管理的过程中发生的经济关系，简称预算关系。它包括预算实体关系和预算程序关系两个方面。

预算法是财政法的核心，因为预算编制、预算收支、预算审批和决算等活动直接影响着财政收支的形成。《中华人民共和国预算法》（以下简称《预算法》）由第八届全国人民代表大会第二次会议于1994年3月22日通过，自1995年1月1日起施行。第十二届全国人民代表大会常务委员会第十次会议在2014年8月31日表决通过了《修改〈预算法〉的决定》，修改后的《预算法》于2015年1月1日起施行。

（六）预算法的作用

1. 规范政府收支行为，强化预算约束。预算草案经人民代表大会批准即具有法律效力，必须认真组织实施，非经法定程序，不得擅自改变预算。

2. 规范预算管理程序，建立全面规范、公开透明的预算制度。

3. 加强预算管理和监督，保障经济社会的健康发展。

二、预算管理职权

明确划分国家各级权力机关、各级政府、各级财政部门以及各部门、各单位在预算管理中的职权，是保障严格依法管理预算的前提条件，也是保障各级预算编制、预算审批、预算执行、预算调整、决算等各个环节纳入法制化、规范化管理轨道的必要措施。根据统一领导，分级管理、责权相结合的原则，预算法对预算管理的职权作了明确的划分。

（一）各级权力机关的预算管理职权

1. 全国人大及其常委会的预算管理职权

全国人大是国家的最高权力机关，实施预算管理是全国人大的一项基本职权。依据我国《预算法》的规定，全国人大的预算管理职权主要有：(1) 审查权，审查中央和地方预算草案以及中央和地方预算执行情况的报告；(2) 批准权，批准中央预算和预算执行情况的报告；(3) 变更撤销权，改变或撤销全国人大常委会关于预算、决算的不适当的决议。

全国人大常委会的预算管理职权主要有：(1) 监督权，监督中央和地方的预算执行；(2) 审批权，审查和批准中央预算的调整方案，审查和批准中央决算；(3) 撤销权，撤销国务院制定的同宪法和法律相抵触的关于预算、决算的行政法规、决定和命令，撤销省、市、直辖市人大及其常委会制定的同宪法和法律以及行政法规相抵触的关于预算、决算的地方性法规和决议。

2. 地方各级人大和常委会的预算管理职权

地方各级人大是地方的各级权力机关。依据我国预算法的规定，县级以上的地方各级人大在预算管理中的职权主要有：(1) 审查权，审查本级总预算草案以及本级总预算执行情况的报告;(2)批准权,批准本级预算和本级预算执行情况的报告;(3)变更、撤销权,改变或撤销本级人大常委会关于预算、决算的不适当的决议,撤销本级政府关于预算、决算的不适当的决定和命令。县级以上地方各级人大常委会对预算的管理职权主要有:(1)监督权,监督本级总预算的执行;(2)审批权,审查和批准本级政府和下级人大及其常委会关于预算、决算的不适当的决定、命令和决议。

根据我国宪法的规定,乡、民族乡和镇一级人大不设常委会,其预算管理职权由人大直接行使。其主要管理职权有审批权、监督权和撤销权。

(二)各级政府的预算管理职权

县级以上的各级政府的预算管理职权是:(1)编制权,编制本级预算和决算的草案,以及本级预算的调整方案。(2)报告权,有权向本级人大作关于本级总预算草案的报告,有权将下一级政府报送备案的预算汇总后报本级人大常委会备案,有权向本级权利机关报告本级总预算的执行情况。(3)执行权,有权组织本级总预算的执行。(4)决定权,有权决定本级预算预备费的动用。(5)监督权,有权监督本级各部门和下级政府的预算执行。(6)变更撤销权,有权改变和撤销本级各部门和下级政府关于预算、决算的不适当的决定、命令。此外,乡级政府的预算管理职权主要是编制权、报告权、执行权、决定权。

(三)各级财政部门的预算管理职权

各级财政部门是各级政府机关具体负责财政工作的职能部门,在预算管理中主要职能有:(1)编制权,有权编制本级预算、决算草案以及本级预算的调整方案。(2)执行权,有权组织本级预算的执行。(3)提案权,有权提出本级预算预备费动用方案。(4)报告权,有权代其向本级政府和上级政府财政部门报告本级总预算的执行情况。

三、预算范围

《预算法》规定,政府的全部收入和支出都应当纳入预算,预算包括一般公共预算、政府性基金预算、国有资本经营预算、社会保险基金预算。一般公共预算、政府性基金预算、国有资本经营预算、社会保险基金预算应当保持完整、独立。政府性基金预算、国有资本经营预算、社会保险基金预算应当与一般公共预算相衔接。预算由预算收入和预算支出两部分构成。

(一)一般公共预算

一般公共预算是对以税收为主体的财政收入,安排用于保障和改善民生、推动经济社会发展、维护国家安全、维持国家机构正常运转等方面的收支预算。

中央一般公共预算收入包括中央本级收入和地方向中央的上交收入。中央一般公共预算支出包括中央本级支出、中央对地方的税收返还和转移支付。

地方各级一般公共预算包括本级各部门(含直属单位)的预算和税收返还、转移支付预算。地方各级一般公共预算收入包括地方本级收入、上级政府对本级政府的税收返还和转移支付、下级政府的上解收入。地方各级一般公共预算支出包括地方本级支出、对上级政府的上解支出、对下级政府的税收返还和转移支付。

一般公共预算收入包括有:各项税收收入、行政事业性收费收入、国有资源有偿使用收入、转移性收入和其他收入。

一般公共预算支出按照其功能分类，包括一般公共服务支出，外交、公共安全、国防支出，农业、环境保护支出，教育、科技、文化、卫生、体育支出，社会保障及就业支出其他支出。

一般公共预算支出按照其经济性质分类，包括工资福利支出、商品和服务支出、资本性支出和其他支出。

（二）政府性基金预算

政府性基金预算是对依照法律、行政法规的规定在一定期限内向特定对象征收、收取或者以其他方式筹集的资金，专项用于特定公共事业发展的收支预算。

政府性基金预算应当根据基金项目收入情况和实际支出需要，按基金项目编制，做到以收定支。

（三）国有资本经营预算

国有资本经营预算是对国有资本收益作出支出安排的收支预算。国有资本经营预算应当按照收支平衡的原则编制，不列赤字，并安排资金调入一般公共预算。

（四）社会保险基金预算

社会保险基金预算是对社会保险缴款、一般公共预算安排和其他方式筹集的资金，专项用于社会保险的收支预算。社会保险基金预算应当按照统筹层次和社会保险项目分别编制，做到收支平衡。

四、预算管理程序和决算

预算管理程序是国家在预算管理方面依法进行的各个工作环节所构成的程序。它由预算的编制、审批、执行和调整、决算的编制和批准四个环节组成。

（一）预算编制的原则

预算编制就是制定预算收入和预算支出的年度计划。预算编制是预算管理工作中的重要环节。预算的编制应当遵循以下原则

1. 平衡性原则

预算法规定，中央政府公共预算不列赤字。政府公共预算是指国家以社会经济管理者身份取得的收入和用于维持政府公共活动，保障国家安全和社会秩序，发展各项社会公益事业支出的预算。中央预算中必需的建设投资的部分资金，可以通过举借国内和国外债务等方式筹措，但是借债应当有合理的规模和结构。地方各级预算按照量入为出、收支平衡的原则编制，不列赤字。除法律和国务院另有规定外，地方政府不得发行地方政府债券。

2. 真实性原则

真实性原则是指预算的编制应当真实、可靠，符合客观实际情况。真实性是要求预算的编制过程中应当实事求是。因此预算法中规定，预算的编制应当与国民生产总值的增长率相适应。按规定应当列入预算收入的，不得隐瞒和少列，也不得将上一年的非正常收入作为编制预算收入的依据。编制预算的目的是为了在财政分配领域内充分发挥计划的功能和作用，使政府的分配活动有章可循。

3. 合理性原则

预算法规定各级预算支出的编制，应当贯彻厉行节约、勤俭建国的方针。各级预算

的编制应当统筹兼顾、确保重点，在保障政府公共支出合理需要的前提下，安排好其他各项预算支出。中央预算和有关地方政府预算中安排必要的资金，用于扶助经济不发达的民族自治地方，革命老根据地，边远、贫困地区发展经济文化建设事业。各级政府预算就应当按照本级政府预算支出额的1%至3%设置预备费，用于当年预算执行中的自然灾害救灾开支及其他难以预见的特殊开支。

各级政府预算应当按照国务院的规定预算周转金。各级一般公共预算按照国务院的规定可以设置预算周转金，用于本级政府调剂预算年度内季节性收支差额。各级一般公共预算按照国务院的规定可以设置预算稳定调节基金，用于弥补以后年度预算资金的不足。

（二）预算的编制形式

预算法规定中央预算和地方预算的编制，应当参照上一年度预算的执行情况和本年度的收支预测，按照复式预算编制。复式预算的编制原理是将同一预算年度内的全部预算收支按性质分别对应汇集，编制成两个或两个以上的"收支平衡表"。复式预算优于单式预算的优点在于：它更能适应经济发展带来的预算资金分配格局的变化；有助于对预算资金进行分类、分析和控制，可以清晰地反映预算的平衡状况和预算的赤字原因。复式预算通常分成政府公共预算、国有资产经济预算、社会保障预算和其他预算等几个部分。

（三）预算编制

国务院应当及时下达关于编制下一年预算草案的通知。编制预算草案的具体事项由国务院财政部门部署。

各级预算应当根据年度经济社会发展目标、国家宏观调控总体要求和跨年度预算平衡的需要，参考上一年预算执行情况、有关支出绩效评价结果和本年度收支预测，按照规定程序征求各方面意见后，进行编制。

国务院财政部门应当在每年全国人民代表大会会议举行的四十五日前，将中央预算草案的初步方案提交全国人民代表大会财政经济委员会进行初步审查。

地方各级政府财政部门应当在本级人民代表大会会议举行的三十日前，将本级预算草案的初步方案提交本级人民代表大会有关专门委员会进行初步审查。

县、自治县、不设区的市、市辖区、乡、民族乡、镇的人民代表大会举行会议审查预算草案前，应当采用多种形式，组织本级人民代表大会代表，听取选民和社会各界的意见。

报送各级人民代表大会审查和批准的预算草案应当细化。本级一般公共预算支出，按其功能分类应当编列到项；按其经济性质分类，基本支出应当编列到款。本级政府性基金预算、国有资本经营预算、社会保险基金预算支出，按其功能分类应当编列到项。

（四）预算的审批

预算的审批是指国家各权力机关对同级政府所提出的预算草案进行审查和批准的活动。它是预算草案转变为正式预算的关键阶段。经过人大批准的预算，非经法定的程序不得改变。根据预算法的规定，中央预算由全国人大审批，地方预算由本级人大审批。

国务院在全国人民代表大会举行会议时，向大会作关于中央和地方预算草案以及中央和地方预算执行情况的报告，由全国人民代表大会表决通过。地方各级政府在本级人民代表大会举行会议时，向大会作关于总预算草案和总预算执行情况的报告，由本级人民代表大会表决通过。

（五）预算的执行

预算执行是指经法定程序批准的预算进入具体实施阶段。在我国各级预算由本级政府组织执行，具体的工作由本级政府财政部门负责。

在组织预算收入方面，各预算征收部门应当依法及时、足额征收预算收入，不得违反法律、行政法规规定，多征、提前征收或者减征、免征、缓征应征的预算收入，不得截留、占用或者挪用预算收入。在预算支出方面，各级财政部门必须依照有关的规定及时、足额地划拨预算资金支出，加强对预算资金支出的管理和监督。预算收入和预算支出均必须通过国库来进行。国库是国家金库的简称，是办理预算收入的收纳、划分、留解和库款支拨的专门机构，即国家财政收支的保管出纳机构。国库按预算管理体制设立，原则上县级以上每一级财政设立一级国库。

（六）预算的调整

预算的调整是指经全国人大批准的中央预算和经地方各级人大批准的地方本级预算，在执行中因特殊情况需要增加支出或者少收入，使原批准的收支平衡的预算的总支出超过总收入，或者使原批准的预算中举借国内国外债务的数额增加的部分变更。在预算执行中组织预算平衡是预算管理的一项重要内容，而预算调整又是实现预算平衡的一种重要的手段。在预算的执行中因上级政府返还或者给予补助而引起的预算收支变化，不属于预算调整。各级政府对于必须进行的预算调整，应当编制预算调整方案，由相应的人大常委会审批。

经全国人民代表大会批准的中央预算和经地方各级人民代表大会批准的地方各级预算，在执行中出现下列情况之一的，应当进行预算调整：(1) 需要增加或者减少预算总支出的；(2) 需要调入预算稳定调节基金的；(3) 需要调减预算安排的重点支出数额的；(4) 需要增加举借债务数额的。

（七）决算

1. 决算的概念和构成

决算是指各级政府、各部门、各单位编制的经法定程序审查批准的预算收支的年度执行结果。决算包括决算报表和文字说明两个部分。决算的构成和收支项目同预算是一致的。决算应当与预算相对应，按预算数、调整预算数、决算数分别列出。一般公共预算支出应当按其功能分类编列到项，按其经济性质分类编列到款。

2. 决算的编制

决算编制的原则有：(1) 合法性原则，即决算的编制必须依法进行；(2) 准确性和完整性原则，决算中的数字必须准确，内容必须完整；(3) 及时编制和报送的原则，决算的编制和报送必须在法定的期限内进行。

决算草案由各级政府、各部门、各单位，在每一预算年度终了后按照国务院规定的时间编制。各部门对所属各单位的决算草案，应当审核并汇总编制本部门的决算草案，在规定的期限内报本级政府财政部门审核。国务院财政部门编制中央决算草案，经国务院审计部门审计后，报国务院审定。县级以上地方各级政府财政部门编制本级决算草案，经本级政府审计部门审计后，报本级政府审定。

3. 决算草案的审批

决算草案只有经过权力机关依法定程序审查和批准，政府在预算年度内的预算执行责任才能得以免除，一个预算年度管理程序才告结束。根据预算法的规定，决算草案的审批主体是各级权力机关。由国务院财政部门编制的中央决算草案，经国务院审定后，由国务院提请全国人大常委会审批；由县级以上地方各级政府财政部门编制的本级决算草案，经本级政府审定后，由本级人大常委会审批；由乡级政府编制的决算草案，由本级人大审批。各级政府预算批准后，财政部门应当向本级各部门批复决算。同时，地方各级政府应当将经批复的决算报上一级政府备案。

五、预算决算监督以及违反预算法的法律责任

(一) 预算决算监督

预算决算监督是指对各级政府的预算编制、预算的执行、预算调整以及决算活动的合法性和有效性实施的监督。它是财政监督的一个重要的组成部分，是预算管理的重要内容之一。

1. 权力机关的监督

全国人大及其常委会对中央和地方的预算、决算进行监督。县级以上地方各级人大及其常委会对本级和下级政府预算决算进行监督。乡、民族乡、镇人大对本级预算决算进行监督。

2. 各级政府的监督

各级政府应当加强对下级政府预算执行的监督，对下级政府在预算执行中的违法行为，依法予以制止和纠正；对于本级预算执行中出现的问题，及时采取处理措施。

3. 财政和审计部门的监督

各级政府财政部门负责监督检查本级各部门及其所属各单位预算的执行并向本级政府和上一级政府财政部门报告预算的执行情况。此外，国家还设立了专门的审计机关，各级审计机关对本级各部门、各单位和下级政府的预算执行、决算实施审计监督。

(二) 违反预算法的法律责任

1. 预算法律责任的概念和特点

预算法律责任是违反预算法的法律责任的简称，是指财政法律关系的主体违反预算法规定的意义而依法应当承担的财政法律后果。

预算法律责任具有一些共同的特点：预算法律责任主要是一种行政责任；预算法律责任以预算管理的职责和预算义务的存在为前提；预算法律责任属于一种惩罚性法律责任，是行为人对国家的责任[①]，与民事法律责任不同，预算法律责任不要求违法人承担的责任与损害一致。设立预算法律责任的目的不是对已经造成的权利损害给予补救，而是通过对违法行为人的制裁，维护预算法的权威和尊严，促进依法进行预算管理和预算活动。

---

① 刘剑文主编：《财政税收法》，法律出版社 1997 年版，第 111 页。

2. 法律责任

(1) 违法进行预算的责任

各级政府及有关部门违法预算的，责令改正，对负有直接责任的主管人员和其他直接责任人员追究行政责任。①

(2) 擅自变更预算的法律责任

擅自变更预算的法律责任，指各级政府未经批准，擅自进行预算的调整，对负有直接责任的主管人员和其他直接人员依法追究行政责任。各级政府及有关部门、单位在预算执行中擅自变更执行的，责令改正，对负有直接责任的主管人员和其他人员追究行政责任②。

(3) 违法举借债务或者为他人债务提供担保以及滥用资金的责任

各级政府、各部门、各单位违反本法规定举借债务或者为他人债务提供担保，或者挪用重点支出资金，或者在预算之外及超预算标准建设楼堂馆所的，责令改正，对负有直接责任的主管人员和其他直接责任人进行行政处分。

(4) 骗取预算资金或者违规扩大使用资金的责任

凡是有违反法律、法规的规定，改变预算收入上缴方式的；违反法律、法规的规定，改变预算收入上缴方式的；违反规定扩大开支范围、提高开支标准的；凡有以上行为者，责令改正，追回骗取、使用的资金，有违法所得的没收违法所得，对单位给予警告或者通报批评；对负有直接责任的主管人员和其他直接责任人员依法予以处分。

以上违反预算法的这些行为，如果构成犯罪的，依法追究刑事责任。

第三节 政府采购法

一、政府采购与政府采购法概述

(一) 政府采购的概念和特点

政府采购是指各级国家机关、事业单位和团体组织，使用财政性资金采购依法制定的集中采购目录以内的或者采购限额标准以上的货物、工程和服务的行为。政府采购是财政制度的重要的构成部分。

政府采购从本质上讲是一种买卖关系，但这种买卖关系与普通买卖关系不同，具有以下特点：(1) 买方主体是国家机关、事业单位和团体组织；(2) 采购所用的资金是财政性资金，即纳入预算管理的资金；(3) 政府采购必须依法定条件和程序进行。

(二) 政府采购的作用

1. 可以强化对财政支出的管理，提高财政资金流向的透明度和财政资金的使用效率。依据国际公认的经验数据，政府采购可使资金使用效益提高10%。

2. 能够调节国民经济的运行，影响经济结构的调整，促进经济平衡协调发展。如政府采购法规定，政府采购应当有助于实现国家的经济和社会发展政策目标，包括保护

---

① 《预算法》第92条。
② 《预算法》第93条。

环境，扶持不发达地区和少数民族地区，促进中小企业发展。政府采购原则上应当采购本国货物、工程和服务。[①]

3. 能够加强财政监督，促进反腐倡廉。

（三）政府采购法概念

政府采购法是指规范政府采购行为、调整政府采购关系的法律规范的总称。政府采购法是一个国家财政法中重要的构成部分。

政府采购法调整各级国家机关、事业单位和团体组织，使用财政性资金采购货物、工程和服务过程所形成的社会关系。

我国在2002年6月29日颁布了《中华人民共和国政府采购法》（以下简称《政府采购法》），该法于2003年1月1日起正式实施。该法共九章88条，主要内容有：总则、政府采购的当事人、政府采购的方式、政府采购的程序、政府采购的合同、质疑与投诉、监督检查、法律责任。与该法配套，2014年12月31日国务院颁布了《中华人民共和国政府采购法实施条例》，自2015年3月1日起施行。财政部发布了《政府采购供应商投诉处理办法》。

（四）政府采购法宗旨

我国政府采购法的宗旨为：为了规范政府采购行为，提高政府采购资金的使用效益，维护国家利益和社会公共利益，保护政府采购当事人的合法权益，促进廉政建设。[②]

二、政府采购法基本内容

（一）政府采购的当事人

政府采购当事人是指在政府采购活动中享有权利和承担义务的各类主体，包括采购人、供应商和采购代理机构等。

采购人是指依法进行政府采购的国家机关、事业单位、团体组织。集中采购机构为采购代理机构。设区的市、自治州以上人民政府根据本级政府采购项目组织集中采购的，需要设立集中采购机构。集中采购机构是非营利事业法人，根据采购人的委托办理采购事宜。

供应商是指向采购人提供货物、工程或者服务的法人、其他组织或者自然人。供应商参加政府采购活动应当具备一定条件：（1）具有独立承担民事责任的能力；（2）具有良好的商业信誉和健全的财务会计制度；（3）具有履行合同所必需的设备和专业技术能力；（4）有依法缴纳税收和社会保障资金的良好记录；（5）参加政府采购活动前三年内，在经营活动中没有重大违法记录；（6）法律、行政法规规定的其他条件。

采购人可以根据采购项目的特殊要求，规定供应商的特定条件，但不得以不合理的条件对供应商实行差别待遇或者歧视待遇。采购人可以要求参加政府采购的供应商提供有关资质证明文件和业绩情况，并根据政府采购法规定的供应商条件和采购项目对供应商的特定要求、对供应商的资格进行审查。

---

① 《政府采购法》第9条、第10条。

② 《政府采购法》第1条。

政府采购当事人不得相互串通损害国家利益、社会公共利益和其他当事人的合法权益；不得以任何手段排斥其他供应商参与竞争。

（二）政府采购的原则

政府采购应当遵循公开透明原则、公平竞争原则、公正原则和诚实信用原则。

（三）政府采购的方式

政府采购的方式有：(1) 公开招标；(2) 邀请招标；(3) 竞争性谈判；(4) 单一来源采购；(5) 询价；(6) 国务院政府采购监督管理部门认定的其他采购方式。公开招标应作为政府采购的主要采购方式。

采购人采购货物或者服务应当采用公开招标方式的，其具体数额标准，属于中央预算的政府采购项目，由国务院规定；属于地方预算的政府采购项目，由省、自治区、直辖市人民政府规定；因特殊情况需要采用公开招标以外的采购方式的，应当在采购活动开始前获得设区的市、自治州以上人民政府采购监督管理部门批准。

采购人不得将应当以公开招标方式采购货物或者服务化整为零，或者以其他任何方式规避公开招标采购。

对于具有特殊性，只能从有限范围的供应商处采购的；或者采用公开招标方式的费用占政府采购项目总价值的比例过大的，应当采用邀请招标方式。

可以采用竞争性谈判方式采购的有：(1) 招标后没有供应商投标，或者没有合格标的，或者重新招标未能成立的；(2) 技术复杂或者性质特殊，不能确定详细规格或者具体要求的；(3) 采用招标所需时间不能满足用户紧急需要的；(4) 不能事先计算出价格总额的。

可以采用单一来源方式采购的有：(1) 只能从唯一供应商处采购的；(2) 发生了不可预见的紧急情况不能从其他供应商处采购的；(3) 必须保证原有采购项目一致性或者服务配套的要求，需要继续从原供应商处添购，且添购资金总额不超过原合同采购金额百分之十的。

对于采购的货物规格、标准统一、现货货源充足且价格变化幅度小的政府采购项目，可以采用询价方式采购。

（四）政府采购的程序

1. 采取邀请招标方式采购的，采购人应当从符合相应资格条件的供应商中，通过随机方式选择三家以上的供应商，并向其发出投标邀请书；实行招标方式采购的，自招标文件开始发出之日起至投标人提交投标文件截止之日止，不得少于二十日；在招标采购中，如果出现法定情形，应予废标。废标的法定情形包括：供应商不足三家的；出现影响采购公正的违法、违规行为的；投标人的报价均超过了采购预算，采购人不能支付的；因重大变故，采购任务取消的。对于投标的评标方法，分为最低评标价法和综合评分法。最低评标价法，是指投标文件满足招标文件全部实质性要求且投标报价最低的供应商为中标候选人的评标方法。综合评分法，是指投标文件满足招标文件全部实质性要求且按照评审因素的量化指标评审得分最高的供应商为中标候选人的评标方法。

2. 采用竞争性谈判方式采购的，应当成立谈判小组、制定谈判文件、确定不少于三家邀请参加谈判的供应商名单，通过谈判确定成交供应商。

3. 采取询价方式采购的，应当成立询价小组，确定被询价不少于三家的供应商名单并向其发出询价通知书让其一次报出不得更改的价格，根据符合采购要求、质量和服务相等且报价最低的原则确定成交供应商。

（五）履约验收与文件保存

采购人或者其委托的采购代理机构应当组织对供应商履约的验收。大型或者复杂的政府采购项目，应当邀请国家认可的质量检测机构参加验收工作。验收方成员应当在验收书上签字，并承担相应的法律责任。

采购人和采购代理机构应当将有关的采购文件建档保存，有关记录要符合法律的规定，保存的期限从采购结束之日起不得少于 15 年。采购文件包括采购活动记录、采购预算、招标文件、投标文件、评标标准、评估报告、定标文件、合同文本、验收证明、质疑答复、投诉处理决定及其他有关文件、资料。

（六）质疑与投诉

政府采购必须坚持公开透明和公正的原则，因此供应商对政府采购活动事项有疑问的，可以向采购人提出询问，采购人应当及时作出答复，但答复的内容不得涉及商业秘密。

供应商认为采购文件、采购过程和中标、成交结果使自己的权益受到损害的，可以在知道或者应知其权益受到损害之日起七个工作日内，以书面形式向采购人提出质疑。采购人应当在收到供应商的书面质疑后七个工作日内作出答复，并以书面形式通知质疑供应商和其他有关供应商，但答复的内容不得涉及商业秘密。

质疑供应商对采购人、采购代理机构的答复不满意或者采购人、采购代理机构未在规定的时间内作出答复的，可以在答复期满后十五个工作日内向同级政府采购监督管理部门投诉。政府采购监督管理部门应当在收到投诉后二十个工作日内，对投诉事项作出处理决定，并以书面形式通知投诉人和与投诉事项有关的当事人。

政府采购监督管理部门在处理投诉事项期间，可以视具体情况书面通知采购人暂停采购活动，但暂停时间最长不得超过三十日。

投诉人对政府采购监督管理部门的投诉处理决定不服或者政府采购监督管理部门逾期未作处理的，可以依法申请行政复议或者向人民法院提起行政诉讼。

学习总结与拓展

【关键词】

财政　财政的功能　财政法　国家预算　预算法　单式预算　复式预算　预算编制　预算监督　决算　预算调整　预算收入　预算支出　政府采购　政府采购法　邀请招标　公开招标　最低评标价法　综合评分法

【思考题】

1. 国家财政有何特点与功能？
2. 国家预算的原则有哪些？
3. 简述我国国家预算的组成。
4. 预算收入和预算支出分别包括哪些内容？

5. 政府采购有什么作用?

6. 邀请招标与公开招标有何区别?

7. 政府采购的方式有哪些?

8.2004 年 10 月，国家发改委、卫生部委托代理机构，对国家医疗救治体系项目进行公开招标。参与第七包投标的供应商有包括沃尔公司在内的 4 家公司。2004 年底，沃尔公司看到中标者为投标价格最高的公司，认为这不符合采购法规定的“价廉物美”的立法宗旨。为此，沃尔公司分别向国家发改委、卫生部提出了书面质疑，但在法定的期限内没有得到答复。随后，沃尔公司先后两次向国家财政部递交了书面投诉意见。但三个月过后，沃尔公司迟迟没有接到财政部的任何答复。沃尔公司认为，财政部对于该公司投诉政府采购中的违法行为没有积极作为，侵害了该公司的合法权益，为此将财政部告到法院，请求法院判令财政部在一定期限内作出答复。请问法院该如何判决?

9.2004 年 3 月 31 日，松江区中心医院举行第一批医疗仪器政府采购招标会。在评标过程中，其中的一台深度麻醉监护仪引发了一场“争议”。原因是三家供应商参加竞争，分别代表三个品牌投标。通过综合因素分析，很快淘汰了其中一个品牌，医院对剩下的两个品牌却举棋不定。两个品牌的价格不同，一个 12.5 万元，一个 19 万元。如果仅从价格和医院利益角度考虑，应该毫不犹豫取前者。但是，由于由病人负担的、应用时必须消耗的电极片，前者只能使用每只 250 元的同一品牌高档电极片，而后者可以使用每只仅 2—3 元的普通电极片。比较两者，你认为那个产品应中标? 简述理由。

10.2007 年 1 月，某市政府采购中心受该市教育局的委托，以竞争性谈判方式采购一批教学仪器设备。政府采购中心接受委托后，按规定程序在监管机构规定的媒体上发布了采购信息，广泛邀请供应商参加。由于本次未涉及特许经营，采购文件也未对供应商资格提出特殊限制条件，除规定供应商具备《政府采购法》第 22 条规定的条件外，仅要求供应商提供所供仪器设备是正品的证明，并保证售后服务即可。然后政府采购中心在规定的时间内，组成谈判小组，并按规定程序，在有关部门的监督下，于 2 月 16 日履行了谈判等程序。外市的一家 M 公司从 4 家供应商中胜出，成为第一候选人。7 天后，政府采购中心正等待教育局确认结果时，收到本市一家供应商 H 公司的内装有书面投诉书的挂号信。其主要内容：供应商 H 公司是成交货物生产商在本市的唯一代理商，M 公司不是代理商，其授权书是假的，现 M 公司正在外地联系货源。H 公司要求政府采购中心查处造假者，且查处之前不得公布成交结果。政府采购中心收到挂号信后不到 2 小时，H 公司的代表也来到政府采购中心，又当面提出了上述要求。与此同时，该市财政局党委、纪检组、市纪委、监察局等部门也都收到了 H 公司的投诉书，内容都是反映政府采购中心“暗箱操作”，使“造假者成交”，严重违反了《政府采购法》等法律法规，要求市财政局党委、纪检组、市纪委、监察局等部门立即调查处理，并要求查处之前不准政府采购中心公布成交结果。后来，政府采购中心没有接受 H 公司的要求，只向其进行了解释，仍按程序在规定的时间内公布了成交结果。市财政局党委、纪检组也没有接受 H 公司的要求，而是要 H 公司认真学习《政府采购法》等法律法规，正确对待本次采购。由此可见，H 公司的投诉没有得到政府采购中心等的受理，是一次无效投诉。

试分析 H 公司投诉无效的原因。

【阅读资料】

1.《中华人民共和国预算法》。

2.《财政违法行为处罚处分条例》。

3.《中华人民共和国政府采购法》。

4.《中华人民共和国政府采购法实施条例》。

5. 刘剑文主编:《财政税收法》(第6版),法律出版社,2014年。

6. 谷辽海主编:《中国政府采购案例评析》,群众出版社,2005年。

第十三章 税收法律制度

【学习提示】税法的内容较多，在学习时要注意理清思路：一方面需要理解税法的构成要素，另一方面应该了解我国税法的主要规定。尤其是关于流转税、所得税、财产税的法律基本规定，以及税收征收管理法的基本规定。在此过程中有意识训练能够运用税法知识和法律规范分析相关问题的能力。

第一节 税收与税法基础理论

一、税收的概念与特征

（一）税收的概念

税收是人类发展到一定阶段的产物，它随着国家的产生而产生。税收是国家为了满足一般的社会共同需要，凭借政治权力，按照国家法律规定，强制地、无偿地、固定地取得财政收入的一种分配关系。[①]

（二）税收的本质

税收的本质是以国家为主体所形成的特殊分配关系。主要表现在：第一，国家征税是凭借政治权力。马克思说："在我们的面前有两种权力，一种是财产权力，也就是所得者的权力；另一种是政治权力，即国家的权力。"[②]国家征税即是凭借国家的政治权力。第二，税收体现一定社会财富的分配关系。在税收的过程之中必然发生国家与各种不同主体之间的分配关系，这种分配关系与一般的分配关系不同。一般的分配关系往往建立在等价交换的基础上，而税收形成的分配则是以国家为主体强制无偿发生的。

（三）税收的特征

1. 强制性。税收的强制性是指以国家政治权力为依托，国家要求纳税人按时足额纳税。税收并不取决于纳税主体的主观意愿或者征纳双方的意思表示，而是取决于征税主体单方意志，具有单方强制性的特点。

2. 无偿性。税收的无偿性是指国家征税后，纳税人交纳的货币或者实物就转变为了国家所有，纳税人得不到任何相对的报酬，不存在等价交换，也不再返还。

3. 固定性。税收的固定性是指国家采用法律的方式把每一种税的课税要素明确规定在税收法律之中，以便于征税机关和纳税人共同遵守。

---

① 严振生主编：《税法》，北京大学出版社 2000 年版，第 1 页。

② 《马克思恩格斯选集》第一卷，人民出版社 1972 年版，第 170 页。

(四) 税收的分类

1. 直接税与间接税

依据税负能否转嫁，税收可以分成直接税和间接税。凡是税负不能转嫁于他人而直接由纳税人承担税负负担的是直接税，如所得税、房产税等；凡是税负负担能够转嫁于他人的则是间接税，比如增值税、营业税等。

2. 从量税和从价税

依据税收计征的标准不同，税收可以分成从量税和从价税。凡是以征税对象的数量、重量、容量为标准计算税额的称为从量税；凡是以征税对象的价格为标准计算税额的称为从价税。

3. 中央税和地方税

依据税收的管辖权与税款的收益权不同，税收可以分成中央税与地方税。凡由国家立法机关或其授权的机关制定税法，且税收管理权和收益权归中央政府的税收，为中央税；凡由地方权力机关立法决定征收，且税收管理权和税款的收益权归地方政府的税收为地方税。[①] 另外，有些税种的收入由中央政府和地方政府按比例共同享有，这种税则被称为中央与地方共享税。

4. 价内税和价外税

依据税收与价格之间的相互关系，税收可以分成价内税和价外税。凡是计税依据中包含税款的税，为价内税，如我国的消费税；凡是计税依据中不包含税款，即税款在计税依据之外的税，为价外税，如增值税就是一种价外税。价内税的税款是商品或劳务价格的有机组成部分，该税款需随着商品交换价值的实现而回收，并且随着商品的流转会出现“税上加税”的重复征税现象。而价外税比价内税更容易转嫁，且一般不存在重复征税的问题。

5. 商品税、所得税、财产税、资源税、行为税

依据征税对象的不同，税收可以分成商品税、所得税、财产税。这是最普遍的一种分类方式。这种分类方式与税收立法之间有着密切的联系。

二、税法的概念与特征

(一) 税法的概念

税法是调整在税收活动中发生的社会关系的法律规范的总称。税法与税收既有联系又有区别，税收属于经济基础的范畴，而税法则属于上层建筑的范畴。但是税收活动必须依据法律的规定进行，税法是税收的依据和法律保障，在现代社会中，税收与税法是一一对应的，有税收就应当有税法。

(二) 税法的特征

税法的特征是指税法区别于其他部门法的本质特点。税法的特征主要有以下几个方面：

1. 经济性。税法的经济性是指税法调整特定的经济关系，即税收征纳关系，税收征纳关系是以财产无偿转移为特点的强制性经济关系。

---

① 张守文：《税法原理》，北京大学出版社 2000 年版，第 14 页。

2. 调控性。税法的调控性是指税法能够实现鼓励、保护、限制、禁止等政策目标，从而对经济运行发挥调整和控制的作用。

3. 技术性。税法具有较强的技术性特点，税法的技术性特点突出表现在税法中的课税要素的设计以及税法的程序方面。

三、税收法律关系

（一）税收法律关系的概念及特征

1. 税收法律关系的概念

税收法律关系是指征税主体与纳税人在税收活动中所发生的由税法确认和调整的权利和义务关系。

2. 税收法律关系的特征

（1）税收法律关系的主体具有特殊性。税收法律关系的纳税主体是企事业单位和个人，征税主体则是国家。

（2）税收法律关系的权利义务不具有平等性。税收关系中的国家具有按税法规定无偿地向纳税人征收税款的权力，国家在征税过程中无须支付任何对价。

（3）税收法律关系本质是一种财产所有权的转移。税收的本质是以国家为主体所形成的特定的分配关系，纳税人完成纳税义务则意味着原本属于纳税人的财产所有权转移给了国家。

（4）税收法律关系的产生以一定的行为和事实为前提。税收法律关系的产生并不以纳税人的意志为转移，而是以一定的行为和事实为前提，当纳税人的行为或某些事项符合税法中的课税要素的规定，那么就产生纳税的义务。

（二）税收法律关系的构成要素

税收法律关系由主体、客体和内容三个部分构成。

1. 税收法律关系的主体

税收法律关系的主体有征税主体和纳税主体。征税主体是指依法享有税收征管权的主体，从理论上讲征税主体是国家，但是国家往往通过立法授权具体的职能部门来行使征税权。一般而言，在世界范围内的征税机关主要有税务机关和海关，但是在我国，除税务机关和海关而外还包括财政机关。

纳税主体又称为纳税义务人，是指在税法上负有纳税义务的自然人、法人和其他组织。需要注意，纳税主体与税负承担者不同。

2. 税收法律关系的客体

税收法律关系的客体是指主体权利义务所共同指向的对象，即征税对象。

3. 税收法律关系的内容

税收法律关系的内容是指征纳双方依法所享有的权利义务。

四、税法的基本原则

税法的基本原则是指导税收立法、司法、执法的基本原则。税法的基本原则有税收法定原则、税收公平原则和税收效率原则。

（一）税收法定原则

税收法定原则的基本含义是税从法出，包括以下五个方面的内容：第一，税种必须由法律规定；第二，每一税种的课税要件必须由法律规定，并且要明确；第三，法律无明确的规定，行政机关不得任意减免税收；第四，税收征纳的程序也必须由法律规定；第五，税务的一般争议与处罚争议必须由法律明确规定。[①] 最早确认税收法定主义的是英国，随后西方许多资本主义国家也确立了该项原则。[②]

（二）税收公平原则

税收公平原则是指税负负担必须在纳税主体之间进行公平分配。其具体要求包括：第一是指横向公平，纳税人地位平等，税收普遍征收，并且同等收入的纳税人在相同情况下应当缴纳相同的税款；第二是指纵向公平，负担能力大得多纳税，负担能力小的少纳税。

（三）税收效率原则

税收效率原则是指税法的制定和执行必须有利于提高经济运行的效率和税收征收的效率。其具体含义包括：税收的开征不能影响到纳税人生产的积极性；投入尽可能少的成本获得尽可能多的税款收益。

五、税法的构成要素

（一）税法构成要素的概念

税法的构成要素是指税法中必不可少的因素，又被称为课税要素。[③] 税法构成要素可以分为实体法要素和程序法要素。

（二）实体法要素

税法中的实体法要素是指构成税收征纳实体法的必不可少的内容。主要包括以下几个方面：

1. 税法主体

税法主体是指在税收法律关系中享有权利和承担义务的当事人。包括征税主体和纳税主体两类。

2. 征税客体

征税客体是指征税的直接对象或者标的。征税客体在税法的构成要素中居于十分重要的地位，它是区别各税种的主要标志，也是进行税法分类的主要依据。同时还是确定征税范围的重要标志。依据征税对象的性质不同，可以把税收分成商品税、所得税、财产税、资源税、行为税五大类。

---

① 刘隆亨主编：《以法治税简论》，北京大学出版社 1989 年版，第 152—153 页。2015 年修改的《中华人民共和国立法法》第 8 条规定：税种的设立、税率的确定和税收征收管理等税收基本制度，只能制定法律。

② 英国在 1215 年的《英国大宪章》中规定："若非依据朕王国一般评议会的同意，在朕的王国中不课征一切踊金或援助金。"1689 年英国的《权利法案》中宣告"非经国会的同意不得征税"，这一规定标志着税收法定主义的确立。法国在 1483 年国民议会发表宣言："以后如不召开国民议会，获得其同意，国王不得凭自由和特权，向国民课征任何金钱。"法国 1789 年制定的《人权宣言》中规定："一切公民得由自己或其代表，决定税收有无必要而认定之。"美国 1776 年的《独立宣言》也作了这样类似的规定。

③ ［日］金子宏：《日本税法原理》，刘多田等译，中国财政经济出版社 1989 年版，第 93 页。

3. 计税依据与税目

计税依据是指用以计算税额的依据或者基数，它是征税对象在数量方面的具体化，反映了征税的深度，直接影响纳税人的税负负担。税目是指税法规定的征税的具体项目，是征税对象在质方面的具体化，反映了征税的广度。

4. 税率

税率是应纳税额与计税依据之间的比例，它是衡量税负高低的重要指标，是税法中的核心要素。税率直接反映国家征税的深度和国家的经济政策。

税率可以分成比例税率、累进税率和定额税率。比例税率是指对同一征税对象，不论其数额大小，均按照同一比例计算应纳税额的一种税率。累进税率是指随着征税对象的数额由低到高的增加，所适用的税率也随之逐级提高的一种税率。累进税率又可分成全额累进税率、超额累进税率和超率累进税率三种。全额累进税率由于会造成税负不公，因此全额累进税率在实际中一般并不使用。定额税率是指按征税对象的一定计量单位直接规定固定的税额的一种税率，定额税率适用于从量计征。

5. 税收特别措施

税收特别措施包括税收优惠措施和税收重课措施。税收优惠措施包含税收减免、起征点、免责额的规定，以减轻纳税人的税负负担为目的；税收重课措施主要有税收加成，以增加纳税人的税负负担为目的。

起征点是指税法规定的征税起点。免责额是指税法规定的免予征税的数额。两者的区别在于：起征点是对征税对象征税的界限，征税对象不到起征点的不征税，超过起征点的则全额征税。如我国《营业税暂行条例》规定，纳税人营业额未达到国务院财政、税务主管部门规定的营业税起征点的，免征营业税；达到起征点的，全额计算缴纳营业税。[①] 免征额是征税对象中不予征税的扣除额，征税对象超过免征额的，仅对超出部分征税。如我国《个人所得税法》规定的3500元减除费用即属于免征额。[②]

（三）程序法要素

税法中的程序法要素是指为了保障税收征纳实体法的有效实施而必不可少的要件。

1. 纳税时间

纳税时间是指在纳税义务发生之后，纳税人依法缴纳税款的期限，因此又称为纳税期限。

2. 纳税地点

纳税地点是指纳税人依据税法规定向征税机关申报纳税的具体地点。这一要素说明税务机关的税收征管权的分配。通常税法上的纳税地点主要有机构所在地、经济活动所在地和财产所在地等。

此外，纳税环节、处罚程序等也属于程序要素。

---

① 《营业税暂行条例》(2008年修订) 第10条。

② 《个人所得税法》(2011年修订) 第6条。

第二节 税收实体法律制度

一、税收实体法概述

税收实体法是规定税收种类的法律规范的总称。税收实体法在整个税法体系中居于主要地位，开征一种税就需要颁布一部法律或者行政法规。

根据征税对象划分，我国税收实体法包括五类：商品税法、所得税法、财产税法、资源税法、行为税法。

二、商品税法

商品税法是规定商品税具体税种的法律规范的总称。商品税是以商品或者劳务为征税对象，以商品或者劳务的流转额为计税依据而征税的一类税。商品税也称为流转税。

商品税主要包括增值税、营业税、[①]消费税和关税。商品税是我国税收收入的主要来源，在整个税法体系中占有十分重要的地位。

(一) 增值税

增值税是指以应税商品或劳务的新增价值额作为计税依据而依法征收的一种商品税。增值税是1954年由法国首先创立的一种税种。由于增值税消除了重复征税，平衡了商品的税负，因而这一税种现在被普遍采用，成了国际性的一个大税种。我国增值税的征收依据是《增值税暂行条例》(1993年国务院颁布，2008年修订。)

1. 增值税特点

(1) 增值税是一种普遍性的税种。增值税的征税范围十分广泛，凡是有形商品的销售或进口，以及一些特殊的有偿劳务都要求缴纳增值税，增值税在商品税中是一种普遍性的税种。

(2) 增值税的税负公平。仅就商品或劳务的新增价值部分征税。增值税的计税依据是商品在本环节的新增价值部分，即是纳税人在本环节中通过劳动所创造的新价值。因此增值税可以有效地避免重复征税的现象。

(3) 增值税多环节征税。增值税的征税环节发生在从生产到消费的每一个环节。只有在商品流转的每一个环节发生了增值，就需要缴纳本环节的增值税。

(4) 增值税是价外税。由于采取增值税专用发票征收，实行税额和价款分离。但是在最终消费时，税额依然可以转嫁由消费者承担。

2. 我国增值税的主要规定

(1) 征纳主体

增值税的征税主体主要是税务机关，商品的进口增值税由海关代征。而增值税的纳

---

① 营业税，是对在中国境内提供应税劳务、转让无形资产或销售不动产的单位和个人，就其所取得的营业额征收的一种税。营业税属于流转税制中的一个主要税种，具有全额征税的特点。2011年11月17日，财政部、国家税务总局正式公布营业税改征增值税试点方案。随着该方案的实施，营业税将逐步退出改为增值税。"营改增"最大的特点就是减少重复纳税，有利于企业降低税负。"营改增"的目的是解决服务业和制造业税制不统一问题，取消重复征税，促进社会分工协作，使我国财税制度更加符合市场经济的发展要求，提高市场效率。

税主体则是在我国境内销售货物、提供应税劳务以及进口货物的单位和个人。

从对增值税的征管方面，我国把增值税的纳税义务人分成一般纳税人和小规模纳税人。划分一般纳税人和小规模纳税人的标准有两种，一种是财务制度是否健全，另一种则是根据纳税人的生产规模。凡是财务制度不健全或者生产规模未达到规定的标准的，都是小规模纳税人。一般纳税人可以使用增值税专用发票，以抵扣法进行税款的抵扣，而小规模纳税人则无权使用增值税专用发票，只能适用普通发票。

（2）征税范围

增值税的征税范围包括三个方面，即销售货物、提供加工修理修配劳务和进口货物。

销售货物，包括三类情况：一是一般销售，即有形动产的销售，包括电力、热力和气体；二是视同销售，如将货物交给他人代销、销售代销货物、将自产或者委托加工的货物用于集体福利或者无偿赠送他人等法定情形，都要视同销售而征收增值税；三是混合销售，是指一项销售行为既涉及货物又涉及非应税劳务。混合销售行为，视为销售货物而应当依法征收增值税。

我国从 2012 年 1 月 1 日开始进行营业税改征增值税改革试点，原来的营业税的征税范围，即提供劳务、转让无形资产、销售不动产，逐步纳入到增值税征税范围。

（3）税率

我国增值税的税率分成三档，即基本税率、低档税率和零税率。增值税的基本税率为 17%，适用于一般情况下的货物销售，提供应税劳务和进口货物；低档税率为 13%，主要适用于一些特殊的商品，比如：粮食、食用植物油；自来水、暖气、冷气、热气、煤气等；图书、报纸等新闻印刷制品；饲料、化肥、农药农机等；零税率适用于出口货物。

在现行增值税 17%标准税率和 13%低税率基础上，营业税改征增值税试点新增 11%和 6%两档低税率。租赁有形动产等适用 17%税率，交通运输业、建筑业等适用 11%税率，其他部分现代服务业适用 6%税率。

（4）减免

我国增值税暂行条例里规定了增值税减免的具体项目：农业生产者销售自产的农产品；避孕的药品和用具；古旧的图书；直接用于科学研究和试验以及教学的进口仪器和设备；外国政府和国际组织无偿援助的进口物资货物设备；来料加工、来料装配和补偿贸易所需要的进口设备；由残疾人组织直接供残疾人专用的物品；销售自己使用过的商品。除此而外，对于个人，如果销售额未达到法律规定的起征点，则免缴增值税。

（5）计算

对于一般纳税人，其增值税的计算是采用“抵扣法”。具体的计算公式为：应纳增值税额＝当期销项税额－当期进项税额。在该公式中，当期销项税额＝当期销售额×税率。此处的销售额是指不含增值税的销售额。如果在销售额中含有增值税额，则当期的销项税额＝含税的销售额÷（1＋增值税的税率）×增值税税率。

对于小规模纳税人而言，由于其财会制度不健全，因而其增值税的计算采用一种简化的方式。增值税应纳税额＝销售额×征收率，征收率曾经为 6%，现为 3%。

货物进口时的应纳增值税＝组成计税价格×税率。组成计税价格＝关税的完税价格

+关税税额+消费税税额。

（二）消费税

消费税是指以特定的消费品的流转额为计税依据而征收的一种商品税。我国消费税征收的依据是《消费税暂行条例》（1993 年国务院颁布，2008 年修订）。[①]

1. 消费税的特征

（1）消费税是一种选择性税种。消费税是在普遍开征增值税的基础上对特定消费品征税的一种商品税。

（2）消费税是一种单环节征收的税种。对消费税的征收是在商品生产流通或者消费中的某一特定环节。

（3）消费税的税率是一种有差别的税率。消费税的应税商品的种类尽管不多，但是设计的税率却比较复杂，不同的商品适用的税率不同，即使是同种商品其税率也分了不同的档次。

（4）消费税是一种价内税，税额包含在价格内。纳税人缴纳的消费税税额可以转嫁给最终消费者来承担。

消费税具有调节消费行为，调节产业结构、调节收入分配、增加财政收入等作用。

2. 我国消费税的主要规定

（1）纳税主体

在我国境内从事生产、委托加工和进口应税消费品的单位和个人。

（2）征税范围

消费税的应税消费品有 14 个税目，可以分为四大类：第一，过度消费会对人类健康、社会秩序、生态环境等方面有害的消费品，如烟、酒及酒精、鞭炮、烟火等；第二，奢侈品和非生活必需品，如高尔夫球及球具、高档手表、游艇、贵重首饰和珠宝玉石、化妆品等；第三，高能耗消费品，如小汽车、摩托车等，第四，资源类不可再生的商品，如汽油和柴油、木制一次性筷子等。消费者征税范围随着社会发展而有调整。[②]

（3）税率

消费税的税率有比例税率和定额税率两种。比例税率最高的 56%，如卷烟；最低的 3%，如汽车轮胎。定额税率适用于汽油、柴油、啤酒和黄酒等。其余的则采用比例税率。同样的商品，由于等级规格等不同，实施有差别的税率。

（4）计算

消费税的计算，分别采用三种办法：从价定率，从量定额，从价定率和从量定额复合计税。应纳税额计算公式为：

---

① 由于消费税具有引导消费、调节消费结构的功能，财政部和国家税务总局通过发文方式对其进行调整。比如 2015 年财税（2015）60 号文件“关于调整卷烟消费税的通知”就将卷烟批发环节从价税税率由 5%提高至 11%，并按 0.005 元/支加征从量税。

② 在 1994 年开征消费税时，税目为 11 个，后调整为 14 个。新增了高尔夫球及球具、高档手表、游艇等奢侈品税目；为节约木材资源，保护生态环境，对木制一次性筷子、实木地板等开征消费税；为控制能源消耗和调控消费结构，扩大了成品油的征收范围，除了汽油、柴油外，对石脑油、溶剂油、润滑油、燃料油、航空煤油五类油品，均征收消费税。由于浴液、洗发水、花露水等护肤护发品已成为大众生活必需品，这次调整中取消了“护肤护发品”税目，将原属于护肤护发品征税范围的高档护肤类化妆品列入化妆品税目。

实行从价定率办法计算的应纳税额=销售额×比例税率

实行从量定额办法计算的应纳税额=销售数量×定额税率

实行复合计税办法计算的应纳税额=销售额×比例税率+销售数量×定额税率

销售额为纳税人销售应税消费品向购买方收取的全部价款和价外费用。

（三）营业税

营业税是指以提供应税劳务、转让无形资产或销售不动产的销售收入为计税依据而征收的一种商品税。

营业税的主要特征有：营业税是一种普遍开征的税种，除了征收增值税的商品和劳务而外，其余的商品和劳务都需要征收营业税；营业税的税率均为比例税率。营业税采取全额征税。

我国征收营业税的依据是《营业税暂行条例》(1994 年国务院颁布，2008 年修订)。

营业税的主要规定有：

(1) 纳税主体

营业税的纳税主体包括在我国境内提供应税劳务、转让无形资产和销售不动产的单位和个人。

(2) 征税范围

营业税的征税范围包括 9 个税目，分为三大方面。一是提供应税劳务：包括交通运输、建筑安装、金融保险、邮电通信、文化体育、娱乐业、服务业共 7 个项目；二是转让无形资产，含土地使用权以及知识产权等；三是销售不动产，含销售地上建筑物及其附着物。此外，从事货物的生产、批发或零售的企业、企业性单位及个体户以外的其他单位和个人的混合销售行为，视为提供应税劳务，征收营业税。

(3) 税率

营业税的税率采用比例税率。对交通运输、建筑安装、邮电通信、文化体育采用 3%的税率；对服务业、转让无形资产、销售不动产采用 5%税率；对金融保险业采用 5%税率；对娱乐业采用 5%-20%的幅度比例税率。

(4) 计算

营业税的计算比较简单，应纳营业税额=营业额×税率，这里的营业税是指纳税人提供应税劳务、转让无形资产或者销售不动产向对方收取的全部价款和价外费用。

(5) 减免

营业税减免的项目主要有：托儿所、幼儿园、养老院、残疾人福利机构提供的育养服务，婚姻介绍，殡葬服务；残疾人员个人提供的劳务；医院、诊所和其他医疗机构提供的医疗服务；学校和其他教育机构提供的教育劳务，学生勤工俭学提供的劳务；农业机耕、排灌、病虫害防治、质保、农牧业保险以及相关技术培训业务等；纪念馆、博物馆、文化馆、美术馆、展览馆等单位举办文化活动的收入等。

我国从 2012 年 1 月 1 日开始进行营业税改征增值税的改革，随着改革的推进，营业税即将废除。

（四）关税

关税是一国海关对进出境的货物或者物品征收的一种税。关税也是世界各国普遍征收的一个税种。

1. 关税的特点

（1）关税是统一的国境征税；

（2）关税是以进出境货物或者物品为征收范围；

（3）海关是关税征收管理机关。

我国征收关税的依据是《进出口关税条例》（1985 年国务院发布，1992 年修订；2003 年重新制定，2004 年 1 月 1 日起施行）；《中华人民共和国海关法》（1987 年第六届全国人民代表大会常务委员会通过，2000 年修订）。

2. 关税的主要规定有：

（1）纳税主体

进口货物的收货人、出口货物的发货人，是关税的纳税义务人。

（2）征税对象

关税的征税对象，包括应税货物和应税物品两类。征税对象和进出口方向不同，其适用的税率也不同。

（3）税率

关税的税率采用的是一种有差别的税率，税率的确定不仅与商品的种类、规格、等级有关，还与商品的原产地有关。关税的税率有普通税率、优惠税率和歧视性税率三种。

（4）完税价格

进口货物的完税价格：是以海关审定的成交价格为基础的到岸价格作为完税价格。到岸价格包括货价，加上货物运抵中国境内输入地点起卸前的包装费、运费、保险费和其他劳务费等费用。

出口货物完税价格：是以海关审定的货物售价与境外的离岸价格，扣除出口关税后，作为完税价格。

（5）缴纳

货物进出口关税的缴纳。进出口货物的纳税人，应当自海关填发税款缴纳证的次日起七日内缴纳税款。

物品进出口关税的缴纳。进出境物品的纳税义务人，应当在物品放行前缴纳税款。

三、所得税法

所得税法是规定所得税具体税种的法律规范的总称。所得税是指以纳税主体在一定期限内的纯所得为征税对象而征收的一类税。

所得税是非常广泛的税，尽管还有极少数国家没有开征，但是 IMF 的 183 个成员国几乎都有某种形式的所得税法。[①] 在各个国家有关所得税的法定名称及分类方式并不完全相同，比如在日本将所得税分为法人所得税，资本、利息所得税，个人所得税；而英国、美国等则分成公司所得税和个人所得税；然而在有些国家则只有一部所得税法，但是其中对法人和个人分章进行规定，比如法国、巴西、新加坡等。尽管不同国家对于所得税的名称叫法不同，但是比较普遍的做法是以纳税人的身份为标准，将所得税划分

---

① ［美］维克多. 瑟仁伊：《比较税法》，丁一译，北京大学出版，2006 年版，第 231 页。

成个人所得税和公司所得税。而我国则将所得税划分成企业所得税和个人所得税，分别立法进行调整。

（一）企业所得税

企业所得税是以企业的所得为征税对象所征收的一种所得税。我国企业所得税的征收依据是2007年3月16日第十届全国人民代表大会第五次会议通过的《中华人民共和国企业所得税法》（以下简称《企业所得税法》），同年11月28日，国务院通过《中华人民共和国企业所得税法实施条例》，企业所得税法和实施条例均于2008年1月1日起正式实施。

1. 纳税主体

根据我国《企业所得税法》的规定，企业所得税的纳税主体是指在我国境内的企业和其他取得收入的组织，但不包括个人独资企业和合伙企业。企业所得税纳税主体分为居民企业和非居民企业。居民企业是指依法在中国境内成立或者实际管理机构在中国境内的企业。居民企业承担无限纳税义务，即应当就其来源于境内境外的所有所得缴纳企业所得税。非居民企业是指依照外国法律成立且实际管理机构不在中国境内，但是在中国境内设立机构、场所的，或者在中国境内未设立机构、场所，但有来源于中国境内所得的企业。非居民企业承担有限纳税义务，就其来源于中国境内的所得或者虽发生在境外但与其所设机构、场所有实际联系的所得，缴纳企业所得税。

2. 征税对象

企业所得税的征税范围包括企业来源于境内境外的一切所得，具体而言包括企业的生产经营所得、财产转让所得、利息所得、租赁所得和其他所得。而所得包括货币和非货币形式的所得。

3. 税率

我国企业所得税的税率一般都采用统一的比例税率，但是根据企业所得税的纳税人是居民企业还是非居民企业，在税率规定上有所区别。居民企业的税率统一规定为25%，但是国家为了扶持小型微利企业，对这类企业适用较低的税率，为20%。对于非居民企业，一般仅对来源于中国境内的收入征收预提所得税，其税率为20%，但是中外双方如果订立税收协定的，则执行协定中规定的税率标准。在企业所得税的税率设计上，我国新规定的税率较以前的税率有较大的变化。在新的企业所得税法中首先降低了税率的幅度，原来的税率为33%，现在下调为25%。目前世界上大多数国家的企业所得税的税率水平都在25%左右，因此在我国的新的企业所得税法中规定的税率水平与国际水平比较接近。

4. 计算

关于企业所得税的计算问题，由于企业产生的成本费用的复杂性，法律对其能否扣除和怎样扣除都有十分具体的规定，本书在此仅对一些最基本的内容作概括性的介绍。

企业所得税的一般计算公式为：

应纳企业所得税额＝应税所得额×税率－减免税额－允许抵免的税额

应税所得额＝收入总额－不征税收入－免税收入－扣除额－允许弥补的以前年度亏损

收入总额包括：（1）销售货物收入；（2）劳务收入；（3）转让财产收入；（4）股

息、红利收入；（5）利息收入；（6）租金收入；（7）特许权使用费收入；（8）接受捐赠收入；（9）其他收入等。

不征税收入包括：财政拨款、依法收取并纳入财政管理的行政事业性收费、政府性基金等。

免税收入包括：国债利息收入；符合条件的居民企业之间的股息、红利收入；在中国境内设立机构、场所的非居民企业从居民企业取得与该机构、场所有实际联系的股息、红利收入；符合条件的非营利组织的收入等。

扣除额是税法对现实发生的与获得收入有必然联系同时又是合理的费用允许进行扣除，但是对于一些浪费的、不必要的费用或者有些过高的费用不允许据实扣除，这样既有利于纳税人降低成本费用，也有利于保证税源不流失。因此企业所得税法和相关法律法规对扣除项目作出了详尽的规定，既包括规定扣除项目，同时也规定扣除的方法或者扣除的最高限额等，比如规定固定资产的折旧方法、无形资产的摊销等。

企业是以营利为目的的一种经济组织，追求利润是每个企业的目标。但是在生产经营过程中由于各种各样的原因，以每个会计年度为周期进行核算，企业并非都有利润，有时候企业会出现亏损的情况。人为地将企业连续不断的经营过程划分成不同的年度，可能在某些年度内企业获利颇丰，而有的年度企业又严重亏损。企业经营结果的这种现实与企业所得税仅仅是针对企业的净增值征税的理论要保持一致性，就要求在企业所得税的征收中必须把亏损问题一并考虑进来。其基本的要求是企业有赢利才缴税，无利润不缴税，当出现亏损时，采用亏损转回或者亏损结转。亏损转回是指本年度的经营亏损可以转回到过去几年的利润中以得到弥补，并因此得到相应的退税款；所谓亏损结转，则是把本年度的经营亏损转到今后几年的利润中得到弥补。无论亏损转回还是结转，都是把亏损与过去或者未来的利润相抵，从而在总体上减少几年内的应税所得额。[①]我国针对亏损采用的是亏损结转法，即企业在纳税年度发生的亏损，可以向以后年度结转，用以后年度的所得弥补，但结转年限最长不得超过5年。

税收抵免是指纳税人来源于中国境外的所得，已在境外缴纳了所得税，准予在向国内汇总纳税时从其应纳税额中进行扣除。税收抵免是针对重复征税而采取的具体措施。

5. 税收优惠

企业所得税作为一种针对企业普遍征收的税种，为了体现国家的重点扶持和鼓励一些企业的发展，往往也设立了相应的税收优惠制度。企业所得税的优惠主要包括税率优惠和减、免税，加速折旧和摊销，税收抵扣等措施。

通常情况下企业的所得税税率统一为25%，但是对于微利性企业，国家为了鼓励其发展，采用较低的税率，现行企业所得税法规定税率为20%。另外对于国家需要扶持的高新技术企业，减按15%的税率征收企业所得税。

减免税范围包括：企业从事农、林、牧、渔项目的所得；从事国家重点扶持的公共基础设施项目投资经营的所得；从事符合条件的环境保护、节能节水项目的所得；符合条件的技术转让所得；经省、自治区、直辖市政府批准的属于民族自治地方享有的企业所得税的部分等。

---

① 张守文：《税法原理》（第2版），北京大学出版社，2001年版，第238页。

针对一些特殊情况，为了体现税收杠杆的作用，企业所得税法律制度中也规定了一些加速折旧、摊销和加计扣除、减计收入的适用，这些规定将降低纳税人的税收负担水平，体现国家的鼓励和扶持。

国家为了鼓励对重点行业的投资，发展环保工程等，采用了投资税收抵扣措施，以降低纳税人的税收负担。创业投资企业从事国家需要重点扶持和鼓励的创业投资，可以按照投资额的一定比例抵扣应纳税所得额；企业购置用于环境保护、节能节水、安全生产等专用设备的投资额，可以按一定比例实行税额抵扣。

对企业统一征收所得税的同时，我国也利用税收的杠杆作用以不同的方式实施一些税收优惠。但是为了保证税法的权威性和严肃性，税收优惠的决定权高度集中在中央。为了顺应经济发展的需要，或者由于突发公共事件等原因对企业经营活动产生重大影响的，国务院可以制定企业所得税专项优惠政策，报全国人大常委会备案。

企业所得税法中采用了以产业为导向，提高企业核心竞争力为目标的多元化的税收优惠制度。

6. 企业所得税的征管

对于居民企业而言，企业所得税的征管采用申报纳税的方式。以企业登记注册地确定纳税地点，如果登记注册地在境外的，以实际管理机构所在地为纳税地点。企业在各地设立的分支机构不具有法人地位的，其所得应当汇总到总机构汇总计算纳税。

企业所得税的计算虽然以一个会计年度为周期，但是在实际征纳时则采用“总分结合”的方式，所谓“总”是指按年计算，而“分”是指分月或者分季预缴，“结合”是指在年度终了时汇算清缴，多退少补。具体规定是：企业应当在月份或者季度终了之日起 15 日内，向主管税务机关报送预缴企业所得税纳税申报表，预缴税款。年度终了之日起 5 个月内，企业向主管税务机关报送年度企业所得税纳税申报表，并汇算清缴，结清应缴应退税款。企业在报送企业所得税纳税申报表时，应当按照规定附送财务报告和有关资料。

企业在年度中间终止经营活动的，应当自实际经营终止之日起 60 日内，向主管税务机关办理当期企业所得税的汇算清缴。企业进行清算时，应当在办理注销登记前，向主管税务机关申报并缴纳税款。

对于非居民企业的所得税，主要采用代扣代缴的征管方式。凡是向非居民企业支付的单位和个人，均为扣缴义务人，税款由扣缴义务人在每次支付或者到期应支付时，从支付或者到期应支付的款项中扣缴。扣缴义务人每次代扣的税款，应当自代扣之日起七日内缴入国库，并向所在地的税务机关报送扣缴企业所得税报告表。扣缴义务人未依法扣缴的或者无法履行扣缴义务的，由纳税人在所得发生地缴税，纳税人未依法缴纳的，税务机关可以从该企业在境内其他收入项目的支付人应付的款项中，追缴该企业的应纳税款。

（二）个人所得税

个人所得税是以个人的所得作为征税对象而征收的一种所得税。我国征收个人所得税的依据是《中华人民共和国个人所得税法》[①]（以下简称《个人所得税法》）。

1. 纳税主体

个人所得税的纳税主体是个人。根据其在中国境内有无住所和居住时间长短，分为居民与非居民。居民是指在中国境内有住所，或者无住所而在中国境内居住满一年的个人。非居民是指在中国境内无住所又不居住，或在无住所而在境内居住不满一年的个人。对于居民采用居民税收管辖权，对在境内外的所得征税；对于非居民则采用源泉地税收管辖权，只对在境内所得征税。

2. 征税范围

个人所得税的征税对象是纳税人的各项所得，具体而言包括以下范围：

（1）工资、薪金所得，指个人因任职或者受雇而取得的工资、薪金、奖金、年终加薪、劳动分红、津贴、补贴以及由任职或受雇而获得的其他收入。

（2）个体工商户的生产经营所得。

（3）个人对企业事业单位承包经营和承租经营的所得。

（4）劳务报酬所得，指个人从事设计、装潢、安装、制图、测试、咨询、讲学、翻译等所获得的劳务所得。

（5）稿酬所得，指个人因其作品以图书、报刊形式出版、发表而获得的所得。

（6）特许权使用费所得，指个人提供专利权、商标权、著作权、非专利技术以及其他特许权的使用权获得的收入

（7）利息、股息、红利所得，指个人拥有债权、股权而获得的利息、股息、红利所得。

（8）财产租赁所得，指个人出租建筑物、土地使用权、机器设备、车船以及其他财物所取得的所得。

（9）财产转让所得，指个人转让有价证券、股权、建筑物、土地使用权、机器设备、车船以及其他财产所取得的所得。

（10）偶然所得，指个人中奖、得奖、中彩以及其他偶然性质的所得。

（11）经国务院财政部确定征收的其他所得。

以上各项应纳税所得，包括现金、实物和有价证券。所得为实物的，应当按照取得的凭证上所证明的价格计算应纳税所得额，无凭证的实物或者凭证上所注明的价格明显偏低的，由主管税务机关参照当地的市场价格核定应纳税所得额。所得为有价证券的，由主管税务机关根据票面价格和市场价格核定应纳税所得额。

3. 税率

我国个人所得税采用分类所得税制，即纳税人按照不同的所得项目，分别适用不同的税率。

---

① 1980 年 9 月 10 日第五届全国人民代表大会第三次会议通过，1993 年 10 月 31 日第八届全国人民代表大会常务委员会第四次会议第一次修正，1999 年 8 月 30 日第九届全国人民代表大会常务委员会第十一次会议第二次修正，2005 年 10 月 27 日第十届全国人民代表大会常务委员会第十八次会议第三次修正，2007 年 6 月 29 日第十届全国人民代表大会常务委员会第二十八次会议第四次修正，2007 年 12 月 29 日第十届全国人民代表大会常务委员会第三十一次会议第五次修正，2011 年 6 月 30 日第十一届全国人民代表大会常务委员会第二十一次会议第六次修正。

（1）工资、薪金的所得税税率采用7级超额累进税率，按月计征，最低一级为3%，最高一级是45%。

（2）个体户的生产、经营所得和对企事业单位的承包经营、承租经营所得，适用5级超额累进税率，按年计算，分月预缴，年底汇算清缴。最低税率为5%，最高为35%.

（3）其他所得适用20%的比例税率。

4. 计算

（1）对工资、薪金所得税的计算。计算工资及薪金所得税的基本公式为：应纳个人所得税额=应纳税所得额×对应税率－对应速算扣除数。这里的应纳税所得额为工资薪金的所得减去依法扣除费用，对于境内有住所的纳税人，可以扣除的费用为3500元。[①]对于在境内无住所的但是在境内有工资薪金，以及在境内有住所但是从境外获得工资薪金的纳税人，其每月的扣除费用为4800元。[②]这里的对应税率是指根据应纳税额所确定的税率，对应速算扣除数是指依据应纳税额所确定的扣除数。[③]

（2）对个体工商户和对单位承包承租经营所得的所得税计算。计算的基本公式为：应纳个人所得税税额=年应纳税所得额×对应税率－速算扣除数。

（3）劳务报酬所得、稿酬所得、特许权所得、财产租赁所得的个人所得税计算。计算的基本公式=应纳税所得额×税率。这里的应纳税所得额为劳务报酬所得、稿酬所得、特许权使用费所得和财产租赁所得在扣除合理费用后的余额，这些收入在不超过4000元时，扣除的费用为800元，超过4000元后，扣除的合理费用为20%。另外对于劳务报酬在很高的情况下，要采取加成征收，而对于稿酬则采取减成征收，减征30%。

（4）财产转让所得的个人所得税计算。计算的基本公式为：应纳税额=应纳税所得额×税率。这里的应纳税所得额为转让财产的收入减去财产的原值和合理的费用后的余额。

（5）对股息、利息、红利和偶然所得的个人所得税的计算。对利息、股息、红利和偶然所得，以每次收入作为应纳税所得额，不作任何费用的扣除，适用20%的比例税率。基本计算公式为：应纳个人所得税额=应纳税所得额×税率。

5. 抵免

根据我国《个人所得税法》的规定，居民纳税人来源于境外的所得，已经向其他国家和地区缴纳了个人所得税的，可以持纳税凭证，按照中国税法规定的税率计算的应纳税额申请抵免。纳税人在外国缴纳的所得税额超过抵免限额的，不得在本纳税年度的应纳税额中扣除，但是可以在以后纳税年度的余额中补扣，补扣期限最长不超过5年；如果纳税人在国外缴纳的所得税额低于抵免限额的，应当在中国缴纳差额部分的税款。

---

① 工资薪金的扣除费用，原来为每月800元，2006年1月1日改为1600元，2008年3月1日起改为2000元，2011年9月1日起调整为3500元。

② 对于在境内无住所的但是在境内有工资薪金，以及在境内有住所但是从境外获得工资薪金的纳税人，其每月的扣除费用在居民扣除费用的基础上增加1300元。

③ 速算扣除数，一种采用超额累进税率计税时便于计算应纳税额的常数。在个人所得税法中，对工资、薪金所得采用七级超额累进税率，对个体工商户的生产、经营所得和对企事业单位的承包经营、承租经营所得采用五级超额累进税率，则分别设定了相应的速算扣除数。

6. 减免

个人所得税的减免是指减少征收和免予征收。

免税的项目有：（1）省级人民政府、国务院部委和中国人民解放军军以上单位，以及外国组织、国际组织颁发的科学、教育、技术、文化、卫生、体育、环境保护等方面的奖金；（2）国债和国家发行的金融债券利息；（3）按照国家统一规定发给的补贴、津贴；（4）福利费、抚恤金、救济金；（5）保险赔款；（6）军人的转业费、复员费；（7）按照国家统一规定发给干部、职工的安家费、退职费、退休工资、离休工资、离休生活补助费；（8）依照我国有关法律规定应予免税的各国驻华使馆、领事馆的外交代表、领事官员和其他人员的所得；（9）中国政府参加的国际公约、签订的协议中规定免税的所得；（10）经国务院财政部门批准免税的所得。

减税的项目有：（1）残疾、孤老人员和烈属的所得；（2）因严重自然灾害造成重大损失的；（3）其他经国务院财政部门批准减税的。

7. 征收方式

我国对于个人所得税采用的征收方式为源泉扣缴法和自行申报法。源泉扣缴法，是指以所得支付者为扣缴义务人，在每次向纳税人支付有关所得款项时，代为扣缴税款的做法。源泉扣缴的最大优点在于可以有效保护税源，保证国家的财政收入，防止偷漏税，简化纳税手续。自行申报法，是指在税法规定的纳税期限内，由纳税人自行向税务机关申报取得的应税所得项目和数额，如实填写个人所得税纳税申报表，并按税法规定计算应纳税额的一种纳税方法。

我国《个人所得税法》规定，个人所得税以获得所得的人为纳税义务人，以支付所得的单位和个人为扣缴义务人。对扣缴义务人按照所扣缴的税款，付给 2%的手续费。扣缴义务人在向个人支付应税款项时，应当依照税法规定代扣税款，按时缴库，并专项记载备查。纳税人有下列情形之一的，应当自行申报纳税：（1）年所得 12 万元以上的；（2）从中国境内二处或者二处以上取得工资、薪金所得的；（3）从中国境外取得所得的；（4）取得应纳税所得，没有扣缴义务人的；（5）国务院规定的其他情形。年所得 12 万元以上的纳税义务人，在年度终了后 3 个月内到主管税务机关办理纳税申报。

对于每月纳税的，代扣代缴义务人或者自行申报纳税人，应当在次月 7 日内将税款解缴入库，并向税务机关报送纳税申报表。

个体工商户的生产、经营所得应纳的税款，按年计算，分月预缴，由纳税义务人在次月七日内预缴，年度终了后三个月内汇算清缴，多退少补。

对企事业单位的承包经营、承租经营所得应纳的税款，按年计算，由纳税义务人在年度终了后三十日内缴入国库，并向税务机关报送纳税申报表。纳税义务人在一年内分次取得承包经营、承租经营所得的，应当在取得每次所得后的七日内预缴，年度终了后三个月内汇算清缴，多退少补。

从中国境外取得所得的纳税义务人，应当在年度终了后三十日内，将应纳的税款缴入国库，并向税务机关报送纳税申报表。

个人所得税的纳税地点依征收方式不同而不同，对于以代扣代缴方式纳税的，纳税地点为扣缴义务人所在地；对于采用自行申报纳税的，纳税申报地一般为收入来源地的主管税务机关；如果纳税人在两处或者两处以上取得所得的，可选择并固定其中一个税务机关作为申报纳税地，从境外取得所得的，应向境内户籍所在地或者经常居住地的税务机关申报纳税。

四、财产税法

财产税是以纳税人拥有或支配的财产为课税对象的一类税。我国现行税制中，属于财产税的有房产税、车船税、船舶吨税等。对财产课税符合量能纳税原则，可以促进社会资源合理配置，限制挥霍和浪费。

（一）房产税[①]

房产税是以在城市、县城、建制镇和工矿区的房产为征税对象的一种税。房产税的征税依据是1986年9月15日国务院发布的《中华人民共和国房产税暂行条例》。

1. 纳税主体

房产税的纳税主体是产权所有人。产权属于全民所有的，由经营管理的单位缴纳；产权出典的，由承典人缴纳；产权所有人、承典人不在房产所在地的，或者产权未确定以及租典纠纷未解决的由房产代管人或者使用人缴纳。

2. 计税依据

依照房产原值一次扣除10%至30%后的余额作为计税依据，具体扣除的幅度，由省、自治区、直辖市人民政府规定。没有房产原值作为依据的，由房产所在地税务机关参考同类房产核定。房产出租的，以房产租金收入作为房产税的计税依据。

3. 税率

以房产余值为计税依据的，税率为1.2%；以房产租金收入为计税依据的，税率为12%。

4. 减免范围

按照我国当前法律规定，以下房产免交房产税：（1）国家机关、人民团体、军队自用的房产；（2）由国家财政部分拨付事业经费的单位自用的房产；（3）宗教寺庙、公园、名胜古迹自用的房产；（4）个人所有非营业用的房产；（5）经财政部批准免税的其他房产。

（二）车船税

车船税是指对在我国境内依法应税车辆、船舶的所有人或者管理人征收的一种财产税。征税依据是2011年2月25日第十一届全国人民代表大会常务委员会第十九次会议通过的《中华人民共和国车船税法》。

1. 纳税主体

在中华人民共和国境内应税机动车辆、船舶的所有人或者管理人。

2. 税率

车船税采用定额税率。乘用车依排气量从小到大递增税额，排气量1.0升（含）以下的，每辆60元至360元；1.0升以上至1.6升（含）的，每辆300元至540元；1.6

---

① 2008年12月31日，国务院总理温家宝签署第546号国务院令，宣布1951年8月8日由原政务院公布的《城市房地产税暂行条例》自2009年1月1日起废止。自2009年1月1日起，外商投资企业、外国企业和组织以及外籍个人，依照《房产税暂行条例》缴纳房产税。

升以上至2.0升（含）的，每辆360元至660元；2.0升以上至2.5升（含）的，每辆660元至1200元，2.5升以上至3.0升（含）的，每辆1200元至2400元；3.0升以上至4.0升（含）的，每辆2400元至3600元。具体适用税额由省、自治区、直辖市人民政府在上述税额幅度内确定。客车按照核定载客人数20人以下和20人（含）以上两档划分，递增税额。机动船舶按照吨位从小到大递增税额。净吨位不超过200吨的，每吨3元；净吨位超过200吨但不超过2000吨的，每吨4元；净吨位超过2000吨但不超过10000吨的，每吨5元；净吨位超过10000吨的，每吨6元。

3. 减免

捕捞、养殖渔船；军队、武装警察部队专用的车船；警用车船；依照法律规定应当予以免税的外国驻华使领馆、国际组织驻华代表机构及其有关人员的车船，免予征税。

对节约能源、使用新能源的车船可以减征或者免征车船税；对受严重自然灾害影响纳税困难以及有其他特殊原因确需减税、免税的，可以减征或者免征车船税。

省级人民政府根据当地实际情况，可以对公共交通车船，农村居民拥有并主要在农村地区使用的摩托车、三轮汽车和低速载货汽车定期减征或者免征车船税。

4. 缴纳

从事机动车第三者责任强制保险业务的保险机构为机动车车船税的扣缴义务人，在收取保险费时依法代收车船税，并出具代收税款凭证。

纳税地点为车船的登记地或者车船税扣缴义务人所在地。依法不需要办理登记的车船，车船税的纳税地点为车船的所有人或者管理人所在地。

纳税义务发生时间为取得车船所有权或者管理权的当月。

五、资源税法

资源税法是规定资源税具体税种的法律规范的总称。资源税，是对在我国境内开发、利用特定自然资源的单位和个人征收的一类税。目前，我国资源税类包含的税种有资源税、城镇土地使用税、耕地占用税。

（一）资源税

资源税的征税范围包括原油、天然气、煤炭、其他非金属矿原矿、黑色金属矿原矿、有色金属矿原矿、盐。

资源税实行定额税率，从量计征。

资源税的征税依据是1993年国务院发布的《资源税暂行条例》。

（二）城镇土地使用税

城镇土地使用税是为了合理利用城镇土地，调节土地级差收入，提高土地使用效益，而对在城市、县城、建制镇、工矿区范围内使用土地的单位和个人实际占用的土地面积为计税依据征收的一种税。

城镇土地使用税采用定额税率，土地使用税每平方米年税额：大城市1.5元至30元；中等城市1.2元至24元；小城市0.9元至18元；县城、建制镇、工矿区0.6元至12元。

国家机关、人民团体、军队自用的土地；由国家财政部门拨付事业经费的单位自用的土地；宗教寺庙、公园、名胜古迹自用的土地；市政街道、广场、绿化地带等公共用地；直接用于农、林、牧、渔业的生产用地等，免征城镇土地使用税。

城镇土地使用税的征收依据是1988年国务院发布，2006年修订的《城镇土地使用税暂行条例》。

（三）耕地占用税

耕地占用税是为了合理利用土地资源，保护耕地，而对占用耕地建房或者从事非农业建设的单位或者个人实际占用的耕地面积为计税依据征收的一种税。

耕地占用税采用定额税率，按照规定的适用税额一次性征收。耕地占用税的税额规定为：人均耕地不超过1亩的地区（以县级行政区域为单位，下同），每平方米为10元至50元；人均耕地超过1亩但不超过2亩的地区，每平方米为8元至40元；人均耕地超过2亩但不超过3亩的地区，每平方米为6元至30元；人均耕地超过3亩的地区，每平方米为5元至25元。

军事设施占用耕地；学校、幼儿园、养老院、医院占用耕地，免征耕地占用税。

耕地占用税的征收依据是2007年国务院发布的《耕地占用税暂行条例》。

六、行为税法

行为税是指以纳税人的某种特定行为作为课税对象的一类税。对特定行为征收，不仅可以增加财政收入，而且可以通过征税对某种行为加以限制或加强监督管理。我国目前开征的行为税的有印花税、契税、车辆购置税、城市维护建设税、土地增值税、烟叶税等。

（一）印花税

印花税是对在境内书立、领受应税凭证的单位和个人征收的一种税。我国印花税的征收依据是1988年国务院发布的《印花税暂行条例》（2011年1月8日修订）。

1. 印花税征税范围

应当征收印花税的应纳税凭证包括：（1）购销、加工承揽、建设工程承包、财产租赁、货物运输、仓储保管、借款、财产保险、技术合同或者具有合同性质的凭证；（2）产权转移书据；（3）营业账簿；（4）权利、许可证照；（5）经财政部确定征税的其他凭证。

2. 印花税的征收方式

纳税人根据应纳税凭证的性质，分别按比例税率或者按件定额计算应纳税额。应纳税额不足1角的，免纳印花税。

印花税实行由纳税人根据规定自行计算应纳税额，购买并一次贴足印花税票的办法缴纳。为简化贴花手续，应纳税额较大或者贴花次数频繁的，纳税人可向税务机关提出申请，采取以缴款书代替贴花或者按期汇总缴纳的办法。

印花税票应当粘贴在应纳税凭证上，并由纳税人在每枚税票的骑缝处盖戳注销或者画销。应纳税凭证应当于书立或者领受时贴花。同一凭证，由两方或者两方以上当事人签订并各执一份的，应当由各方就所执的一份各自全额贴花。

3. 印花税的违法处罚

印花税采取轻税重罚方式，税额轻，处罚重。比如购销合同按照购销金额0.3‰贴花，如果在应纳税凭证上未贴或者少贴印花税票的，税务机关除责令其补贴印花税票外，可处以应补贴印花税票金额 20 倍以下的罚款；重用印花税票的，处以重用印花税票金额 30 倍以下的罚款。

（二）契税

契税是向受让土地、房屋权属的单位和个人征收的一种税。目前契税的征税依据是 1997 年 10 月 1 日实施的《契税暂行条例》。

（1）契税的征税对象包括：国有土地使用权出让；土地使用权转让，包括出售、赠与和交换（不包括农村集体土地承包经营权的转让）；房屋买卖；房屋赠与；房屋交换。

（2）契税的税率为 3%—5%。

（3）契税的计税依据：国有土地使用权出让、土地使用权出售、房屋买卖，为成交价格；土地使用权赠与、房屋赠与，由征收机关参照土地使用权出售、房屋买卖的市场价格核定；土地使用权交换、房屋交换，分别为所交换的土地使用权、房屋的价格的差额。

（4）契税减免规定：①国家机关、事业单位、社会团体、军事单位承受土地、房屋用于办公、教学、医疗、科研和军事设施的，免征契税；②城镇职工按规定第一次购买公有住房的，免税契税；③因不可抗力灭失住房而重新购买住房的，酌情准予减征或者免征；④财政部规定的其他减征、免征契税的项目。

（5）契税的缴纳。契税纳税义务发生时间，为纳税人签订土地、房屋权属转移合同的当天，或者纳税人取得其他具有土地、房屋权属转移合同性质凭证的当天。纳税人应当自纳税义务发生之日起 10 日内，向土地、房屋所在地的契税征收机关办理纳税申报，并在契税征收机关核定的期限内缴纳税款。

（三）车辆购置税

车辆购置税是对境内购置应税车辆的单位和个人征收的一种税。

车辆购置税的征收范围包括汽车、摩托车、电车、挂车、农用运输车。车辆购置税实行从价定率的办法计算应纳税额。应纳税额的计算公式为：纳税额＝计税价格×税率。车辆购置税的税率为 10%。

车辆购置税的征税依据是国务院 2000 年颁布的《车辆购置税暂行条例》。

（四）城市维护建设税

城市维护建设税是为了扩大和稳定城市维护建设资金的来源，对缴纳产品税、增值税、营业税的单位和个人征收的一种税。纳税人实际缴纳的产品税、增值税、营业税税额为计税依据，分别与产品税、增值税、营业税同时缴纳。

城市维护建设税采用不同比例税率：纳税人所在地在市区的，税率为 7%；纳税人所在地在县城、镇的，税率为 5%；纳税人所在地不在市区、县城或镇的，税率为 1%。

城市维护建设税的征收依据是国务院 1985 年发布的《城市维护建设税暂行条例》。

（五）土地增值税

土地增值税是对转让国有土地使用权、地上的建筑物及其附着物（以下简称转让房地产）并取得增值额收入的单位和个人征税的一种行为税。增值额为纳税人转让房地产所取得的收入减除规定扣除项目金额后的余额。计算增值额的扣除项目包括：（1）取得土地使用权所支付的金额；（2）开发土地的成本、费用；（3）新建房及配套设施的成本、费用，或者旧房及建筑物的评估价格；（4）与转让房地产有关的税金；（5）财政部规定的其他扣除项目。

土地增值税实行四级超率累进税率：增值额未超过扣除项目金额50%的部分，税率为30%。增值额超过扣除项目金额50%、未超过扣除项目金额100%的部分，税率为40%；增值额超过扣除项目金额100%、未超过扣除项目金额200%的部分，税率为50%；增值额超过扣除项目金额200%的部分，税率为60%。

免征土地增值税的有：(1) 纳税人建造普通标准住宅出售，增值额未超过扣除项目金额20%的；(2) 因国家建设需要依法征用、收回的房地产。

该税的征收依据是国务院1993年发布的《土地增值税暂行条例》。

(六) 烟叶税

烟叶税是对境内收购烟叶（晾晒烟叶、烤烟叶）的单位征收的一种税。

烟叶税实行比例税率，税率为20%。烟叶税的应纳税额按照纳税人收购烟叶的收购金额乘以规定的税率计算。烟叶税的征收依据是2006年国务院发布的《烟叶税暂行条例》。

第三节 税收征管法律制度

一、税收征管法律制度概述

税收征管法是规定税务机关和纳税人在税收征纳活动中的程序和责任的法律规范的总称。税收的征收管理是我国税收体制的有机组成部分，它是税务机关和纳税人在税收征纳过程中所遵循的基本行为准则。

税收征管法的立法宗旨为：加强税收征收管理，规范税收征收和缴纳行为，保障国家税收收入，保护纳税人的合法权益，促进经济和社会发展。

我国现行的税收征管法主要包含1992年9月4日由第七届全国人大常委会第二十七次会议通过的《税收征收管理法》(1995年、2001年、2013年、2015年修订)[①] 和2002年国务院制定的《税收征收管理法实施细则》。

在我国，征税机关有税务机关、财政部门和海关。而《税收征收管理法》仅适用于由税务机关进行征税管辖的有关税种。

税收征管法的主要内容有：税务管理、税款征收、税务检查、法律责任。

二、税务管理

税务管理是税务机关对税务登记、账簿、凭证、纳税申报的管理。

---

① 《税收征收管理法》2013年修订，仅将第15条第1款修改为：企业，企业在外地设立的分支机构和从事生产、经营的场所，个体工商户和从事生产、经营的事业单位（以下统称从事生产、经营的纳税人）自领取营业执照之日起三十日内，持有关证件，向税务机关申报办理税务登记。税务机关应当于收到申报的当日办理登记并发给税务登记证件。2015年修订，仅将第33条修改为：纳税人依照法律、行政法规的规定办理减税、免税。地方各级人民政府、各级人民政府主管部门、单位和个人违反法律、行政法规规定，擅自作出的减税、免税决定无效，税务机关不得执行，并向上级税务机关报告。

（一）税务登记

税务登记是指纳税人在开业、变更、终止情况发生后，在法定的期限内向所在地税务机关办理书面登记的一项制度。它是纳税人履行建立纳税法律关系、纳税义务的法定手续，也是税务机关掌握税源和对纳税人进行监督管理的依据。建立税务登记制度，对加强税收征管、防止漏管和漏征、增强纳税人依法纳税的观念都有重要的意义。

在我国，需要进行税务登记的纳税人既包括从事经营活动的企业，企业在外地设立的分支机构和从事生产、经营的场所，个体工商户，还包括事业单位、社会组织和个人纳税人。企业、事业单位、社会组织申报登记后由税务机关发给税务登记证件。个人纳税人申报后，税务机关登录其纳税人识别号。

税务登记分为三种：开业税务登记、变更税务登记和注销税务登记。

1. 开业税务登记

这是纳税人自领取营业执照之日起 30 日内，持有关证件，向税务机关申报办理税务登记。税务机关应当自收到申报之日起 30 日内审核并发给税务登记证件。

税务登记的主要内容包括：单位的名称、法定代表人或者业主的姓名及其身份证号码；住所及经营地点；经济性质；企业形式和核算方式；生产经营范围和经营的方式；注册资金、投资总额、开户银行及其账号；经营的期限、从业人数、营业执照号码；财务负责人、办税人员及其他事项。企业在外地设立的分支机构或者从事生产经营的场所，还应当登记总机构的名称、地址、法定代表人、主要业务范围、财务负责人。

2. 变更税务登记

这是指税务登记内容发生变化的，自工商行政管理机关办理变更登记之日起 30 日内，持有关证件向税务机关申报办理变更或者注销税务登记。

3. 注销税务登记

这是纳税人发生歇业、解散、破产、撤销以及其他情形，依法终止纳税义务的，应当在工商行政管理机关办理注销登记前，持有关证件向原税务登记机关申报办理注销税务登记，按规定不需要在工商登记机关办理登记的，应当自有关机关批准或者宣告终止之日起 15 日内持有关证件向原税务机关申报办理注销税务登记。纳税人被工商行政管理机关吊销营业执照的，应当自营业执照被吊销之日起 15 日内，向原税务机关申报注销税务登记。纳税人在办理注销税务登记前，应当向税务机关结清税款、滞纳金、罚款、缴销发票和其他税务证件。

（二）账簿及凭证的管理

账簿、凭证是纳税人从事经济活动的记载，直接关系到纳税人缴纳税款的多少，这是税收征管的关键。所谓账簿是指总账、明细账、日记账以及辅助性账簿。所谓凭证主要指发票，包括普通发票和增值税专用发票。

1. 账簿管理

纳税人、扣缴义务人要按照有关法律、行政法规和国务院财政、税务主管部门的规定设置账簿，根据合法、有效凭证记账，进行核算。

从事生产经营的纳税人应当自领取营业执照之日起 15 日内，按照国务院财政、税务主管部门的规定，设置账簿。扣缴义务人应当自税收法律法规规定的扣缴义务发生之日起 10 日内，按照所代扣代缴的税种，分别设置代扣代缴、代收代缴税款账簿。纳税人、扣缴义务人采取计算机记账的，应当在使用前将其记账软件、程序和适用说明书及有关资料报送主管税务机关备案。

2. 发票管理

发票是指在购销商品、提供或者接受服务以及从事其他经营活动中，开具、收取的付款凭证。根据《税收征管法》，财政部发布了《发票管理办法》及其实施细则，对发票的管理作了明确的规定。国家税务总局统一负责全国的发票管理工作。增值税专用发票必须由国家税务总局指定的企业印制；其他发票，按照国务院税务主管部门的规定，分别由省、自治区、直辖市税务机关指定的企业印制。非经指定，不得印刷发票。发票的领购、使用、开具、保管必须符合法律的规定。

增值税专用发票是指只限于增值税一般纳税人领购使用的发票，它不仅是纳税人经济活动中重要的商业凭证，而且是兼记销货方纳税义务和购货方进项税款的证明，对增值税的计算和管理起着决定性的作用。国家对增值税发票的领购、开具、保管等方面都有十分严格的规定。

账簿、记账凭证、完税凭证及其他有关资料不得伪造、变造或者擅自损毁。

（三）纳税申报

纳税申报是指纳税人履行纳税义务和扣缴义务人履行代扣代缴、代收代缴税款的法定手续。它是组织纳税人依法纳税的一种手段，也是税务机关办理税款征收事项、审定应收税款，开具纳税凭证以及分析税源变化的主要依据。

纳税人、扣缴义务人必须依照法律、行政法规规定或者税务机关依照法律、行政法规的规定确定的申报期限、申报内容如实办理纳税申报，报送纳税申报表、财务会计报表以及税务机关根据实际需要要求纳税人报送的其他纳税资料。纳税人、扣缴义务人在法定的期限内不能进行纳税申报的，经税务机关的核准，可以延期申报。

纳税人、扣缴义务人可以直接到税务机关办理纳税申报或者报送代扣代缴、代收代缴税款报告表，也可以按照规定采取邮寄、数据电文或者其他方式办理上述申报、报送事项。①

3. 税款征收

（一）税款征收的概念

税款征收是指征税机关依法对纳税人征收税款，纳税人、扣缴义务人依法缴纳税款的一项法定手续。税款征收制度是强化税收征收管理，维护征纳双方权益的重要措施。税款征收是税收征管的核心和中心环节，它可以保障国家税款及时足额入库。

（二）税款征收的机关

根据我国税收征管权的划分，现阶段的税款征收机关有税务机关、海关以及财政机关。海关主要负责征收关税、进口增值税和消费税等。财政机关主要征收契税、耕地占用税等，大多数税种是由税务机关来负责征收。

税务机关分成国家税务局和地方税务局。国家税务局包括国家税务总局，省、市、自治区国家税务局，县（市）国家税务局。国家税务总局是税务机关的中央机构，省、市、自治区国家税务局是中央税务局的派出机构，县（市）国家税务局是省、市、自治

① 《税收征管法》第26条。

区国家税务局下设的基层税务机构，国家税务所是县（市）国家税务局的派出机构。国家税务总局、省级国家税务局、地（市）级国家税务局、县级国家税务局、国家税务所，实行垂直管理。地方税务局包括省、市、自治区地方税务局和县（市）地方税务局。省、市、自治区地方税务局是税务机关的地方机构，负责本地区的地方税收征管工作。县（市）地方税务局是省、市、自治区下设的基层税务机构，负责本地区的地方税收征管工作。地方税务所是县（市）地方税务局的派出机构，负责辖区内的税收工作。对省、自治区、直辖市以下地方税务局实行上级税务机关和同级政府双重领导，以上级税务机关垂直领导为主的管理体制。

（三）税款征收的方式

税款征收方式主要有以下几种：

1. 查账征收

查账征收是指纳税人在规定的期限内根据自己的财务报表或经营的成果，向税务机关申报应税收入或应税所得及应纳税额，并向税务机关报送有关账册和资料，经税务机关审查核实后，填写纳税缴款书并缴纳税款的一种税款征收方式。这种征收方式要求纳税人的会计核算真实准确，资料完整，财务会计制度健全，能够正确计算应纳税额，这种征收方式适用于财务制度健全的纳税人。

2. 查定征收

查定征收是指税务机关通过按期查实纳税人的生产经营情况而确定应纳税额，分期征收税款的一种征收方式。这种方式主要适用于生产经营规模小、财务会计制度不够健全、账册不够完备的小型企业和个体工商户。

3. 查验征收

查验征收是指税务机关对某些难以进行源泉控制的征税对象，通过查验证照和实物，据以确定应纳税额的征收方式。这种方式主要适用于财务会计制度不健全和生产经营不固定的纳税人。

4. 定期定额征收

定期定额征收是指税务机关根据纳税人的生产经营情况，按期核定应纳税额，分期征收税款的一种征收方式。这种征收方式主要适用于一些没有记账能力，无法查实其销售收入或营业收入和所得额的个体工商户。

5. 自核自缴

自核自缴是指纳税人在规定的期限内依照税法的规定自行计算应纳税额，自行审核后填开税款缴款书，自己直接到指定银行缴款的一种征收方式。这种方式仅限于经县、市税务机关批准的财务会计制度健全、账册齐全准确、纳税意识较强的大中型企业和部分事业单位。

6. 代扣代缴、代收代缴

代扣代缴、代收代缴是指依照税法规定负有代扣代缴、代收代缴税款义务的单位和个人，按照税法规定对纳税人应当缴纳的税款进行扣缴或者收缴的征收方式。这种税款征收的方式有利于加强税收的源泉控制，减少税款的流失，降低税收的成本，手续也很简单。依法负有扣缴义务或收缴税款义务的单位和个人，应当严格履行法定义务。税务机关应当发给代扣代缴、代收代缴税款义务人代扣代缴、代收代缴证书，并按照税法规定付给手续费。

7. 委托征收

委托征收是指税务机关委托有关单位或者个人代为征收税款的征收方式。这种征收方式主要适用于一些零星、分散、难以管理的税收。

（四）税款征收中征纳双方的权利义务

1. 征税主体的权利

（1）依法征税权

税务机关依法享有征税的权利，并且在法定情形下有权自行核定应纳税额。[①] 这里所指的法定情形是指：依法可以不设置账簿的；应设置但未设置账簿的；虽设置账簿但混乱或残缺不全，难以查账的；发生纳税义务但是未按期限办理纳税申报，经税务机关责令限期申报，逾期仍不申报的；纳税人申报的计税依据明显偏低但是又无正当理由的。

（2）税额调整权

企业或者外国企业在中国境内设立的从事生产、经营的机构、场所与其关联企业之间的业务往来，应当按照独立企业之间的业务往来收取或者支付价款、费用；不按照独立企业之间的业务往来收取或者支付价款、费用，而减少其应纳税的收入或者所得额的，税务机关有权进行合理调整。对未按照规定办理税务登记的从事生产、经营的纳税人以及临时从事经营的纳税人，由税务机关核定其应纳税额，责令缴纳。

（3）税收保全权

税务机关有根据认为从事生产、经有的纳税人有逃避纳税义务行为的，可以在规定的纳税期之前责令限期缴纳应纳税款；在限期内发现纳税人有明显的转移、隐匿其应纳税的商品、货物以及其他财产或者应纳税收入的迹象的，税务机关可以责成纳税人提供纳税担保。如果纳税人不能提供纳税担保，经县以上税务局（分局）局长批准，税务机关可以采取税收保全措施。即税务机关可以书面通知纳税人开户银行或者其他金融机构冻结纳税人的金额相当于应纳税款的存款；扣押、查封纳税人的价值相当于应纳税款的商品、货物或者其他财产。

（4）税收强制执行权

从事生产、经营的纳税人、扣缴义务人未按照规定的期限缴纳或者解缴税款，纳税担保人未按照规定的期限缴纳所担保的税款，税务机关责令限期缴纳，逾期仍未缴纳的，经县级以上税务局（分局）局长批准，税务机关可以采取税收强制执行措施，即税务机关可以书面通知其开户银行或者其他金融机构从其存款中扣缴税款；扣押、查封、依法拍卖或者变卖其价值相当于应纳税款的商品、货物或者其他财产，以拍卖或者变卖所得抵缴税款。税务机关采取强制执行措施时，对纳税人、扣缴义务人、纳税担保人未缴纳的滞纳金同时强制执行。

（5）税款优先权

税务机关征收税款，税收优先于无担保债权，法律另有规定的除外；纳税人欠缴的税款发生在纳税人以其财产设定抵押、质押或者纳税人的财产被留置之前的，税收应当

---

① 《税收征管法》第35条。

先于抵押权、质权、留置权执行。纳税人欠缴税款，同时又被行政机关决定处以罚款、没收违法所得的，税收优先于罚款、没收违法所得。

（6）税收追征权

因税务机关的责任，致使纳税人、扣缴义务人未缴或者少缴税款的，税务机关在三年内可以要求纳税人、扣缴义务人补缴税款，但是不得加收滞纳金；因纳税人、扣缴义务人计算错误等失误，未缴或者少缴税款的，税务机关在三年内可以追征税款、滞纳金；有特殊情况的，追征期可以延长到五年；对偷税、抗税、骗税的，税务机关追征其未缴或者少缴的税款、滞纳金或者所骗取的税款，不受期限的限制。

（7）税收代位权

欠缴税款的纳税人因怠于行使到期债权，对国家税收造成损害的，税务机关有权依照合同法第73条规定行使代位权。税务机关行使代位权的，不免除欠缴税款的纳税人尚未履行的纳税义务和应承担的法律责任。

（8）税收撤销权

欠缴税款的纳税人放弃到期债权，或者无偿转让财产，或者以明显不合理的低价转让财产而受让人知道该情形，对国家税收造成损害的，税务机关有权依照合同法第74条规定行使代位权。税务机关行使撤销权的，不免除欠缴税款的纳税人尚未履行的纳税义务和应承担的法律责任。

2. 征税主体的义务

（1）依法征税的义务。税务机关不得违法开征、停征、多征或者少征税款。

（2）税务机关有出具完税凭证的义务。税务机关征收税款和扣缴义务人代扣代收税款时，必须给纳税人开具完税凭证。

（3）扣押商品、货物或者其他财物时，必须开具收据；查封商品、货物或者其他财物时，必须开具清单。

（4）纳税人超过应纳税额缴纳税款的，税务机关发现后应当立即退还。

3. 纳税主体的权利

（1）有权依法书面申请减免税。

（2）有权要求赔偿。税务机关采取税收保全措施不当，使得纳税人的合法权益受到损失的，有要求赔偿的权利。

（3）有权申请复议。纳税人对税务机关的处罚决定、强制执行措施、税收保全措施不服的，在规定的期限内有向上级税务机关申请复议的权利。

（4）有权要求退还多缴税款。纳税人自结算缴纳税款之日起3年内发现多缴纳税款的，可以向税务机关要求退还并加算银行同期存款利息。

4. 纳税人的义务

（1）在法律、法规规定的期限内，缴纳或者解缴税款。

（2）扣缴义务人依法行使代扣代缴的义务。

（3）欠缴税款的纳税人或者其法定代表人需要出境的，应当在出境前向税务机关结清应纳税款、滞纳金或者提供担保。未结清税款、滞纳金，又不提供担保的，税务机关可以通知出境管理机关阻止其出境。

四、税务检查

（一）税务检查的概念

税务检查是税务机关依照国家税收法律法规的规定，对纳税人、扣缴义务人履行纳税义务和履行代收、代扣义务的情况进行检查监督的一种措施。它有利于贯彻执行国家的税收法律法规及其有关政策；有利于税款的足额入库，保障国家的财政收入；有利于纠正违法行为，使纳税人增强纳税人的法制观念，有利于端正纳税人的经营方向，帮助纳税人改善经营管理，提高管理的水平。

（二）税务检查的内容

税务机关在税收检查中依法享有检查权，检查对象是纳税人和扣缴义务人。税务机关有权检查被检查对象的账簿、凭证、货物，有权要求提供资料、询问情况、检查邮寄托运情况、检查账户等。

（三）税务检查的要求

税务机关派出的人员进行税务检查时，应当出示税务检查证和税务检查通知书，并有责任为被检查人保守秘密；未出示税务检查证和税务检查通知书的，被检查人有权拒绝检查。

税务机关对从事生产、经营的纳税人以前纳税期的纳税情况依法进行税务检查时，发现纳税人有逃避纳税义务行为，并有明显的转移、隐匿其应纳税的商品、货物以及其他财产或者应纳税的收入的迹象的。可以按照法律规定采取税收保全和税收强制执行措施。

税务机关调查税务违法案件时，对与案件有关的情况和资料，可以记录、录音、录像、照相和复制。

纳税人、扣缴义务人必须接受税务机关依法进行的税务检查，如实反映情况，提供有关资料，不得拒绝、隐瞒。

税务机关依法进行税务检查时，有权向有关单位和个人调查纳税人、扣缴义务人和其他当事人与纳税或者代扣代缴、代收代缴税款有关的情况，有关单位和个人有义务向税务机关如实提供有关资料及证明材料。

经县级以上税务局（分局）局长批准，凭全国统一格式的检查存款账户许可证明，查询从事生产、经营的纳税人、扣缴义务人在银行或者其他金融机构的存款账户，税务机关在调查税收违法案件时，经设区的市、自治州以上税务局（分局）局长批准，可以查询案件涉嫌人员的储蓄存款。税务机关查询所获得的资料，不得用于税收以外的用途。

五、违反税法的法律责任

（一）违反税法的法律责任概述

违反税法的法律责任，是税法主体违反税法规定应当承担的法律后果。依据承担责任的主体不同，可以把违反税法的责任分成纳税人的责任、扣缴义务人的责任、税务人员的责任。税法主体的权利义务是税法的核心。征纳双方在享有权利的同时还应当承担义务。如果征纳双方未能依法承担义务，则必须依法追究其法律责任。

（二）纳税主体违反税法的法律责任

纳税主体违反税法的行为包括一般违法行为和犯罪行为。

1. 纳税主体违反税务管理规定的法律责任

纳税主体违反税务管理规定，包括违反税务登记、账簿凭证的管理的规定，以及违反纳税申报的规定这两类情况。对于前一类情况，税务机关有权责令其限期改正，逾期不改正的，可以处2000元以下的罚款；情节严重的，处2000元以上10000元以下的罚款。对于后钟情况，由税务机关责令限期改正，并可处与前一款情况相同的罚款。

2. 纳税主体违反税款征收规定的法律责任

纳税主体违反税款征收规定的行为，较为普遍，其应当承担的法律责任主要包括以下几种情况：

(1) 偷税行为，即纳税人采取伪造、变造、隐匿、擅自销毁账簿、记账凭证，在账簿上多列支出或者不列、少列收入，或者进行虚假的纳税申报等手段，不缴或者少缴税款的行为。偷税行为未构成犯罪的，除追缴其偷税款外，处以偷税数额5倍以下的罚款；构成犯罪的，除追缴其偷税款而外，应当处以有期徒刑或者拘役，并处偷税数额一倍以上五倍以下的罚金。

(2) 欠税行为，即纳税主体在纳税期限届满后，仍未缴或少缴应纳税款的行为。税务机关应责令欠税人限期缴纳并加收滞纳金，逾期仍未缴纳的，可采取强制执行措施。此外，如果欠税人采取转移、隐匿等手段，使税务机关无法追缴的，则构成妨碍追缴欠税的行为。未构成犯罪的，除追缴欠税款外，处以欠税款5倍以下的罚款，构成犯罪的，依法处以拘役和有期徒刑并处罚金。

(3) 抗税行为，即以暴力、威胁方法拒不缴纳税款的行为。未构成犯罪的，则追缴税款，并处拒缴税款5倍以下的罚款；构成犯罪的，处以拘役或有期徒刑，并处罚金。

(4) 骗税行为，即骗取国家出口退税的行为，未构成犯罪的，应当追缴其骗取的退税款，处以骗取税款5倍以下的罚款，构成犯罪的，依法追究刑事责任。

（三）扣缴义务人违反税法的法律责任

扣缴义务人是税法规定的负有代扣代缴税款义务的单位和个人。扣缴义务人违反法律的规定同样要承担法律责任。主要包括下列责任：

(1) 未按规定设置、保管代扣代缴、代收代缴税款的账簿、记账凭证及有关资料的，或者未按规定报送代扣代缴、代收代缴税款报告表的，由税务机关限期改正，逾期不改正的，处2000元以下的罚款，情节严重的，可在法定期限内处更高额的罚款。

(2) 扣缴义务人采取偷税手段进行偷税的，其应当承担的法律责任与纳税人偷税应承担的法律责任相同。

(3) 扣缴义务人应扣未扣、应收未收税款的，由扣缴义务人缴纳应扣未扣、应收未收税款，除非其已将纳税人拒绝抵扣、代收的欠款及时报告税务机关。

（四）税务人员违反税法的法律责任

税务人员违反税法的行为主要有：(1) 唆使或者协助纳税人、扣缴义务人实施偷税、骗税、妨碍追缴税款；(2) 收受或索取纳税人、扣缴义务人的财物；(3) 玩忽职守、不征或者少征税款，使得国家税收受到损失；(4) 私分所扣押、查封的商品、货物或者其他财产；(5) 违法擅自决定税收的开征、停征，或者减免、退补；(6) 滥用职权、故意刁难纳税人、扣缴义务人。对于前4种行为，构成犯罪的，依法追究刑事责任；未构成犯罪的，给予行政处分，对于第5种行为，除撤销其决定外，应当追究直接责任人员的行政责任；对于第6种行为，应对违法者给予行政处分。

六、税务争议处理程序

税务争议，是纳税人、扣缴义务人、纳税担保人与税务机关在纳税上发生的争议以及对税务机关的处罚决定、强制执行措施或者税收保全措施不服发生的争议。

税务争议的处理程序有两种：

1. 纳税人、扣缴义务人、纳税担保人与税务机关在纳税上发生争议时，必须先依照税务机关的纳税决定缴纳或者解缴税款及滞纳金或者提供相应的担保，然后可以依法申请行政复议；对行政复议决定不服的，可以依法向人民法院起诉。

2. 当事人对税务机关的处罚决定、强制执行措施或者税收保全措施不服的，可以依法申请行政复议，也可以依法向人民法院起诉。

当事人对税务机关的处罚决定逾期不申请行政复议也不向人民法院起诉，又不履行的，作出处罚决定的税务机关可以依法采取强制执行措施，或者申请人民法院强制执行。

学习总结与拓展

【关键词】

税收　税法　纳税主体　税收法定原则　税收公平　税收效率　课税要素　纳税主体　征税客体　税率　税目　税收优惠　起征点　免征额　计税依据　流转税　增值税　消费税　营业税　关税　企业所得税　个人所得税　税收抵免　居民纳税人　非居民纳税人　印花税　契税　代扣代缴　税务登记　税收征管　税款缴纳　税务检查　税收保全　税收强制执行　税务争议

【思考题】

1. 税法的构成要素包括哪些？
2. 增值税有何特点？
3. 在什么情况下要缴纳印花税？
4. 我国企业所得税的纳税主体是哪些？
5. 我国个人所得税的征税范围是什么？
6. 哪些情形应当进行个人所得税的纳税申报？
7. 小张准备购买一套100平方米的住房，他应该缴纳什么税？
8. 北京某汽车进口商从国外进口了一辆排气量为2200毫升的小汽车，汽车的价格为20万元，从国外运抵海关的各项杂费为5万元，问该汽车应当缴纳哪些流转税，分别为多少？
9. 李某2008年5月的收入有如下几项：在本企业的工资3000元，另外兼职取得500元，2年前购买的国债本月到期获得利息2000元，发表的文章获得1000元的稿酬，业余设计获得 5000 元的报酬，除此而外将另一套房屋出租获得 500 元的租金，请问李某本月应交纳多少个人所得税?

10. 某水泥预制板企业（属于小规模纳税人）于 2002 年度取得销售水泥预制板收入 13851358.70 元（含税销售额），不含税销售额 13067319.53 元，均未按规定申报纳税。根据《增值税暂行条例》及《税收征收管理法》之规定，追缴所偷增值税 784039.2 元，并对该企业的偷税行为处以所偷税款 0.1 倍的罚款 78403.92 元。该企业负责人拒不接受对该企业的处罚，多次到税务机关反映。后又以该处罚决定认定事实及适用法律有误为由向税务机关申请行政复议。复议机关受理该复议申请后，经过审理，认为企业偷税行为事实成立，其性质较为恶劣，且拒不接受处罚，认错态度不好，因此作出行政复议决定，除追缴其所偷税款外，将罚款变更为 156807.84 元。

问：该企业的行为是否构成偷税？为什么？复议机关作出加重处罚的决定是否适当？

【阅读资料】

1.《中华人民共和国企业所得税法》。
2.《中华人民共和国个人所得税法》。
3.《中华人民共和国车船税法》。
4.《中华人民共和国税收征管法》。
5.《中华人民共和国增值税暂行条例》。
6.《中华人民共和国消费税暂行条例》。
7. 张守文：《税法原理》(第六版)，北京大学出版社 2012 年。
8. 张怡：《税法》，清华大学出版社，2007 年。
9. 徐孟州主编：《税法案例分析》，中国人民大学出版社，2006 年。

第十四章 金融法律制度

【学习提示】金融法是商法和经济法研究的对象，但是内容不同。学习本章，要注意从金融监管与宏观调控的角度来认识金融法。掌握金融法中的基本概念、基本原理、基本法律规范，是理解金融法的基础。关于中央银行、商业银行、银行业金融机构、货币与货币政策、外汇与外汇管理等知识和规则，是进入金融法的途径。通过这些途径，可以逐渐训练运用金融法分析问题的能力。

第一节 金融法概述

一、金融的含义

金融是指货币资金的融通。资金融通方式可以分为直接融通和间接融通。直接融通是指货币资金的所有者与需求者之间不经过银行的资金融通，如通过资本市场投资而发生的融通。间接融通是指货币资金的所有者与需求者经过银行实现资金融通，如通过银行信贷而发生的融通。

二、金融法的内容

金融法是调整金融关系的法律规范的总称。金融关系可以分为三类：金融交易关系、金融监管关系、金融调控关系。

1. 金融交易关系，即平等主体之间因存款、贷款、同业拆借、票据贴现、银行结算、证券买卖、金融信托、金融租赁、外汇买卖、保险等而发生的关系。在市场金融体制下，此类关系具有平等、自愿、等价有偿的基本性质。金融交易关系是平等主体的自然人、银行、公司、企业之间因资金融通而发生的关系。这种关系主要由商法调整，如票据法、证券法、保险法、信托法、商业银行法中规定的金融交易关系。

2. 金融监管关系，即国家金融监管机构对金融市场、金融市场主体以及金融市场主体之间的交易活动实施监管而产生的关系。这种关系的特点，是监管主体与被监管主体之间地位不平等，具有监管与被监管的关系。在任何金融体制下，包括在市场经济金融体制下，为了规范金融秩序防控金融风险，金融监管也是必要的。金融监管关系主要由经济法调整，如中央银行法、商业银行法、银行业监督管理法、外汇管理法中规定的金融监管关系。

3. 金融调控关系，即国家金融调控机构为调控宏观经济，通过货币政策和金融工具对有关金融变量实行调节和控制而产生的关系。金融调控是宏观经济调控的重要组成部分。在现代经济生活中，金融调控职能主要是由中央银行来履行。中央银行通过货币政策为调控货币总量及其结构，通过保持货币供求总量和结构的平衡来促进社会总需求与总供给的均衡。

从经济法角度来看，金融法是调整金融监管和金融调控关系的法律规范的总称。在我国，经济法研究的金融法的内容主要涉及中央银行法、商业银行法、银行业监督管理法、外汇管理法以及对证券业、保险业、投资基金进行监管的法律等。

第二节　中央银行法

一、中央银行概述

中央银行（Central Bank）是在一国金融银行体系中居于主导地位，负责制定和执行国家货币政策，调节和控制全国的货币流通和信用活动，依法实施金融监管的特殊的金融机构。由于各国制度上的差异，在对于中央银行的这一表述，各有不同称谓。有的直接定名为中央银行，如爱尔兰、智利、菲律宾、刚果等国；有的是在“银行”前面冠以国名或地名，如日本、意大利、法国等国；有的称为国家银行（State Bank or National Bank）如丹麦、瑞士等国；有的则叫做储备银行（Reserve Bank），如印度、新西兰等国；美国则称为联邦储备银行。我国的中央银行是中国人民银行。

中央银行制度的普遍存在具有深刻的经济和政治根源，它是商品经济条件下货币和信用发展的产物，是经济、金融领域矛盾运动的必然结果。早期的中央银行是在大商业银行的基础上逐步演化而来的，其演化过程伴随着对如下问题的处理：

1. 货币发行问题。在资本主义银行发展的初期，由于发行银行券利润可观，许多商业银行不仅办理存款、贷款和汇兑业务，也从事银行券的发行。但是，由于它们在信用和实力上良莠不齐，有的经营区域十分狭小，致使货币流通缺乏统一性，币值难以稳定，不能适应商品经济发展的内在要求。有鉴于此，一些国家以法令的形式，逐步将货币发行特权赋予一家信用卓著、资力雄厚、经营审慎的大商业银行。此即商业银行向中央银行演化的起点。

2. 政府融资问题。国家机器的强化、自然灾害的破坏以及内外战争的频频爆发，加剧了政府财政收支不平衡的矛盾。政府在授权商业银行垄断货币发行的同时，作为交换条件，往往要求它向政府融资或者代为筹资，并提供经理国库等金融服务。

3. 票据交换和最后贷款人问题。随着商品经济的发展和银行业务的扩大，银行每天收受票据的数量不断地扩大，彼此间的债权、债务关系日趋复杂；同时，银行在经营之中会不时地出现资金头寸的临时短缺，尤其是在金融危机时，更容易因存款人挤提而陷入严重的流动性困难。为了维护支付系统的正常运转和金融业的稳定，就需要有一个机构，主持全国金融机构之间的清算事宜，并承担最后贷款人的责任。而此项使命历史地落在了中央银行的身上。

中央银行的建立，体现了国家政府权力介入民间商业银行领域。大凡各国的中央银行都属于政府控制，在其众多职能目的中，通过中央银行直接监管商业银行，维护正常的商业银行竞争秩序，防止因恶性竞争导致商业银行系统崩溃。自 1929 年美国华尔街股市崩溃后，商业银行纷纷破产，从而给整个国民经济带来极大危害。美国总统罗斯福为了挽救当时的美国经济，采取“新政”措施。其中一个举措就是强化美国的中央银行即美国联邦储备银行，以控制全美的商业银行。由于1929年的世界性经济危机给各国商业银行都造成了极大损害，第二次世界大战结束后，各国纷纷建立或加强本国的中央银行。

二、我国的中央银行

我国中央银行是中国人民银行。

中国人民银行是1948年12月1日在华北银行、北海银行、西北农民银行的基础上合并组成的。1983年9月，国务院决定中国人民银行专门行使国家中央银行职能。1995年3月18日，第八届全国人民代表大会第三次会议通过了《中华人民共和国中国人民银行法》（以下简称《人民银行法》，该法于2003年修订）。该法的宗旨是“为了确立中国人民银行的地位，明确其职责，保证国家货币政策的正确制定和执行，建立和完善中央银行宏观调控体系，维护金融稳定。”① 中国人民银行作为中央银行以法律形式被确定下来。中国人民银行在国务院领导下，制定和实施货币政策，防范和化解金融风险，维护金融稳定。②中国人民银行在国务院领导下依法独立执行货币政策，履行职责，开展业务，不受地方政府、各级政府部门、社会团体和个人的干涉。

中国人民银行的全部资本由国家出资，属于国家所有。中国人民银行实行独立的财务预算管理制度。中国人民银行的预算经国务院财政部门审核后，纳入中央预算，接受国务院财政部门的预算执行监督。中国人民银行每一会计年度的收入减除该年度支出，并按照国务院财政部门核定的比例提取总准备金后的净利润，全部上缴中央财政。中国人民银行的亏损由中央财政拨款弥补。

随着社会主义市场经济体制的不断完善，中国人民银行作为中央银行在宏观调控体系中的作用愈加突出。

三、我国中央银行的机构组织

中国人民银行实行行长负责制。行长领导中国人民银行的工作，副行长协助行长工作。人民银行行长由国务院总理提名，由全国人民代表大会决定，由国家主席任免。在全国人民大会闭会期间，由全国人大常委会决定，由国家主席任免。副行长由国务院总理任免。人民银行行长、副行长，不得在任何金融机构、企业、基金会兼职。

中国人民银行下设货币政策委员会。中国人民银行根据业务需要设立分支机构，作为中国人民银行的派出机构。中国人民银行对分支机构实行统一领导和管理。中国人民银行的分支机构根据中国人民银行的授权，维护本辖区的金融稳定，承办有关业务。

---

① 《人民银行法》第1条。1995年修改之前的《人民银行法》第1条是“为了确立中国人民银行的地位和职责，保证国家货币政策的正确制定和执行，建立和完善中央银行宏观调控体系，加强对金融业的监督管理”。

② 《人民银行法》第2条。

四、我国中央银行的职能和职责

(一)中央银行的职能

中国人民银行作为我国的中央银行，具有以下职能：

1. 发行的银行

所谓发行的银行，是指中国人民银行是我国唯一发行货币的机构。

2. 政府的银行

所谓政府的银行，是指中国人民银行为是政府服务的金融机构。经理国库。持有、管理、经营国家外汇储备、黄金储备。作为国家的中央银行，从事有关的国际金融活动。在公开市场上买卖国债和其他政府债券及外汇等。

3. 银行的银行

所谓银行的银行，是指中国人民银行与商业银行和其他金融机构发生业务往来，是全国存贷款准备金的保管者，金融票据交换中心，全国银行业的最后贷款者。

(二)中央银行的职责

依据《人民银行法》第4条规定，中国人民银行的职责有：

(1)发布与履行其职责有关的命令和规章；

(2)依法制定和执行货币政策；

(3)发行人民币，管理人民币流通；

(4)监督管理银行间同业拆借市场和银行间债券市场；

(5)实施外汇管理，监督管理银行间外汇市场；

(6)监督管理黄金市场；

(7)持有、管理、经营国家外汇储备、黄金储备；

(8)经理国库；

(9)维护支付、清算系统的正常运行；

(10)指导、部署金融业反洗钱工作，负责反洗钱的资金监测；

(11)负责金融业的统计、调查、分析和预测；

(12)作为国家的中央银行，从事有关的国际金融活动；

(13)国务院规定的其他职责。

为了履行上述职责，法律规定中国人民银行不得对政府财政透支，不得直接认购、包销国债和其他政府债券。中国人民银行不得向地方政府、各级政府部门提供贷款，不得向非银行金融机构以及其他单位和个人提供贷款，但国务院决定中国人民银行可以向特定的非银行金融机构提供贷款的除外。中国人民银行不得向任何单位和个人提供担保。

五、人民币的发行与监管

(一)人民币的发行

我国的法定货币是人民币。人民币在我国境内具有强制流通力。以人民币支付境内的一切公共的和私人的债务，任何单位和个人不得拒收。

中国人民银行发行人民币，管理人民币流通。中国人民银行就年度货币供应量、利率、汇率和国务院规定的其他重要事项作出的决定，报国务院批准后执行。

人民币的单位为元，人民币辅币单位为角、分。人民币由中国人民银行统一印制、发行。

（二）人民币的监管

中国人民银行设立人民币发行库，在其分支机构设立分支库。分支库调拨人民币发行基金，应当按照上级库的调拨命令办理。任何单位和个人不得违反规定，动用发行基金。

禁止伪造、变造人民币。禁止出售、购买伪造、变造的人民币。禁止运输、持有、使用伪造、变造的人民币。禁止故意毁损人民币。禁止在宣传品、出版物或者其他商品上非法使用人民币图样。任何单位和个人不得印制、发售代币票券，以代替人民币在市场上流通。残缺、污损的人民币，按照中国人民银行的规定兑换，并由中国人民银行负责收回、销毁。

六、货币政策工具

为保证国家货币政策的正确制定和执行，中国人民银行设立货币政策委员会，发挥货币政策制定和调整以及国家宏观调控的重要作用。货币政策目标是保持货币币值的稳定，并以此促进经济增长。中国人民银行为执行货币政策，可以运用下列货币政策工具：

（1）要求金融机构按照规定的比例交存存款准备金；

（2）确定中央银行基准利率；

（3）为在中国人民银行开立账户的金融机构办理再贴现；

（4）向商业银行提供贷款；

（5）在公开市场上买卖国债和其他政府债券及外汇；

（6）国务院确定的其他货币政策工具。

存款准备金制度，是指商业银行按照中央银行规定的比例，将其吸收的存款总额的一定比例款额，缴存中央银行指定的账户。缴存中央银行指定账户的款额，称为存款准备金。这部分款额与商业银行吸收的存款总额的比例，称为存款准备金率。存款准备金作为货币政策工具的作用是：调节市场货币流通量，从而达到紧缩或放松货币供应量的目的。

中央银行基准利率，是指中央银行规定各种期限的存款利率和放款利率的幅度，各商业银行及其他金融机构须按照此基准利率进行资金活动。人民银行按照规定的基准利率将货币放贷给各商业银行。人民银行根据基准利率来调节市场上的货币流通量。

再贴现，是指商业银行和其他金融机构将贴现获得的未到期的票据，背书让于中央银行兑换现款，中央银行于票面金额中扣除自兑取日至到期日之间的利息和手续费用后，将票据的余额付给再贴现申请人。由于商业银行在对持票人提供了贴现业务后称为持票人，当商业银行需要资金时，也可以提前向人民银行申请贴现获得票据支付。

公开市场业务，是指中央银行通过买进或卖出有价证券（国债、其他政府债券、外汇、中央银行票据），吞吐基础货币，调节货币供应量的活动。与一般金融机构所从事的证券买卖不同，中央银行买卖证券的目的不是为了盈利，而是为了调节货币供应量。

根据经济形势的发展，当中央银行认为需要收缩银根时，便卖出证券，相应地收回一部分基础货币，减少金融机构可用资金的数量；相反，当中央银行认为需要放松银根时，便买进证券，扩大基础货币供应，直接增加金融机构可用资金的数量。公开市场业务与其他货币政策工具相比，具有主动性、灵活性和时效性等特点。

七、金融监督管理

中国人民银行对金融的监督管理，目的是监测金融市场的运行情况，对金融市场实施宏观调控，促进其协调发展。按照《中国人民银行法》规定，中国人民银行有权对金融机构以及其他单位和个人的下列行为进行检查监督：

（1）执行有关存款准备金管理规定的行为；

（2）与中国人民银行特种贷款有关的行为。中国人民银行特种贷款，是指国务院决定的由中国人民银行向金融机构发放的用于特定目的的贷款。

（3）执行有关人民币管理规定的行为；

（4）执行有关银行间同业拆借市场、银行间债券市场管理规定的行为；

（5）执行有关外汇管理规定的行为；

（6）执行有关黄金管理规定的行为；

（7）代理中国人民银行经理国库的行为；

（8）执行有关清算管理规定的行为；

（9）执行有关反洗钱规定的行为。

当银行业金融机构出现支付困难，可能引发金融风险时，为了维护金融稳定，中国人民银行经国务院批准，有权对银行业金融机构进行检查监督，有权要求银行业金融机构报送必要的资产负债表、利润表以及其他财务会计、统计报表和资料。

第三节　商业银行法

一、商业银行法概述

商业银行法是规范商业银行的行为，保护商业银行和客户合法权益的法律。1995年5月10日由八届全国人大常委会第十三次会议通过了《中华人民共和国商业银行法》（以下简称《商业银行法》），2003年、2015年分别对该法进行了修订。

《商业银行法》的立法宗旨主要在于保护商业银行、存款人和其他客户的合法利益，规范商业银行的行为，提高信贷资产质量，加强监督管理，保障商业银行的稳健运行，维护金融市场秩序以及促进经济发展。《商业银行法》既有金融交易规范，也有金融监管规范，还有金融调控规范。①

二、商业银行的法律地位和职能

商业银行是依照《商业银行法》和《公司法》设立的，吸取公众存款，发放贷款，

---

① 如《商业银行法》第34条规定：商业银行根据国民经济和社会发展的需要，在国家产业政策指导下开展贷款业务。

办理结算等业务的企业法人。商业银行是企业法人，具有独立地位。商业银行是从事金融经营活动的企业法人，经营范围具有特定性，经营性质具有风险性。

商业银行的职能是由它的性质所决定的，主要有四个基本职能：

(1) 信用中介职能。信用中介是商业银行最基本、最能反映其经营活动特征的职能。这一职能的实质，是通过银行的负债业务，把社会上的各种闲散货币集中到银行里来，再通过资产业务，把它投向经济各部门；商业银行是作为货币资本的贷出者与借入者的中介人或代表，来实现资本的融通，并从吸收资金的成本与发放贷款利息收入、投资收益的差额中，获取利益收入，形成银行利润。

(2) 支付中介职能。商业银行通过建立客户账户接纳客户存款，办理账户款项转移，代理客户支付，为客户兑付现款等，成为工商企业、团体和个人的货币保管者、出纳者和支付代理人。以商业银行为中心，形成经济过程中的支付链条和债权债务关系。

(3) 信用创造职能。商业银行在信用中介职能和支付中介职能的基础上，产生了信用创造职能。商业银行是能够吸收各种存款的银行，和用其所吸收的各种存款发放贷款，在支票流通和转账结算的基础上，贷款又转化为存款，增加了商业银行的资金来源，最后在整个银行体系，形成数倍于原始存款的派生存款，长期以来，商业银行是各种金融机构中唯一能吸收活期存款的机构，可以把自己的负债作为货币来流通，具有了信用创造职能。

(4) 金融服务职能。商业银行除了资产负债业务外，还有其他不列入资产负债表的金融服务业务，如信托、咨询、担保、代理、保管箱、资产管理等业务。随着金融市场化程度增加，金融服务的范围还会逐渐扩大。

三、商业银行的业务范围

根据《商业银行法》规定，我国商业银行的业务范围包括以下方面：

(1) 吸收公众存款；
(2) 发放短期、中期和长期贷款；
(3) 办理国内外结算；
(4) 办理票据贴现；
(5) 发行金融债券；
(6) 代理发行、代理兑付、承销政府债券；
(7) 买卖政府债券、金融债券；
(8) 从事同业拆借；
(9) 买卖、代理买卖外汇；
(10) 提供信用证服务及担保；
(11) 从事银行卡业务；
(12) 代理收付款项及代理保险业务；
(13) 提供保管箱服务；
(14) 经中国人民银行批准的其他业务。

商业银行以安全性、流动性、效益性为经营原则，实行自主经营，自担风险，自负盈亏，自我约束。为此，商业银行贷款，应当遵守资产负债比例管理的规定：资本充足率不得低于百分之八；流动性资产余额与流动性负债余额的比例不得低于百分之二十五；对同一借款人的贷款余额与商业银行资本余额的比例不得超过百分之十。①

四、商业银行的设立

依据《商业银行法》规定：设立商业银行，应当经国务院银行业监督管理机构审查批准；未经国务院银行业监督管理机构批准，任何单位和个人不得从事吸收公众存款等商业银行业务，任何单位不得在名称中使用“银行”字样。

设立商业银行应当具备下列条件：

(1) 有符合《商业银行法》和《公司法》规定的章程。因为商业银行的法律地位是企业法人，我国银行在设立时更多依照《公司法》中所规定的公司设立规定以及《商业银行法》的规定设立。章程是商业银行用以规定其组织形式、注册资本、业务范围、组织机构、内部管理以及其他重要事项的书面法律文件。

(2) 有符合《商业银行法》规定的最低限额以上的注册资本。我国《商业银行法》规定：设立商业银行的注册资本最低限额为10亿元人民币；城市合作商业银行的注册资本最低限额为1亿元人民币，农村合作商业银行的注册资本最低限额为5 000万元人民币。

(3) 有具备任职专业知识和业务工作经验的董事长（行长）、总经理和其他高级管理人员。

(4) 有健全的组织机构和管理制度。健全的组织机构和管理制度是商业银行有效经营的组织保证。商业银行的组织形式不同，其组织机构也不一样。健全的组织机构应包括决策机构、执行机构和监督机构，即股东会、董事会和监事会，但国有独资商业银行按规定不设股东会，只设董事会和监事会。商业银行管理制度包括人事管理制度、业务审批制度、资产负债管理制度、风险管理制度、结算管理制度、财务管理制度、内部稽核制度等。

(5) 符合要求的营业场所、安全防范措施和与业务有关的其他设施。

经批准设立商业银行，由国务院银行业监督管理机构颁发“金融机构营业许可证”，并凭此依法向工商行政管理部门申请设立登记。经工商行政管理部门核准设立登记并发给“企业法人营业执照”。

五、商业银行的接管

商业银行的接管是对商业银行监管的一种特殊措施。当商业银行已经或者可能发生信用危机，严重影响存款人的利益时，国务院银行业监督管理机构可以对该银行实行接管。接管的目的是对被接管的商业银行采取必要措施，以保护存款人的利益，恢复商业银行的正常经营能力。被接管的商业银行的债权债务关系不因接管而变化。

接管由国务院银行业监督管理机构决定，并组织实施。自接管开始之日起，由接管组织行使商业银行的经营管理权力。接管期限届满，国务院银行业监督管理机构可以决定延期，但接管期限最长不得超过二年。

---

① 《商业银行法》第4条，第39条。

有下列情形之一的，接管终止：

（1）接管决定规定的期限届满或者国务院银行业监督管理机构决定的接管延期届满；

（2）接管期限届满前，该商业银行已恢复正常经营能力；

（3）接管期限届满前，该商业银行被合并或者被依法宣告破产。

六、商业银行的终止

商业银行因解散、被撤销和被宣告破产而终止。

1. 商业银行因分立、合并或者出现公司章程规定的解散事由需要解散的，应当向国务院银行业监督管理机构提出申请，并附解散的理由和支付存款的本金和利息等债务清偿计划。经国务院银行业监督管理机构批准后解散。商业银行解散的，应当依法成立清算组，进行清算，按照清偿计划及时偿还存款本金和利息等债务。国务院银行业监督管理机构监督清算过程。

2. 商业银行因吊销经营许可证被撤销的，国务院银行业监督管理机构应当依法及时组织成立清算组，进行清算，按照清偿计划及时偿还存款本金和利息等债务。

3. 商业银行不能支付到期债务，经国务院银行业监督管理机构同意，由人民法院依法宣告其破产。商业银行被宣告破产的，由人民法院组织国务院银行业监督管理机构等有关部门和有关人员成立清算组，进行清算。商业银行破产清算时，在支付清算费用、所欠职工工资和劳动保险费用后，应当优先支付个人储蓄存款的本金和利息。

七、存款保险制度

存款保险制度又称存款保障制度，是指投保机构向存款保险基金管理机构交纳保费，形成存款保险基金，存款保险基金管理机构依照规定向存款人偿付被保险存款，并采取必要措施维护存款以及存款保险基金安全的制度。目前，世界上已有110多个国家和地区建立了存款保险制度。

我国《存款保险条例》于2014年10月29日由国务院公布，自2015年5月1日起施行。在中华人民共和国境内设立的商业银行、农村合作银行、农村信用合作社等吸收存款的银行业金融机构（统称投保机构），应当依照该条例的规定投保存款保险。

被保险存款包括投保机构吸收的人民币存款和外币存款。但是，金融机构同业存款、投保机构的高级管理人员在本投保机构的存款以及存款保险基金管理机构规定不予保险的其他存款除外。

存款保险实行限额偿付，最高偿付限额为人民币50万元。同一存款人在同一家投保机构所有被保险存款账户的存款本金和利息合并计算的资金数额在最高偿付限额以内的，实行全额偿付；超出最高偿付限额的部分，依法从投保机构清算财产中受偿。

第四节　银行业监督管理法

一、金融监管体制

1. 金融监管体制概况

金融监管体制大体分为混业监管和分业监管两种类型。

(1) 混业监管，又称统一监管、一体化监管，是指由一个金融监管机构来对银行、证券和保险机构进行统一监管。目前，采取混业监管的国家包括英国、加拿大、澳大利亚、德国、日本等西方主要发达国家。

(2) 分业监管，是指对不同的金融机构规定有不同的监管机构来监管。采用分业监管的国家有法国、意大利、阿根廷、巴西、西班牙和俄罗斯等国。在所有没有采取统一监管模式的国家中最受关注的是美国。美国 1999 年《金融服务现代化法》废除了《格拉斯—斯蒂格尔法》对银行、证券分业经营的限制，美国从此又步入混业经营时代。然而，美国的金融监管体系并没有因此而形成混业监管，而是形成了一种介于分业监管和统一监管之间的称为“双重多头”的监管。在这种模式下，由州和联邦银行监管者监督银行业务，州和联邦证券监管者统辖证券业务，州保险委员会负责监管保险经营和销售。

2008 年在美国出现的金融危机，暴露的最大问题就是在市场自由化的引导下，金融创新大大超越了金融发展的本质，金融的过度虚拟化导致经济过度虚拟化，特别是金融衍生品在为金融企业创造巨额利润的同时也通过杠杆机制在全世界范围放大了市场风险，导致了系统性的崩溃。金融监管体制机制没有及时跟进，监管缺位或监管不当，最终导致了这场全球性危机的爆发。面对金融危机，各国都认识到缺乏监管的金融会把经济发展建立在泡沫之上，没有监管的金融创新是危险的创新。事实上，面对日新月异的金融创新，需要探索的是通过合并原来的金融监管部门来应对变化，还是新建专门的金融监管机构来进行监管。①

2. 我国金融监管体制

目前，我国采取的是“一行三会”(央行、银监会、证监会与保监会) 的分业监管体制。即银监会主要负责银行业的监管，证监会主要负责证券业的监管，保监会主要负责保险业的监管，人民银行负责货币政策。这种金融宏观调控职能与银行监管职能分立体制，适应了当前中国经济和金融业发展的现状，促进了我国经济和金融业的健康发展。我国这种分业经营、分业监管的模式，具有针对性强，防范系统性金融风险能力较强的优势。但随着金融全球化、自由化和金融创新的发展，已经表现出监管手段单一、监管效率不高、监管范围较窄、信息披露机制不健全、监管协调机制效率低等不足。目

---

① 2008 年美国金融危机后，奥巴马政府于 2009 年 6 月 17 日公布了《金融监管改革——新基础：重建金融监管》的改革方案。方案提出应该设立一个由财政部主管的，包括美国证券交易委员会 (SEC)、美国商品期货交易委员会 (CFTC)、联邦住房金融管理局 (FHFA) 及其他银行监管机构组成的金融服务监督理事会 (Financial Services Oversight Council，简称 FSOC)，负责统一监管标准、协调监管冲突、处理监管争端、鉴别系统性风险并向其他监管机构进行风险提示。

前需要解决分业监管的有效协调机制，如建立“一行三会”组成的金融监管协调委员会，随着今后混业经营的普及，我国金融监管体制改革最终目标模式必然是统一监管模式。

二、我国银行业监督管理法主要内容

在我国分业监管体制下，为了加强对银行业的监督管理，规范监督管理行为，防范和化解银行业风险，保护存款人和其他客户的合法权益，促进银行业健康发展。第十届全国人民代表大会常务委员会第六次会议于2003年12月27日通过了《中华人民共和国银行业监督管理法》（以下简称《银行业监管法》），从2004年2月1日起施行。2006年10月31日该法进行修订。狭义的银行业监督管理法即是指该部法律。广义的银行业监督管理法还包括《中华人民共和国外资银行管理条例》（2006年11月11日国务院公布，2014年7月29日第一次修订，2014年11月27日第二次修订），以及中国银行业监督管理机构颁布的《金融许可证管理办法》《商业银行资本充足率管理办法》《电子银行业务管理办法》《中华人民共和国外资银行管理条例实施细则》《信托公司管理办法》《汽车金融公司管理办法》《商业银行杠杆率管理办法》及修订《消费金融公司试点管理办法》《金融租赁公司管理办法》及修订《商业银行保理业务管理暂行办法》《中华人民共和国外资银行管理条例实施细则》及修订等金融监管规章，以及《商业银行市场风险管理指引》《商业银行个人理财业务风险管理指引》《商业银行合规风险管理指引》等规范性文件。

《银行业监管法》的主要内容有：

1. 监管机构

监管机构是国务院银行业监督管理机构。该机构目前是中国银行业监督管理委员会（简称：中国银监会；英文：China Banking Regulatory Commission，缩写：CBRC）是国务院负责银行业监督管理的直属事业单位，成立于2003年4月28日。监管机构根据履行职责的需要设立派出机构。国务院银行业监督管理机构对派出机构实行统一领导和管理。国务院银行业监督管理机构的派出机构在国务院银行业监督管理机构的授权范围内，履行监督管理职责。

2. 监管对象

监管对象包括银行业金融机构和非银行业金融机构。银行业金融机构是指在中华人民共和国境内设立的商业银行、城市信用合作社、农村信用合作社等吸收公众存款的金融机构以及政策性银行。非银行业金融机构是指在我国境内设立的金融资产管理公司、信托投资公司、财务公司、金融租赁公司以及经国务院银行业监督管理机构批准设立的其他金融机构。

3. 监管目标

银行业监督管理的目标是促进银行业的合法、稳健运行，维护公众对银行业的信心。银行业监督管理应当保护银行业公平竞争，提高银行业竞争能力。

该监管目标体现的监管模式主要是合规性监管、机构型监管。与之相对的监管模式是风险性监管、功能型监管。

4. 监管职责

(1) 国务院银行业监督管理机构依照法律、行政法规制定并发布对银行业金融机构及其业务活动监督管理的规章、规则。

(2) 国务院银行业监督管理机构依照法律、行政法规规定的条件和程序，审查批准银行业金融机构的设立、变更、终止以及业务范围。申请设立银行业金融机构，或者银行业金融机构变更持有资本总额或者股份总额达到规定比例以上的股东的，国务院银行业监督管理机构应当对股东的资金来源、财务状况、资本补充能力和诚信状况进行审查。

(3) 国务院银行业监督管理机构审查批准或者备案银行业金融机构业务范围内的业务品种。需要审查批准或者备案的业务品种，由国务院银行业监督管理机构依照法律、行政法规作出规定并公布。

(4) 国务院银行业监督管理机构对银行业金融机构的董事和高级管理人员实行任职资格管理。

(5) 国务院银行业监督管理机构依照法律、行政法规制定银行业金融机构的审慎经营规则。审慎经营规则，包括风险管理、内部控制、资本充足率、资产质量、损失准备金、风险集中、关联交易、资产流动性等内容。

(6) 银行业监督管理机构对银行业金融机构的业务活动及其风险状况进行非现场监管，建立银行业金融机构监督管理信息系统，分析、评价银行业金融机构的风险状况，对银行业金融机构的业务活动及其风险状况进行现场检查。

5. 监管措施

(1) 提取资料。银行业监督管理机构根据履行职责的需要，有权要求银行业金融机构按照规定报送资产负债表、利润表和其他财务会计、统计报表、经营管理资料以及注册会计师出具的审计报告。

(2) 现场检查。银行业监督管理机构根据审慎监管的要求，可以采取下列措施进行现场检查：进入银行业金融机构进行检查；询问银行业金融机构的工作人员，要求其对有关检查事项作出说明；查阅、复制银行业金融机构与检查事项有关的文件、资料，对可能被转移、隐匿或者毁损的文件、资料予以封存。

(3) 监管谈话。银行业监督管理机构根据履行职责的需要，可以与银行业金融机构董事、高级管理人员进行监督管理谈话，要求银行业金融机构董事、高级管理人员就银行业金融机构的业务活动和风险管理的重大事项作出说明。

(4) 披露信息。银行业监督管理机构应当责令银行业金融机构按照规定，如实向社会公众披露财务会计报告、风险管理状况、董事和高级管理人员变更以及其他重大事项等信息。

(5) 限制措施。银行业金融机构违反审慎经营规则的，国务院银行业监督管理机构或者其省一级派出机构应当责令限期改正；逾期未改正的，或者其行为严重危及该银行业金融机构的稳健运行、损害存款人和其他客户合法权益的，经国务院银行业监督管理机构或者其省一级派出机构负责人批准，可以区别情形，采取下列措施：责令暂停部分业务、停止批准开办新业务；限制分配红利和其他收入；限制资产转让；责令控股股东转让股权或者限制有关股东的权利；责令调整董事、高级管理人员或者限制其权利；停止批准增设分支机构。

（6）接管重组。银行业金融机构已经或者可能发生信用危机，严重影响存款人和其他客户合法权益的，国务院银行业监督管理机构可以依法对该银行业金融机构实行接管或者促成机构重组，接管和机构重组依照有关法律和国务院的规定执行。

（7）撤销机构。银行业金融机构有违法经营、经营管理不善等情形，不予撤销将严重危害金融秩序、损害公众利益的，国务院银行业监督管理机构有权予以撤销。

（8）查询冻结。经国务院银行业监督管理机构或者其省一级派出机构负责人批准，银行业监督管理机构有权查询涉嫌金融违法的银行业金融机构及其工作人员以及关联行为人的账户；对涉嫌转移或者隐匿违法资金的，经银行业监督管理机构负责人批准，可以申请司法机关予以冻结。

三、对外资银行的监管

外资银行，是指依照中华人民共和国有关法律、法规，经批准在中华人民共和国境内设立的金融机构，包括（1）外商独资银行，即一家外国银行单独出资或者一家外国银行与其他外国金融机构共同出资设立的银行；（2）中外合资银行，即外国金融机构与中国的公司、企业共同出资设立的银行；（3）外国银行分行；（4）外国银行代表处。

外资银行不是外国银行。外国银行是指在中华人民共和国境外注册并经所在国家或者地区金融监管当局批准或者许可的商业银行。

对外资银行监管的依据是《中华人民共和国外资银行管理条例》（2006 年 11 月 11 日国务院公布，2014 年 7 月 29 日第一次修订，2014 年 11 月 27 日第二次修订）以及《中华人民共和国外资银行管理条例实施细则》，监管内容主要有：

1. 设立监管

设立外资银行，有资本条件、投资人条件、筹建条件和提交法定材料等严格要求。比如，外商独资银行、中外合资银行的注册资本最低限额为 10 亿元人民币或者等值的自由兑换货币。注册资本应当是实缴资本。外商独资银行、中外合资银行在中华人民共和国境内设立的分行，应当由其总行无偿拨给人民币或者自由兑换货币的营运资金。外商独资银行、中外合资银行拨给各分支机构营运资金的总和，不得超过总行资本金总额的 60%。外国银行分行应当由其总行无偿拨给不少于 2 亿元人民币或者等值的自由兑换货币的营运资金。

设立外资银行及其分支机构，应当经银行业监督管理机构审查批准。国务院银行业监督管理机构根据外资银行营业性机构的业务范围和审慎监管的需要，可以提高注册资本或者营运资金的最低限额，并规定其中的人民币份额。

2. 业务监管

外商独资银行、中外合资银行按照国务院银行业监督管理机构批准的业务范围，可以经营下列部分或者全部外汇业务和人民币业务：

（1）吸收公众存款；

（2）发放短期、中期和长期贷款；

（3）办理票据承兑与贴现；

（4）买卖政府债券、金融债券，买卖股票以外的其他外币有价证券；

(5) 提供信用证服务及担保;
(6) 办理国内外结算;
(7) 买卖、代理买卖外汇;
(8) 代理保险;
(9) 从事同业拆借;
(10) 从事银行卡业务;
(11) 提供保管箱服务;
(12) 提供资信调查和咨询服务;
(13) 经国务院银行业监督管理机构批准的其他业务。

外商独资银行、中外合资银行经中国人民银行批准,可以经营结汇、售汇业务。

外国银行分行按照国务院银行业监督管理机构批准的业务范围,可以经营下列部分或者全部外汇业务以及对除中国境内公民以外客户的人民币业务:

(1) 吸收公众存款;
(2) 发放短期、中期和长期贷款;
(3) 办理票据承兑与贴现;
(4) 买卖政府债券、金融债券,买卖股票以外的其他外币有价证券;
(5) 提供信用证服务及担保;
(6) 办理国内外结算;
(7) 买卖、代理买卖外汇;
(8) 代理保险;
(9) 从事同业拆借;
(10) 提供保管箱服务;
(11) 提供资信调查和咨询服务;
(12) 经国务院银行业监督管理机构批准的其他业务。

外国银行分行可以吸收中国境内公民每笔不少于100万元人民币的定期存款。

外国银行分行经中国人民银行批准,可以经营结汇、售汇业务。

外国银行代表处可以从事与其代表的外国银行业务相关的联络、市场调查、咨询等非经营性活动。

此外,还对外资银行内部控制制度、会计制度、信息披露、举借外债、手续费率、存款准备金、资产负债比例管理、呆账准备金、公司治理、关联交易、资产流动性、报送财务会计报告、报表和有关资料、终止业务、解散关闭清算、接管重组、宣告破产等规定了监管措施。

第五节 外汇管理法

一、外汇与外汇管理概述

(一) 外汇的概念

外汇,是指下列以外币表示的可以用作国际清偿的支付手段和资产:(1) 外币现钞，包括纸币、铸币；（2）外币支付凭证或支付工具，包括票据、银行存款凭证、银行卡等；（3）外币有价证券，包括债券、股票等；（4）特别提款权；[①]（5）其他外汇资产。

（二）外汇管理概念

外汇管理，也称外汇管制，是指一国政府授权国家货币金融管理当局或其他国家机关，对外汇收支、买卖、借贷、转移以及国际的结算、外汇汇率和外汇市场等实行的管制措施。实施外汇管制国家大都属于经济上比较薄弱，其本国货币在国际上属于软货币而需要贮存硬货币（如美元、英镑或欧元等）以稳定国家经济实力。

外汇管理大体有三种模式：一种是严格管理，所有的外汇都纳入管理范围；第二是限制管理，只对部分外汇（比如资本性外汇）实行管理；第三是不管制，外汇可以自由兑换。我国香港、澳门地区，不实行外汇管制。我国内地，对外汇实行严格管理。

（三）我国外汇管理及立法概况

改革开放以前，中国实行高度集中的计划经济体制，由于外汇资源短缺，我国一直实行比较严格的外汇管制，以防止由于资本大量流动而影响本国国际收支平衡和汇率的波动。国民经济恢复时期人民政府以中国银行作为执行外汇管制的机关，对新创立的外汇经营管理体系实行严格的外汇管制。1978 年实行改革开放战略以来，我国外汇管理体制改革沿着逐步缩小指令性计划，培育市场机制的方向，有序地由高度集中的外汇管理体制向与社会主义市场经济相适应的外汇管理体制转变。1996 年 12 月中国实现了人民币经常项目可兑换、对资本项目外汇进行严格管理，初步建立了适应社会主义市场经济的外汇管理体制。

我国于 1980 年发布了《中华人民共和国外汇管理暂行条例》，该条例规定国家对外汇实行由国家集中管理、统一经营的方针。1996 年发布了《中华人民共和国外汇管理条例》，该条例的宗旨是加强外汇管理，保持国际收支平衡，促进国民经济健康发展，对经常性国际支付和转移不予限制。在中华人民共和国境内，禁止外币流通，并不得以外币计价结算。1997 年对该条例加以局部修订，2008 年再次修订。

二、我国外汇管理主要内容

（一）经常项目外汇管理

所谓经常项目，是指国际收支中经常发生的交易项目，包括贸易收支、劳务收支、单方面转移等。我国《外汇管理条例》规定的经常项目外汇管理主要内容包括：

1. 经常项目外汇收支应当具有真实、合法的交易基础。经营结汇、售汇业务的金融机构应当按照国务院外汇管理部门的规定，对交易单证的真实性及其与外汇收支的一致性进行合理审查。外汇管理机关有权对前款规定事项进行监督检查。

2. 经常项目外汇收入，可以按照国家有关规定保留或者卖给经营结汇、售汇业务

---

① 特别提款权（SDR）是国际货币基金组织创设的一种储备资产和记账单位，亦称“纸黄金”。它是国际货币基金组织分配给会员国的一种使用资金的权利。会员国在发生国际收支逆差时，可用它向基金组织指定的其他会员国换取外汇，以偿付国际收支逆差或偿还基金组织的贷款，还可与黄金、自由兑换货币一样充作国际储备。但由于其只是一种记账单位，不是真正的货币，

的金融机构。所谓结汇，是指境内机构将外汇收入按照当日汇价卖给银行，银行收其外汇，兑给人民币的行为；所谓售汇，是指境内机构、个人需要外汇，依法持有效凭证到银行用人民币兑换，银行售其外汇的行为。

3. 经常项目外汇支出，应当按照国务院外汇管理部门关于付汇与购汇的管理规定，凭有效单证以自有外汇支付或者向经营结汇、售汇业务的金融机构购汇支付。

4. 携带、申报外币现钞出入境的限额，由国务院外汇管理部门规定。

（二）资本项目外汇管理

所谓资本项目，是指国际收支中因资本输出和输入而产生的资产与负债的增减项目，包括直接投资、各类贷款、证券投资等。我国《外汇管理条例》规定的资本项目外汇管理内容主要包括：

1. 境外机构、境外个人在境内直接投资，经有关主管部门批准后，应当到外汇管理机关办理登记。境外机构、境外个人在境内从事有价证券或者衍生产品发行、交易，应当遵守国家关于市场准入的规定，并按照国务院外汇管理部门的规定办理登记。

2. 境内机构、境内个人向境外直接投资或者从事境外有价证券、衍生产品发行、交易，应当按照国务院外汇管理部门的规定办理登记。国家规定需要事先经有关主管部门批准或者备案的，应当在外汇登记前办理批准或者备案手续。

3. 国家对外债实行规模管理。借用外债应当按照国家有关规定办理，并到外汇管理机关办理外债登记。国务院外汇管理部门负责全国的外债统计与监测，并定期公布外债情况。

4. 提供对外担保，应当向外汇管理机关提出申请，由外汇管理机关根据申请人的资产负债等情况作出批准或者不批准的决定；国家规定其经营范围需经有关主管部门批准的，应当在向外汇管理机关提出申请前办理批准手续。申请人签订对外担保合同后，应当到外汇管理机关办理对外担保登记。

5. 银行业金融机构在经批准的经营范围内可以直接向境外提供商业贷款。其他境内机构向境外提供商业贷款，应当向外汇管理机关提出申请，外汇管理机关根据申请人的资产负债等情况作出批准或者不批准的决定；国家规定其经营范围需经有关主管部门批准的，应当在向外汇管理机关提出申请前办理批准手续。向境外提供商业贷款，应当按照国务院外汇管理部门的规定办理登记。

6. 资本项目外汇收入保留或者卖给经营结汇、售汇业务的金融机构，应当经外汇管理机关批准，但国家规定无须批准的除外。资本项目外汇支出，应当按照国务院外汇管理部门关于付汇与购汇的管理规定，凭有效单证以自有外汇支付或者向经营结汇、售汇业务的金融机构购汇支付。国家规定应当经外汇管理机关批准的，应当在外汇支付前办理批准手续。

7. 依法终止的外商投资企业，按照国家有关规定进行清算、纳税后，属于外方投资者所有的人民币，可以向经营结汇、售汇业务的金融机构购汇汇出。

8. 资本项目外汇及结汇资金，应当按照有关主管部门及外汇管理机关批准的用途使用。外汇管理机关有权对资本项目外汇及结汇资金使用和账户变动情况进行监督检查。

（三）人民币汇率和外汇市场管理

汇率，是指两个国家不同货币之间的比价或交换比率。

汇价有两种表示法，直接标价法和间接标价法。前者指以一定单位的外国货币为基准来计算应付多少本国货币。而后者是用一定单位的本币为基准来计算应收多少外币。

汇率大体上分为两类：第一，固定汇率制，即本国货币对于其他国家货币的汇率基本固定；第二，浮动汇率制度，即国家对于外汇汇率不加限制，由市场供求关系自行调节。

我国《外汇管理条例》规定：人民币汇率实行以市场供求为基础的、有管理的浮动汇率制度。外汇市场交易应当遵循公开、公平、公正和诚实信用的原则。外汇市场交易的币种和形式由国务院外汇管理部门规定。国务院外汇管理部门可以根据外汇市场的变化和货币政策的要求，依法对外汇市场进行调节。

（四）违反外汇管理规定的法律后果

1. 逃汇

逃汇是指逃避国家外汇管理的行为。主要表现有：违反规定将境内外汇转移境外，或者以欺骗手段将境内资本转移境外等逃汇行为的，由外汇管理机关责令限期调回外汇，处逃汇金额30%以下的罚款；情节严重的，处逃汇金额30%以上等值以下的罚款；构成犯罪的，依法追究刑事责任。

2. 套汇

套汇是指违法套取外汇的行为。主要表现有：违反国家规定，违反规定以外汇收付应当以人民币收付的款项，或者以虚假、无效的交易单证等向经营结汇、售汇业务的金融机构骗购外汇等非法套汇行为的，由外汇管理机关责令对非法套汇资金予以回兑，处非法套汇金额30%以下的罚款；情节严重的，处非法套汇金额30%以上等值以下的罚款；构成犯罪的，依法追究刑事责任。

3. 其他违法行为

如：违反规定将外汇汇入境内的，由外汇管理机关责令改正，处违法金额30%以下的罚款；情节严重的，处违法金额30%以上等值以下的罚款；非法结汇的，由外汇管理机关责令对非法结汇资金予以回兑，处违法金额30%以下的罚款；违反规定携带外汇出入境的，由外汇管理机关给予警告，可以处违法金额20%以下的罚款；擅自对外借款、在境外发行债券或者提供对外担保等违反外债管理行为的，由外汇管理机关给予警告，处违法金额30%以下的罚款；违反规定以外币在境内计价结算或者划转外汇等非法使用外汇行为的，由外汇管理机关责令改正，给予警告，可以处违法金额30%以下的罚款；私自买卖外汇、变相买卖外汇、倒买倒卖外汇或者非法介绍买卖外汇数额较大的，由外汇管理机关给予警告，没收违法所得，处违法金额30%以下的罚款；情节严重的，处违法金额30%以上等值以下的罚款；构成犯罪的，依法追究刑事责任，等等。

当事人对外汇管理机关作出的具体行政行为不服的，可以依法申请行政复议；对行政复议决定仍不服的，可以依法向人民法院提起行政诉讼。

学习总结与拓展

【关键词】

金融　金融法　金融交易关系　金融监管关系　金融调控关系　中央银行　存款准备金　再贴现公开市场业务　商业银行　存款保险制度　金融监管体制　混业监管　分业监管　监管对象　外汇　外汇管理　特别提款权　经常项目外汇管理　资本项目外汇管理　逃汇　套汇

【思考题】

1. 中央银行有哪些职能？
2. 商业银行有哪些职能？
3. 在什么情况下可以对商业银行进行接管？
4. 存款保险制度由哪些主要规则？
5. 中央银行可以使用哪些货币政策工具？
6. 中国人民银行与中国银行是什么关系？
7. 货币政策怎样影响宏观经济？
8. 混业监管与分业监管各有何特点？
9. 某公司用人民币纸钞折成元宝状的礼品赠送客户，对这种行为如何看待？
10. 中国A公司向外国B公司购买一套设备，B公司要求提供以美元为条件的担保。应A公司请求，中国C公司向外国B公司提供保证担保。问：其中涉及哪些金融监管问题？

【阅读资料】

1.《中华人民共和国人民银行法》。
2.《中华人民共和国银行业监督管理法》。
3.《中华人民共和国商业银行法》。
4.《存款保险条例》。
5.《中华人民共和国外汇管理条例》。
6. 徐孟洲等：《金融监管法研究》，中国法制出版社，2008年。
7. 丁建臣、付东升、朗俊义主编：《金融监管典型案例教程》，对外经济贸易大学出版社，2008年。

第十五章　企业国有资产监管法律制度

【学习提示】国有资产在我国社会经济结构中具有重要作用，是国家基本经济制度的体现。企业国有资产不仅是国家财政收入来源之一，而且关系到国家安全、社会稳定和经济发展。对企业国有资产的监管，是为了保障国有资产权益，发挥国有经济在国民经济中的主导作用。学习本章，要注意了解我国企业国有资产监管的主要规则，能够结合相关法律规定分析现实中有关企业国有资产监管中的法律问题，思考并关注我国企业国有资产法律制度的发展和完善。

第一节　国有资产与企业国有资产监管

一、国有资产的概念

国有资产，是指法律上确定为国家所有的一切财产和财产权利。在我国，国有资产也是全民所有的财产。

国有资产的范围十分广泛。根据我国《宪法》和有关法律的规定，国有资产包括但不限于以下范围：(1) 国有的土地、矿藏、水流、森林、山岭、草原、荒地、滩涂等自然资源；(2) 国家机关、政党及人民团体及所属事业单位的财产；(3) 军队财产；(4) 全民所有制企业的财产；(5) 国家所有的公共设施、文物古迹、风景游览区、自然保护区等；(6) 国家在国外的财产；(7) 国家对非国有单位的投资以及债权等其他财产权益；(8) 不能证实属于集体或个人所有的财产等。

依据不同的标准，可以对国有资产进行不同的划分，如资源性国有资产和非资源性国有资产、经营性国有资产和非经营性国有资产、有形国有资产和无形国有资产、境内国有资产和境外国有资产等。

经营性国有资产，也称企业国有资产，是指国家以多种方式对企业出资所形成的权益。

非经营性国有资产，是指主要由国家财政拨款形成的国家机关、事业单位、社会团体占有、使用的财产。

资源性国有资产，是指根据法律规定属于国家所有的矿藏、水流、森林、山岭、草原、荒地、滩涂等自然资源以及空间资源、无线电频率资源等资产。

在国有资产中，经营性资产具有增值性、流动性等特点，是国有资产监管的主要对象。

二、我国企业国有资产监管

企业国有资产监管，有广义和狭义之分。狭义的企业国有资产监管，是指国有资产监管机构对国有资产的界定、使用、投资、运营、收益、处分等过程进行的监督管理。广义的企业国有资产的监管，还包含国家权力机关、政府以及审计机构、社会公众的监督。

国有资产具有双重功能，一个是社会功能，另一个是经济功能。国有资产的社会功能是指国有资产要服务于国家安全、社会稳定、公共品提供的社会要求。国有资产的经济功能是指国有资产要通过生产经营实现资产收益的最大化。因而，在国有资产监管方面，需要区分国有资产不同功能条件下的监管目标。

当国有资产在实现社会功能时，监管的目标是社会效益优先，追求资产保值。当国有资产在实现经济功能时，监管的目标是经济效益优先，实现资产增值。

目前，我国企业国有资产监管立法主要有：2008 年 10 月 28 日由中华人民共和国第十一届全国人民代表大会常务委员会第五次会议通过，自 2009 年 5 月 1 日起施行的《中华人民共和国企业国有资产法》，2007 年 9 月 8 日国务院发布的《关于试行国有资本经营预算的意见》，2003 年 5 月 27 日国务院颁布并即日起施行的《企业国有资产监督管理暂行条例》，2000 年 3 月 15 日国务院发布并即日起施行的《国有企业监事会暂行条例》，1996 年 1 月 25 日国务院发布并即日起实施的《企业国有资产产权登记管理办法》，1991 年 11 月 16 日国务院发布并即日起实施的《国有资产评估管理办法》，2005 年 8 月 25 国务院国有资产监督管理委员会发布，同年 9 月 1 日起施行的《企业国有资产评估管理暂行办法》，以及地方性法规，如《山东省企业国有资产监督管理条例》，地方政府规章，如《四川省企业国有资产管理暂行办法》等。

第二节　企业国有资产监管体制

一、企业国有资产监管基本法律关系

企业国有资产监管的基本法律关系涉及监管对象和监管主体。监管对象涉及企业国有资产和国家出资企业，监管主体涉及出资人和履行出资人职责的机构。

(一) 企业国有资产与国家出资企业

企业国有资产，是指国家对企业各种形式的出资所形成的权益。国有资产属于国家所有即全民所有。国务院代表国家行使国有资产所有权。

国家出资企业，是指国家出资的国有独资企业、国有独资公司，以及国有资本控股公司、国有资本参股公司。

(二) 出资人与履行出资人职责的机构

出资人是国务院和地方人民政府。国务院和地方人民政府依照法律、行政法规的规定，分别代表国家对国家出资企业履行出资人职责，享有出资人权益。国务院和地方人民政府按照政企分开、社会公共管理职能与国有资产出资人职能分开、不干预企业依法自主经营的原则，依法履行出资人职责。

国务院确定的关系国民经济命脉和国家安全的大型国家出资企业、重要基础设施和重要自然资源等领域的国家出资企业，由国务院代表国家履行出资人职责。其他的国家出资企业，由地方人民政府代表国家履行出资人职责。

履行出资人职责的机构是国务院国有资产监督管理机构和地方人民政府按照国务院的规定设立的国有资产监督管理机构，以及国务院和地方人民政府根据需要授权代表本级人民政府对国家出资企业履行出资人职责的其他部门或机构。

二、国有资产监督管理机构的权利和职责

国有资产监督管理机构作为履行出资人职责的机构代表本级人民政府对国家出资企业依法享有资产收益、参与重大决策和选择管理者等出资人权利。在此条件下其享有的权利是股东权利。

根据《企业国有资产法》，国有资产监督管理机构的基本职责是：（1）依照法律、行政法规的规定，制定或者参与制定国家出资企业的章程；（2）对法律、行政法规和本级人民政府规定须经本级人民政府批准的履行出资人职责的重大事项，应当报请本级人民政府批准；（3）委派股东代表参加国有资本控股公司、国有资本参股公司召开的股东会会议、股东大会会议，委派股东代表按照委派机构的指示提出提案、发表意见、行使表决权，并将其履行职责的情况和结果及时报告委派机构；（4）依照法律、行政法规以及企业章程履行出资人职责，保障出资人权益，防止国有资产损失；（5）维护企业作为市场主体依法享有的权利，除依法履行出资人职责外，不得干预企业经营活动；（6）对本级人民政府负责，向本级人民政府报告履行出资人职责的情况，接受本级人民政府的监督和考核，对国有资产的保值增值负责。（7）按照国家有关规定，定期向本级人民政府报告有关国有资产总量、结构、变动、收益等汇总分析的情况。

根据《企业国有资产监督管理暂行条例》，国有资产监督管理机构的主要职责是：（1）依照《中华人民共和国公司法》等法律、法规，对所出资企业履行出资人职责，维护所有者权益；（2）指导推进国有及国有控股企业的改革和重组；（3）依照规定向所出资企业派出监事会；（4）依照法定程序对所出资企业的企业负责人进行任免、考核，并根据考核结果对其进行奖惩；（5）通过统计、稽核等方式对企业国有资产的保值增值情况进行监管；（6）履行出资人的其他职责和承办本级政府交办的其他事项。此外，该条例还规定了国有资产监督管理机构的主要义务是：（1）推进国有资产合理流动和优化配置，推动国有经济布局和结构的调整；（2）保持和提高关系国民经济命脉和国家安全领域国有经济的控制力和竞争力，提高国有经济的整体素质；（3）探索有效的企业国有资产经营体制和方式，加强企业国有资产监督管理工作，促进企业国有资产保值增值，防止企业国有资产流失；（4）指导和促进国有及国有控股企业建立现代企业制度，完善法人治理结构，推进管理现代化；（5）尊重、维护国有及国有控股企业经营自主权，依法维护企业合法权益，促进企业依法经营管理，增强企业竞争力；（6）指导和协调解决国有及国有控股企业改革与发展中的困难和问题。

三、企业国有资产的监管方式

（一）监管方式

1. 派出监事会

监事会工作是国有资产监管的重要组成部分，监事会的监督是出资人监督的重要形式。国务院国资委代表国务院向其所出资企业中的国有独资企业、国有独资公司派出监事会，地方国资委代表本级人民政府向其所出资企业中的国有独资企业、国有独资公司派出监事会，以此实施国有资产管理机构对国有独资企业、国有独资公司的国有资产的监督。

这种类型的监事会和一般的有限责任公司和股份有限公司里的监事会有所不同，后者为公司的内部监督机构，常设公司内部；而前者是外部监督机构，以每年对企业定期检查与日常监督相结合的方式进行监督。

2. 授权监督管理

国有资产监督管理机构可以对所出资企业中具备条件的国有独资企业、国有独资公司进行国有资产授权经营。被授权的国有独资企业、国有独资公司对其全资、控股、参股企业中国家投资形成的国有资产依法进行经营、管理和监督。

3. 进行财务专项监督

国有资产监督管理机构依法对所出资企业财务进行监督，建立和完善国有资产保值增值指标体系，维护国有资产出资人的权益。

4. 加强内部监督

国有及国有控股企业应当加强内部监督和风险控制，依照国家有关规定建立健全财务、审计、企业法律顾问和职工民主监督等制度。

5. 企业效能监察

企业效能监察是企业监察机构针对影响企业效能的有关业务事项或活动过程，监督检查相关经营管理者履行职责行为的正确性，发现管理缺陷，纠正行为偏差，促进企业规范管理和自我完善，提高企业效能的综合性管理监控工作。

（二）监事会制度

目前，对企业国有资产进行监督的监事会制度是根据《国有企业监事会暂行条例》建立起来的，主要内容有：

1. 监事会的组成及任职资格

监事会由主席一人、监事若干人组成。监事会成员不少于 3 人。监事分为专职监事和兼职监事：从有关部门和单位选任的监事，为专职；监事会中国务院有关部门、单位派出代表和企业职工代表担任的监事，为兼职。监事会可以聘请必要的工作人员。

监事会中的企业职工代表由企业职工代表大会民主选举产生，报监事会管理机构批准。企业负责人不得担任监事会中的企业职工代表。监事应当具备下列条件：①熟悉并能够贯彻执行国家有关法律、行政法规和规章制度；②具有财务、会计、审计或者宏观经济等方面的专业知识，比较熟悉企业经营管理工作；③坚持原则，廉洁自持，忠于职守；④具有较强的综合分析、判断和文字撰写能力，并具备独立工作能力。

监事会成员每届任期 3 年，其中监事会主席和专职监事、派出监事不得在同一企业连任。监事会主席和专职监事、派出监事可以担任 1 至 3 家企业监事会的相应职务。

2. 监事会的职责

监事会以财务监督为核心，根据有关法律、行政法规和财政部的有关规定，对企业的财务活动及企业负责人的经营管理行为进行监督，确保国有资产及其权益不受侵犯。监事会与企业是监督与被监督的关系，监事会不参与、不干预企业的经营决策和经营管理活动。

（1）监事会主要履行下列职责：

①检查企业贯彻执行有关法律、行政法规和规章制度的情况；

②检查企业财务，查阅企业的财务会计资料及与企业经营管理活动有关的其他资料，验证企业财务会计报告的真实性、合法性；

③检查企业的经营效益、利润分配、国有资产保值增值、资产运营等情况；

④检查企业负责人的经营行为，并对其经营管理业绩进行评价，提出奖惩、任免建议。

（2）监事会的监督检查方式：

①进行专项检查。监事会一般每年对企业定期检查 1 至 2 次，并可以根据实际需要不定期地对企业进行专项检查，每次对企业进行检查结束后，应当及时作出检查报告。检查报告的内容包括：企业财务以及经营管理情况评价；企业负责人的经营管理业绩评价以及奖惩、任免建议；企业存在问题的处理建议；国务院要求报告或者监事会认为需要报告的其他事项。

②听取企业负责人有关财务、资产状况和经营管理情况的汇报，在企业召开与监督检查事项有关的会议。

③查阅企业的财务会计报告、会计凭证、会计账簿等财务会计资料以及与经营管理活动有关的其他资料。

④核查企业的财务、资产状况，向职工了解情况、听取意见，必要时要求企业负责人作出说明。

⑤向财政、工商、税务、审计、海关等有关部门和银行调查了解企业的财务状况和经营管理情况。

⑥ 监事会主席根据监督检查的需要，可以列席或者委派监事会其他成员列席企业有关会议。

⑦ 监事会在监督检查中发现企业经营行为有可能危及国有资产安全、造成国有资产流失或者侵害国有资产所有者权益以及监事会认为应当立即报告的其他紧急情况，应当及时向监事会管理机构提出专项报告，也可以直接向国务院报告。

3. 监事的法律责任

监事会成员有下列行为之一的，依法给予行政处分或者纪律处分，直至撤销监事职务；构成犯罪的，依法追究刑事责任：（1）对企业的重大违法违纪问题隐匿不报或者严重失职的；（2）与企业串通编造虚假检查报告的；（3）监事会成员接受企业的馈赠，参加由企业安排、组织或者支付费用的宴请、娱乐、旅游、出访等活动，在企业中为自己、亲友或者其他人谋取私利；接受企业的报酬、福利待遇，在企业报销费用。（4）监事会成员对检查报告内容泄密或者是泄露企业的商业秘密。

第三节　国有资产产权界定

国有资产产权界定在国有资产监管法律制度中占据重要地位。产权界定是产权登记、资产评估、产权交易等制度实施的基础。为此，国家先后颁布了《国有资产产权界定和产权纠纷处理暂行办法》（以下简称《产权界定暂行办法》）[①]《集体企业国有资产产权界定办法》[②] 以及《城镇集体所有制企业、单位清产核资产权界定暂行办法》[③] 等产权界定政策文件、法规和政府令，为国有资产产权界定提供了基本依据。

一、国有资产产权界定的概念和原则

（一）国有资产产权界定的概念

《产权界定暂行办法》将产权界定明确定义为：产权界定，系指国家依法划分财产所有权和经营权、使用权等产权归属，明确各类产权主体行使权利的财产范围及管理权限的一种法律行为。可见，国有资产所有权界定包括两个方面的内容，一是要界定清楚哪些资产是归国家所有；二是要界定这些由国有资产所有权派生出的他物权归谁享有，即界定国有资产各类经营、使用、管辖主体行使资产占有、使用和收益权及依法处分权的界限、范围和关系。[④]

（二）国有资产产权界定的原则

开展国有资产产权界定应坚持下列两项原则：

1. “谁投资、谁拥有产权”的原则

在国有资产产权界定中，既要维护国有资产所有者及其经营者使用权者的合法权益，又必须保护其他财产所有者的合法权益。国家投的资，其资产和收益归国家所有，集体或个人投的资，其资产归该集体或个人所有。享有经营权的主体利用所掌握的国有资产投资形成的资产，仍归其继续经营使用。

2. 分级分工管理的原则

国有资产属于国家所有，分别由中央和地方各级政府的国有资产监督管理部门代表国家对其投资的资产进行分级管理。分工管理是按国有资产所处的不同行业来分行业实行管理。这种分工管理还可以分项目来进行管理。

二、各类企业中的国有资产产权界定

（一）全民所有制企业中产权的界定

全民所有制企业即国有企业，其资产不论是国家直接投入的，还是企业通过生产经营活动取得的收益，均属于国家所有。具体界定的办法为：

（1）有权代表国家投资的部门和机构以货币、实物和所有权属于国家的土地使用

---

① 1993 年 12 月 31 日国家国有资产管理局制定并颁布。

② 1994 年 11 月 25 日国家国有资产管理局发布。

③ 1996 年国家经贸委发布。

④ 参见财政部注册会计师考试委员会办公室主编：《经济法》，中国财政经济出版社 1999 年 3 月版，第 131 页；顾功耘等：《国有经济法论》，北京大学出版社 2006 年版，第 96 页。

权、知识产权等向企业投资，形成的国家资本金，界定为国有资产。

（2）全民所有制企业运用国家资本金及在经营中借入的资金等所形成的税后利润经国家批准留给企业作为增加投资的部分以及从税后利润中提取的盈余公积金、公益金和未分配利润等，界定为国有资产。

（3）以全民所有制企业和行政事业单位担保，完全用国内外借入资金投资创办的或完全由其他单位借款创办的全民所有制企业，其收益积累的净资产，界定为国有资产。

（4）全民所有制企业接受馈赠形成的资产，界定为国有资产。

（5）在实行《企业财务通则》《企业会计准则》以前，全民所有制企业从留利中提取的职工福利基金、职工奖励基金和"两则"实行后用公益金购建的集体福利设施而相应增加的所有者权益，界定为国有资产。

（6）全民所有制企业中党、团、工会组织等占用企业的财产，不包括以个人缴纳党费、团费、会费以及按国家规定由企业拨付的活动经费等结余购建的资产，界定为国有资产。

（二）集体所有制企业中的国有资产所有权界定

集体所有制企业是实行共同劳动，以按劳分配为主体的社会主义经济组织，它的财产属于劳动群众集体所有。由于集体所有制企业内部的财产关系比较复杂，投资者主体性质多元，因此在我国社会主义市场经济的建设中，明确集体所有制企业财产所有权是一项十分重要而又较为困难的任务。

对集体所有制企业中国有资产所有权界定的办法为：

（1）全民单位以货币、实物和所有权属于国家的土地使用权、知识产权等独资（包括几个全民单位合资）创办的以集体所有制名义注册登记的企业单位，其资产所有权界定按照前文所述全民所有制企业的规定办理。但依国家法律、法规规定或协议约定并经国有资产管理部门认定的属于无偿资助的除外。

（2）全民单位用国有资产在非全民单位独资创办的集体企业中的投资以及按照投资份额应取得的资产收益留给集体企业发展生产的资本金及其权益，界定为国有资产。

（3）集体企业依据国家规定享受税前还贷形成的资产，其中属于国家税收应收未收的税款部分，界定为国有资产；集体企业依据国家规定享受减免税形成的资产，其中列为"国家扶持基金"等投资性的减免税部分界定为国有资产。经国有资产管理部门会同有关部门核定数额后，继续留给集体企业使用，由国家收取资产占用费。上述国有资产的增值部分由于历史原因无法核定的，可以不再追溯产权。

集体企业改组为股份制企业时，改组前税前还贷形成的资产中国家税收应收未收的税款部分和各种减免税形成的资产中列为"国家扶持基金"等投资性的减免税部分界定为国家股，其他减免税部分界定为企业资本公积金。

（4）集体企业使用银行贷款、国家借款等借贷资金形成的资产，全民单位只提供担保的，不界定为国有资产；但履行了连带责任的，全民单位应予追索清偿或经协商转为投资。

供销、手工业、信用等合作社中由国家拨入的资本金（含资金或者实物）界定为国有资产，经国有资产管理部门会同有关部门核定数额后，继续留给合作社使用，由国家收取资产占用费。上述国有资产的增值部分由于历史原因无法核定的，可以不再追溯产权。

（5）集体企业和合作社无偿占用国有土地的，应由国有资产管理部门会同土地管理部门核定其占用土地的面积和价值量，并依法收取土地占用费。

集体企业和合作社改组为股份制企业时，国有土地折价部分，形成的国家股份或其他所有者权益，界定为国家资产。

（三）中外合资、合作经营企业中国有资产所有权界定

对中外合资、合作经营企业中国有资产所有权界定只是中方内部的资产界定，所发生的财产关系变化只是在中方内部的变化，与中外合资、合作企业无关，更不会涉及外方投资者的任何利益。

中外合资经营、合作企业中国有资产所有权界定依下列办法处理：

（1）中方以国有资产出资投入的资本总额，包括现金、厂房建筑物、机器设备、场地使用权、无形资产等形成的资产，界定为国有资产。

（2）企业注册资本增加，按双方协议，中方以分得利润向企业再投资或优先购买另一方股份的投资活动中所形成的资产，界定为国有资产。

（3）可分配利润及从税后利润中提取的各项基金中中方按投资比例所占的相应份额，不包括已提取用于职工奖励、福利等分配给个人消费的基金，界定为国有资产。

（4）中方职工的工资差额，界定为国有资产。

（5）企业根据中国法律和有关规定按中方工资总额一定比例提取的中方职工的住房补贴基金，界定为国有资产。

（6）企业清算或完全解散时，馈赠或无偿留给中方继续使用的各项资产，界定为国有资产。

（四）股份制、联营企业中国有资产所有权界定

股份制、联营企业中国有资产所有权界定依下列办法处理：

（1）国家机关或其授权单位向股份制企业投资形成的股份，包括现有已投入企业的国有资产折成的股份，构成股份制企业中的国家股，界定为国有资产；

（2）全民所有制企业向股份制企业投资形成的股份，构成国有法人股，界定为国有资产。

（3）股份制企业公积金、公益金中，全民单位按照投资应占有的份额，界定为国有资产。

（4）股份制企业未分配利润中，全民单位按照投资比例所占的相应份额，界定为国有资产。

（五）全民所有制单位之间的产权界定

在计划经济条件下，或者在政府的职能尚未有效转变的情形下，国有企业之间的产权界定是易被忽视的，因此，我们将其单列出来进行讲述。

1. 全民所有制单位之间产权界定的原则

（1）坚持分级分工管理，非经法定手续，不得随意变更其产权关系。各个单位占用的国有资产，应按分级分工管理的原则，分别明确其与中央、地方、部门之间的管理关系，非经有权管理其所有权的人民政府批准或双方约定，并办理产权划转手续，不得变更资产的管理关系。

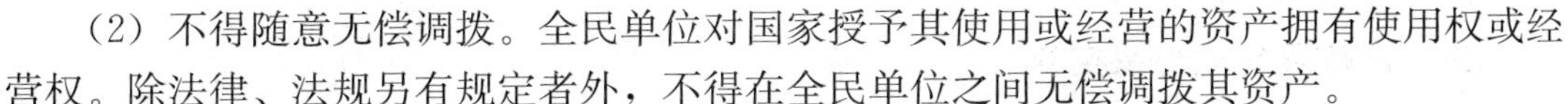

(2) 不得随意无偿调拨。全民单位对国家授予其使用或经营的资产拥有使用权或经营权。除法律、法规另有规定者外，不得在全民单位之间无偿调拨其资产。

(3) 谁投资、谁拥有产权。全民所有制企业之间是平等竞争的法人实体，相互之间可以投资入股，按照"谁投资、谁拥有产权"的原则，企业法人的对外长期投资或入股，属于企业法人的权益，不受非法干预或侵占。

(4) 各级机关不能投资创办企业或其他经济实体

2. 全民所有制单位之间产权界定的具体办法

(1) 国家机关投资创办的企业和其他经济实体，应与该创办机关脱钩，其产权由国有资产管理部门会同有关机构管理。但国家机关所属使用单位经批准以其占用的国有资产出资创办的企业和其他经济实体，其产权应归该单位拥有。

(2) 对全民单位由于历史原因或管理问题造成的有关房屋产权和土地使用权关系不清或有争议的，依下列办法处理：

① 全民单位租用房产管理部门的房产，因各种历史原因全民单位实际上长期占用，并进行过多次投入、改造或翻新，房产结构和面积发生较大变化的，可由双方协商共同拥有产权；

② 对数家全民单位共同出资或由上级主管部门集资修建的职工宿舍、办公楼等，应在核定各自出资份额的基础上，由出资单位按份共有或共同共有其产权。

③ 对有关全民单位已办理征用手续的土地，但被另一些单位或个人占用，应由原征用土地一方进行产权登记，办理相应法律手续。已被其他单位或个人占用的，按规定实行有偿使用。

④ 全民单位按国家规定以优惠价向职工个人出售住房，凡由于分期付款，或者在产权限制期内，或者由于保留溢值分配权等原因，产权没有完全让渡到个人之前，全民单位对这部分房产应视为共有财产。

(3) 对电力、邮电、铁路和城市市政公用事业部门，按国家规定由行业统一经营管理。可由国有资产管理部门委托行业主管部门根据历史因素及其行业管理特点，对使用单位投入资金形成的资产，依下列办法处理：

① 使用单位投入资金形成的资产交付这些行业进行统一管理，凡已办理资产划转手续的，均作为管理单位法人资产；凡没有办理资产划转手续的，可根据使用单位与管理单位双方自愿的原则，协商办理资产划转手续或资产代管手续。

② 对使用单位投入资金形成的资产，未交付这些行业统一管理而归使用单位自己管理的，产权由使用单位拥有。

③ 对由电力部门代管的农电资产，凡已按规定办理有关手续，并经过多次更新改造，技术等级已发生变化，均作为电力企业法人资产。

④ 凡属于上述部门的企业代管其他企业、单位的各项资产，在产权界定或清产核资过程中找不到有关单位协商或办理手续的，经通告在一定期限后，可以视同为无主资产，归国家所有，其产权归代管企业。

⑤ 对于地方政府以征收的电力建设资金或集资、筹资等用于电力建设形成的资产，凡属于直接投资实行按资分利的，在产权界定中均按投资比例划分投入资本份额；属于有偿使用已经或者将要还本付息的，其产权划归电力企业。

三、产权界定的组织实施

国有资产产权界定工作，应按照资产的现行分级分工管理关系，由各级国有资产管理部门会同有关部门进行。经常性的产权界定工作由国有资产管理部门负责，省级以上国有资产管理部门应当成立产权界定和产权纠纷调处委员会，具体负责。全国性的产权界定工作，可结合清产核资，逐步进行。

1. 应当进行产权界定的情形

占有使用国有资产的单位，发生下列情形的，应当进行产权界定：(1) 与外方合资、合作的；(2) 实行股份制改造和与其他企业联营的；(3) 发生兼并、拍卖等产权变动的；(4) 各级机构及其所属事业单位创办企业和其他经济实体的；(5) 国有资产管理部门认为需要界定的其他情形。

2. 产权界定的程序

(1) 全民所有制单位的各项资产及对外投资，由全民所有制单位首先进行清理和界定，其上级主管部门负责监督和检查。必要时也可以由上级主管部门或国有资产管理部门直接进行清理和界定；(2) 全民所有制单位经清理、界定，已清楚属于国有资产的部分，按财务隶属关系报同级国有资产管理部门认定；(3) 经认定的国有资产，须按规定办理产权等级等有关手续。占用国有资产的其他单位的产权界定，可以参照上述程序办理。

第四节　国有资产产权登记

一、国有资产产权登记概述

(一) 国有资产产权登记的概念

国有资产产权登记，是指国有资产管理部门代表国家和政府对企业占有的国有资产进行登记，依法确认国家对国有资产的所有权和企业的经营权及其相关权利的法律行为。

产权登记是一种行政法律行为，具有法律强制力，所有占有国有资产的单位都有义务配合登记机关进行登记。国有资产产权登记是产权管理重要的基础性工作，也是建立现代产权制度的基础。

(二) 产权登记的意义

产权登记的主要作用是依法确认国有资产权属关系，企业通过产权登记取得的国有资产产权登记表证是确认企业产权归属的法律凭证。产权登记具有以下的意义：

(1) 产权登记能监督企业国有资产的变动，防止国有资产的流失。

(2) 产权登记有利于明晰产权关系，为深化企业改革奠定基础。

(3) 有助于考核和评价国有资产经营使用效益。

(4) 产权登记在明确国家对国有资产所有权归属基础上，赋予企业单位的占有使用权以法律依据，从而有利于产权交易、变动等行为受到法律的保护，有利于社会主义市场经济走上法制化轨道。

（三）国有资产产权登记的相关立法

国务院于1996年1月25日制定发布了《企业国有资产产权登记管理办法》；2000年4月6日财政部修订颁布了新的《企业国有资产产权登记管理办法实施细则》。

二、企业国有资产产权登记

（一）企业国有资产产权登记的概念

企业国有资产产权登记，是指国有资产监督管理机构代表中央及地方各级政府对占有国有资产的企业的资产、负债、所有者权益等产权状况进行登记，依法确认产权归属关系的法律行为。

（二）企业国有资产产权登记的对象

根据《企业国有资产产权登记管理办法实施细则》的规定，下列已取得或申请取得法人资格的企业或国家授权投资的机构，应当按规定申办企业国有资产产权登记：

（1）国有企业；

（2）国有独资公司；

（3）国家授权投资的机构；

（4）设置国有股权的有限责任公司和股份有限公司；

（5）国有企业、国有独资公司或国家授权投资机构投资设立的企业；

（6）其他形式占有、使用国有资产的企业。

中外合资经营企业、中外合作经营企业和联营企业，应由国有股权持有单位或委托企业按规定办理国有资产产权登记。邮电、铁路、金融等行业中的特殊单位，应根据需要办理国有资产产权登记。

上述企业产权归属关系不清楚或者发生产权纠纷的，可以申请暂缓办理产权登记。经批准允许暂缓办理产权登记的企业，应当在暂缓办理产权登记的期限内，将产权界定清楚，或将产权纠纷处理完毕，并及时办理产权登记。产权登记机关收到企业提交的符合规定的全部文件、资料后，发给《产权登记受理通知书》，并于10个工作日内做出核准产权登记或不准予产权登记的决定。

（三）企业国有资产产权登记的事项

依据《企业国有资产产权登记管理办法》的规定，企业国有资产产权登记的事项主要有：

（1）出资人名称、住所、出资金额及法定代表人；

（2）企业名称、住所及法定代表人；

（3）企业的资产、负债及所有者权益；

（4）企业实收资本、国有资本；

（5）企业投资情况；

（6）国务院国有资产管理部门规定的其他事项。

（四）企业国有资产产权登记的种类

企业国有资产产权登记分为占有产权登记、变动产权登记和注销产权登记。

1. 占有产权登记。适用于占有使用国有资产的新开办企业。新开办企业应在审批机关批准后30日内，在向工商行政管理机关申办工商注册登记之前，到国有资产管理部门申报占有产权登记。企业办理占有产权登记，应当按照规定填报国有资产产权登记表并提交有关文件、凭证、报表等。填报的内容或者提交的文件、凭证、报表等不符合规定的，国有资产管理部门有权要求企业补正。

国有资产管理部门向企业核发的国有资产产权登记表是国家对一个企业占有、使用国有资产的最原始的法律记载凭证。

2. 变动产权登记。企业发生下列变动情形之一的，应当自变动之日起30日内办理变动产权登记：

（1）企业名称、住所或者法定代表人改变的；

（2）国有资本占企业实收资本比例发生变化的；

（3）企业分立、合并或者改变经营形式的；

（4）有国务院国有资产管理部门规定的其他变动情形的。

企业国有资产变动产权登记的作用是：经国有资产管理部门审定变动的资产总额作为法人注册资金变更登记的资信证明，审定调整后的国有资产总额可作为国家核定企业承担相应经济责任的依据，同时还为国有资产管理部门提供企业产权登记主要事项的变动信息，以便进行相应管理。

3. 注销产权登记。企业发生下列情况之一的适用注销产权登记：

（1）企业解散、被依法撤销或被依法宣告破产；

（2）企业转让全部国有产权或改制后不再设置国有股权的；

（3）产权登记机关规定的其他情形。

企业发生以上情形之一的，应当自该情形发生之日起30日内办理注销产权登记。

注销产权登记的主要作用是监督企业依法处置国有资产，防止企业在被兼并、被合并、被撤销等过程中国有资产的流失，从而维护国有资产的权益；为企业法人注销登记提供国有资产产权完结证明。

4. 产权登记年度检查。企业应当于每一年度终了后90日内，办理产权年度检查登记，向国有资产管理部门提交财务报告和国有资产经营年度报告书，报告下列主要内容：

（1）出资人的资金实际到位情况；

（2）企业国有资产的结构变化，包括企业对外投资情况；

（3）国有资产增减、变动情况；

（4）国务院国有资产管理部门规定的其他事项。

下级产权登记机关应当于每个公历年度终了后150日内，编制并向同级政府和上级产权登记机关报送产权登记与产权变动状况分析报告。企业应当按产权登记机关的规定及时办理年度检查，如不按规定办理年度检查的或年度检查不合格的，其产权登记证不再具有法律效力。但产权登记年度检查表不作为确定企业国有产权归属的法律依据，企业不得以年度检查替代产权登记。

（五）国有资产登记的管理

国有资产产权登记按照统一政策、分级管理的原则由县级以上政府负责国有资产监督管理的部门按产权归属关系组织实施。

1. 企业的产权归属关系的确定

由两个及两个以上国有资本出资人共同投资设立的企业，按国有资本额最大的出资人的产权归属关系确定企业产权登记的管辖机关。

若国有资本各出资人出资额相等，则按推举的出资人的产权归属关系确定企业产权登记的管辖机关，其余出资人出具产权登记委托书。

2. 国有资产登记的分级管理

国务院国有资产监督管理部门负责由国务院管辖的企业；中央各部门、直属机构的机关后勤、事业单位，各直属事业单位及全国性社会团体管辖的企业；中央国有企业、国有独资公司或国务院授权的国家授权投资机构投资设立的企业的产权登记工作。

省级国有资产监督管理部门负责由省级政府管辖的企业；省级各部门、直属机构的机关后勤、事业单位，各直属事业单位及省级社会团体管辖的企业；省级国有企业、国有独资公司或省级政府授权的国家授权投资机构投资设立的企业；财政部委托办理产权登记的企业的产权登记。

地（市）负责国有资产管理的部门产权登记管辖范围由各省、自治区、直辖市及计划单列市具体规定。

第五节 国有资产评估

一、国有资产评估概述

（一）国有资产评估的概念及相关立法

国有资产评估是指国有资产评估机构根据国家的政策和特定目的，遵循一定的原则和法定程序，采用科学的方法，对国有资产现时价格进行评定和估算。对国有资产进行评估，是国有资产管理的重要组成部分，是国有资产交易的前提，也是国有企业作为独立的市场主体依法参与市场活动的保障，对保护国有资产所有者、经营者、使用者的合法权益有着重要作用。

我国目前关于资产评估管理的行政法规和规章主要有：1991 年 11 月 16 日国务院发布的《国有资产评估管理办法》，1992 年 7 月 18 日国家国有资产管理局发布的《国有资产评估管理办法施行细则》，2002 年 1 月 1 日财政部发布的《国有资产评估管理若干问题的规定》，2005 年 8 月 25 日国资委发布的《企业国有资产评估管理暂行办法》等。

（二）国有资产评估的适用情形

企业有以下行为之一的，应当对相关资产进行评估：（1）整体或者部分改建为有限责任公司或者股份有限公司；（2）以非货币资产对外投资；（3）合并、分立、破产、解散；（4）非上市公司国有股东股权比例变动；（5）产权转让；（6）资产转让、置换；（7）整体资产或者部分资产租赁给非国有单位；（8）以非货币资产偿还债务；（9）资产涉讼；（10）收购非国有单位的资产；（11）接受非国有单位以非货币资产出资；（12）接受非国有单位以非货币资产抵债；（13）法律、行政法规规定的其他需要进行资产评估的事项。

二、国有资产评估方法

国有资产评估方法，是确定特定条件下资产现行公允价格的特定技术规程。国有资产评估方法包括：

（一）收益现值法

收益现值法是将评估对象剩余寿命期间每年（或每月）的预期收益，用适当的折现率折现，累加得出评估基准日的现估值，以此计算资产价值的方法。所谓收益现值是将企业在一定时期内的预期收益折成现值。剩余寿命是指资产从评估之日起到失去获利能力的年限。折现率是指未来收益折算成现时资金或本金的比例，包括安全收益率和风险收益率两个因素。采用收益现值法必须具备两个前提条件，一是被评估资产能够独立创收，并能不断地获得预期收益；二是这里的预期收益，以及里面包含多少风险收益等都应当是可以用货币来计算的。收益现值法主要运用于企业承包、租赁、股份经营、联营、兼并、企业经营评价、中外合资、中外合作等以企业整体经济活动为评估对象的资产评估，单项评估一般不采用这种方法。

（二）重置成本法

重置成本法是用现时条件下重新购置或建造一个全新状态的被评估资产所需的全部成本，减去该项资产的实体性贬值、功能性贬值和经济性陈旧贬值得到的差额估算资产价值的方法。其中，实体性贬值是由于使用磨损和自然损耗造成的贬值；功能性贬值是由于技术相对落后造成的贬值；经济性贬值是由于外部经济环境变化（如产品滞销形成资产闲置，价值得不到实现）引起的贬值。

采用重置成本法评估也可以首先估算被评估资产与其全新状态相比有几成新，求出成新率，然后用全额资本与成新率相乘，得出评估值。

重置成本法主要适用于单项资产的评估。在对企业进行整体评估时，也可以采用重置成本法，即将单项评估结果汇总得出企业总资产的价值。但这个评估结果必须有收益现值法进行验证和调整。以单项资产或企业整体参加下列经济活动时，如企业承包、租赁、股份经营、联营、兼并、企业经营评价、中外合资、中外合作等，均可采用重置成本法评定资产重估价值。

重置成本法是资产评估具体操作中最为重要和最为有效的评估方法，其核心是通过一系列运算得出被评估资产的现实成本。由于重置成本法在计算时考虑到物价的变化、技术的进步等因素，因此在物价浮动幅度较大、币值不稳定的情况下，重置成本法具有很强的真实性和公平性。但是，由于成本涉及的因素较多，如物价变动指数、资产更新率、资产功能参数等，因而具体运用和操作时难度很大，往往会因不能充分考虑经济性损耗因素的影响，而使评估的价值偏高。因此，在采用重置成本法进行资产评估时，要特别注意经济参数的选用。

（三）现行市价法

现行市价法是通过市场调查，选择一个或几个相同或类似资产的市场价格与评估对象比较，评定资产重估价值的方法。现行市价法是从卖的角度来考虑待评估资产的变现值，其评估价值大小受市场的制约。一般适用于产权转让或重组时对房地产、汽车、机械等单项资产的评估。现行市价法是资产评估中的一种重要方法，较之重置成本法更加灵活，适用范围更大，操作过程也大大简化。但由于现行市价法考虑的因素不如重置成本法那样全面，因而它不能取代重置成本法，只能作为重置成本法的必要补充。

（四）清算价格法

清算价格法是根据企业破产法的有关规定，根据企业清算时其资产可以变现的价值，评定资产重估价值的方法。清算价格一般是通过市场售价比较法来估算。

三、国有资产评估程序

根据《国有资产评估管理办法》的规定，国有资产评估应当按照下列程序进行：(1) 申请立项；(2) 资产清查；(3) 评定估算；(4) 验证确认。但是申请立项和验证确认的程序具有浓厚的政府行政干预色彩，不符合国有资产管理体制改革中政企分离，政府的国有资产所有者职能和经济管理职能的分离的趋势。根据财政部《关于改革国有资产评估行政管理方式加强资产评估监督管理工作的意见》以及国资委《企业国有资产评估管理暂行办法》的规定，目前国有资产评估主要分四个程序进行：委托；资产清查；评定估算；备案、核准。

第六节　国有资产转让

一、国有资产转让含义

国有资产转让，是指依法将国家对企业的出资所形成的权益转移给其他单位或者个人的行为，不包括按照国家规定无偿划转国有资产。

目前，规范企业国有资产转让的法律规范有《企业国有资产法》中的相关规定，国务院国有资产监督管理委员会 2003 年 12 月 31 日发布，自 2004 年 2 月 1 日起施行的《企业国有产权转让管理暂行办法》，以及 2009 年 6 月 15 日发布的《企业国有产权交易操作规则》。

二、国有资产转让原则

1. 合法原则。国有资产转让应当遵守国家法律、行政法规和政策规定。

2. 国有资本优化配置原则。国有资产转让应当有利于国有经济布局和结构的战略性调整，促进国有资本优化配置。

3. 三公原则。国有资产转让应当遵循等价有偿和公开、公平、公正的原则。

三、国有资产转让方式

国有资产的转让方式有协议转让、公开竞价转让。除按照国家规定可以直接协议转让的以外，国有资产转让应当在依法设立的产权交易场所公开进行。转让方应当如实披露有关信息，征集受让方；征集产生的受让方为两个以上的，转让应当采用拍卖、招投标等公开竞价的交易方式。

四、国有资产转让程序

国有资产转让程序是从国有资产转让决定到转让交易完成的过程。

1. 决定与批准。国有资产转让由履行出资人职责的机构决定。履行出资人职责的机构决定转让全部或者部分国有资产，致使国家对该企业不再具有控股地位的，应当报请本级人民政府批准

2. 可行性研究。企业国有资产转让应当做好可行性研究，按照内部决策程序进行审议，并形成书面决议。国有独资企业的资产转让，应当由总经理办公会议审议。国有独资公司的资产转让，应当由董事会审议；涉及职工合法权益的，应当听取转让标的企业职工代表大会的意见，对职工安置等事项应当经职工代表大会讨论通过。

3. 清产核资审计。转让方应当组织转让标的企业按照有关规定开展清产核资，根据清产核资结果编制资产负债表和资产移交清册，并委托会计师事务所实施全面审计。

4. 评估。在清产核资和审计的基础上，转让方应当委托具有相关资质的资产评估机构依照国家有关规定进行资产评估。评估报告经核准或者备案后，作为确定企业国有资产转让价格的参考依据。

5. 交易。国有资产转让应当以依法评估的、经履行出资人职责的机构认可或者由履行出资人职责的机构报经本级人民政府核准的价格为依据，合理确定最低转让价格。在资产交易过程中，当交易价格低于评估结果的90%时，应当暂停交易，在获得相关资产转让批准机构同意后方可继续进行。企业国有资产转让成交后，转让和受让双方应当凭资产交易机构出具的资产交易凭证，按照国家有关规定及时办理相关产权登记手续。

第七节　对重大事项的监管

一、重大事项的范围

重大事项是指关系国有资产出资人权益的重大事项，对这些重大事项的监管是防止国有资产流失的法律保障。

根据《企业国有资产法》规定，以下事项属于关系国有资产出资人权益的重大事项：国家出资企业合并、分立、改制、上市，增加或者减少注册资本，发行债券，进行重大投资，为他人提供大额担保，转让重大财产，进行大额捐赠，分配利润，以及解散、申请破产等。

二、对重大事项的决定

(1) 国有独资企业、国有独资公司合并、分立，增加或者减少注册资本，发行债券，分配利润，以及解散、申请破产，由履行出资人职责的机构决定。其他重大事项分别由国有独资企业负责人集体讨论决定、国有独资公司董事会决定。

(2) 国有资本控股公司、国有资本参股公司由公司股东会、股东大会或者董事会决定。

(3) 重要的国有独资企业、国有独资公司、国有资本控股公司的合并、分立、解散、申请破产以及法律、行政法规和本级人民政府规定应当由履行出资人职责的机构报经本级人民政府批准的重大事项，履行出资人职责的机构在作出决定或者向其委派参加

国有资本控股公司股东会会议、股东大会会议的股东代表作出指示前，应当报请本级人民政府批准。

（4）国家出资企业发行债券、投资等事项，依法报经政府或者政府有关部门、机构批准、核准或者备案。

（5）国家出资企业的合并、分立、改制、解散、申请破产等重大事项，应当听取企业工会的意见，并通过职工代表大会或者其他形式听取职工的意见和建议。

三、对国家出资企业改制的监管

1．企业改制的含义和类型

国家出资企业改制是指将企业从一种组织结构改变为另一种组织结构的行为。企业改制包括三种类型：（1）国有独资企业改为国有独资公司；（2）国有独资企业、国有独资公司改为国有资本控股公司或者非国有资本控股公司；（3）国有资本控股公司改为非国有资本控股公司。

2．企业改制监管

企业改制应当改制方案。改制方案是指载明改制后的企业组织形式、企业资产和债权债务处理方案、股权变动方案、改制的操作程序、资产评估和财务审计等中介机构的选聘等事项的方案。

企业改制涉及重新安置企业职工的，还应当制定职工安置方案，并经职工代表大会或者职工大会审议通过。

企业改制应当依照法定程序，由履行出资人职责的机构决定或者由公司股东会、股东大会决定。重要的国有独资企业、国有独资公司、国有资本控股公司的改制，履行出资人职责的机构在作出决定或者向其委派参加国有资本控股公司股东会会议、股东大会会议的股东代表作出指示前，应当将改制方案报请本级人民政府批准。

四、对与关联方交易的监管

1．关联方的含义

关联方，是指本企业的董事、监事、高级管理人员及其近亲属，以及这些人员所有或者实际控制的企业。

2．对于关联方交易的监管

国家出资企业的关联方不得利用与国家出资企业之间的交易，谋取不当利益，损害国家出资企业利益。

国有独资企业、国有独资公司、国有资本控股公司不得无偿向关联方提供资金、商品、服务或者其他资产，不得以不公平的价格与关联方进行交易。

未经履行出资人职责的机构同意，国有独资企业、国有独资公司不得有下列行为：（1）与关联方订立财产转让、借款的协议；（2）为关联方提供担保；（3）与关联方共同出资设立企业，或者向董事、监事、高级管理人员及其近亲属所有或者实际控制的企业投资。

第八节 国有资本经营预算

一、国有资本经营预算的含义和意义

国有资本经营预算，是国家以所有者身份依法取得国有资本收益，并对所得收益进行分配而发生的各项收支预算，是政府预算的重要组成部分。

建立国有资本经营预算制度，对增强政府的宏观调控能力，完善国有企业收入分配制度，推进国有经济布局和结构的战略性调整，集中解决国有企业发展中的体制性、机制性问题，具有重要意义。

二、国有资本经营预算的范围

国家取得的下列国有资本收入，以及下列收入的支出，应当编制国有资本经营预算：（1）从国家出资企业分得的利润；（2）国有资产转让收入；（3）从国家出资企业取得的清算收入；（4）其他国有资本收入。

（一）国有资本经营预算收入

1. 国有独资企业按规定上交国家的利润。

2. 国有控股、参股企业国有股权（股份）获得的股利、股息。

3. 企业国有产权（含国有股份）转让收入。

4. 国有独资企业清算收入（扣除清算费用），以及国有控股、参股企业国有股权（股份）分享的公司清算收入（扣除清算费用）。

5. 其他收入。

（二）国有资本经营预算支出

1. 资本性支出。根据产业发展规划、国有经济布局和结构调整、国有企业发展要求，以及国家战略、安全等需要，安排的资本性支出。

2. 费用性支出。用于弥补国有企业改革成本等方面的费用性支出。

3. 其他支出。

三、国有资本经营预算的编制和审批

国务院和有关地方人民政府财政部门负责国有资本经营预算草案的编制工作，履行出资人职责的机构向财政部门提出由其履行出资人职责的国有资本经营预算建议草案。

国有资本经营预算按年度单独编制，纳入本级政府预算，报本级人民代表大会批准。国有资本经营预算支出按照当年预算收入规模安排，不列赤字。

四、国有资本经营预算的执行

国有资本经营预算收入由财政部门、国有资产监管机构收取、组织上交。企业按规定应上交的国有资本收益，应及时、足额直接上缴财政。

国有资本经营预算资金支出，由企业在经批准的预算范围内提出申请，报经财政部门审核后，按照财政国库管理制度的有关规定，直接拨付使用单位。使用单位应当按照

规定用途使用、管理预算资金，并依法接受监督。

国有资本经营预算执行中如需调整，须按规定程序报批。

学习总结与拓展

【关键词】

国有资产　企业国有资产　经营性国有资产　非经营性国有资产　资源性国有资产　企业国有资产监管　国有资产监督管理机构　国有资产产权界定　国有资产产权登记　国有资产评估　国家出资企业　收益现值法　重置成本法　现行市价法　清算价格法　国有资产转让　国家出资企业改制　关联方　国有资本经营预算

【思考题】

1. 企业国有资产具有哪些功能？
2. 如何理解企业国有资产监管？
3. 监事会的职责是什么？与《公司法》规定的监事会职责有何差别？
4. 企业国有资产产权登记的种类有哪些？
5. 在什么情形下需要进行国有资产评估？
6. 关系国有资产出资人权益的重大事项有哪些？
7. 在地震发生之后，某国有资本参股公司的董事长立即决定向灾区捐赠500万元的救灾物质，并亲自带队将救灾物质送往灾区。问：董事长的行为是否合法？
8. 某国家资本控股公司的董事长应其弟弟的要求，欲为弟弟担任总经理的公司到银行贷款提供担保。问：这是否属于与关联方的交易？
9. 有一种观点：国有独资公司不仅要依法纳税，还要向国家上缴利润，而私营企业只纳税，不上缴利润，因而国有独资企业与私营企业的竞争地位不平等。请对此谈谈你的看法。
10. 某国有独资企业为了改进经营机制，采用承包方式经营管理，由该企业的负责人作为承包人。问：该做法是否属于企业改制？为什么？

【阅读资料】

1.《中华人民共和国企业国有资产法》。
2.《企业国有资产监督管理暂行条例》。
3.《国有企业监事会暂行条例》。
4. 顾功耘等：《国有经济法论》，北京大学出版社，2006年。
5. 史际春等：《企业国有资产法理解与适用》，中国法制出版社，2008年。

后　记

本书自2009年出版以来，我国经济法理论与实践发展较快，尤其是2013年《中共中央关于全面深化改革若干重大问题的决定》，重新定位了政府与市场关系，涉及不少经济法理论与制度问题。原有的一些法律修改更新，相关的法规、规章、司法解释制定颁布，促使本书全面修订：在第二编新增“食品安全、药品管理法律制度”一章，其余各章均不同程度进行修改，修改篇幅超过三分之二。本书所用法律、行政法规、部门规章、司法解释，截止到2015年8月31日。

参加本书修改的人员都是四川大学法学院从事经济法教学研究的教师，其基本情况和分工如下（按照撰写顺序）：

李平，经济学博士，四川大学法学院教授，教育部高等学校法学学科教学指导委员会委员，中国法学会经济法学研究会常务理事，四川大学经济法学科带头人。撰写前言，修改第一、二、三编导言，修改第一、二、三、八章、十五章，撰写第九章。

杨志敏，日本法学硕士，四川大学法学院副教授。修改第四、五章。

袁嘉，德国法学博士，四川大学法学院讲师。修改第六章。

刘畅，法学硕士，四川大学法学院讲师。修改第七、十章。

徐蓉，法学博士，四川大学法学院副教授。修改第十一、十二、十三章。

陈峰，美国法学硕士，四川大学法学院副教授。修改第十四章。

全书最后由李平逐章修改。

由于我们经验不足，水平有限，本书可能存在不尽人意之处，敬请诸位读者不吝指正。

本书的修订出版，得到“2015年度四川大学校级立项建设教材计划”支持，得到四川大学出版社的大力支持，尤其是责任编辑李勇军先生的热情帮助，在此表示感谢。

编　者

2015年8月